칠정산내편 2

해와 달, 다섯 행성의 천문학

칠정산내편 2

해와 달, 다섯 행성의 천문학

한영호 이은희 강민정 역주

한국고전번역원

일러두기

1. 이 책은 《세종장헌대왕실록(世宗莊憲大王實錄)》에 실린 《칠정산내편(七政算內篇)》을 번역하고 해설과 가령(假令)을 추가한 주해서이다.
2. 이 책의 저본은 태백산사고본 《세종장헌대왕실록》 제156권~제158권이다.
3. 저본의 오류는 서울대학교 규장각한국학연구원 소장 세종 갑인자본 《칠정산내편》을 대교본으로 삼고 《원사(元史)》 〈수시력경(授時曆經)〉과 《명사(明史)》 〈대통력법(大統曆法)〉을 참고본으로 삼아 바로잡았으며, 수치 오류는 계산 결과에 근거하여 바로잡았다.
4. 차례는 저본을 따르되, 번호를 붙여 장(章)과 절(節)로 구분하고, 하나의 절에 포함된 내용이 많고 계산 단계를 뚜렷이 구분할 필요가 있을 때는 절을 소절(小節)로 구분하고 핵심을 요약하여 제목을 부여하되 일련번호는 붙이지 않았다. 필요에 따라 다시 소소절(小小節)로 구분한 경우는 소절에 일련번호를 부여하였다.
5. 각 절은 번역문 · 원문 · 해설 · 산식 · 가령의 체제로 구성하였으며, 필요한 경우 해설에 도해를 추가하였고, 가령의 계산 결과를 표로 요약하였다.
6. 번역의 원칙은 다음과 같다.
   1) 번역은 직역(直譯)을 원칙으로 하였다.
   2) 원문의 간주는 소자(小字)로 하였고 문장 중간에 삽입된 것이더라도 해당 문장의 끝으로 옮겨 번역하였다.
   3) 원문의 전문용어는 풀지 않음을 원칙으로 하였으며, 의역이 필요한 경우에 〔 〕로 묶어 병기하였다.
   4) 원문의 용어가 대등한 두 단어를 축약한 것이더라도 의미에 혼동이 없으면 가운뎃점(·)으로 구분하지 않았다. 구체적인 예는 다음과 같다.
      (1) 주야(晝夜), 경점(更點) 등 일상적인 용어뿐 아니라 반주야각(半晝夜刻), 경점률(更點率) 등 일상적인 용어에 접두어나 접미어가 붙은 경우도 가운뎃점으로 구분하지 않았다. 다만 필요에 따라 '반주각(半晝刻)과 반야각(半夜刻)', '경률(更率)과 점률(點率)' 같은 형태로 나누었다.
      (2) 영축력(盈縮曆), 지질력(遲疾曆) 등 통상적인 역산(曆算) 용어 역시 가운뎃점으로 구분하지 않았다. 영축초말한(盈縮初末限)과 같은 이중 복합어도 마찬가지이다.
   5) 단위명사가 붙은 원문의 용어는 용어의 완성점이 드러날 수 있도록 한글 표기에 띄어쓰기를 하거나 수식 구조로 옮겼다. 예는 다음과 같다.

① 入盈縮曆日及分秒 → 입영축력 일분초(入盈縮曆日分秒)

② 入交汎日及分秒 → 입교범일 분초(入交汎日分秒)

③ 加時黃道月行定積度及分秒 → 가시황도월행정적 도분초(加時黃道月行定積度分秒)

④ 天正經朔日及分秒 → 천정경삭(天正經朔)의 일분초(日分秒)

6) 주천 365도25분75초를 바탕으로 한 옛 각도는 '도분초'로 나타내고, 현대의 각도(주천 360°, 60진법) 단위로 고쳐 표현할 때는 '30°25′75‴'와 같이 표기하였다. 단, 현대의 각도로 표시한 경우에도 옛 각도와 비교할 필요가 있을 때는 해당 단위 미만의 수치를 10진법으로 표시하고 '4°.22'와 같이 나타내었다. 세 가지 표기법의 상호 환산 예는 다음과 같다.

(1) 옛 각도 : 4도28분

(2) 현대의 각도(10진법) : 4°.22

(3) 현대의 각도(60진법) : 4°13′

7) 연산과정을 수식으로 나타낼 때 다음과 같은 논리부호를 사용하였다.

(1) MOD(a, b) : 주어진 값 a에서 일정한 수 b를 거듭 덜어 내고 남은 값, 즉 나눗셈 '$a \div b$'의 나머지를 구하는 연산. 예) MOD(25, 7)=4

(2) DIV(a, b) : 주어진 값 a에서 일정한 수 b를 몇 번이나 거듭 덜어 낼 수 있는지, 즉 나눗셈 '$a \div b$'의 몫이 얼마인지를 구하는 연산. 예) DIV(25, 7)=3

(3) COUNT(c, d) : 주어진 순번 c부터 d만큼 헤아려 나간 순번이 무엇인지를 구하는 연산. 예) COUNT(갑자, 11) = 을해

(4) INT(C) : 어떤 값 C가 정수 C_i와 소수점 이하의 양수(陽數) C_d의 합으로 이루어졌을 때 정수 C_i만 취하는 연산. 예) INT(4.436754일×12.20한/일)=54한

7. 번역문의 각주는 표제어를 취하였고, 해설 등의 각주는 표제어를 취하지 않았다.

8. 찾아보기는 원문의 번역문과 해설의 소제목을 기준으로 선별하였다.

9. 맞춤법과 띄어쓰기는 한글 맞춤법 통일안을 따르는 것을 원칙으로 하였다.

10. 표점의 원칙은 다음과 같다.

(1) 표점의 원칙은 한국고전번역원 표점지침을 준용하였다. 단, 【 】로 묶인 원주의 마지막 종지부호는 생략하였다.

(2) 저본에 소자(小字)로 기재되었더라도 난이 협소하여 편의상 글자 크기를 줄인 자구는 의미상 원주가 아니므로 【 】로 묶지 않고 대자(大字)로 처리하였다.

(3) 하나의 소절 아래에서 저본에 별행된 곳에는 '○' 표를 하였다.

차 례

월식 月食

제6장 오성 五星

제7장 사여성四餘星

부록附錄

칠정산내편

— 하권 —

제5장 교식 交食

5.1 일월식한의 입교 日月食限入交

0일, 1일, 12일, 13일, 14일, 25일, 26일, 27일.

해설

1) 입교

정교(正交)의 순간부터 이후 어느 순간까지 경과한 시간을 입교라 한다. 정교는 달이 황도의 북에서 남으로 넘어가면서 황도와 교차함을 가리킨다. 반면에 달이 황도의 남에서 북으로 통과하는 교차를 중교(中交)라 한다.

2) 일월식한의 입교

일식과 월식은 해와 달이 거의 같은 시각에 정교점 또는 중교점을 지날 때 일어난다. 교점부터 삭(朔)이나 망(望)의 순간까지 걸린 시간이 일정 범위 내에 있어야 교식이 일어나므로 일식은 초하루를 중심으로 며칠 이내에, 월식은 보름을 중심으로 며칠 이내에 일어난다. 이렇게 일월식이 일어날 수 있는 날들이 정교의 순간부터 얼마나 떨어진 날들인지 입교일(入交日)로 나타낸 것이 곧 식한(食限)의 입교일이다.

그림 5.1.1에서 보인 것처럼 공일(空日), 즉 삭이나 망이 정교점 또는 중교점에서 일어난 경우를 비롯한 8일이 일식과 월식이 일어날 수 있는

날들의 입교일(入交日)이다. 삭이나 망이 이 기간에 이루어져야 일식 또는 월식이 일어날 수 있으므로, 일월식한의 입교는 곧 일월식의 필요조건이라 할 수 있다.

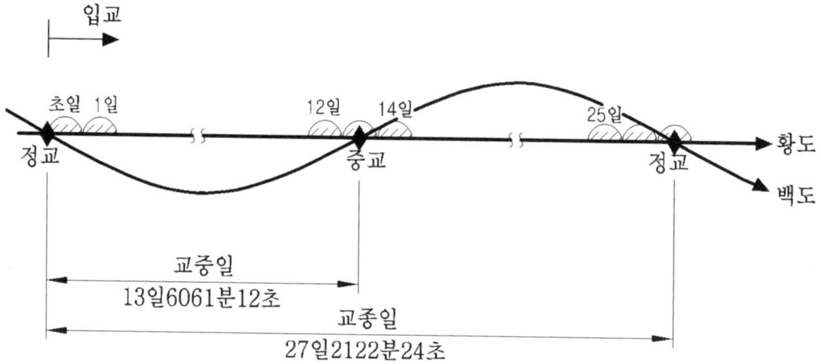

그림 5.1.1

5.2 정삭·정망과 매일 야반의 입교 산정
求定朔望及每日夜半入交

정삭이나 정망 야반의 입교

각 경삭(經朔)이나 경망(經望)의 입교범일 분초(入交汎日分秒)를 놓고, 경삭이나 경망의 소여(小餘)를 뺀 값이 곧 정삭 또는 정망 야반의 입교이다. 만약 정삭일이나 정망일에 증손(增損)이 있어 경삭일 또는 경망일과 다를 때는 이를 따라 증(增)일 때는 하루를 더하고 손(損)일 때는 하루를 뺀다. 그렇지 않고 정삭일이나 정망일에 증손이 없을 때는 경삭 또는 경망 야반의 입교를 정삭 또는 정망 야반의 입교로 삼는다.

다음 정삭 야반의 입교

정삭 야반의 입교에 큰달이면 2일을 더하고, 작은달이면 1일을 더한 후, 다시 7877분76초를 더한 값이 곧 다음 정삭 야반의 입교이다.

매일 야반의 입교

매월 정삭 야반의 입교에 하루씩 거듭 더하여 구하되, 그 값이 교종일(交終日)보다 커지면 교종(交終)을 덜어 낸 나머지가 곧 매일 야반의 입교범일 분초가 된다.

各置入交汎日及分秒，減去經朔、望小餘，卽爲定朔、望夜半入交。若定日有增損者，亦如之；否則因經爲定。大月加二日，小月加一日，餘皆加七千八百七十七分七十六秒，卽次朔夜半入交。累加一日，滿交終去之，卽每日夜半入交汎日及分秒。

해설

1) 정삭 또는 정망 야반의 입교(入交)

경삭 또는 경망의 입교범일이 정교점부터 경삭 또는 경망의 순간까지 경과한 시간이므로, 경삭 또는 경망의 입교에서 경삭 또는 경망의 소여(小餘), 곧 일하분(日下分)을 빼면 이날 야반의 입교범일이 된다. 정삭 또는 정망은 경삭 또는 경망에 가감차를 반영한 순간이므로 그림 5.2.1(가)와 같이 정삭일 또는 정망일이 경삭일 또는 경망일과 같은 날이면 경삭 또는 경망 야반의 입교가 곧 정삭 또는 정망 야반의 입교가 되고, 정삭일 또는 정망일이 경삭일 또는 경망일에 비해 증손이 있으면 그림 5.2.1의 (나)와 (다)처럼 야반 입교의 일수(日數)에 하루만큼의 증손이 그대로 반영된다.

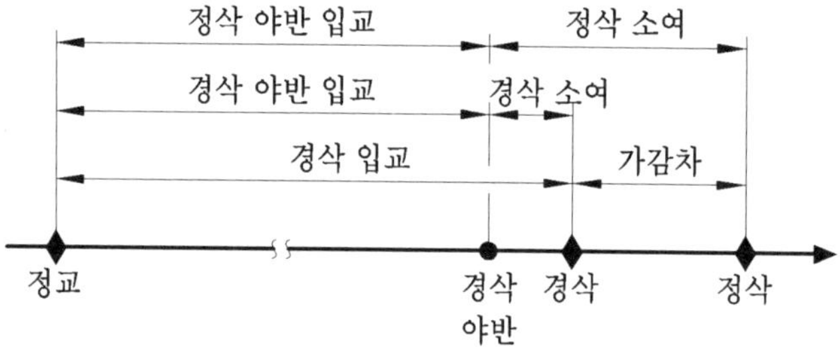

그림 5.2.1(가)

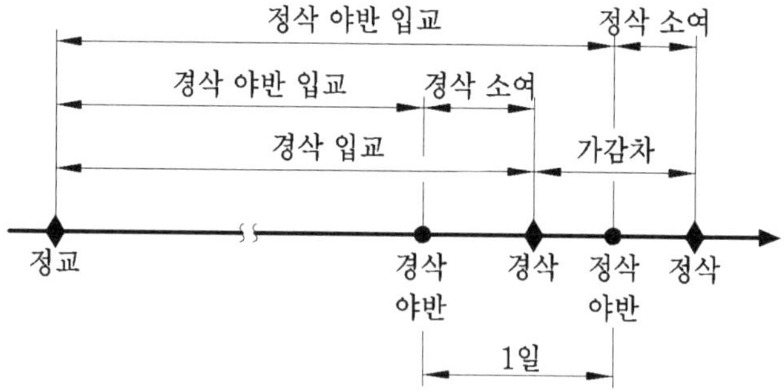

그림 5.2.1(나)

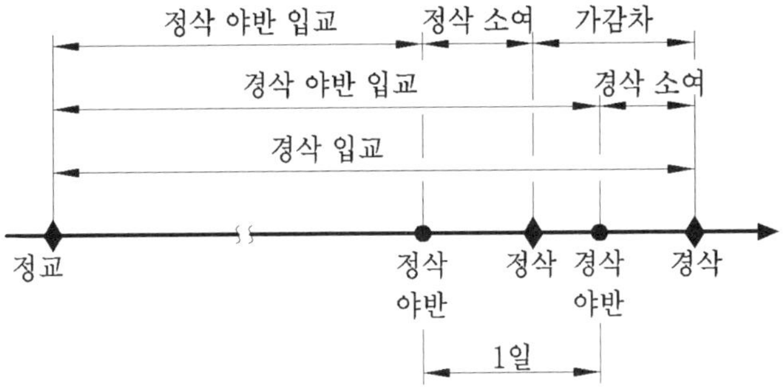

그림 5.2.1(다)

2) 다음 정삭 야반의 입교

다음 정삭일의 야반은 이달 정삭일 야반부터 29일 또는 30일 후이다. 29일은 교종일(交終日 27일2122분24초)에 1일7877분76초를 더한 것과 같고, 30일은 교종일에 2일7877분76초를 더한 것과 같다. 그러므로 그림 5.2.2에 나타낸 것처럼 큰달이면 2일을 더하고 작은달이면 1일을 더한 후, 다시 7877분76초를 더하여 다음 정삭일 야반의 입교를 구한다.

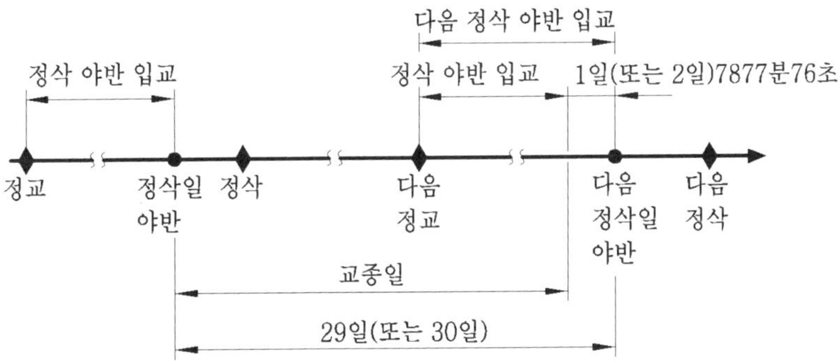

그림 5.2.2

3) 매일 야반의 입교

매일의 야반은 정삭일의 야반부터 일수(日數)만큼 지난 순간이므로, 매일 야반의 입교는 정삭일 야반의 입교에 1일씩 누가(累加)하여 구한다. 단 1일씩 누가한 값이 교종보다 커지면 교종을 뺀 값이 그날 야반의 입교범일이 된다.

산식

① 〔정삭일(또는 정망일) = 경삭일(또는 경망일)〕이면

정삭(또는 정망) 야반 입교 = 경삭(또는 경망) 입교범일 − 경삭(또는 경망) 소여

〔정삭일(또는 정망일) = 경삭일(또는 경망일) ± 1일〕이면

정삭(또는 정망) 야반 입교 = 경삭(또는 경망) 야반 입교 ± 1일

② 〔작은달〕이면

다음 정삭일 야반 입교 = 정삭일 야반 입교 + 1일7877분76초

〔큰달〕이면

다음 정삭일 야반 입교 = 정삭일 야반 입교 + 2일7877분76초

③ 매일 야반 입교 = MOD(정삭일 야반 입교 + n일, 교종일)

(단, n은 정삭일부터 구하고자 하는 날까지 경과한 일수이다.)

가령

세종 정묘년 매월 정삭과 정망 야반의 입교범일

세종 정묘년(1447) 경삭과 경망의 일분초는 표 1.2.2에서, 경삭과 경망의 입교범일은 표 1.21.1에서, 그리고 정삭과 정망의 일분초는 표 1.20.1에서 찾을 수 있다. 이 표들로부터 정묘년 정삭과 정망 야반의 입교범일을 구하여 표 5.2.1에 나타내었다.

정묘년 정월의 경삭 전분은 0일(갑자)2236분15초이고, 경삭의 입교범일은 7일9428분95초이다. 따라서 경삭일 야반의 입교는 (경삭입교범일 7일9428

분95초－경삭일하분 2236분15초=) 7일7192분80초가 된다. 그리고 경삭일과 정삭일이 같은 갑자일이므로 정삭일 야반의 입교 역시 7일7192분80초이다.

한편 정월 경망은 전분이 14일(무인)9889분11초50이고, 입교범일은 22일7081분91초50이므로, 경망 야반의 입교는 (경망입교범일 22일7081분91초50－경망일하분 9889분11초50=) 21일7192분80초이다. 그러나 정월의 경망일이 14일(무인)인 데 비해 정망일은 하루를 더한 15일(기묘)이므로 정망 야반의 입교 역시 하루를 보탠 22일7192분80초가 된다.

표 5.2.1 세종 정묘년 매월 정삭·정망 야반의 입교범일

	대소월	정삭 야반 입교	정망 야반 입교
정월	소	7일7192분80초	22일7192분80초
2월	대	9일5070분56초	24일5070분56초
3월	소	12일2948분32초	0일0826분08초
4월	대	14일0826분08초	1일8703분84초
윤4월	소	16일8703분84초	4일6581분60초
5월	대	18일6581분60초	6일4459분36초
6월	대	21일4459분36초	8일2337분12초
7월	소	24일2337분12초	10일0214분88초
8월	대	26일0214분88초	12일8092분64초
9월	소	1일5970분40초	14일5970분40초
10월	대	3일3848분16초	17일3848분16초
11월	소	6일1725분92초	20일1725분92초
12월	대	7일9603분68초	22일9603분68초

정월뿐만 아니라 정묘년 2월 이후의 정삭과 정망 야반 입교를 위와 같은 방법으로 구하여 취합한 것이 표 5.2.1이다. 표 5.2.1의 제3열에서 확인되듯이 다음 달 정삭일 야반의 입교는 앞선 달 정삭일 야반의 입교에 작은달에는 1일7877분76초를, 큰달에는 2일7877분76초를 더해서도 얻을 수 있다. 이런 방식으로 다음 정삭 야반의 입교를 구할 때도 야반 입교가 교종일보다 커지면 교종일을 덜어 내고 남은 값을 야반 입교로 삼는다.

또 표 5.2.1에서 보듯이 정월과 2월, 9월부터 12월까지는 정삭일과 정망일 야반의 입교 일하분이 동일한 값이며, 또 3월부터 7월까지는 정망 야반 입교의 일하분이 다음 달 정삭 야반 입교의 일하분과 같다. 이는 정삭일이나 정망일 야반의 입교가 교종일을 넘지 않으면 1일씩 누가한 야반 입교의 일하분이 그대로 유지되기 때문이다.

5.3 정삭·정망의 가시입교 산정 求定朔望加時入交

경삭이나 경망의 입교범일 분초(入交汎日分秒)를 놓고, 정삭이나 정망의 가감차(加減差)를 더하거나 뺀 값이 곧 정삭 또는 정망의 가시입교범일 분초(加時入交汎日分秒)이다.

置經朔、望入交汎日及分秒，以定朔、望加減差加減之，卽定朔、望加時入交汎日及分秒。

해설

정삭 또는 정망의 가시입교

경삭과 경망은 해와 달이 평균속도로 운행한다고 가정하고, 이 두 천체의 경도(經度)가 일치하거나 반대편에서 마주 보는 순간을 구한 값이다. 그러나 해나 달은 운행 중 황백도 상의 위치에 따라 겉보기속도가 평균속도보다 빠르거나 느리다. 정삭과 정망은 이런 속도차로 인한 위치차, 곧 해와 달의 중심차(中心差)가 고려된 삭과 망의 정확한 순간을 일컫는다. 해의 중심차는 영축차(盈縮差)이고 달의 중심차는 지질차(遲疾差)이며, 둘의 교정치를 합친 후 달의 운행속도로 나눈 것이 가감차(加減差)이다. 경삭의 순간 평균위치보다 지질차만큼 뒤처지거나 앞선 달과, 평균위치보다 영축차만큼 앞서거나 뒤처진 해가 만나 정삭에 이르게 된다. 가감차는 이때 경삭과 정삭의 시간차를 가리킨다.

일식과 월식은 삭이나 망이 정교점이나 중교점에 가까이 있을 때 일어난다. 그러므로 황도(黃道)와 백도(白道)의 정교점을 지난 후 삭이나 망의 순간까지 걸린 시간인 삭·망의 입교범일이 일정 범위 내에 있어야 교식이 일어난다. 교식 추산 결과의 엄밀성을 확보하기 위해서는 우선 정삭이나 정망의 입교범일부터 정확히 계산되어야 하고, 정확한 입교범일은 경삭이나 경망이 아닌 정삭이나 정망에 대한 값이므로, 둘 사이의 보정값에 해당하는 가감차가 경삭 또는 경망의 입교범일에 보태져야 한다.

다만 본문에서 일컫는 '정삭이나 정망의 가감차'는 앞서 1.18절에서 보았듯이 경삭이나 경망의 순간에 대해 계산된 '경삭 또는 경망의 가감차'이지 달리 정삭이나 정망에 대해 계산된 별도의 가감차가 아님에 유의해야 한다.

정삭 또는 정망의 가시입교범일은 그림 5.3.1에서 보듯이 해와 달이 황도와 백도의 정교점을 지난 후부터 정삭이나 정망의 순간까지 소요되는 시간을 의미한다. 가시(加時)는 어떤 천문 현상이 실제로 나타나는 순간의 좌표 값을 가리킨다.[1]

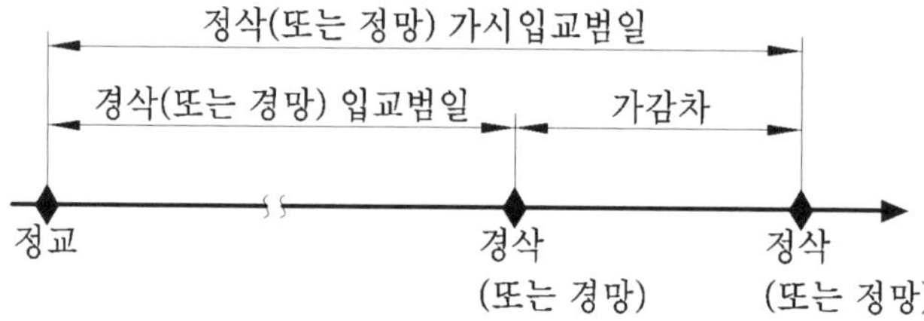

그림 5.3.1

산식

정삭(또는 정망) 가시입교범일 = 경삭(또는 경망) 입교범일±정삭(또는 정망) 가감차

(단, 가차이면 +, 감차이면 −)

1 상세한 내용은 1.8절의 '발렴가시' 해설 참조.

가령

세종 정묘년 매월 정삭과 정망의 가시입교범일

세종 정묘년 매월 경삭과 경망의 입교범일은 1.21절에서 이미 계산되었고, 이것에 표 1.18.1의 가감차를 보태어 정삭과 정망의 가시입교범일을 얻는다.

예를 들어 정월의 가감차는 경삭에서 감차 1402분2363이고 경망에서는 가차 4938분4203이다. 또 정월의 입교범일은 경삭일 때 7일9428분95초이고, 경망일 때는 22일7081분91초50이다. 따라서 정월 정삭의 입교범일은 (경삭입교범일 7일9428분95초－경삭감차 1402분23초63＝) 7일8026분71초이고, 정망의 입교범일은 (경망입교범일 22일7081분91초50＋경망가차 4938분42초03＝) 23일2020분33초50이다.

이와 같이 추산한 세종 정묘년 매월 정삭과 정망의 가시입교범일을 취합한 것이 표 5.3.1이다.

표 5.3.1 세종 정묘년 매월 정삭과 정망의 가시입교범일

	정삭 가시입교	정망 가시입교
정월	7일8026분71초	23일2020분33초50
2월	10일0627분38초	25일6128분00초50
3월	12일3524분72초	0일6909분44초50
4월	14일6731분73초	2일8760분48초50
윤4월	17일0382분07초	4일9825분53초50
5월	19일4330분19초	7일0382분80초50
6월	21일8624분03초	9일1149분94초50
7월	24일2913분47초	11일2530분90초50
8월	26일6913분97초	13일4757분65초50
9월	1일8370분96초	15일8108분51초50
10월	4일1609분96초	18일2667분99초50
11월	6일4504분79초	20일8425분88초50
12월	8일7049분92초	23일4609분59초50

일식日食

5.4 정한행도 산정 求定限行度[2]

경삭(經朔)의 입지질력 일분초(入遲疾曆日分秒)를 놓고, 정삭(定朔)의 가감차(加減差)를 더하거나 빼면 정입지질력(定入遲疾曆)을 얻는다. 이것에 12한 20분을 곱하여 정한(定限)을 얻는다. 달의 정한하행도 분초(定限下行度分秒)를 놓고 태양의 한행도(限行度) 8분20초를 뺀 것이 정한행도 분초(定限行度分秒)이다. 달의 한행도는 제1장 〈역일(曆日)〉을 보라.

置經朔遲疾曆日及分秒，以定朔加減差加減之，得定入遲疾曆。以十二限二十分乘之，得定限。置定限下行度及分秒，【大陰限行度，見《曆日》】減去大陽限行八分二十秒，爲定限行度及分秒。

해설

정입지질력[3]

달의 궤도인 백도는 해의 궤도인 황도에 비해 이심률(異心率)이 훨씬 크

2 求定限行度 : 저본에는 '求交常交定度'로 되어 있으나 이는 본문과 무관한 제목이므로 갑인자본에 근거하여 바로잡았다.

3 일식 추보에서 정입지질력(定入遲疾曆)은 정삭의 입지질력과 같은 의미를 갖지만, 《교식통궤(交食通軌)》 갑인자본에서 입지질력에 가감차를 가감한 값을 갖는 독립된 용수(用數)로 정의되었다.

다. 따라서 백도 위를 한 바퀴 도는 동안 일어나는 달의 각속도 변화는 해가 겪는 속도 변화보다 훨씬 폭이 크다. 경삭·경망을 구할 때 활용된 평균속도에 비해서 위치에 따라 달의 실제속도가 어떻게 달라지는지를 나타내기 위해, 앞서 1.15절에서 백도의 근지점(近地點)인 전종(轉終)이나 원지점(遠地點)인 전중(轉中)을 지난 후부터 경과한 시간을 뜻하는 입지질력(入遲疾曆)을 먼저 정의하였다.

일식(日食)이 일어나는 범위인 교점 주변에서 달의 정확한 위치를 구하기 위해 경삭의 입지질력에 가감차를 보태어 정입지질력을 구하도록 하였다. 가감차가 나타내는 것이 실제속도로 움직일 때의 정삭의 순간과 평균속도로 움직인 경삭 순간 사이의 시간 차이이기 때문에 일식 추산에서 정입지질력은 정삭의 입지질력과 같은 의미를 갖는다.

2) 정한, 정한하행도, 정한행도

정입지질력에 곱한 12한20분은 근점월(近點月) 주기인 전종(轉終 27일5546분)을 336한(限)으로 나눠 얻은 0.082008일/한의 역수이다. 따라서 정입지질력에 12한20분을 곱하는 것은 정입지질력을 해가 1한을 지나는 데 걸리는 시간(0.082008일/한)으로 나누는 것과 같다. 이는 정입지질력이 몇 한에 해당하는지, 곧 정삭의 한수(限數)를 나타낸다. 정삭의 한수를 정한이라 한다.

정삭의 순간이 168한(= 336한/2) 중 어느 한수에 해당하는지를 정한이 나타내고 있으므로, 해당 정한에서 1한, 곧 0.082008일 동안 달이 움직이는 도수가 정한하행도이다. 이 정한하행도는 앞의 1.16절의 입성에 주어진 지질력한행도(遲疾曆限行度)에서 찾되, 정입지질력이 입질력이면 질력한행도에서 찾고, 입지력이면 지력한행도에서 찾는다.

정한하행도에서 태양한행도(太陽限行度)를 뺀 값이 정한행도이다. 달이 정한에서 1한 동안 운행한 각도가 정한하행도이고, 해가 1한, 즉 0.082008일 동안 움직인 각도인 0.082008도, 곧 8분20초가 태양한행도이므로, 정한행도는 해당 정한에서 달이 해보다 얼마나 더 운행하는지를 나타내고 있다.

산식

① 정입지질력 = 경삭 입지질력±정삭 가감차

② 정한 = INT〔정입지질력×12한20분〕[4]

③ 정한하행도 = 지질력한행도〔정한〕

④ 정한행도 = 정한하행도− 태양한행도 8분20초

가령

1) 세종 정묘년 매월 정삭의 정입지질력

세종 정묘년 매월 경삭의 입지질력을 표 1.15.1에서 찾고, 이것에 표 1.18.1의 가감차를 보태어 정묘년 정입지질력을 얻는다. 예를 들어 정월의 정입지질력은 경삭의 입질력 2일9549분15초에서 감차 1402분2363을 뺀 입질력 2일8146분91초이고, 마찬가지로 8월 정입지질력은 (8월경삭입지력 4일9855분59초+8월경삭가차 2015분5046=) 5일1871분09초이다.

세종 정묘년의 매월 정입지질력을 구하여 취합한 것이 표 5.4.1의 제2열이다.

2) 세종 정묘년 매월 정삭의 정한과 정한행도

정묘년 정월 정삭의 정한은 입지질력 2일8146분91초에 12한20분을 곱한 34.3392의 정수(整數) 부분인 34이고, 정월 정삭의 정한하행도는 1.16절 달의 한수와 지질도에 주어진 입성에서 한수가 34인 행(行)의 제5열에서 찾은 질력한행도인 1도17분64초와 같다. 또 정삭의 정한행도는 정한하행도 1도17분64초에서 태양한행도 8분20초를 뺀 1도09분44초가 된다.

4 어떤 값 C가 정수 C_i와 소수점 이하의 양(陽)의 수 C_d의 합으로 이루어질 때, 정수 C_i만 취하는 연산을 INT(C)로 나타낸다.

이와 같이 세종 정묘년 매월 정삭의 정한과 정한하행도, 그리고 정한행도를 구하여 취합한 것이 표 5.4.1의 제3~제5열이다.

표 5.4.1 세종 정묘년 매월 정삭의 정입지질력 · 정한 · 정한하행도 · 정한행도

	정삭의 입지질력	정한	정한하행도	정한행도
정월	입질력 2일8146분91초	34	1도17분64초	1도09분44초
2월	입질력 4일7323분82초	57	1도14분28초	1도06분08초
3월	입질력 6일6797분40초	81	1도09분68초	1도01분48초
4월	입질력 8일6580분65초	105	1도05분84초	0도97분64초
윤4월	입질력 10일6807분23초	130	1도02분00초	0도93분80초
5월	입질력 12일7331분59초	155	0도99분37초	0도91분17초
6월	입지력 1일0428분67초	12	0도99분37초	0도91분17초
7월	입지력 3일1294분35초	38	1도02분13초	0도93분93초
8월	입지력 5일1871분09초	63	1도06분02초	0도97분82초
9월	입지력 7일2026분56초	87	1도09분90초	1도01분70초
10월	입지력 9일1838분13초	112	1도14분62초	1도06분42초
11월	입지력 11일1252분87초	135	1도17분88초	1도09분68초
12월	입지력 13일0341분24초	159	1도20분19초	1도11분99초

5.5 교상도와 교정도 산정 求交常交定度[5]

교상도

경삭(經朔)의 입교범일 분초(入交汎日分秒)를 놓고, 월평행(月平行)을 곱한 것이 교상도 분초이다.

교정도

교상도에 그달 삭(朔)의 영축차(盈縮差)를 가감하되, 영차(盈差)이면 더하고 축차(縮差)이면 뺀 것이 곧 교정도 분초이다. 교상도가 축차보다 작아서 뺄 수 없으면 교종도(交終度)를 더한 후에 뺀다.

置經朔入交汎日及分秒, 以月平行乘之, 爲交常度及分秒。以其朔盈縮差, 盈加縮減之, 爲交定度及分秒。【不及減者, 加交終度減之】

해설

1) 교상도와 월평행

1삭망월(朔望月) 동안 달이 지구를 돈 각도는 그림 5.5.1에서 보듯이 항성을 기준으로 지구를 한 바퀴 돈 각도인 주천도(周天度)에 지구가 1삭망월, 곧 삭책(朔策) 동안 해를 공전한 각도 θ_m 을 더한 만큼이다. 따라서 달의 하루 평균운행각도를 가리키는 월평행은 ({주천 365도25분75초+삭책 29도53분05초93}/(삭책 29.530593일)=) 13도36분87초50이다.

5 求交常交定度 : 저본에는 '求常交定度'로 되어 있으나, 본문이 교상도(交常度)와 교정도(交定度)를 차례로 구하는 내용이고 또 뒤의 〈월식(月食)〉에서 교상도와 교정도를 구하는 5.25절의 내용이 '求交常交定度'라는 제목 아래 있으므로, 갑인자본에 따라 바로잡았다.

경사의 입교범일에 월평행을 곱한 교상도는 달이 황도 이북에서 이남으로 통과하는 순간부터 경사의 순간까지 달이 이동한 각도를 가리킨다.

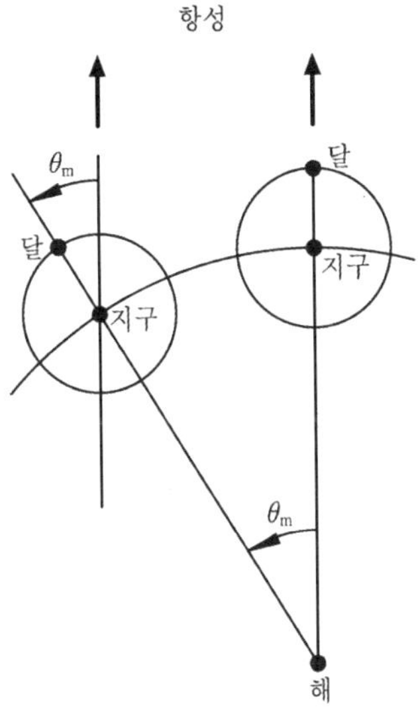

그림 5.5.1

2) 교정도와 영축차

영축차는 경사의 순간에 해의 실제위치가 평균속도로 운행한 위치보다 얼마나 앞서 있는지, 또는 뒤처져 있는지를 나타내는 각도이다. 따라서 교상도에 영축차를 가감한 교정도는 정교점(正交點)부터 경삭 때 해의 실제위치에 이르기까지의 각도를 가리킨다. 교상도가 정교점부터 경삭의 순간까지 달이 평균속도로 이동한 각도라면, 교정도는 정교점부터 정삭의 순간까지 달이 운행한 각도라고 할 수 있다. 《수시력》에서 가감차(加減差) 동안 해가 움직인 각도를 무시하였기 때문이다. 그러므로 그림 5.5.2에서 보듯이 정삭의 입교범일에는 지질차가 큰 영향을 미치지만, 정삭의 입교범일에 상응하는 각도인 교정도에는 지질차의 영향이 무시된 것이다.

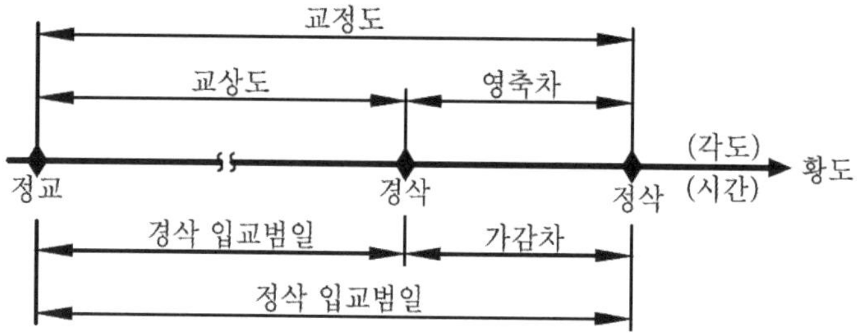

그림 5.5.2

산식

① 교상도 = 경삭 입교범일×월평행

② 교정도 = 교상도±영축차 (단, 영차이면 +, 축차이면 −)

가령

세종 정묘년 매월 경삭의 교상도와 교정도

세종 정묘년 매월 경삭의 입교범일을 표 1.21.1에서 찾고, 이것에 월평행을 곱하여 교상도를 얻는다. 예를 들어 8월 경삭의 입교범일이 26일4898분47초이므로 월평행 13도36분87초50미를 곱한 교상도는 354도13분61초42미이다.

교상도에 표 1.13.1의 영축차를 보탠 각도가 교정도이다. 예로써 정묘년 8월 경삭의 교정도는 위의 교상도에서 축차를 뺀 (8월경삭교상도 354도13분61초42미−8월경삭축차 2도39분24초33미=) 351도74분37초09미이다.

세종 정묘년의 매월 경삭에 대한 교상도와 교정도를 구하여 취합하면 표 5.5.1과 같다.

표 5.5.1 세종 정묘년 매월 경삭의 교상도와 교정도

	교상도	교정도
정월	106도18분65초78	107도66분55초18
2월	137도18분02초73	139도38분35초49
3월	168도17분39초69	170도56분67초89
4월	199도16분76초64	201도21분89초26
윤4월	230도16분13초60	231도40분20초25
5월	261도15분50초55	261도15분79초48
6월	292도14분87초51	290도91분22초59
7월	323도14분24초47	321도09분35초17
8월	354도13분61초42	351도74분37초09
9월	21도33분64초18	19도13분12초65
10월	52도33분01초14	50도84분72초21
11월	83도32분38초09	83도04분91초67
12월	114도31분75초05	115도40분47초78

5.6 일식이 정교 또는 중교에서 일어나는 한도 산정

求食在正交中交限度

교정도(交定度)를 살펴서, 그 값이 7도 이하이거나 342도 이상인 경우는 모두 정교(正交)에서 일식이 일어나고, 175도 이상 202도 이하인 경우는 모두 중교(中交)에서 일식이 일어난다.

視交定度, 在七度已下三百四十二度已上, 皆爲食在正交; 在一百七十五度已上二百〇二度已下, 皆爲食在中交。

해설

1) 시차(視差)

교점월(交點月)의 길이인 교종일(交終日 27일2122분24초)이 삭망월(朔望月)의 길이인 삭책(朔策 29.530593일)보다 2.3일 정도 짧다. 그러므로 1삭망월 속에 교점이 세 번이나 들어가는 경우도 있다. 합삭이 정교점이나 중교점 중 어느 교점 주변에서 일어나든지 교정도로 나타낸 식한은 0도 이후, 교중도(交中度 181도89분67초=교종도/2) 전후, 교종도(交終度 363도79분34초=교종일×월평행) 이전 몇 도의 각도로 표현된다.

정교나 중교의 식한이 교중도와 교종도의 전후로 같은 값을 갖지 않는 것은 일식 추보에 관측지의 위도(緯度), 하루 중 시각, 1년 중의 계절이 영향을 미치기 때문이다. 지구에서 달까지 거리가 해까지 거리에 비해 매우 짧으므로 위도, 시각, 계절 등 관측 조건이 다르면 일식의 발생 여부, 개시·종료 시각, 일식의 정도 등에 상당한 차이가 있다.

그림 5.6.1에 실선으로 나타낸 삼각함수의 곡선은 지구 중심에서 바라본 백도(白道)이고, 점선은 지구의 북반구에서 바라본 달의 궤적인 시백

도(視白道)이다. 관측지의 위도로 인해 백도가 황도의 남쪽을 향해 시차(視差)만큼 평행이동하였고, 그 결과로 교점이 황도를 따라 이동하였다. 시백도가 황도 이북의 음력(陰曆)에서 황도 이남의 양력(陽曆)으로 넘어가면서 황도와 만나는 점인 시정교점(視正交點)은 왼쪽으로 이동하였고, 거꾸로 양력에서 음력으로 통과하면서 만나는 점인 시중교점(視中交點)은 오른쪽으로 이동하였다. 북반구에서 위도가 높을수록 시백도는 황도의 남쪽으로 더 많이 내려가고, 동시에 시교점의 이동이 커진다.

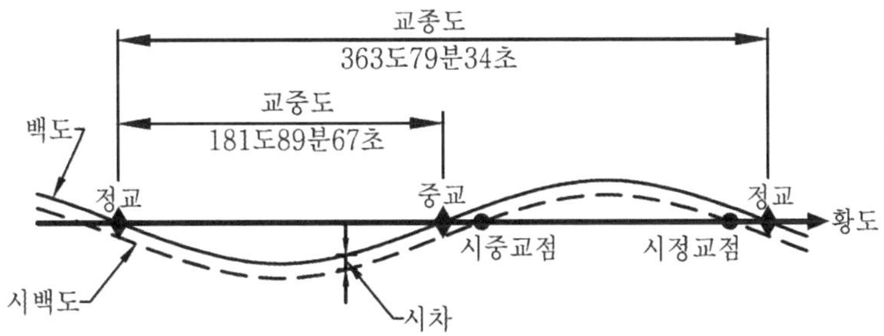

그림 5.6.1

2) 식한(食限)

일식(日食)은 달이 해를 가리는 현상이므로 합삭(合朔) 전후의 일정한 범위에서 일어난다. 식한은 교점 전후에서 일식이 일어날 수 있는 범위를 가리킨다.

시백도가 남쪽으로 이동되면서 황도 이북을 지칭하는 음력의 식한은 늘어났고 황도 이남을 나타내는 양력의 식한은 줄어들었다. 그림 5.6.2에서 보듯이 달이 음력에서 양력으로 넘어가는 정교점(正交點)에서 음력의 식한은 (교종도 363도79분34초−342도=) 21.79도이고 양력식한은 7도이다. 한편 달이 양력에서 음력으로 넘어가는 중교점(中交點)에서도 음력식한이 (202도−교중도 181도89분67초=) 20.1033도이고 양력식한은 (교중도 181도89분67초−175도=) 6.8967도여서 정교점의 식한과 거의 같은 값이다.

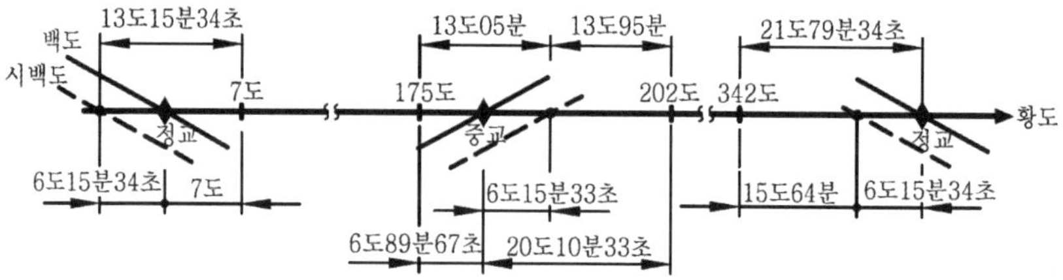

그림 5.6.2

산식

〔교정도 ≤ 7도 또는 교정도 ≥ 342도〕이면

식한 = 정교 식한

〔175도 ≤ 교정도 ≤ 202도〕이면

식한 = 중교 식한

가령

세종 정묘년 매월 정삭의 교정도 가운데서 일식식한에 드는 경우

세종 정묘년의 정삭 중 교정도가 식한의 범위에 속하는 달을 앞 절의 표 5.5.1에서 찾으면, 교정도가 351도74분37초09이어서 정교점 이전의 일식 한도인 342도보다 큰 8월 정삭을 들 수 있다. 8월 일식은 정교점에 이르기 전에 식이 발생하는 경우이다.

4월 정삭 역시 교정도가 201도21분89초26이어서 중교점 이후의 일식 한도인 202도보다 작은 값이다. 그러나 4월 정삭은 교정도가 식한에 걸쳐 있어 일식이 있을 가능성이 낮은 경우이므로 뒤이은 가령에서 추산의 예로 삼지 않았다.

5.7 중전분과 중후분 산정 求中前中後分

정삭(定朔)의 일하분(日下分)을 살펴서, 반일주(半日周)보다 작으면 반일주에서 그 값을 뺀 것이 중전분(中前分)이다. 정삭의 일하분이 반일주보다 크면 그 값에서 반일주를 뺀 것이 중후분(中後分)이다.

視定朔日下分, 在半日周已下, 去減半周, 爲中前分; 已上, 減去半周, 爲中後分。

해설

중전분과 중후분

매월 정삭의 순간이 하루의 중간인 오중(午中)에서 얼마나 떨어져 있는지를 구하여 중전분 또는 중후분으로 구분하여 나타내었다. 일하분이 반일주(半日周 5000분) 이하여서 오중 이전이면 반일주에서 일하분을 뺀 값을 중전분으로 삼았고, 일하분이 반일주 이상이어서 오중 이후이면 일하분에서 반일주를 빼고 남은 값을 중후분으로 삼았다. 따라서 오중 전후에 걸친 중전분과 중후분의 변화는 그림 5.7.1과 같이 나타난다.

중전분과 중후분은 뒤이어 전개될 일식의 시차(時差)가 오중을 중심으로 대칭을 이루므로 계산의 편의를 위해 도입된 변수이다.

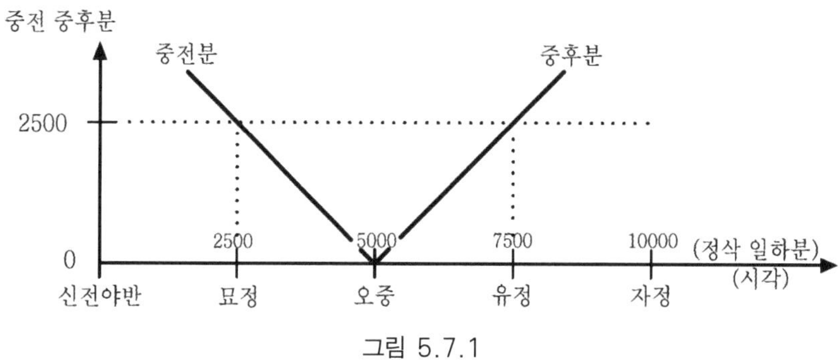

그림 5.7.1

산식

〔정삭 일하분 ≤ 반일주〕이면

　중전분 = 반일주 − 정삭 일하분

〔정삭 일하분 > 반일주〕이면

　중후분 = 정삭 일하분 − 반일주

가령

세종 정묘년 8월 정삭의 중전분과 중후분

표 1.20.1에서 찾은 정묘년 8월 정삭의 일하분(日下分)은 6699분09초이다. 8월 정삭의 일하분이 반일주보다 크므로 중후분(中後分)은 (일하분 6699분09초 − 반일주 5000분 =) 1699분09초이다.

5.8 시차 · 식심 · 거오정분 산정 求時差食甚及距午定分

시차

중전분(中前分) 또는 중후분(中後分)을 반일주(半日周)와 더불어 상감상승(相減相乘)[6]한 후, 두 자리를 낮추어 96으로 나눈 것이 시차(時差)이다.

식심정분(食甚定分)

중전(中前)이라면 정삭(定朔)의 일하분(日下分)에서 시차를 뺀 것이 식심정분이고, 중후(中後)라면 정삭의 일하분에 시차를 더한 것이 식심정분이다.

거오정분

중전분 또는 중후분에 각기 시차를 더한 것이 거오정분(距午定分)이다.

以中前、中後分, 與半日周相減相乘, 退二位, 如九十六而一, 爲時差。中前以減, 中後以加, 皆加減定朔日下分, 爲食甚定分。以中前、後, 各加時差, 爲距午定分。

해설

1) 시차

시차는 식심과 정삭 사이의 시간차를 가리킨다. 해와 달의 황경(黃經)이 일치하는 순간인 정삭, 그리고 달이 해를 가장 많이 가리는 순간인 식심, 이 두 순간이 일치하지 않고 한 시간 이상의 상당한 시간차를 자주 보이는 것은 달의 시차(視差) 때문이다. 일정한 관측지에서 관찰한 시차(時

6 상감상승(相減相乘) : A를 B와 더불어 상감상승한다는 것은 $A\times(B-A)$의 계산을 수행한다는 의미이다.

差)도 일식이 일어난 시각과 계절에 따라 큰 변화가 있다. 그러나 중국의 전통 역법에서는 정삭의 시각을 가리키는 중전·중후분만 시차(時差)의 변수로 선택되었고, 계절에 관련된 태양 입영축력의 영향은 전혀 고려되지 않았다. 상감상승(相減相乘)의 식으로 표현되는 《수시력》의 시차 산법은 당(唐) 《선명력(宣明曆)》 이래의 전통을 따른 것이고, 특히 금(金)의 《경오원력(庚午元曆)》과는 산식의 표현조차 거의 일치한다.

중전·중후분에 따라 시차(時差)가 어떻게 바뀌는지는 그림 5.8.1을 통하여 개략적으로 설명된다. 그림 5.8.1에서 보듯이 달이 지구 중심과 태양을 잇는 직선 위에 닿았을 때가 정삭의 순간이다. 그러나 식심은 지표(地表)의 관찰자와 태양을 잇는 직선 위에 달이 놓일 때이다. 그러므로 오전 중에 일어나는 일식이라면 일출 때 식심과 정삭 간 달의 이동거리가 AB로서 가장 크고 시차(視差)도 최대인 0°.95에 이른다. 반면에 오중(午中)에 일어나는 일식에서는 식심과 정삭 시각이 일치하므로 시차(視差)가 영(零)이 된다.

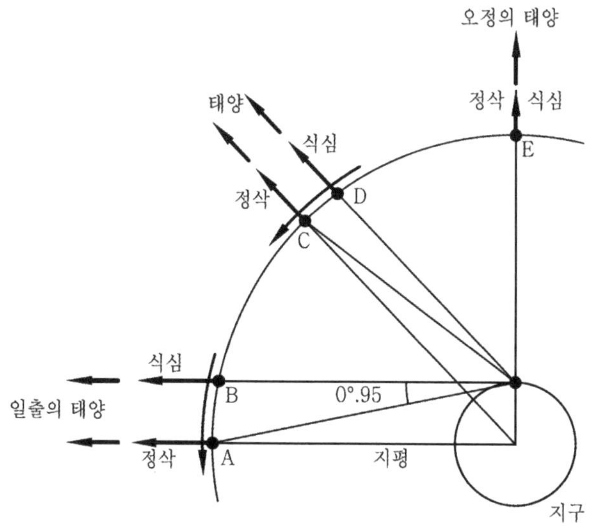

그림 5.8.1

그러므로 중전분 또는 중후분 x를 변수로 갖는 시차(時差) 함수 $f(x)$는 $f(0)=f(\text{반일주})=0$이고, 또 $f(\text{반일주}/2)=\text{최대치 } C$로 나타낼 수 있으므로 아래와 같이 상감상승의 산식으로 나타낼 수 있다. 일주(日周)가 1만분이므로 시차(時差)가 최대가 되는 식심 시각인 묘정(卯正)의 중전분, 곧 반일주/2=2500분을 다음과 같이 분모에 대입하였다.

$$f(x) = C\,\frac{x(\text{반일주}-x)}{(\text{반일주}/2)^2} = C\,\frac{x(\text{반일주}-x)}{2500^2}$$

《수시력》에서 대입한 시차(時差)의 최대치 C는 651분이다. 묘정(卯正)에 식심이 있을 때의 시차에 해당하는 이 값을 대입하여 위의 식을 정리하면 본문에서 제시한 시차의 식, 즉 다음 식을 얻게 된다.

$$f(x) = \frac{x(\text{반일주}-x)}{9600}$$

위의 식으로 주어지는 시차(時差)를 중전분 또는 중후분 x에 대한 함수로 나타내면 그림 5.8.2와 같다.

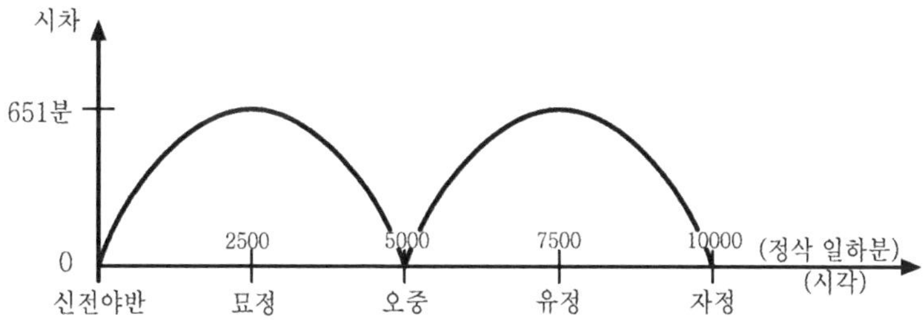

그림 5.8.2

한편 《수시력》에서 취한 최대 시차(時差) C를 그림 5.8.3에서 구하면 다음과 같은 근사치가 나온다. 즉 묘정과 유정의 지평시차 $0^\circ.95$는 적도를 따른 값이므로 이것을 황도 위의 각거리로 고치면 $0^\circ.95\times\cos 23^\circ.56$이 되고, 이를 달의 운행속도인 월평행(月平行)으로 나누면 대략 661분이 소요됨을 알 수 있다.

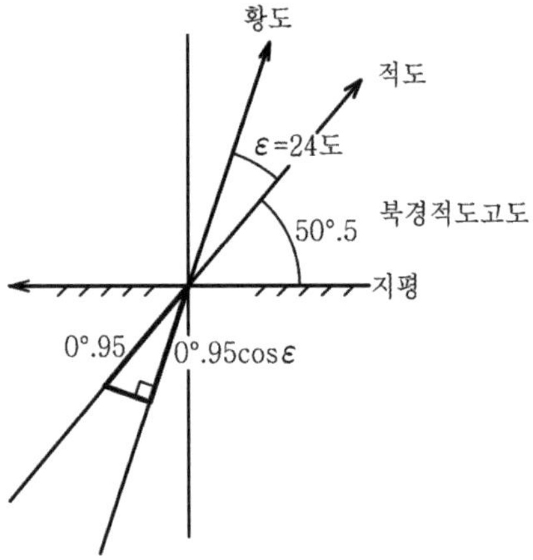

그림 5.8.3

2) 식심정분(食甚定分)과 거오정분(距午定分)

식심과 정삭 사이의 시간차가 시차(時差)이므로 식심은 정삭에 시차를 가감한 시각에 일어난다. 그러므로 식심의 일하분, 곧 식심일 신전야반부터 식심까지를 가리키는 식심정분은 정삭의 일하분에 시차를 가감한 값이 된다. 그림 5.8.1에서 보듯이 식심이 오전에 있으면 식심과 오중(午中) 사이에 있는 정삭 역시 오전에 있고, 따라서 정삭의 일하분에서 시차를 빼야 식심정분을 얻는다. 식심이 오후에 있으면 식심과 오중 사이에 있는 정삭도 오후에 있으며, 정삭의 일하분에서 시차를 더해야 식심정분을 얻는다.

식심과 오중 사이의 시간이 거오정분인 만큼 오전에 들어 있는 식심의 거오정분은 중전분에 시차를 더한 값이고, 오후에 들어 있는 식심의 거오정분 역시 중후분에 시차를 더한 값이다.

산식

① 〔정삭 일하분 ≤ 반일주〕이면

시차 = 중전분×(반일주−중전분) / 9600

〔정삭 일하분 > 반일주〕이면

시차 = 중후분×(반일주−중후분) / 9600

② 식심정분 = 정삭 일하분∓시차

(단, 오전이면 −, 오후이면 +)

③ 거오정분 = 중전(중후)분+시차

가령

세종 정묘년 8월 일식의 시차 · 식심정분 · 거오정분

앞서 구한 정묘년 8월삭의 중후분이 1699분09초이므로, 이 값을 반일주와 상감상승하고 9600으로 나눈 ({중후분 1699분09초×(5000−중후분 1699분09초)}/9600=) 584분22초가 8월 정삭의 시차(時差)이다.

8월 정삭의 일식이 오후에 일어났으므로 일하분 6699분09초에 시차 584분22초를 더한 7283분31초가 식심정분이며, 중후분 1699분09초에 시차 584분22초를 더한 2283분31초가 거오정분이다.

5.9 식심의 입영축력과 정도 산정 求食甚入盈縮曆及定度

식심의 입영축력

경삭(經朔)의 입영축력 일분초(入盈縮曆日分秒)를 놓고, 정삭일(定朔日)과 식심정분(食甚定分)을 더한 후, 경삭 일분초를 뺀 값이 곧 식심의 입영축력이다. 영력(盈曆)과 축력(縮曆)은 초한(初限)과 말한(末限)으로 나누지 않고 각기 반세주까지 헤아린다.

식심의 입영축력정도

앞서 제시된 영축차(盈縮差) 산법으로 영축차를 구한 후, 식심의 입영축력에 영차(盈差)는 더하고 축차(縮差)는 뺀 것이 식심의 입영축력정도 분초(入盈縮曆定度分秒)이다. 영축차 산법은 제1장 〈역일(曆日)〉을 보라.

置[7]經朔入盈縮曆日及分秒,【盈縮各半歲周, 不用初末限】 以定朔日及食甚定分加之, 以經朔日及分秒減之, 即食甚入盈縮曆。 依術求盈縮差,【術見《曆日》】 盈加縮減之, 爲食甚入盈縮曆定度及分秒。

해설

1) 식심의 입영축력

식심의 입영축력이란 동지나 하지부터 식심까지 헤아린 시간을 말한다. 이를 구하기 위하여 이미 구해 놓은 것 가운데 곧바로 활용할 수 있는 것들을 살펴보면, 먼저 1.9절에서 추산한 경삭의 입영축력(동지나 하지부터 경

7 置 : 저본에는 '求'로 되어 있으나, 전후의 용례에 맞지 않으므로 갑인자본에 근거하여 바로잡았다.

삭까시의 시간)이 있나. 또 1.2절에서 추산한 경삭 일분초(직전 갑자일부터 천정 경삭까지의 시간)와 1.20절에서 산정한 정삭 일분초(직전 갑자일부터 정삭까지의 시간), 그리고 5.8.절에서 산정한 시차(時差 식심과 정삭 사이의 시간차)와 식심정분(食甚定分 식심일 신전야반부터 식심 순간까지의 시간)이 있다.

그림 5.9.1에서 보듯이 동지나 하지가 기준인 경삭의 입영축력에서 경삭 직전 갑자일 신전야반부터 헤아린 경삭 일분초를 빼면 경삭 직전 갑자일 신전야반의 입영축력이 된다. 이 값에 다시 경삭 직전 갑자일 신전야반이 기준인 정삭일과 식심정분을 더한 것이 식심의 입영축력이다. 경삭 직전 갑자일부터 일수(日數)만큼 헤아린 정삭일에 식심정분을 보태는 방식을 택한 것은 같은 결과를 얻더라도 정삭 일분초를 더한 후 시차를 가감하는 것보다 계산이 좀 더 간편하다는 이점이 있기 때문일 것이다.

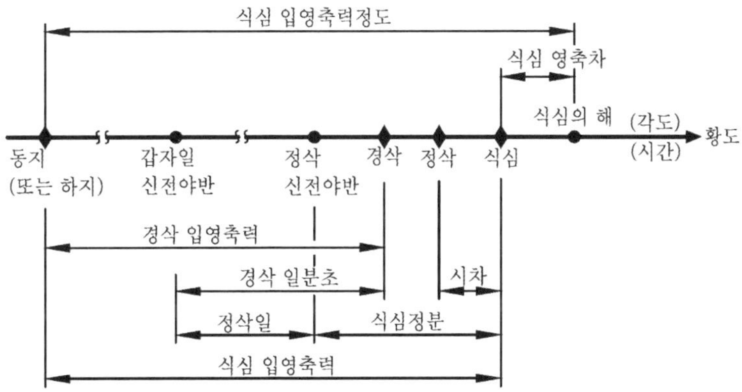

그림 5.9.1

본문에서 "영력과 축력은 초한과 말한으로 나누지 않고 각기 반세주까지 헤아린다."라고 한 것은 식심의 입영축력을 구할 때는 입초한이나 입말한을 구하지 않고 동지 이후 반세주까지의 입영력과 하지 이후 반세주까지의 입축력만 구하기 때문이다.

2) 식심의 입영축력정도(入盈縮曆定度)

식심의 입영축력은 동지나 하지부터 식심의 순간까지 경과한 시간이다. 식심 때 해가 어디에 위치하고 있는지를 구하자면 먼저 시간 단위로 표현된 식심의 입영축력을 각도 단위로 바꿔야 한다. 그 후에 식심의 순간에 해가 입영축력의 각도보다 얼마나 앞서거나 뒤처져 있는지를 나타내는 영축차(盈縮差)를 가감해야 한다. 제1장 〈역일〉의 영축차 계산식은 다음과 같다.

영축차 = {(영축가분×일하분/1만)+영축적}/1만 (도)

즉 식심 순간에 해가 동지나 하지에 대해 가지는 상대위치를 가리켜 식심의 입영축력정도라고 하였다.

산식

① 식심 입영축력 = 경삭의 입영축력+정삭일+식심정분−경삭 일분초

② 식심 입영축력정도 = 식심 입영축력±영축차
(단, 영차이면 +, 축차이면 −)

가령

1) 세종 정묘년 8월 일식의 식심 입영축력

정묘년 8월 일식의 식심 입영축력을 구하기 위해 먼저 표 1.9.1에서 찾은 8월 경삭의 입영축력은 입축력 88일5321분09초이다. 또 표 1.20.1에서 찾은 8월삭의 정삭은 56일(경신)6699분09초이며, 앞 절에서 구한 식심정분은 7283분31초이고, 표 1.2.2에서 찾은 경삭의 일분초는 56일(경신)4683분59초이다.

하지부터 88일5321분09초가 지난 경삭의 입축력에 정삭일 56일과 식심정분 7283분31초를 더한 후, 경삭의 전분 56일4683분59초를 뺀 나머지는

88일7920분81초이고, 이것이 곧 식심의 입축력이며 하지부터 헤아린 시간이다.

2) 세종 정묘년 8월 일식의 식심 입영축력정도

정묘년 8월삭 식심의 입축력이 88일7920분81초이므로 영축차 산정은 1.12절의 하지전후 축초영말한의 태양입성에서 시작된다. 먼저 적일 88일에 대한 축가분(縮加分)과 축적(縮積)을 찾으면 각각 32분4481과 2일3907분0656이다. 그러므로 식심의 영축차를 구하면 (축적 2일3907분0656+축가분 32분4481×일하분 7920분81/일주 1만분=) 축차 2일3932분7671이 된다.

따라서 식심의 입축력과 축차를 각도로 바꾼 후 서로 보태면 (입축력 88도79분20초81−축차 2도39분32초77=) 86도39분88초가 되고, 이것이 곧 하지점부터 식심이 일어날 때 해의 위치까지 각거리를 의미하는 식심의 입축력정도이다.

5.10 남북범차 산정 求南北汎差

식심(食甚)의 입영축력정도 분초(入盈縮曆定度分秒)를 살펴서, 세상한(歲象限) 이하이면 이 값이 입초한(入初限)이고, 세상한 이상이면 반세주(半歲周)에서 이 값을 뺀 것이 입말한(入末限)이다. 입초말한(入初末限)을 제곱한 후 1870으로 나눈 몫을 도(度)로 하고, 도에 미치지 못한 것은 분초(分秒)로 하여 4도46분에서 이 값을 뺀 것이 남북범차(南北汎差)이다.

視食甚入盈縮曆定度及分秒, 在歲象限已下, 爲初限; 已上, 去減半歲周, 爲末限。以初末限自相乘, 如一千八百七十而一爲度, 不滿爲分秒, 用減四度四十六分, 爲南北汎差。

해설

1) 일식의 식차(食差)[8]

일식 추보에서 달의 시차(視差)가 반드시 고려되어야 하는 것은 이로 말미암아 식심과 정삭 사이에 상당한 시간차가 생기고, 또 일식의 정도(程度)를 나타내는 식분(食分)이 크게 변하기 때문이다. 일식 시각에 미치는 영향이 앞서 5.8절에서 다룬 시차(時差)였고, 식분(食分)에 미치는 영향은 식차(食差)로 나타낸다.

달의 운행을 북반구의 중위도에서 바라보면 언제나 백도(白道)의 아래, 곧 남쪽으로 처진 시백도(視白道)를 따라 움직이는 듯이 보인다. 그러나 계절에 따라서, 또 하루 중의 시각에 따라서 시차(視差)가 커지기도

8 5.10절 등 일식 식차에 관한 해설은 취안징(曲安京)의 《중국수리천문학(中國數理天文學)》(북경, 과학출판사, 2008), 427~446쪽의 내용을 참조하였다.

하고 줄어들기도 한다. 시차로 인한 식차의 변화가 어떠한지를 나타내기 위해 그림 5.10.1과 같이 황도(黃道)와 백도, 그리고 시백도가 정교점 근처에서 어떻게 교차하는지를 나타내었다.

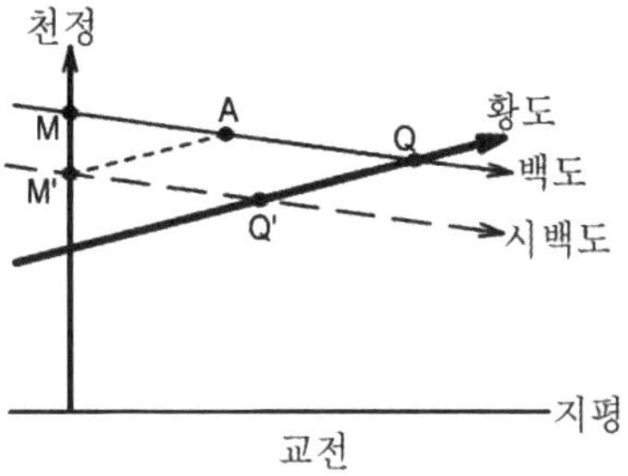

그림 5.10.1(가)

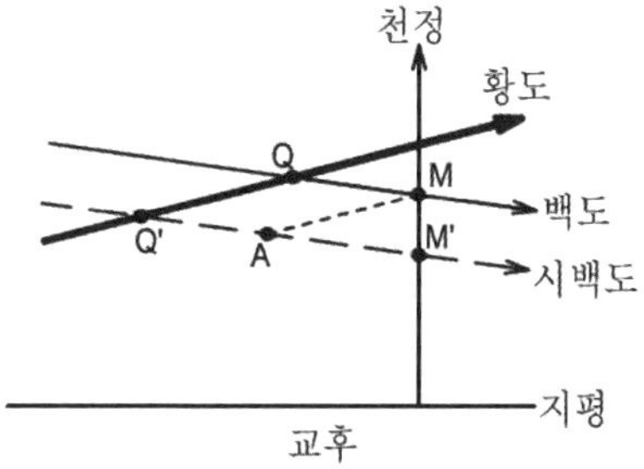

그림 5.10.1(나)

그림 5.10.1에서 Q는 백도와 황도의 교점이고, M은 식심 때 달의 백도 위의 위치이며, Q′은 시백도와 황도의 교점이고, M′은 식심 때 달의 시백도 상의 위치이다. 천정(天頂)을 향하는 수직선은 식심의 순간을 나타낸다. 식심 시각의 달과 정교점 사이 거리가 백도 위의 MQ인데, 시차(視差)로 인해 시백도 위의 M′Q′으로 바뀌었다.

식심이 황도와 백도의 정교점 이전에 들어 있는 그림 5.10.1(가)에서는 식심 때 달과 황백교점 간 거리가 MA, 곧 (MQ−M′Q′)만큼 줄어들었고, 반면에 식심이 황도와 백도의 정교점 이후에 들어 있는 그림 5.10.1(나)

에서는 달과 황백교점 간 거리가 M′A, 곧 (M′Q′−MQ)만큼 늘어났다.

그림 5.10.1(가)의 MA나 그림 5.10.1(나)의 M′A가 시차(視差)로 인한 달과 황백교점 간의 거리 변화량 r이며, r에서 상수 k_o를 뺀 값이 곧 일식의 식차(食差) Δ_e이다.

2) 상수 k_o

황도가 적도 남북을 최대 24도만큼 드나들고 있으므로, 겨울철의 황백교점은 적도보다 남쪽에 있고, 여름에는 적도보다 북쪽에 있다. 따라서 북위 40도인 북경(北京)에서 바라본 백도의 시차(視差)가 동지에는 크고 하지에는 작다. 시차로 인한 달과 황백교점 사이 거리 변화량 r 역시 동지에는 크고 하지에는 작을 수밖에 없다. 한편 일출이나 일몰 때 일어나는 일식에서는 달의 지평시차(地平視差)가 0°.95에 이르는 큰 값이다. 이렇게 일식이 일어나는 계절과 시각에 따라 바뀌는 달과 황백교점 사이의 거리 변화량 r을 좀 더 체계적으로 나타내기 위해 춘추 이분(二分)의 오중(午中)에 일식이 있다면 r값이 얼마인지를 구하여 식차 산정의 기준치로 삼았다.

그림 5.10.2(가)에서 보듯이 북경에서 바라본 천구의 적도 위 정남(正南)에 있는 달의 시차(視差)는 0°.61, 곧 36′.6 정도이다. 이 값이 곧 북경에서 춘추 이분의 오중 일식 때 가지는 달의 시차(視差)이며, 그림 5.10.2(나)에서는 백도와 시백도의 수직거리 QA로 나타난다. 그림 5.10.2(나)에 주어진 여러 각도를 대입하여 QQ′′을 구하면, 6°.21, 곧 6도 30분 정도가 된다. QQ′′은 춘추 이분의 오중 일식 때 황도와 백도의 교점 Q가 시차(視差)로 인해 황도와 시백도의 교점 Q′′까지 옮겨 간 거리이다. 《수시력》에서는 이 값을 6도15분34초로 잡았다.

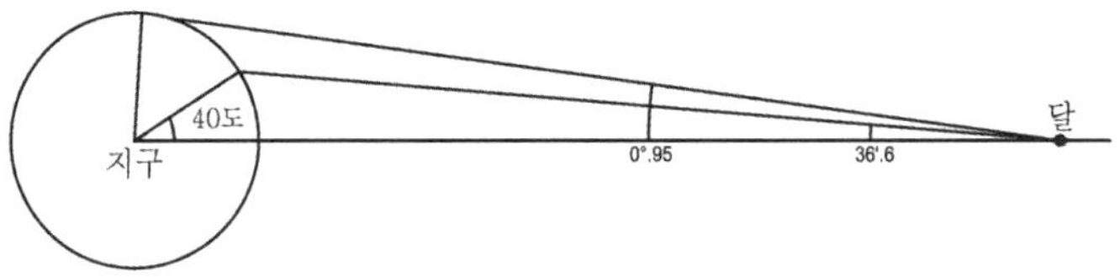

그림 5.10.2(가)

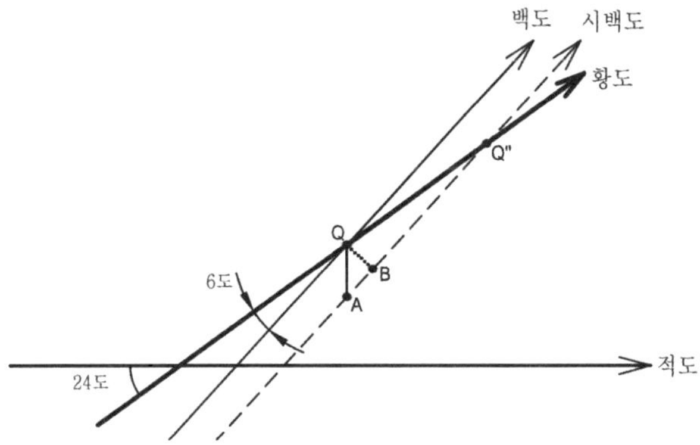

그림 5.10.2(나)

위에서 정의한 일식 식차(食差) $\Delta_e = r - k_o$에 들어 있는 상수 k_o가 바로 그림 5.10.2(나)의 QQ′′을 나타내는 6도15분34초이다. 그러므로 춘추이분의 오중 일식에서 시차(視差)로 인해 생긴 달과 황백교점 간의 거리 변화량 r이 곧 식차 산정의 기준치가 되는 상수 k_o이다.

3) 남북식차(南北食差)와 동서식차(東西食差)

계절과 시각에 따라 달의 시차가 바뀌므로 일식의 식차 역시 이에 따라 변할 수밖에 없다. 식차의 변화 추이를 알기 위하여 천정(天頂)부터 달까지의 거리가 최소인 오중(午中)에 발생하는 일식에서 계절에 따라 식차가 어떻게 바뀌는지, 천정부터 달까지의 거리가 최대인 일출 또는 일몰 때 발생하는 일식의 식차가 계절에 따라 어떻게 바뀌는지를 분리하여 나타내면 그림 5.10.3과 같은 결과를 얻을 수 있다.

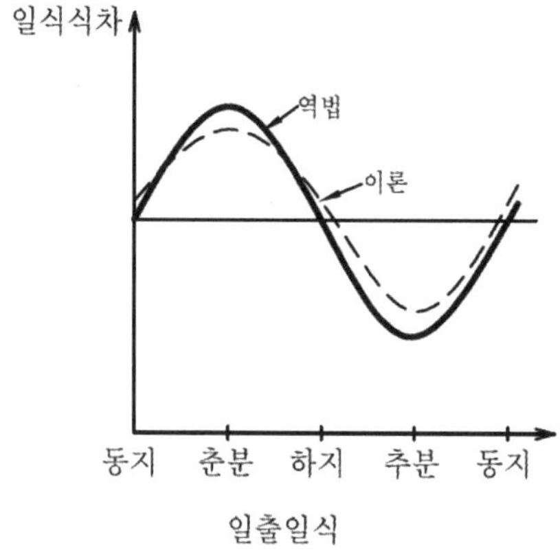

그림 5.10.3(나)

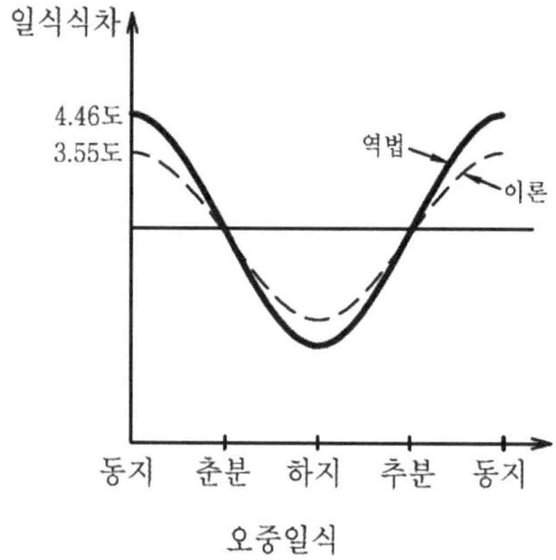

그림 5.10.3(가)

그림 5.10.3(가)에서 오중 일식의 식차는 하지를 중심으로 한 여름철과 동지 전후의 겨울철에 부호가 반대인 삼각함수와 닮은 변화 양상을 보이고 있다. 이에 비해 그림 5.10.3(나)에서 일출 일식의 식차는 춘분 전

후의 봄철과 추분 중심의 가을철에 부호가 반대이며, 역시 삼각함수와 유사한 변화를 보이고 있다. 또 두 경우의 식차는 변화 폭이 같다.

《수시력》에서는 오중 식차의 계절과 시각에 따른 변화를 남북정차(南北定差)의 항으로 표현하였고, 일출입 때 식차의 변화를 동서정차(東西定差)의 항으로 나타내었다.

식차는 당(唐) 때 서앙(徐昻)의 《선명력(宣明曆)》에서 처음 고려되었는데, 기차(氣差)와 각차(刻差)로 구분되었다. 이후 송의 변강(邊岡)이 지은 《숭현력(崇玄曆)》에서 산식의 일부가 바뀌었고, 11세기 중반 초연(楚衍)의 《숭천력(崇天曆)》에서 정형(定型)이 되어 《수시력》과 《대통력》에 이르기까지 그대로 이어지는 동안에 음력식차와 양력식차, 또는 황도(黃道)식차와 적도(赤道)식차로 이름이 바뀌다가 송(宋)의 주종(周琮)이 지은 《명천력(明天曆)》에서 남북식차와 동서식차로 개명되었다.

《숭천력》에서 확립된 이후로 정형화된 일식의 식차 산법을 현대의 근사식으로 표현하면 다음과 같다.

남북정차 $\Delta_1(x, w) = \Delta_{11}(x) \times \left| 1 - \frac{w}{d} \right|$ (일): $0 \le |w| \le 5000$

$$\Delta_{11}(x) = \begin{cases} \frac{1}{3}\left(1 - \frac{x^2}{a^2}\right) & (\text{일}): 0 \le x \le a \\ -\frac{1}{3}\left\{1 - \frac{(2a-x)^2}{a^2}\right\} & (\text{일}): a \le x \le 2a \end{cases}$$

$$\Delta_{11}(x+2a) = -\Delta_{11}(x)$$

동서정차 $$\Delta_2(x, w) = \begin{cases} \Delta_{22}(x) \times \frac{w}{2500} & (\text{일}): 0 \le w \le 2500 \\ \Delta_{22}(x) \times \left(2 - \frac{w}{2500}\right) & (\text{일}): 2500 \le w \le 5000 \end{cases}$$

$$\Delta_{22}(x) = \frac{x(2a-x)}{3a^2} \quad (\text{일}): 0 \le x \le 2a_1$$

$$\Delta_{22}(x+2a) = -\Delta_{22}(x)$$

위 식에서 변수 x는 식심의 입영축력정도를, a는 세상한(歲象限)을, w는 거오정분(距午定分)을, d는 일식이 있는 날의 반주분(半晝分)을 나타낸다.

4) 남북범차(南北汎差)

위에서 남북정차 $\Delta_1(x, w)$가 식심 입영축력정도 x만의 함수와 거오정분 w만의 함수가 곱해진 형태로 주어졌다. 이 가운데 입영축력정도 x의 함수가 남북범차 $\Delta_{11}(x)$이다.

그러나 《칠정산내편》에 제시된 남북범차의 식은 상수항(常數項)도 1/3이 아니고 2차항의 분모도 세상한 91도31분06초25의 제곱에 3을 곱한 값이 아닌 다음 식으로 주어졌다.

$$\text{남북범차} = \text{4도46분} - (\text{입초말한})^2 / 1870 \quad (\text{도})$$

두 식의 계수가 다른 것은 앞의 식은 상수항의 단위가 일(日)이고, 뒤의 식은 도(度)이기 때문이다. 앞서 제시된 남북범차의 식에서 1/3일 동안 달이 이동한 각도는 (월평행 13도36분87초5/3=) 4도45분62초50이므로 반올림하면 《칠정산내편》의 각도가 나온다. 마찬가지로 2차항의 분모인 3×(세상한)^2 역시 단위를 도(度)로 바꾸면 ({3×(세상한 91도31분06초25)^2}/(월평행 13도36분87초50)=) 1871이 되어 본문의 분모와 거의 일치한다.

위의 식에서 $x=0$, 곧 입초말한=0이면 함수치가 4도46분이고, $x=a$, 곧 입초말한=세상한이면 함수치가 0도이다. 즉 입영축력정도가 0인 동지나 하지에서 남북범차가 최대치인 4.46도이고, 입영축력정도가 세상한인 춘분이나 추분 때는 0도이며, 그 사이에서는 포물선의 형태로 감소한다고 해석할 수 있다.

5) 오중(午中) 일식의 식차(食差)

《수시력》을 비롯한 옛 역법에서 동하와 이지(二至)의 남북범차를 4도46

분으로 설정한 것은 그림 5.10.4를 통하여 개략적으로 설명할 수 있다. 먼저 그림 5.10.4(가)에서 북위 0도인 적도에서 바라본 하지 때 남중한 달의 시차(視差)를 구하면 0°.38, 곧 22′.8이며, 이어서 그림 5.10.4(나)에 주어진 각도를 대입하여 식차 k를 구하면 4°.217, 곧 4도28분 정도여서 월평행의 1/3에 매우 가까운 값을 얻을 수 있다.

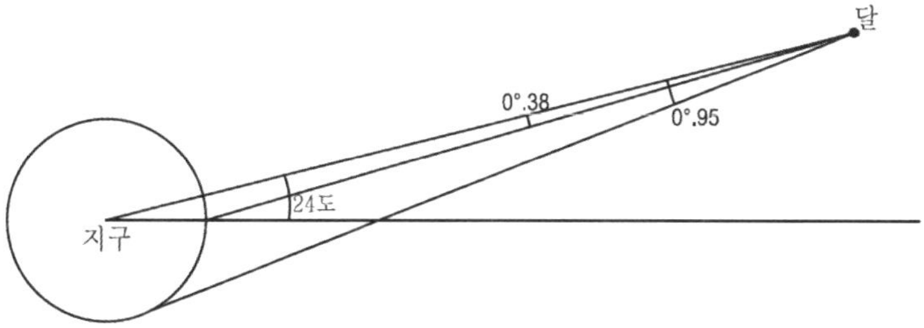

그림 5.10.4(가)

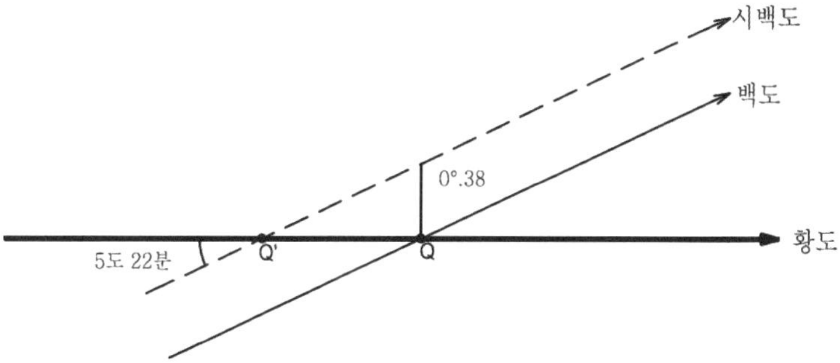

그림 5.10.4(나)

동지와 춘분 사이에 적도에서 바라본 달의 오중 시차(視差)는 0°.38보다 작아지다가 춘분에 이르면 영(零)이 된다. 그림 5.10.4(나)에서 백도와 시백도 간의 수직 거리를 나타내는 시차가 0°.38보다 줄어들면 식차(食差) k 역시 감소한다. 동하 이지부터 춘추 이분에 이르기까지 오중 식차가 줄어드는 양상을 《숭천력》 이후 2차식으로 나타내었고, 이를 남북범차라 하였다.

산식

남북범차 = 4도46분−(입초말한)^2/1870 (도)

(단, 입초말한은 식심의 입영축력정도에 대한 값이다.)

가령

세종 정묘년 8월 일식의 남북범차

위의 산식에 들어 있는 입초말한은 식심의 입영축력정도에 대한 입초말한이고, 단위는 도(度)이다. 앞의 5.9절에서 구한 세종 정묘년 8월삭의 입축력정도가 86도39분88초이므로 세상한 이하이고 입초한이 된다. 이 값을 위의 산식에 대입하면 남북범차가 (4도46분−(입축력정도 86도39분88초)^2/1870=) 0도46분81초54이다.

5.11 반주분 산정 求半晝分

반일주(半日周)를 놓고, 그날의 일출분(日出分)을 뺀 것이 곧 반주분(半晝分)이다.

置半日周，以其日日出分減之，爲半晝分。

해설

반주분

하루가 1만분이므로 신전야반부터 오정까지를 가리키는 반일주는 5000분이다. 일출분은 신전야반부터 일출의 순간까지이므로 그림 5.11.1에서 보듯이 낮의 반인 반주분, 곧 일출의 순간부터 오정까지는 반일주에서 일출분을 뺀 값이다. 반주분은 남북정차 산정에 활용된다.

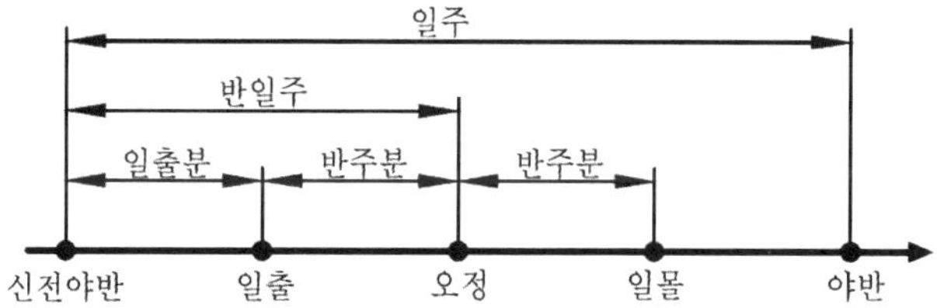

그림 5.11.1

산식

반주분 = 반일주 − 일출분

가령

세종 정묘년 8월 식심일의 반주분

앞서 5.9절에서 구한 정묘년 8월삭 식심의 입영축력이 입축력 88일7920분 81초이므로, 이날은 하지 후 적일이 88일이다. 1.19절의 하지 후 일출분 입성에서 적일 88일의 행(行)을 찾으면 일출분이 2453분07초이다. 따라서 8월삭 식심일의 반주분은 (반일주 5000분－일출분 2453분07초=) 2546분93초이다.

5.12 남북정차 산정 求南北定差

남북범차(南北汎差)를 놓고, 거오정분(距午定分)을 곱한 후 반주분(半晝分)으로 나눈 값을 남북범차에서 뺀 것이 남북정차(南北定差)이다. 남북범차가 작아서 뺄 수 없을 때는 거꾸로 이 값에서 남북범차를 뺀 것 역시 남북정차가 된다. 이런 경우는 더할 것은 빼고, 뺄 것은 더한다.

식심의 입영축력이 영초축말(盈初縮末)에 들어 있으면서 일식이 정교(正交)에서 일어나면 남북정차를 빼고, 중교(中交)에서 일어나면 더한다. 축초영말(縮初盈末)에 들어 있으면서 일식이 정교(正交)에서 일어나면 더하고, 중교(中交)에서 일어나면 뺀다.

置南北汎差，以距午定分乘之，如半晝分而一，去減汎差，爲定差。不及減者，反減之，亦爲定差，應加者減之，應減者加之。在盈初縮末者，食在正交爲減，中交爲加；縮初、盈末者，食在正交爲加，中交爲減。

해설

1) 남북정차

앞의 5.10절에서 정의되었듯이 남북범차는 식심의 입영축력정도(入盈縮曆定度) x만의 함수이다. 여기에 식심의 거오정분 w의 1차함수를 곱하면 남북정차가 된다. 남북정차는 거오정분 $w=0$인 오중(午中)에서 최대치, 곧 남북범차와 같은 값을 갖고, $w=$반주분인 일출(日出)과 일몰(日沒)에서 최소치인 영(零)이 되면서, 오중(午中)을 기준으로 전후 대칭을 이룬다.

2) 남북정차의 부호(符號)

앞서 5.10절에서 정의된 남북정차는 발생하는 계절, 정교와 중교 등 일식의 발생 상황에 따라 부호가 양(陽) 또는 음(陰)으로 바뀐다. 남북정차의 부호가 식심의 입영축력정도 x와 거오정분 w의 전체 구간에서 어떻게 바뀌는지를 구체적으로 살펴보기 위하여, 먼저 변수 x와 w를 $x=90°+\lambda$와 $h=360°w$의 관계를 갖는 새 변수, 곧 식심시각의 태양 황경 λ와 시각(時角) h로 바꿨다. 간략히 나타내기 위해 반주분 $d=0.25$일로 잡고, 변수의 범위를 $0° \le \lambda \le 180°$, $0° \le h \le 90°$로 제한하면 남북정차 Δ_1을 다음과 같이 변환한 후, 삼각함수로 표현된 근사식을 얻을 수 있다.

$$
\begin{aligned}
\Delta_1 &= \frac{1}{3}\left(1-\frac{x^2}{a^2}\right)\left|1-\frac{w}{d}\right| \\
&= -\frac{1}{3}\left(2-\frac{\lambda}{90°}\right)\left(\frac{\lambda}{90°}\right)\left(1-\frac{h}{90°}\right) \\
&\approx -\frac{1}{3}\sin\lambda\,\cos h
\end{aligned}
$$

남북정차의 부호를 언급한 각 역법의 술문(述文)을 일일이 반영해 보면 위에서 제시한 $0° \le \lambda \le 180°$, $0° \le h \le 90°$의 범위뿐 아니라 $180° \le \lambda \le 360°$, $90° \le h \le 360°$의 범위에서도 황경 λ에 대해서는 정현(正弦 sine)함수, 시각 h에 대해서는 여현(餘弦 cosine)함수에 근사한 형태로 표현된다.

그렇다면 황경 $\lambda=0°$와 $180°$, 곧 식심의 입영축력정도 $x=90°$와 $270°$인 춘분과 추분에서 남북정차 Δ_1의 부호가 바뀐다. 본문에서 영초·축말과 축초·영말의 부호가 반대인 것은 식심의 입영축력정도 $x=90°$인 춘분과 $270°$인 추분 사이의 구간이 영말·축초이고, $x=270°$인 추분과 $90°$인 춘분 사이 구간은 축말·영초이기 때문이다.

또 시각 $h=90°$와 $270°$, 곧 $w=d$인 일출과 일몰 때도 남북정차 Δ_1

의 부호가 변하게 된다. 본문의 “남북범차가 작아서 뺄 수 없을 때”라는 것은 곧 $w/d \geq 1$인 야간을 의미하므로, 일출이나 일몰을 넘어선 야간에는 주간과 부호가 반대임을 언급하는 대목이다.

오중 일식의 각 상황에서 남북정차의 부호가 +인지 −인지를 밝히기에 앞서, 먼저 정교점 부근의 주간(晝間) 일식을 예로 들어 그림 5.12.1에 나타내었다. 정교점 이전, 즉 음력에 식심의 달이 있는 교전음력(交前陰曆)이면 그림 5.12.1(가)의 좌측에서 보듯이 백도 위의 달과 교점 사이 거리 M_1Q가 시백도 위의 거리 $M_1'Q'$보다 길고, 따라서 시차(視差)로 인해 M_1Q가 $M_1'Q'$으로 M_1A_1만큼 줄어들게 된다.

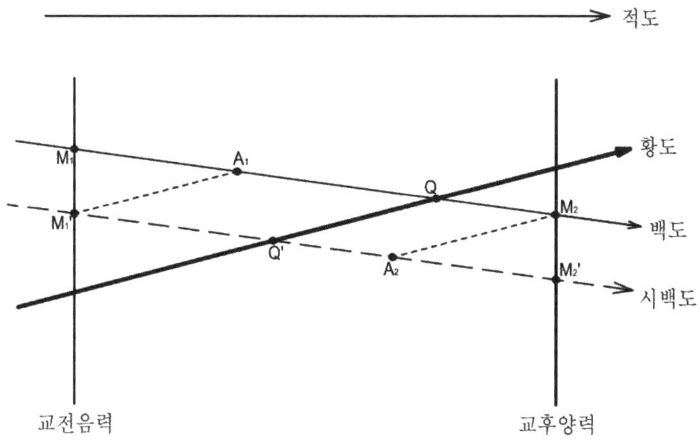

그림 5.12.1(가)

정교점 이후, 즉 양력에 식심의 달이 있는 교후양력(交後陽曆)이면 그림 5.12.1(가)의 우측에서 보듯이 백도 위의 거리 M_2Q보다 시백도 위의 거리 $M_2'Q'$이 길고, 따라서 시차(視差)로 인해 M_2Q가 $M_2'Q'$으로 $M_2'A_2$만큼 늘어나게 된다. 여기서 백도의 황도에 대한 기울기가 최대 6도에 불과하므로 $M_1A_1 \approx M_1'A_1 = QQ'$이고, 마찬가지로 $M_2'A_2 \approx M_2A_2 = QQ'$이므로, 정교점 부근의 식차(食差)는 황도 상의 QQ'와 크기가 같다고 여길 수 있다.

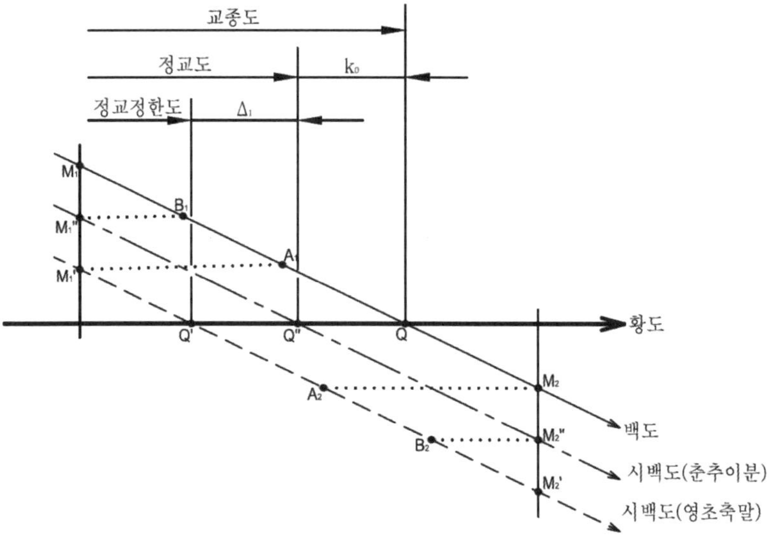

그림 5.12.1(나)

위 일식의 식심 입영축력정도가 영초·축말에 속해 있으면 백도가 적도 이남에 있으므로 적도 상에 있을 때보다 백도의 시차가 크고, 따라서 달과 교점 사이의 거리 변화가 앞서 5.10절에서 본 그림 5.10.2(나)의 QQ′, 곧 k_o보다 더 크게 된다. 즉 그림 5.12.1(나)의 QQ′가 QQ″, 곧 k_o보다 큰 값이므로, 겨울철 주간 일식의 정교점 전후 남북정차 Δ_1은 크기가 Q′Q″ =QQ′$-k_o$와 같다.

식차의 부호는 뒤이은 5.15절에서 다루고 있는, 앞선 정교점부터 시백도와 황도의 교점까지 거리를 나타내는 정교정한도(正交定限度)나 중교정한도(中交定限度)의 산식과 연계되어 결정된다. 그림 5.12.1(나)에서처럼 영초축말의 정교점 주변에서 일어나는 일식이면 정교정한도가 다음 식과 같이 표현된다.

$$정교정한도 = 정교도 - \Delta_1 = 교종도 - k_o - \Delta_1$$

위 식에서 남북정차가 정교도(正交度)에 감(減)해져서 정교정한도가 되므로 이 경우의 남북정차는 부호가 '–', 곧 '감(減)'이 된다. 그러므로 본문에서 "식심의 입영축력이 영초축말(盈初縮末)에 들어 있고 '일식이 정교에서 일어나면〔食在正交〕' 감(減)한다."라고 기술한 것이다.

한편 영초·축말의 중교점 부근에서 일어나는 일식을 그림 5.12.2에 나타내었다. 중교점 이전, 즉 양력에 식심의 달이 놓인 교전양력(交前陽曆)이면 그림 5.12.2(가)의 좌측에서 보듯이 시차(視差)로 인해 $M_1'A_1$만큼 늘어나며, 중교점 이후, 즉 음력에 식심의 달이 놓인 교후음력(交後陰曆)이면 그림 5.12.2(가)의 우측에서 보듯이 시차(視差)로 인해 M_2A_2만큼 줄어들게 된다. 백도의 황도에 대한 기울기를 무시하면 $M_1'A_1 \approx M_1A_1 = QQ'$이고, 마찬가지로 $M_2A_2 \approx M_2'A_2 = QQ'$이므로, 중교점 부근의 식차(食差) 역시 황도 상의 QQ'와 크기가 같아진다.

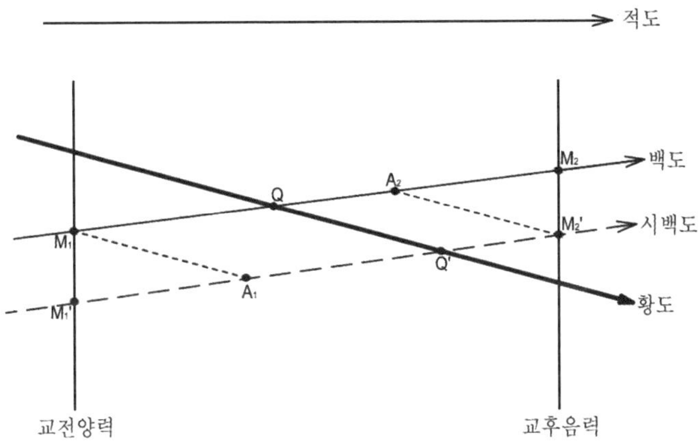

그림 5.12.2(가)

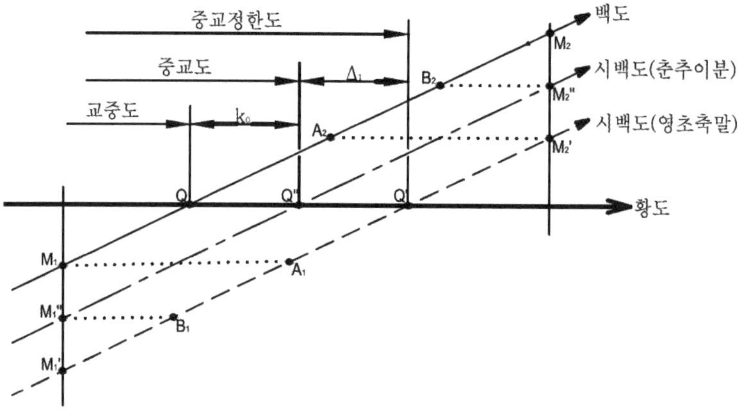

그림 5.12.2(나)

또 그림 5.12.2(나)에 보인 것처럼 QQ′이 QQ″, 곧 k_o보다 큰 값이므로, 중교점 전후의 남북정차 Δ_1은 크기가 Q′Q″=QQ′$-k_o$와 같다. 그러므로 그림 5.12.2(나)에 보인 것처럼 영초·축말의 중교점 주변에서 일어나는 일식이면 중교정한도가 (중교도+Δ_1), 곧 (교중도+$k_o+\Delta_1$)로 표현된다. 남북정차가 중교도(中交度)에 가(加)해져서 중교정한도가 되므로 이 경우의 남북정차는 부호가 '+', 곧 '가(加)'가 된다.

만약 식심의 입영축력정도가 축초영말에 들어 있고 일식이 정교점 부근에서 주간(晝間)에 일어난다면 그림 5.12.1(가)의 왼쪽과 마찬가지로 교전음력에서는 식차가 $M_1A_1 \approx M_1'A_1$=QQ′만큼 줄어들고, 교후양력에서는 $M_2'A_2 \approx M_2A_2$=QQ′만큼 늘어난다. 다만 축초영말의 일식이므로 QQ′가 k_o보다 작다. 그러므로 그림 5.12.3(가)에서 보듯이 정교정한도가 (정교도+Δ_1), 즉 (교종도$-k_o+\Delta_1$)이 되고, 따라서 남북정차는 부호가 '+', 곧 '가(加)'가 된다.

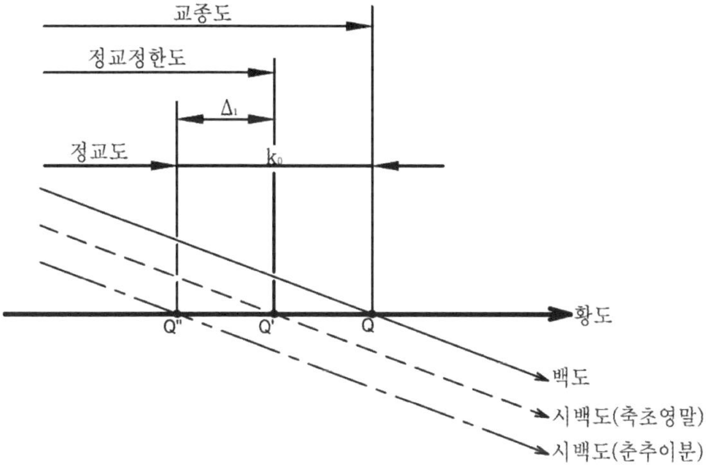

그림 5.12.3(가)

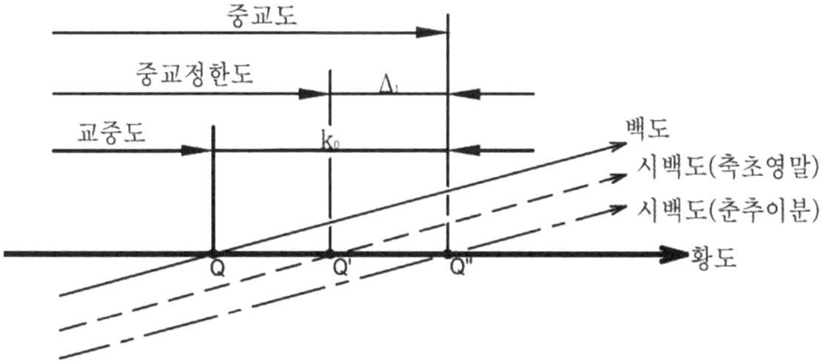

그림 5.12.3(나)

그리고 축초영말의 중교점 부근에서 발생한 주간 일식이면 그림 5.12.1(가)의 오른쪽과 그림 5.12.3(나)에서 보듯이 중교정한도가 (중교도$-\Delta_1$), 곧 (교중도$+k_o-\Delta_1$)이 되고, 이 경우의 남북정차는 부호가 '$-$', 곧 '감(減)'이 된다.

변수들의 전체 영역에서 남북정차가 가지는 부호를 영역별로 취합한 것이 표 5.12.1이다.

표 5.12.1 남북정차의 가감(加減)부호

식심의 입영축력 정도 x / 거오정분 w/d	영초축말 ($0^\circ \le x \le 90^\circ$, $270^\circ \le x \le 360^\circ$)		축초영말 ($90^\circ \le x \le 270^\circ$)	
	정교	중교	정교	중교
주간 ($\|w/d\| \le 1$)	감	가	가	감
야간 ($\|w/d\| \ge 1$)	가	감	감	가

산식

$$\text{남북정차} = \text{남북범차} \times \left| 1 - \frac{\text{거오정분}}{\text{반주분}} \right| \quad (\text{도})$$

가령

세종 정묘년 8월 일식의 남북정차

5.10절에서 구한 정묘년 8월 삭의 남북범차는 0도46분81초54이고, 5.11절에서 구한 이날의 반주분은 2546분93초이다. 또 5.8절의 거오정분은 2283분31초이다. 따라서 세종 정묘년 8월삭의 남북정차는 (남북범차 0도46분81초54× |1−거오정분 2283분31초/반주분 2546분93초|=) 0도04분84초56이다.

5.6절에서 살펴본 대로 8월 정삭의 교정도(交定度) 351도74분37초09는 정교점 이전의 식한(食限)인 342도보다 크다. 그리고 5.9절에서 8월 정삭의 식심 입영축력이 입축력 88일7920분81초이었으므로 축초영말한(縮初盈末限 93일7120분25초)보다 작다. 그러므로 정묘년 8월의 일식은 축초에 속하며, 정교점 직전에 일어난다. 이럴 경우 8월 일식의 남북정차는 부호가 +이므로 가차(加差)가 된다.

5.13 동서범차 산정 求東西汎差

식심(食甚)의 입영축력정도 분초(入盈縮曆定度分秒)를 놓고, 반세주(半歲周)와 더불어 상감상승(相減相乘)한 후에 1870으로 나눈 몫을 도(度)로 삼고, 도에 미치지 못하는 나머지는 분초(分秒)로 삼은 것이 동서범차(東西汎差)이다.

置食甚入盈縮曆定度及分秒，與半歲周相減相乘，如一千八百七十而一爲度，不滿爲分秒，爲東西汎差。

해설

1) 동서범차

앞서 그림 5.10.3(나)에서 보았듯이 적도에서 일출 또는 일몰 때 발생하는 일식의 식차는 춘분 전후의 봄철과 추분 중심의 가을철에 부호가 반대인, 삼각함수와 유사한 변화 양상을 보인다. 이러한 일출입 때의 식차의 변화를 동서범차로 나타낸다.

5.10절의 일식 식차(食差) 해설에서 제시된 동서정차(東西定差) $\Delta_2(x, w)$의 전반(前半) $\Delta_{22}(x)$가 동서범차이다. 동서범차의 분모가 남북범차 2차항의 분모와 동일한 $3a^2$ 이므로 달이 이동한 각도로 고치면 거의 1870도이다. 따라서 위의 동서범차는 《칠정산내편》에서 제시한 아래의 식과 일치한다.

$$\text{동서범차} = \frac{x \times (\text{반세주} - x)}{1870} \quad (\text{도}) : 0 \leq x \leq \text{반세주}$$

동서범차는 식심의 입영축력정도 $x=0$ 또는 $x=$반세주인 동지와 하지에서 최소치인 0이며, x =세상한인 춘분과 추분에서 최대치 4도45분62초가 되어 남북범차의 최대치인 상수항과 같다.

2) 일출입(日出入) 일식의 식차(食差)

앞서 5.10절에서 다룬 남북범차가 적도에서 바라본 오중(午中) 일식의 식차로 해석될 수 있었듯이 동서범차 역시 적도에서 바라본 일출입 일식의 식차로 간주될 수 있다. 먼저 그림 5.13.1에서 보듯이 적도에서 바라본 춘분 일출은 지평(地平)에 수직인 적도와, 지상에서 남(南)으로 기울어진 황도로 표현된다. 더욱이 일출 때 일식이 일어난다면 춘분점인 황적교점이 황백교점과도 일치하므로 이 점을 Q로 나타내었다. 그러나 그림 5.8.1에서 보았듯이 적도에서 본 춘분의 일출 시차(視差)가 0°.95이므로, 적도를 따라 지평 아래로 0°.95만큼 떨어진 점A가 황도로부터 떨어진 거리 AB는 (0°.95× sin 23°.56 =) 0°.38이다. 즉 지평시차로 인해 달의 시(視)위치가 황도로부터 0°.38만큼 떨어지게 되었고, 따라서 황백교점 Q부터 이만큼 떨어진 점 M′이 시백도 위에 놓이게 된다.

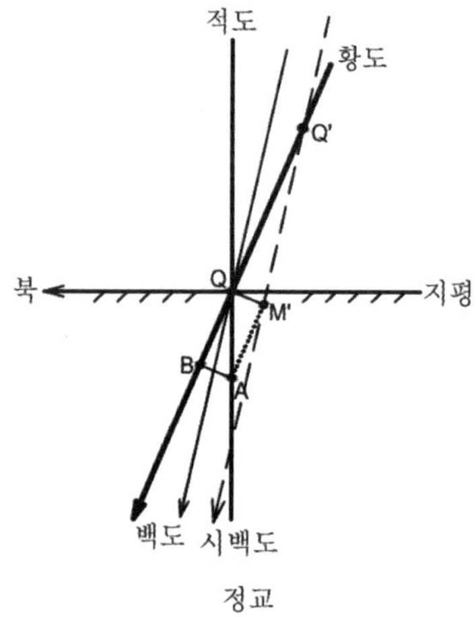

그림 5.13.1(가)

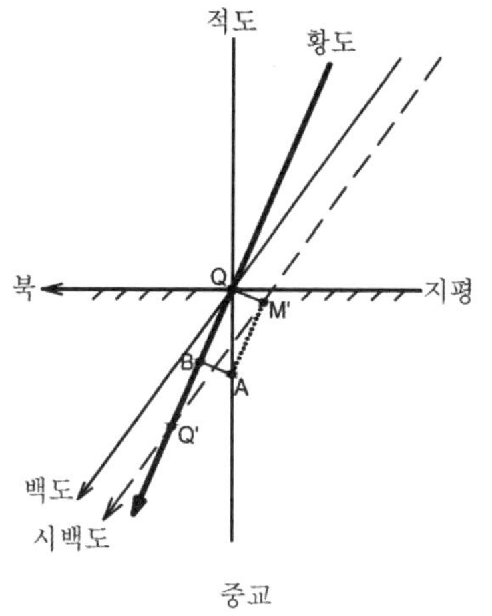

그림 5.13.1(나)

만약 춘분의 일출 일식이 정교(正交)이면 점 M′을 지나는 시백도를 그림 5.13.1(가)와 같이 그린 후, 시백도와 황도의 교점 Q′을 얻게 된다. 황백교각이 5°.145이므로 M′Q를 tan 5°.145로 나눈 4°.22, 곧 4도28분이 QQ′의 각거리이고, 이 값이 바로 지평시차로 인한 춘분 일출 일식의 식차가 된다. 이 일식이 중교(中交)점 주변에서 일어난다면 그림 5.13.1(나)를 통해 동일한 식차를 얻게 되지만 황도와 시백도의 교점은 지평 아래로 옮겨 가게 된다.

적도에서 바라본 일출 일식이라 하더라도 동지나 하지에는 그림 5.13.2에서 보듯이 적도와 황도가 나란하므로, 적도의 지평시차가 황도와 시백도의 교점에 아무런 영향을 미칠 수가 없고, 따라서 식차가 영(零)이다.

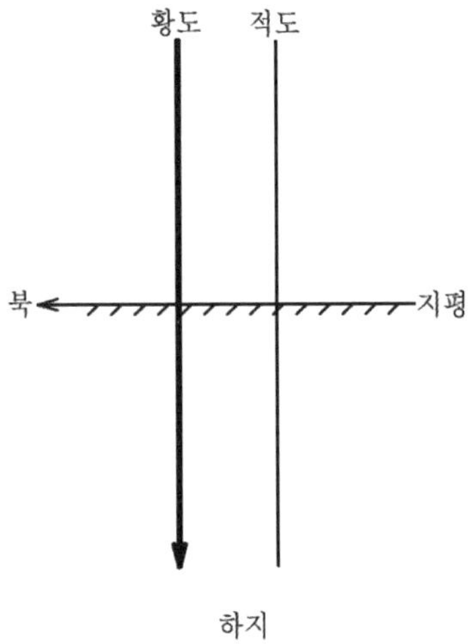

그림 5.13.2(가)

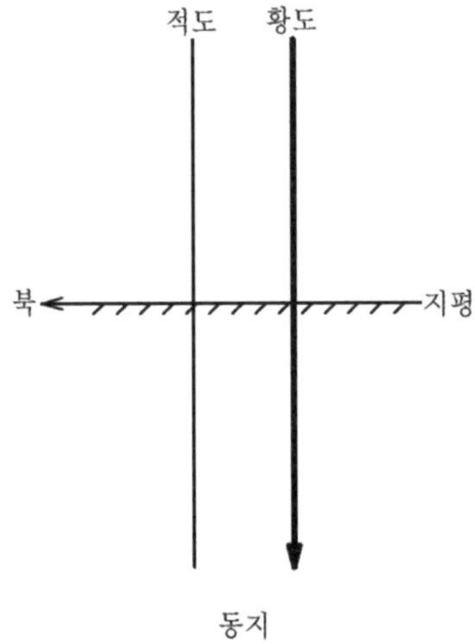

그림 5.13.2(나)

위의 그림 5.13.1과 그림 5.13.2에서 살펴본 대로 일출입 일식의 식차가 춘추 이분에서 최대이면서 그 값이 월평행의 1/3에 가깝고, 또 동하 이지에서는 영(零)이 된다. 이로써 동서범차가 적도에서 바라본 일출입 일식의 식차와 다름이 없음을 확인할 수 있다.

산식

동서범차 = 식심 입영축력정도×(반세주－식심 입영축력정도)/1870 (도)

가령

세종 정묘년 8월 일식의 동서범차

5.10절에서 남북범차를 구할 때 찾았던 수치대로 세종 정묘년 8월삭의 입축력정도가 86도39분88초이므로 세상한 이하이고 입초한이 된다. 이 값을 위의 산식에 대입하면 동서범차가 ({입축력정도 86.3988도×(반세주 182.62125도－입축력정도 86.3988도)}/1870=) 4도44분57초24이다.

5.14 동서정차 산정 求東西定差

동서범차(東西汎差)를 놓고, 거오정분(距午定分)을 곱한 후 일주(日周)의 1/4인 2500분으로 나눈 값이 동서범차보다 작으면 이것이 곧 동서정차(東西定差)이다. 만약 이 값이 동서범차보다 크면 동서범차의 두 배에서 이 값을 뺀 것 역시 동서정차이다.

식심의 입영축력이 영력(盈曆)에 속하면서 일식이 중전(中前)에 일어나거나 축력에 속하면서 중후(中後)에 일어날 때는, 정교(正交)이면 빼고 중교(中交)이면 더한다. 식심의 입영축력이 축력에 속하면서 일식이 중전에 일어나거나 영력에 속하면서 중후에 일어날 때는, 정교이면 더하고 중교이면 뺀다.

置東西汎差，以距午定分乘之，如日周四分之一而一，在汎差已下，爲定差；已上，倍汎差，減之，亦爲定差。在盈中前、縮中後者，正交爲減，中交爲加；縮中前、盈中後者，正交爲加，中交爲減。

해설

1) 동서정차

식심의 입영축력정도(入盈縮曆定度) x만의 함수인 동서범차에 거오정분 w만의 함수를 곱하여 동서정차라 하였다. 동서정차는 거오정분 $w=0$인 오중(午中)에서 최저치인 영(零)이고, $w=2500$분인 묘정(卯正)이나 유정(酉正)에서 최대치, 곧 동서범차의 값을 갖는다. 동서정차는 묘정과 유정을 기준으로 전후 대칭을 이룬다.

2) 동서정차의 부호(符號)[9]

앞서 5.10절에서 정의된 동서정차는 함수와 함께 정의된 변수 구간에서 양(陽)의 값을 갖지만, 일식의 발생 상황에 따라서는 음(陰)의 값을 갖기도 한다.

동서정차의 부호가 식심의 입영축력정도 x와 거오정분 w의 전체 구간에서 구체적으로 어떻게 바뀌는지를 살펴보기 위해 남북정차의 해설에서 택한 변수 변환과 마찬가지로 변수 x와 w를 $x = 90° + \lambda$와 $h = 360° w$의 관계를 갖는 새 변수, 곧 식심시각의 태양 황경 λ와 시각(時角) h로 바꿨다. 간략히 나타내기 위해 변수의 범위를 $0 \leq \lambda, h \leq 90°$로 제한하면 동서정차 $\varDelta_2$를 다음과 같이 변환한 후, 삼각함수로 표현된 근사식(近似式)을 얻을 수 있다.

$$\varDelta_2 = \frac{1}{3}\left(\frac{x}{a}\right)\left(2 - \frac{x}{a}\right)\left(\frac{w}{d}\right) = \frac{1}{3}\left\{1 - \left(\frac{\lambda}{90^o}\right)^2\right\}\left(\frac{h}{90^o}\right)$$

$$\approx \frac{1}{3}\sin h \, \cos\lambda$$

남북정차와 마찬가지로 동서정차 역시 위에서 제시한 $0° \leq \lambda \leq 90°$, $0° \leq h \leq 90°$의 범위뿐 아니라 그림 5.10.3에서 보였듯이 $90° \leq \lambda \leq 360°$, $90° \leq h \leq 360°$ 의 범위에서도 시각 h에 대해서는 정현(正弦)함수, 황경 λ에 대해서는 여현(餘弦)함수에 근사한 형태로 표현된다.

따라서 시각 $h = 0°$와 $180°$, 곧 오중(午中)과 야반(夜半)에 동서정차의 부호가 반대가 되고, 황경 $\lambda = 90°$와 $270°$, 곧 식심의 입영축력정도 $x = 0°$와 $180°$인 동지와 하지에서 동서정차의 부호가 바뀐다. 본문에서 영력(盈曆)과 축력(縮曆)의 부호가 반대인 것은 식심의 입영축력정도

9 취안징(曲安京)의 《중국수리천문학(中國數理天文學)》(북경, 과학출판사, 2008), 442~444쪽의 내용을 부분적으로 인용하였다.

$x=0°$인 동지와 $180°$인 하지 사이가 영력의 구간이고, $x=180°$인 하지와 $0°$인 동지 사이가 축력의 구간이기 때문이다.

일출입 일식의 각 상황에서 동서정차의 부호가 +인지 −인지를 밝히기 위해 먼저 적도에서 바라본 춘분 일출을 예로 들었다. 앞 절의 그림 5.13.1에서 보듯이 춘분 일출의 경우 황도의 방향이 지상에서 지하를 향하고 있다. 그러므로 그림 5.13.1(가)의 정교점을 지나는 춘분의 일출 일식에서는 시백도와 황도의 교점 Q′이 황백교점 Q보다 뒤로 물러서게 되며, 따라서 이전 정교점에 가까워지면서 정교정한도가 줄어들었다. 그러므로 이 경우의 동서정차는 '−', 즉 '감(減)'이 된다.

그러나 그림 5.13.1(나)의 중교점을 지나는 춘분 일출 일식에서는 시백도와 황도의 교점 Q′이 황백교점 Q보다 앞으로 나서게 되며, 따라서 이전 정교점에서 멀어지면서 정교정한도가 늘어나며, 그러므로 이 경우의 동서정차는 '+', 즉 '가(加)'이다. 본문에서 "식심의 입영출력이 영력(盈曆)에 속하면서 일식이 중전(中前)에 일어날 때는 정교(正交)이면 감(減)하고 중교(中交)이면 가(加)한다."라고 한 것이 바로 이것이다.

한편 춘분 일몰 일식의 경우에는 그림 5.14.1에서 보듯이 황도의 방향이 지하에서 지상을 향하고 있다. 그러므로 그림 5.14.1(가)의 정교점을 지나는 춘분 일몰 일식에서는 시백도와 황도의 교점 Q′이 황백교점 Q보다 앞으로 나가게 되며, 따라서 이전 정교점에서 멀어지면서 정교정한도가 늘어났고, 동서정차는 '+', 즉 '가(加)'가 된다. 그러나 중교점을 지나는 춘분 일몰 일식에서는 그림 5.14.1(나)에서 보듯이 시백도와 황도의 교점 Q′이 황백교점 Q보다 뒤로 물러나게 되며, 따라서 이전 정교점에 가까워지면서 정교정한도가 줄어들었고, 동서정차는 '−', 즉 '감(減)'으로 바뀐다.

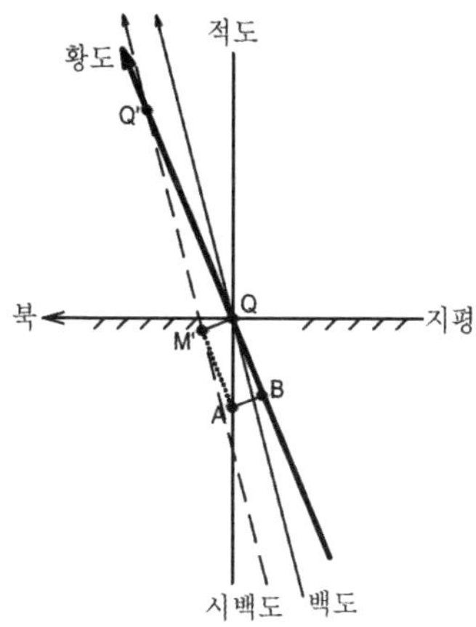

정교

그림 5.14.1(가)

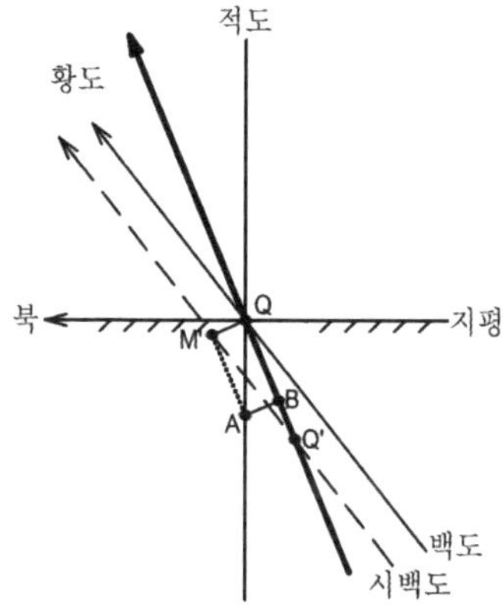

중교

그림 5.14.1(나)

적도에서 본 추분의 일출 일식을 그림 5.14.2에 나타내었다. 정교인 경우는 그림 5.14.2(가)와 같으므로 동서정차가 '+', 즉 '가(加)'이고, 중교이면 그림 5.14.2(나)와 같으므로 동서정차가 '−', 즉 '감(減)'이 된다. 그러므로 본문에서 "식심의 입영축력이 축력에 속하면서 중전(中前)에 일어날 때는, 정교이면 가(加)하고 중교이면 감(減)한다."라고 하였다.

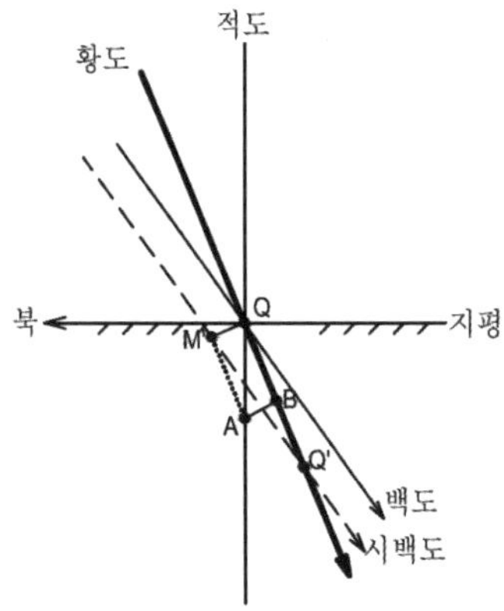

정교

그림 5.14.2(가)

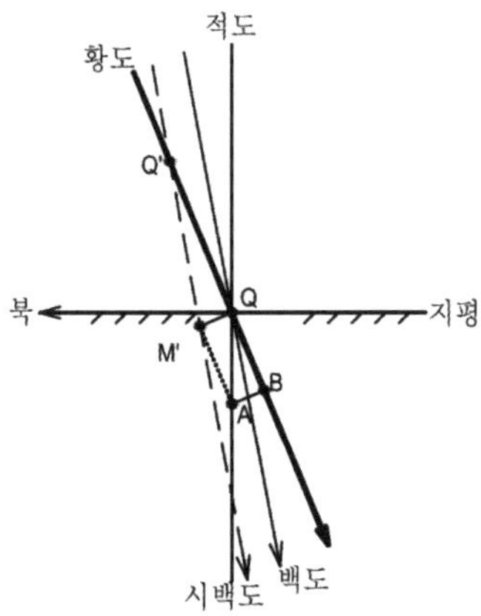

중교

그림 5.14.2(나)

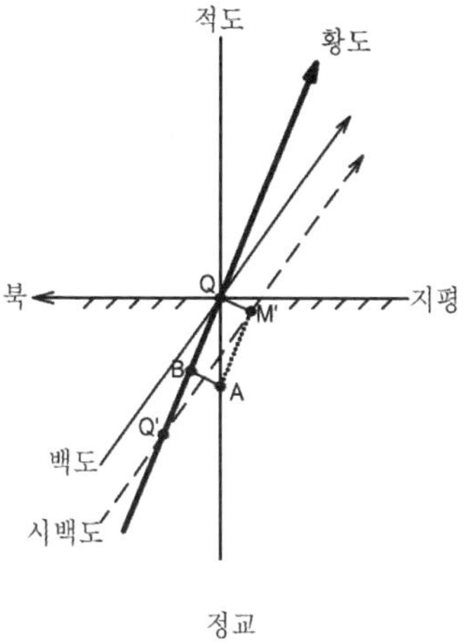

그림 5.14.3(가)

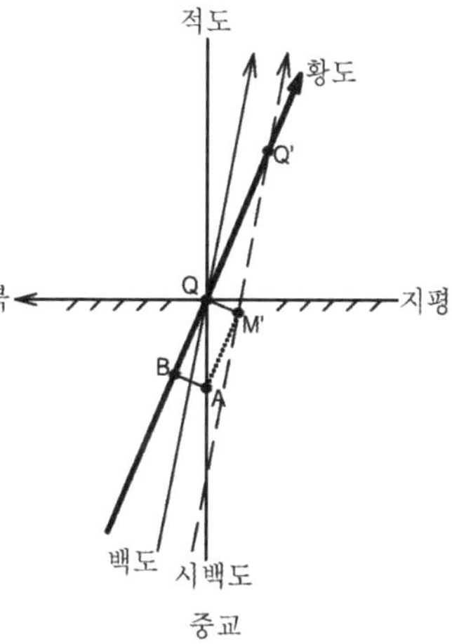

그림 5.14.3(나)

추분 일몰의 일식은 그림 5.14.3에 나타내었다. 정교의 동서식차는 그림 5.14.3(가)에서 '−', 즉 '감(減)'이 되고, 중교의 동서식차는 그림 5.14.3(나)에서 '+', 즉 '가(加)'가 된다. 변수들의 전체 영역에서 동서정차가 가지는 부호를 영역별로 취합한 것이 아래의 표 5.14.1이다.

표 5.14.1 동서정차의 가감(加減)부호

식심의 입영축력 정도 x / 거오정분 w	영력($0^\circ \le x \le 180^\circ$)		축력($180^\circ \le x \le 360^\circ$)	
	정교	중교	정교	중교
중전	감	가	가	감
중후	가	감	감	가

산식

〔0 ≤ 거오정분 ≤ 2500〕이면

동서정차 = 동서범차×거오정분/2500 (도)

〔2500 < 거오정분 ≤ 2500〕이면

동서정차 = 동서범차×{2−거오정분/2500} (도)

가령

세종 정묘년 8월 일식의 동서정차

정묘년 8월삭의 동서범차는 4도44분57초24이고, 거오정분은 2283분31초이다. 따라서 세종 정묘년 8월삭의 동서정차는 (동서범차 4도44분57초24×거오정분 2283분31초/2500=) 4도06분03초86이다.

앞 절에서 살펴본 대로 정묘년 8월의 일식은 축력에 속하며, 정교점 직전에 일어난다. 또 중후분 1699분09초에 시차를 더한 거오정분이 2283분31초이다. 따라서 8월 일식의 동서정차는 부호가 −, 곧 감(減)이므로 감차(減差)가 된다.

5.15 일식이 정교 또는 중교에서 있을 때 정한도 산정

求食在正交中交定限度

정교도(正交度) 또는 중교도(中交度)를 놓고, 남북정차(南北定差)와 동서정차(東西定差)를 가감한 것이 정교정한도 분초(正交定限度分秒) 또는 중교정한도 분초(中交定限度分秒)이다.

置正交、中交度及分，以南北、東西定差加減之，爲正交、中交定限度及分秒。

해설

1) 정교도와 중교도

아래의 그림 5.15.1은 앞서 5.10절의 상수 k_o에 대한 해설에서 다룬 춘추이분의 오중 일식을 나타내고 있다. 그림 5.15.1에서 보듯이 정교도는 정교점부터 춘추 이분 오중 일식의 시정교점까지 각도이고, 중교도는 정교점에서 춘추 이분 오중 일식의 시중교점까지 각도이다. 《수시력》에서는 정교도와 중교도를 월행제율(月行諸率)에 포함하여 상수(常數)로 취급하였다. 즉 정교도는 357도64분이고, 중교도는 188도05분이다.

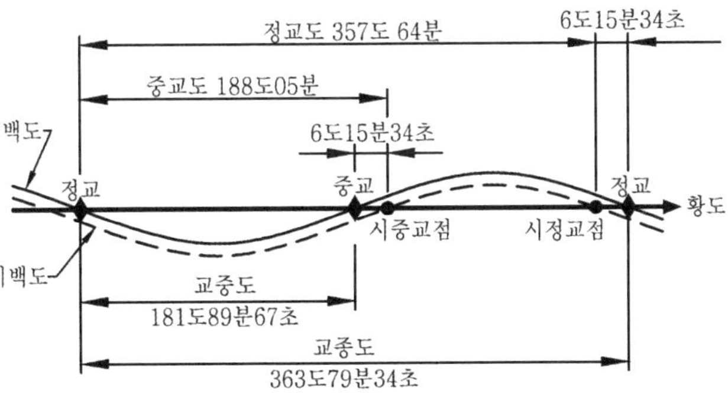

그림 5.15.1

2) 정교정한도(正交定限度)

정교도(正交度 357도64분)에 남북정차와 동서정차를 가감하여 정교정한도라 하였다. 앞서 5.11절에서 언급하였듯이 남북정차와 동서정차는 달의 시차(視差)로 인하여 발생한 식심 시의 식차(食差) Δ_e를 나타내고 있으므로 정교정한도는 상수인 정교도에 계절과 시각에 따라 변하는 시차의 영향을 반영한 값이 된다. 정교도 역시 정교점부터 다음 시정교점(視正交點)까지 달이 운행한 각도이므로, 제율(諸率)에서는 상수로 주어졌지만, 이것 속에도 춘추 이분의 오중 때 갖는 시차가 반영되어 있다.

정교도가 교종도(交終度 363도79분34초)에서 k_o(=6.1534도)를 뺀 값이므로 정교정한도는 교종도에서 $(k_o + \Delta_e)$를 뺀 값으로 나타낼 수 있고, 따라서 $(k_o + \Delta_e)$ 속에는 식심 때 달의 시차가 교종도에 미치는 모든 형태의 영향을 포괄하고 있다고 풀이할 수 있다.

그러므로 그림 5.10.1에서 시차로 인한 달과 황백도 교점 간 거리의 변화를 나타내는 (M′Q′−MQ)는 상수 k_o에 시각과 절기의 함수인 식차 $\Delta_e (= \Delta_1 + \Delta_2)$를 가감한 형태로 표현된다.

3) 중교정한도(中交定限度)

중교도(中交度 188도05분)에 남북과 동서의 두 정차를 가감한 값을 중교정한도라 하였다. 정교정한도와 마찬가지로 중교정한도도 중교도(中交度)에 일식 식차를 반영한 항을 더한 값이다. 또 중교도도 상수로 주어졌지만 정교점부터 시중교점(視中交點)까지 달이 운행한 각도를 가리키므로 춘추 이분의 오중 때 갖는 시차의 영향을 포함하고 있다. 중교도가 교중도(交中度 181도89분67초)에 k_o를 더한 값이므로 중교정한도 역시 교중도에다 $(k_o + \Delta_e)$를 더한 값으로 나타낼 수 있다. 따라서 교중도에 끼치는 시차의 모든 영향도 상수 k_o에 식차함수 Δ_e를 가감한 모습으로 표현된다.

산식

① 정교정한도 = 정교도±남북정차±동서정차

② 중교정한도 = 중교도±남북정차±동서정차

가령

세종 정묘년 8월 일식의 정교정한도와 중교정한도

정묘년 8월의 일식은 정교(正交)의 교전(交前) 일식이다. 앞서 구한 대로 남북정차는 가차 0도04분84초56이고, 동서정차는 감차 4도06분03초86이며, 제율에 속하는 정교도는 357도64분이다. 따라서 정교정한도는 (정교도 357도64분+남북정차 0도04분84초56−동서정차 4도06분03초86=) 353도62분80초70이다.

세종 정묘년의 8월의 일식과 관계가 없으나 만약 이날 중교점 전후에서 일식이 일어났다면 중교도가 188도05분이므로 중교정한도(中交定限度)는 (중교도 188도05분+남북정차 0도04분84초56−동서정차 4도06분03초86=) 184도03분80초70이 된다.

5.16 일식이 드는 위치의 음양력거교전후도 산정

求食入陰陽曆去交前後度

교정도 분초(交定度分秒)를 살펴서, 정교정한도 분초(正交定限度分秒)보다 작은 값이면 정교정한도 분초에서 교정도 분초를 뺀 값이 음력교전도 분초(陰曆交前度分秒)이다. 교정도 분초가 정교정한도 분초보다 큰 값이면 교정도 분초에서 정교정한도 분초를 뺀 값이 양력교후도 분초(陽曆交後度分秒)이다.

교정도 분초가 중교정한도 분초(中交定限度分秒)보다 작은 값이면 중교정한도 분초에서 교정도 분초를 뺀 값이 양력교전도 분초(陽曆交前度分秒)이다. 교정도 분초가 중교정한도 분초보다 큰 값이면 교정도 분초에서 중교정한도 분초를 뺀 값이 음력교후도 분초(陰曆交後度分秒)이다.

視交定度及分秒，在正交定限度及分秒已下，以減正交定限度及分秒，爲陰曆交前度及分秒；已上，減去正交定限度及分秒，爲陽曆交後度及分秒。在中交定限度及分秒已下，以減中交定限度及分秒，爲陽曆交前度及分秒；已上，減去中交[10]定限度及分秒，爲陰曆交後度及分秒。

해설

1) 교정도

5.5절에서 교정도는 경삭의 입교범일에 월평행(月平行)을 곱한 후 영축차를 가감한 값으로 정의되었다. 엄밀하게는 정교점부터 경삭 때 해의 실

10 交 : 저본에는 '度'로 되어 있으나 전후의 용례에 맞지 않으므로 갑인자본에 근거하여 바로잡았다.

제위치에 이르는 각도를 가리키지만, 이미 언급되었듯이 《수시력》에서는 경삭에 보탤 가감차의 시간 동안 해가 움직이는 각도를 무시하였으므로, 이전 정교점부터 정삭의 순간에 해와 달이 만나는 위치까지 달이 이동한 각도를 교정도라고 할 수 있다.

2) 음양력거교전후도[11]

교정도(交定度)가 이전 정교점부터 정삭 때 해와 달이 만나는 위치까지 달이 이동한 각도를 가리키는 데 비해, 정교정한도와 중교정한도는 식심 때 시차(視差) 때문에 정교점이나 중교점을 벗어나 있는 달의 위치를 직전 정교점부터 잰 각도를 가리킨다. 그러므로 교정도와 정교중교정한도를 비교한다는 것은 정삭 때 달의 위치와 식심 때 달의 시위치(視位置) 사이의 거리를 구하는 것이다.

교정도와 정교정한도의 차(差)를 가리키는 음력교전도(陰曆交前度)와 양력교후도(陽曆交後度)가 갖는 의미는 일식이 정교점 전후에서 일어나는 경우를 나타내는 그림 5.16.1을 통해 기하학적으로 설명될 수 있다. 먼저 정교점에 이르기 전에 일식이 있다면 황도와 백도의 교점 Q와 정삭 때 달의 위치 M을 그림 5.16.1(가)와 같이 나타낼 수 있다. 백도의 아래쪽에 시차(視差)의 결과인 시백도(視白道)를 나란히 그릴 수 있으므로 시백도와 황도의 교점은 Q′으로 식심 때 달의 시위치는 M′으로 나타내었다. 정삭 때 달의 위치 M과 식심 때 달의 시위치 M′을 연결한 선분 MM′이 점 S에서 황도에 수직인 것은 《수시력》에서 정삭과 식심 사이에 해가 운행한 각도를 무시하였으므로 정삭 때 해의 위치와 식심 때 해의 위치를 동일한 점 S로 나타내었기 때문이다. 그렇다면 그림 5.16.1(가)에서 직전 정교점부터 Q까지는 교종도(交終度) J가 되고, Q′까지는 정교정한도(正

11 취안징(曲安京)의 《중국수리천문학(中國數理天文學)》(북경, 과학출판사, 2008), 451~453쪽의 내용을 인용하였다.

交定限度), 곧 교종도에서 k_o와 Δ_e를 뺀 값이 된다. 그리고 교정도(交定度) x는 직전 정교점부터 M까지로 표현된다.

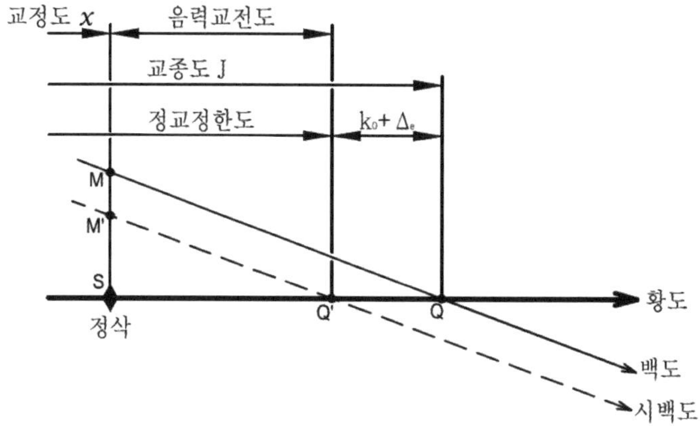

그림 5.16.1(가)

교전(交前)의 음력(陰曆)에서 일어나는 일식을 나타낸 그림 5.16.1(가)에서 (M′Q′−MQ)가 음(陰)의 값이므로 정교정한도는 정교도에서 남북정차와 동서정차를 뺀 값이라고 가정할 수 있으며, 따라서 정교정한도는 교종도 J에서 k_o를 뺀 후 다시 식차 Δ_e를 뺀 $J-(k_o+\Delta_e)$가 된다.

그림 5.16.1(가)가 교전의 음력에서 일어나는 일식을 보여 주고 있으므로 시차로 인한 음력교전도(陰曆交前度), 즉 정교정한도 $\{J-(k_o+\Delta_e)\}$에서 교정도 x를 뺀 값은 $(J-x)-(k_o+\Delta_e)$이고, 이는 곧 $MQ-(k_o+\Delta_e)$이다. 그림 5.16.1(가)에서 (MQ−M′Q′)는 상수 k_o에 식차 Δ_e가 더해진 형태이며, 따라서 음력교전도는 M′Q′과 같다.

교후(交後)의 양력(陽曆)에서 일어나는 일식을 그린 그림 5.16.1(나)에서 (M′Q′−MQ)는 양(陽)의 값이다. 그러나 교전에서 교후로 넘어오면서 두 정차 모두 부호가 바뀌므로 정교정한도는 교전음력의 경우와 마찬가지로 정교도에서 남북정차와 동서정차를 뺀 값이므로 교종도 J에서 $(k_o+\Delta_e)$를 뺀 것이라 할 수 있다.

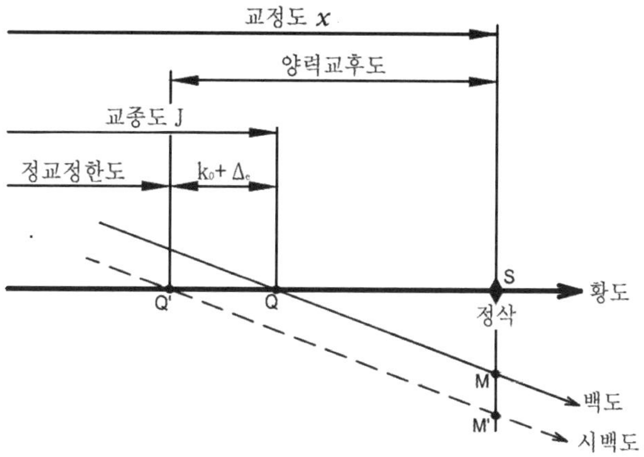

그림 5.16.1(나)

교정도 x에서 정교정한도 $\{J-(k_o+\Delta_e)\}$를 뺀 값인 양력교후도(陽曆交後度) $\{(x-J)+(k_o+\Delta_e)\}$는 MQ+$(k_o+\Delta_e)$가 된다. 그림 5.16.1(나)에서 (M′Q′−MQ)는 상수 k_o에 식차 Δ_e가 더해진 형태이고, 따라서 양력교후도는 M′Q′과 같아진다.

교정도와 중교정한도의 차(差)를 가리키는 양력교전도(陽曆交前度)와 음력교후도(陰曆交後度)가 갖는 의미 역시 일식이 중교점 전후에서 일어나는 경우를 나타내는 그림 5.16.2를 통해 설명된다. 일식이 중교점 전후에서 일어나는 경우를 그림 5.16.2에 나타내었고, 그중 중교점에 이르기 전인 교전(交前)에 황도의 남쪽인 양력(陽曆)에서 일어나는 일식을 그림 5.16.2(가)와 같이 나타내었다. 이 그림에서 (M′Q′−MQ)가 양(陽)의 값이므로 중교정한도는 중교도에서 남북정차와 동서정차를 보탠 값으로 나타낼 수 있으며, 따라서 교중도 $J/2$에 k_o를 더한 값에 식차 Δ_e를 더한 $\{J/2+(k_o+\Delta_e)\}$가 중교정한도가 된다. 그러므로 중교정한도에서 교정도 x를 뺀 값인 양력교전도(陽曆交前度), 곧 $\{(J/2-x)+(k_o+\Delta_e)\}$는 MQ+$(k_o+\Delta_e)$가 된다. 그림 5.16.2(가)에서 M′Q′−MQ$=k_o+\Delta_e$이므로 양력교전도는 M′Q′과 같아진다.

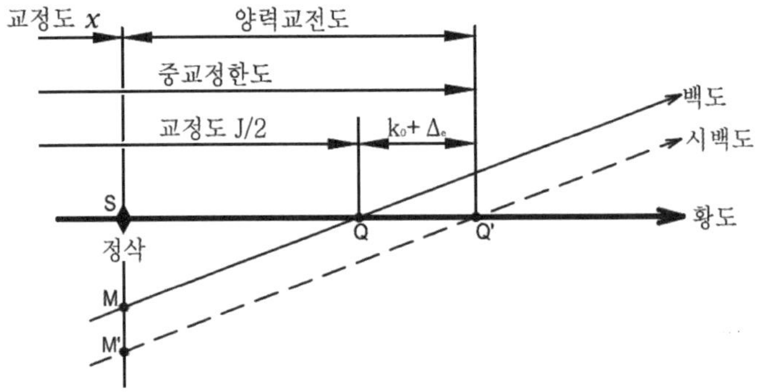

그림 5.16.2(가)

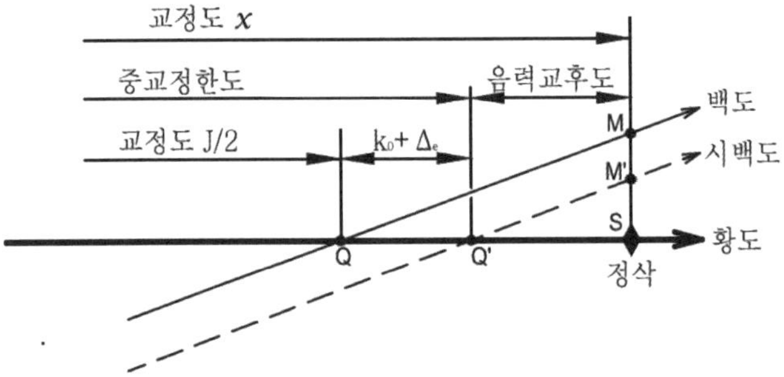

그림 5.16.2(나)

교후(交後)의 음력(陰曆)에서 일어나는 일식을 그린 그림 5.16.2(나)에서 (M′Q′−MQ)가 음(陰)의 값이다. 그러나 교전음력에서 교후양력으로 넘어오면서 두 정차 모두 부호가 바뀌므로 교후양력의 중교정한도는 교전음력의 경우와 마찬가지로 중교도에서 남북정차와 동서정차를 더한 값인 $J/2+(k_o+\Delta_e)$로 표현된다. 그러므로 교정도 x에서 중교정한도 $\{J/2+(k_o+\Delta_e)\}$를 뺀 값인 음력교후도(陰曆交後度) $\{(x-J)-(k_o+\Delta_e)\}$는 MQ$-(k_o+\Delta_e)$가 된다. 그림 5.16.2(나)에서 MQ−M′Q′$=k_o+\Delta_e$이므로 음력교후도는 M′Q′과 같다.

위의 경우들을 종합하면 음양력거교전후도는 넷 중 어느 것이든지 해당 그림의 시백도 위에서 달과 시교점 사이 거리를 나타내고 있음을 알 수 있다.

산식

① 〔교정도 ≤ 정교정한도〕이면

음력교전도 = 정교정한도 − 교정도

② 〔교정도 > 정교정한도〕이면

양력교후도 = 교정도 − 정교정한도

③ 〔교정도 ≤ 중교정한도〕이면

양력교전도 = 중교정한도 − 교정도

④ 〔교정도 > 중교정한도〕이면

음력교후도 = 교정도 − 중교정한도

가령

세종 정묘년 8월 일식의 음력교전도

앞서 정묘년 8월 일식이 정교(正交)의 교전(交前) 일식임을 밝혔다. 5.5절에서 구한 8월삭의 교정도(交定度)가 351도74분37초09이고, 5.15절에서 구한 정교정한도는 353도62분80초70이다. 교정도가 정교정한도보다 작은 경우이므로 이 둘의 차가 음력교전도(陰曆交前度)가 되며, 그 값은 1도88분43초61이다. 즉 시백도와 황도의 교점에서 음력교전도만큼 못 미친 곳에 해와 달이 위치한다고 볼 수 있다.

5.17 일식분초 산정 求日食分秒

음양력식한(陰陽曆食限)을 놓고, 각각을 음양력거교전후도 분초(陰陽曆去交前後度分秒)로 뺀다. 식한이 거교전후도보다 작아서 뺄 수가 없으면 일식이 일어나지 않는다. 나머지를 정법(定法)으로 나눈 것이 일식분초(日食分秒)이다.

置陰陽曆食限, 各以陰陽曆去交前後度及分秒減之,【不及減者, 不食】 如定法而一, 爲日食分秒。

해설

1) 일식분초

앞의 5.16절에서 구한 음양력거교전후도는 식심 때 달의 시위치와 시교점 사이 거리를 나타내고 있으며, 이것을 음양력식한과 비교하는 것은 식심 때 달이 해를 얼마나 가리는지를 구하는 과정이다.

교전(交前)의 음력 일식을 묘사한 그림 5.17.1에서 시백도와 황도의 교점을 Q′, 식심 때 달의 시위치를 M′, 해의 위치를 S로 나타내고, 또 거교전후도를 Q′M′으로, 일식의 식한을 Q′L로 표시하였다. 거교전후도가 식한과 일치할 때는 달의 중심이 황도로부터 떨어진 거리 LT가 달의 반경에 해의 반경을 더한 값이 되어 해와 달이 서로 접하기만 할 뿐 교식은 일어나지 않는다. 여기서 해와 달의 지름을 같게 잡고 해의 지름을 10분[12] 이라 하여 LT를 해의 지름과 같은 10분으로 나타내었다.

12 여기서 분(分)은 각도나 길이의 단위를 나타내는 것이 아니라 크기의 정도, 곧 전체에 대한 비(比)를 의미한다. 만약 일식분초가 6분이라면 식심 때 해의 지름의 6분/10분, 곧 6할만큼 해가 가려진다고 풀이해야 한다.

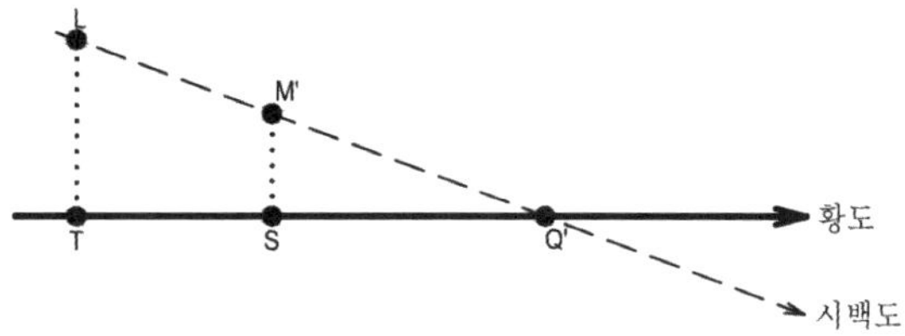

그림 5.17.1

그림 5.17.1과 같이 거교전후도가 식한 Q′L보다 작은 Q′M′으로 주어지면 식심 때 해가 최대로 가려지는 정도를 의미하는 일식분초는 다음과 같다.

일식분초 = LT－LT×Q′M′/Q′L = (Q′L－Q′M′)/Q′L×LT

여기서 Q′L/LT를 정법(定法)으로 삼으면 위의 식이 곧 본문의 내용이 된다.

2) 식한과 정법

위의 그림 5.17.1에서 거교전후도 Q′M′이 식한 Q′L을 벗어나면 일식이 있을 수 없다고 하였으니, 식한은 교식이 일어날 수 있는 거교전후도의 최대치를 의미한다. 《수시력》에서는 음력, 곧 황도 이북의 식한을 8도, 황도 이남인 양력의 식한은 6도로 다르게 설정하였다. 그러나 그림 5.17.1에서 보듯이 식한 Q′L이 시백도 위에서 정의되었고, 거교전후도 역시 앞서 5.16절의 해설에서 살펴보았듯이 시백도를 따른 각거리이므로 양력과 음력의 식한이 다른 값일 수가 없다. 다만 당(唐) 서앙(徐昻)의 《선명력》에서 음력식한을 양력식한보다 훨씬 크게 설정한 이후 《수시력》에 이르기까지 두 식한의 구별이 계속되었을 뿐이다.

백도와 황도의 평균 교차각이 5°09′이고, 해와 달의 시반경을 더한 값의 평균치가 31′32″이다. 따라서 식한의 이론 계산치는 5°52′, 곧 5도95분으로 6도 전후의 값이므로 양력식한과는 일치하고 있다.

한편 정법(定法)은 일식분초가 최소 0분에서 최대 10분 사이의 값으로 표현되도록 단위를 환산하는 계수라고 할 수 있다. 음력식한 8도에 대한 정법이 80이고 양력식한 6도에 대한 정법이 60인 것은 식한과 거교전후도를 도(度)로 표시하면서 일식분초의 계산 결과를 분(分)으로 얻어 내기 위해 1도=100분이라는 관계를 빌려 왔기 때문이다. 그러나 그림 5.17.1에서 얻어 낸 정법인 Q′L/LT는 8도/10분(또는 6도/10분)의 의미를 가질 뿐이며, 분자의 각도 도(度)와 분모의 비율 분(分) 사이에 아무런 관계가 정의되지 않는다. 《수시력》에서 각도의 분(分)과 비율의 분(分)이 같은 문자이므로 편의상 1도=100분이라는 각도의 관계를 빌려와 정법을 80(또는 60)으로 나타내었던 것이다.

산식

〔음력거교전후도〕이면

일식분초 = (8도-거교전후도)/80 (분)

〔양력거교전후도〕이면

일식분초 = (6도-거교전후도)/60 (분)

가령

세종 정묘년 8월 일식의 일식분초

일월식에 관한 용수(用數)로 주어진 일식 음력식한은 8도이고, 정법은 80이다. 앞서 정묘년 8월 일식의 음력교전도(陰曆交前度)가 1도88분43초61이므로, 일식분초는 ({음력식한 8도-음력교전도 1도88분43초61}/(정법 80)=) 7분64초45이다. 이는 일식이 처음 시작될 때 일면(日面)과 접했던 월면(月面)상의 접점이 식심 때는 일면 속으로 7분64초45만큼 들어갔음을 뜻한다.

5.18 정용분과 삼한의 진각 산정 求定用分及[13]三限辰刻

정용분

일식분초(日食分秒)를 놓고, 20분과 상감상승(相減相乘)한 후 제곱근을 구한다. 이 값에 5740을 곱하고 정한행도 분초(定限行度分秒)로 나눈 것이 곧 정용분(定用分)이다.

초휴(初虧)와 복원(復圓)

식심정분(食甚定分)에서 정용분을 뺀 값이 초휴의 분초이고, 식심정분에 정용분을 더한 값이 복원의 분초이다.

삼한의 진각

식심, 초휴, 복원의 분초를 가지고 발렴(發斂)의 방법으로 시각을 구한 것이 삼한(三限)의 진각(辰刻)이다.

置日食分秒，與二十分相減相乘，平方開之。以五千七百四十乘之，如定限行度及分秒而一，爲定用分。以減食甚定分，爲初虧；加食甚定分，爲復圓。依發斂求之，卽三限辰刻。

해설

1) 정용분

앞서 5.17절에서 구한 일식분초는 식심 때 해가 가려지는 비율을 나타낸

13 及 : 저본에는 누락되었으나 뒤의 〈월식〉에서 이와 유사한 내용의 5.31절 제목이 '求定用分及三限五限辰刻'이므로, 갑인자본에 근거하여 보충하였다.

다. 이때 해와 달의 겉보기 크기가 같다고 설정하였으므로, 해와 달의 지름과 일식분초로부터 일식의 시작인 초휴(初虧)와 종료인 복원(復圓)을 계산할 수 있다.

그림 5.18.1에서 중간에 상하로 겹친 두 원은 식심 때 중심이 A에 있고 지름이 10분인 달과, 달에 의해 일식분초 p만큼 가려졌으며 크기가 같고 중심이 S에 있는 해의 모습이다. 또 우측 위에서 해와 접하면서 중심이 B인 원으로 초휴의 달을, 좌측에서 해에 접하는 중심이 C인 원으로 복원의 달을 나타내었다.

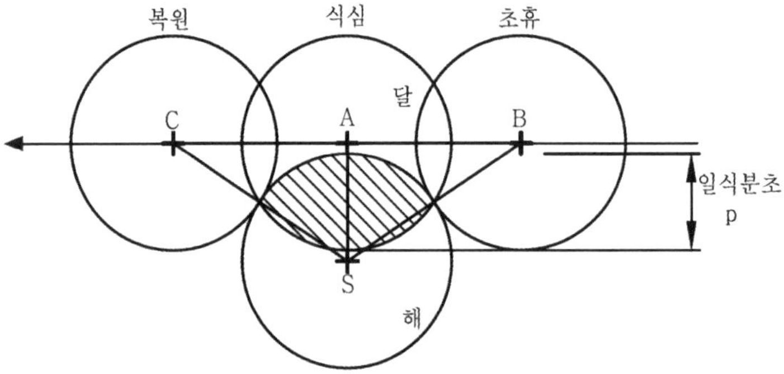

그림 5.18.1

그러면 세 원의 중심을 이은 삼각형 ABS(또는 ACS)는 직각삼각형이 되며, 변 AS의 길이는 두 원의 반지름을 더한 10분에서 일식분초 p를 뺀 값이고, 변 BS(또는 CS)의 길이는 두 원의 반지름을 더한 10분이다. 따라서 변 AB의 길이는 다음 식과 같이 표현된다.

$$\mathrm{AB} = \sqrt{10^2 - (10-p)^2} = \sqrt{20p - p^2} = \sqrt{p(20-p)} \quad (\text{분})$$

즉 변 AB(또는 AC)의 길이가 일식분초를 20분과 더불어 상감상승(相減相乘)한 형태의 식으로 주어졌다.

정용분은 초휴일 때 달의 중심 B에서 식심에 이르기까지 걸린 시간을 가리킨다. 소요 시간은 변 AB를 달의 해에 대한 상대속도로 나눠 구하지만, 앞서 5.4절에서 구해 놓은 상대속도는 정삭의 순간 1한(限) 동안 달이 해보다 더 움직인 각도인 정한행도(定限行度)이다.

《수시력》에서는 변 AB(또는 AC)를 정한행도 v의 1/7로 나눠 아래와 같이 일식의 정용분을 구하였다.

$$
\begin{aligned}
\text{정용분} &= \frac{\sqrt{p(20-p)}}{v/7} = \frac{7\sqrt{p(20-p)}\,(\text{분})}{(v_m - v_s)\ (\text{도}/\text{한})} \\
&= \frac{7\sqrt{p(20-p)}\ (\text{분})}{(v_m - v_s)(100\text{분}/820\text{분})} = \frac{5740\sqrt{p(20-p)}}{100\,(v_m - v_s)} \quad (\text{분})
\end{aligned}
$$

정한행도가 정삭의 순간 1한 동안 달이 해를 따라잡는 각도이므로 위의 식에서 태음한행도 v_m은 1.16절 지질도 입성의 제5열에서 찾은 해당 질력한행도 또는 제6열의 해당 지력한행도이고 단위는 분/한이다. 또 태양한행도 v_s는 8.20(분/한)으로 주어지는 상수이다.

정용분의 최대치는 일식분초 $p=10$분으로, 개기일식이 일어날 때 5각 66분, 즉 오늘날의 시간으로 1시간21분32초이다.[14]

이상의 정용분과 초휴분, 식심분과 복원분을 취합하여 상호 관계를 나타낸 것이 그림 5.18.2이다.

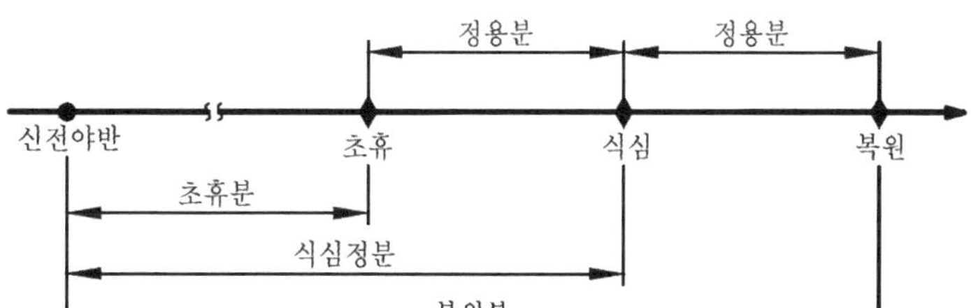

그림 5.18.2

14 일식분초가 10분인 개기일식의 경우 정용분의 이론치는 1시간45분22초이다.

2) 삼한(三限)의 진각(辰刻)

일식의 식심 시각과 초휴, 그리고 복원 시각을 아울러 삼한이라 하며, 이들 순간이 하루 중 몇 시 몇 각인지를 나타낸 것이 삼한의 진각이다. 진각을 구하는 과정은 1.8절에서 다룬 발렴가시(發斂加時)의 방식을 따른다.

산식

① 정용분 = 5740×$\sqrt{\text{일식분초}\times(20-\text{일식분초})}$ / 정한행도

② 초휴분 = 식심정분−정용분

복원분 = 식심정분+정용분

③ 삼한 진각 = 발렴{식심정분 (또는 초휴분이나 복원분)}

가령

1) 세종 정묘년 8월 일식의 정용분

앞서 5.17절에서 구한 일식분초(日食分秒)가 7분64초45이고, 5.4절에서 구한 이날 식심 정한행도(定限行度)가 0도97분82초이므로, 정용분은 (5740×$\sqrt{7.6445\times(20-7.6445)}$ /97.82=) 570분2810이다.

5.9절에서 구한 식심정분이 7283분31초이므로 초휴는 (식심정분 7283분31초−정용분 570분28초=) 6713분03초에 일어나고, 복원은 (식심정분 7283분31초+정용분 570분28초=) 7853분59초에 완료된다.

2) 세종 정묘년 8월 일식의 삼한 진각

1.8절에서 다룬 발렴가시의 방법대로 식심정분 7283분31초와 초휴분 6713분03초, 복원분 7853분59초를 하루의 진각(辰刻)으로 고치면 다음과 같다. 식심분초에 12를 곱하고 진법을 덜어 낸 나머지가 (MOD(7283.31×12, 1만)=) 7399.72여서 반진법(半辰法) 5000보다 크므로, 식심의 진수(辰數)는 (DIV(7283.31×12, 1만)+1=) 9이고, 각수(刻數)는 (DIV〔MOD{(7283.31×12, 1만)

−5000}, 1200]=) 2이다. 따라서 식심의 진각은 자초(子初)부터 9번째인 유초(酉初)에 각수2각을 보태어 유초2각이 된다.

마찬가지 방법으로 초휴분과 복원분에 해당하는 진각을 구하여 취합하면 표 5.18.1과 같다.

표 5.18.1 세종 정묘년 8월 일식의 삼한 진각

	분초	진각
초휴	6713분03초	신정초각
식심	7283분31초	유초2각
복원	7853분59초	유정3각

5.19 일식이 일어나는 곳 산정 求日食所起

일식이 양력(陽曆)에 들어 있다면 초휴(初虧)는 해의 서남 테두리에서 일어나고, 식심(食甚)은 달로 가린 부분의 중심이 정남(正南)에 이르렀을 때 일어나며, 복원(復圓)은 해의 동남 테두리에서 일어난다. 일식이 음력(陰曆)에 들어 있다면 초휴는 서북에서, 식심은 정북에서, 복원은 동북에서 일어난다. 그러나 일식분초(日食分秒)가 8분 이상이면 초휴는 정서(正西)에서, 복원은 정동(正東)에서 일어난다. 이들 방향은 남쪽 하늘의 해를 올려다볼 때 땅 쪽을 '남쪽[午向]'이라 한 후에 논한 것이다.

食在陽曆，初起西南，甚於正南，復於東南；食在陰曆，初起西北，甚於正北，復於東北。食八分已上，初起正西，復於正東。【此據午地而論之】

해설

일식이 일어나는 곳

해는 하루에 1도씩 황도(黃道) 위를 우(右)에서 좌(左)로 운행하고, 달은 해보다 훨씬 빠르게 한 달에 한 바퀴씩 백도(白道) 위를 우에서 좌로 움직인다. 그러므로 일식은 달이 해를 우에서 좌로 추월하는 동안에 일어난다. 남쪽 하늘에 떠 있는 해를 바라다봤을 때 우측은 서쪽이고 좌측은 동쪽이다. 일식이 해의 서쪽 모서리에서 시작되고 동쪽 모서리를 지나 끝나는 연유가 이 때문이다.

양력에 든 일식은 황도의 남쪽에서 교식이 진행되므로 그림 5.19.1(가)에서 보듯이 초휴가 남서이고 정남의 식심을 거쳐 동남으로 복원된다. 음력, 곧 황도 이북에서 일어나는 일식은 그림 5.19.1(나)에서 보듯이 초휴는 서북이고 정북의 식심을 거친 후 복원은 동북에서 이뤄진다.

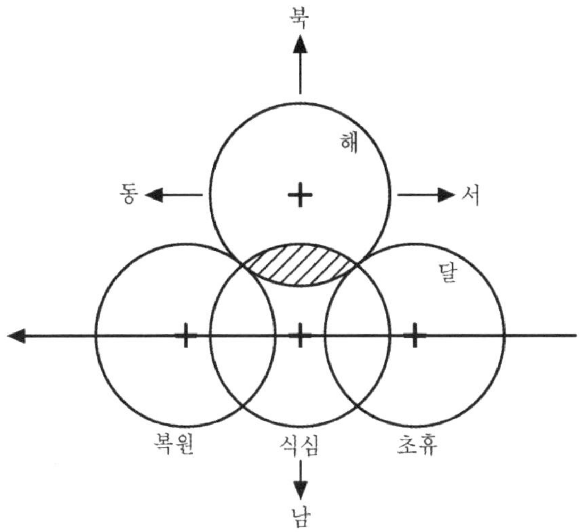

그림 5.19.1(가)

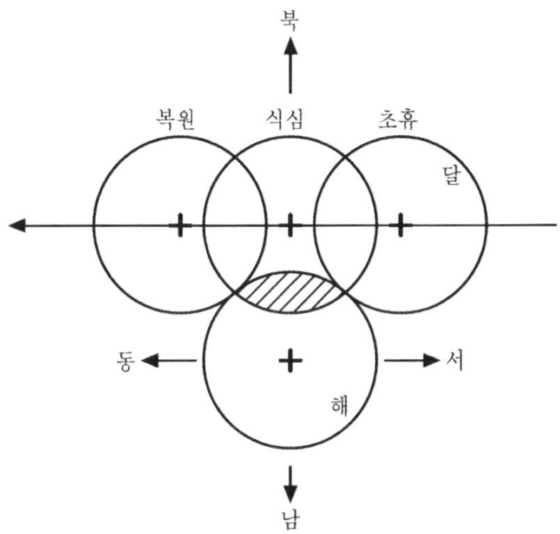

그림 5.19.1(나)

식심 때 해의 대부분이 달에 가려지는 경우, 곧 일식분초가 8분 이상인 때는 달이 황도와의 교점에 매우 가까운 상태이므로 초휴는 정서에 가깝고 복원은 정동에 가깝다고 할 수 있다.

북반구에서 남쪽 하늘에 떠 있는 해를 바라볼 경우, 우측은 서쪽이고 좌측은 동쪽이며, 해의 아래쪽, 곧 땅을 향하는 쪽이 남쪽이고, 반대로 위쪽이 북쪽이 된다.

가령

세종 정묘년 8월 일식 때 식이 일어나는 일면의 방위

앞서 5.6절에서 살펴본 대로 세종 정묘년 8월의 일식은 정교점 이전의 음력 구간에서 일어나며, 5.17절에서 구한 대로 일식분초(日食分秒)는 7분 64초45이다. 따라서 정묘년 8월의 일식은 정서(正西)보다 약간 북으로 치우친 일면(日面)의 서북에서 가려지기 시작하여, 식심 때는 가려지는 부분의 중심이 정북과 일치한다. 마지막까지 가려지는 부분 역시 정동(正東)에서 북쪽으로 조금 옮겨 간 동북에 있다.

5.20 일입분 산정 求日入分

일주(日周)를 놓고 그날의 일출분(日出分)을 뺀 값이 곧 일입분(日入分)이다.

置日周，以其日日出分減之，爲日入分。

해설

일입분

하루의 시작점을 해 뜨기 전 자정을 가리키는 신전야반(晨前夜半)에 두었고, 신전야반부터 다음 날 신전야반까지를 일주(日周)라 하였다. 주간(晝間)인 일출부터 일몰까지가 하루의 중간인 오중(午中)에 의해 반분(半分)이 되게 하였다. 그림 5.20.1에서 보듯이 신전야반부터 일출까지인 일출분이 일몰부터 다음 날 신전야반까지와 같고, 따라서 신전야반부터 일몰까지를 가리키는 일입분은 일주에서 일출분을 뺀 값과 같다.

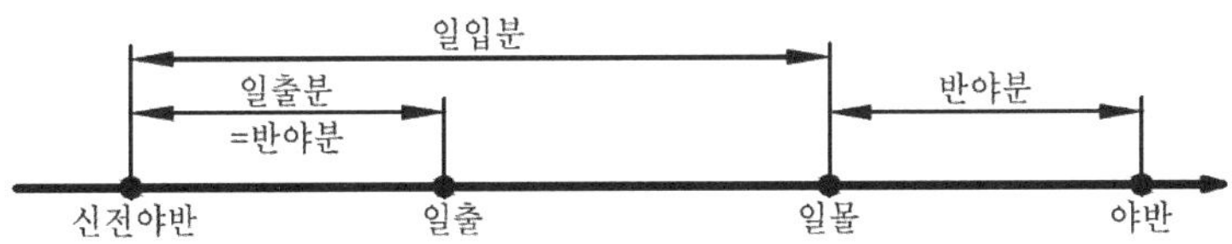

그림 5.20.1

위의 내용은 제4장 〈중성(中星)〉 4.3절에서 이미 다루어진 바 있는데 여기서 일입분 계산을 다시 언급하는 것은, 일주(日周) 1만분은 제율(諸率)의 상수이고 일출분은 제1장 〈역일(曆日)〉 1.19절에 입성으로 주어졌으므로 4.3절의 과정을 거치지 않더라도 필요에 따라 언제든지 손쉽게 계산할 수 있기 때문이다.

산식

일입분 = 일주−일출분

가령

세종 정묘년 8월 삭일의 일입분

5.9절에서 구한 8월 경삭은 입축력 88일5321분09초이므로, 하지 후 적일이 88일에 해당하는 일출분을 1.19절의 입성에서 찾으면 2453분07초이다. 따라서 이날의 일입분은 (일주 1만분−일출분 2453분07초=) 7546분93초이다.

5.21 일출입 때 대식소견분 산정 求日出入帶食所見分

그날의 일출분(日出分)과 일입분(日入分)을 살펴서, 초휴분(初虧分) 이상이고 식심분(食甚分) 이하이면 대식(帶食)이 된다. 식심분과 일출분 또는 일입분의 차를 각기 구하여 일식분초(日食分秒)에 곱하고 정용분(定用分)으로 나눈 후, 다시 일식분초에서 이것을 뺀 값이 곧 일출 또는 일입의 대식소견분(帶食所見分)이다.

視其日日出入分，在初虧已上食甚已下，爲帶食。各以食甚分與日出入分相減，以乘日食分秒，滿定用分而一，以減日食分秒，卽日出入帶食所見之分。

해설

1) 대식

해가 달에 가려지기 시작한 후 식심에 이르기 전인 일식의 진행 전반부에 해가 떠오르거나 지고 있으면 대식이라 하였다. 해가 점점 더 가려지는 상태, 곧 햇빛이 줄어들고 있다는 뜻에서 식(食)을 대동(帶同)하고 지평선을 지나고 있다고 한 것이다.

2) 대식소견분

그림 5.21.1과 같이 초휴부터 식심까지를 나타내면, 식심분과 일출입분의 차는 BC이고 정용분은 AC이므로 대식의 소견분을 다음과 같이 나타낼 수 있다.

$$대식소견분 = p \times (1 - \mathrm{BC}/\mathrm{AC}) = p \times \mathrm{AB}/\mathrm{AC}$$

여기서 p는 일식분초이다. 이 식에서는 초휴부터 식심까지 달이 해를 가린 정도인 식분(食分)이 선형적으로 증가한다고 가정하였고, 일식분초에 AC에 대한 AB의 거리 비(比)를 곱하여 대식의 소견분으로 삼았다. 따라서 소견분(所見分)은 달이 해를 점점 더 크게 가려 나가는 상황에서 일출이나 일입에 이르러서는 얼마나 가리고 있는지를 나타내는 값이 된다.

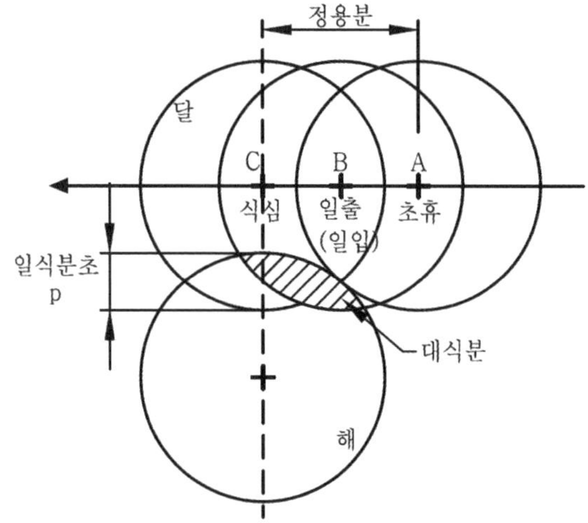

그림 5.21.1

산식

〔초휴분 ≤ 일출분(또는 일입분) ≤ 식심분〕일 때

대식소견분 = 일식분초−{식심분−일출분(또는 일입분)}×일식분초/정용분

가령

세종 정묘년 8월 삭일의 대식소견분

5.8절에서 구한 세종 정묘년 8월 일식의 식심정분이 7283분31초이고 정용분이 570분28초10이므로 초휴분은 (식심정분 7283분31초−정용분 570분28초10=) 6713분03초이다. 또 앞서 5.20절에서 구한 이날의 일출분은 2453분07초이고 일입분은 7546분93초이다. 따라서 이날의 일식에서는 대식이 일

어나지 않는다.

만약 이 일식의 식심분이 7783분31초였고, 일식분초와 정용분이 앞서 5.17절과 5.18절의 가령에서 구한 값 그대로 7분64초45, 그리고 570분28초10이었다면, 대식소견분은 (일식분초 7분64초45－{식심분 7783분31초－일입분 7546분93초}×일식분초 7분64초45/정용분 570분28초10＝) 4분47초59이다.

위의 계산에서 보듯이 식심에 이르면 일식분초인 7분64초45만큼 가려지겠지만, 그전에 4분47초59만큼 가려진 상태에서 일몰에 이르렀을 것이다.

5.22 일출입 후 미복광분 산정 求日出入後未復光分

그날의 일출분과 일입분을 살펴서, 식심분(食甚分) 이상이고 복원분(復圓分) 이하이면 대생광(帶生光)이 된다. 식심분과 일출분 또는 일입분의 차를 각기 내어 일식분초(日食分秒)를 곱하고 정용분(定用分)으로 나눈 후, 다시 이것을 일식분초에서 뺀 값이 곧 일출 후 또는 일입 후의 미복광분(未復光分)이다.

> 視其日日出入分, 在食甚已上復圓已下, 爲帶生光。各以食甚分與日出入分相減, 以乘日食分秒, 滿定用分而一, 以減日食分秒, 卽日出入後未復光之分。

해설

1) 대생광

일식의 진행 후반부에 해가 떠오르거나 지는 경우를 대생광이라 하였다. 달의 가림이 끝나기 얼마 전, 곧 해가 제빛을 온전히 되찾기 얼마 전 단계이므로 빛이 살아나고 있다는 의미의 생광(生光)의 상황을 대동(帶同)하고 지평선을 지나고 있다고 한 것이다.

2) 미복광분

그림 5.22.1과 같이 식심부터 복원까지를 나타내면, 식심분과 일출입분의 차는 AB이고 정용분은 AC이므로 대생광의 미복광분을 다음과 같이 나타낼 수 있다.

$$\text{대생광 미복광분} = p \times (1 - \mathrm{AB}/\mathrm{AC}) = p \times \mathrm{BC}/\mathrm{AC}$$

여기서 p는 일식분초이다. 이 식에서는 식심부터 복원까지 달이 해를 가린 정도인 식분(食分)이 선형적으로 감소한다고 가정하였고, 일식분초에 AC에 대한 BC의 거리 비(比)를 곱하여 대생광의 미복광분으로 삼았다. 따라서 미복광분은 해가 달에 최대로 가려졌다가 빛을 되찾아 가는 상황에서 일출이나 일입에 이르러 얼마나 가려져 있는지를 가리키는 값이 된다.

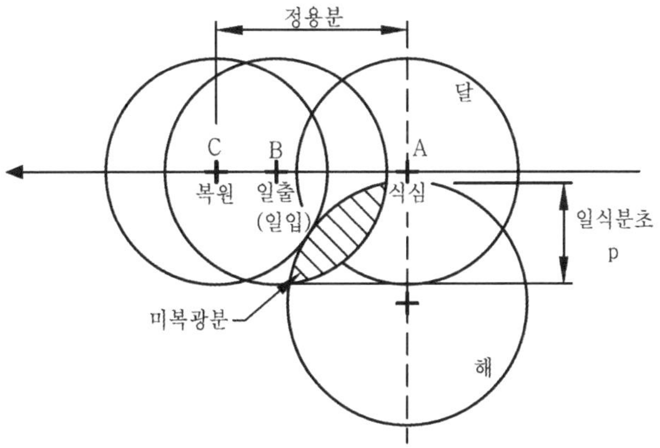

그림 5.22.1

산식

〔식심분 ≤ 일출분(또는 일입분) ≤ 복원분〕일 때

미복광분 = 일식분초 − {일출분(또는 일입분) − 식심분} × 일식분초/정용분

가령

세종 정묘년 8월 삭일의 미복광분

5.8절에서 구한 세종 정묘년 8월 일식의 식심정분은 7283분31초이고, 5.18절에서 구한 정용분이 570분28초10이므로 복원분은 (식심정분 7283분31초+정용분 570분28초10=) 7853분59초이다. 또 앞서 5.20절에서 구한 이날의 일출분은 2453분07초이고 일입분은 7546분93초이다. 따라서 이날의 일입분이

이 일식의 식심분과 복원분 사이에 있으므로 일몰 때 대생광이 일어난다.

이 일식의 일식분초가 앞서 5.17절의 가령에서 구한 대로 7분64초45이므로 대생광의 미복광분은 (일식분초 7분64초45×{1−(일입분 7546분93초−식심정분 7283분31초)/정용분 570분28초10}=) 4분11초07이다.

위의 계산에서 보듯이 식심에서는 일식분초인 7분64초45만큼 가려지겠지만, 식심을 지난 후 4분11초07만큼만 가려진 상태에서 일몰에 이르렀다.

5.23 식심수차 산정 求食甚宿次

식심(食甚)의 입영축력정도 분초(入盈縮曆定度分秒)를 살펴서, 이 값이 영력(盈曆)에 있으면 그대로 정적(定積)으로 삼고, 축력(縮曆)에 있으면 반세주(半歲周)를 더하여 정적으로 삼는다. 정적에 동지의 가시황도일도 분초(加時黃道日度分秒)를 더한 후 황도수도(黃道宿度)를 덜어 내면 식심수차도 분초(食甚宿差度分秒)를 얻는다.

視食甚入盈縮曆定度及分秒, 在盈, 便爲定積; 在縮, 加半歲周, 爲定積。以冬至加時黃道日度及分秒, 加而命之, 得食甚宿次度及分秒。

해설

식심수차

식심의 입영력정도(入盈曆定度)는 식심 때 해가 동지부터 얼마나 떨어진 위치에 있는지를 나타내고, 식심의 입축력정도(入縮曆定度)는 식심 때 해의 위치가 하지부터 얼마나 떨어졌는지를 가리킨다. 이에 비해 일식 식심의 정적은 동지부터 식심 때까지 해가 운행한 각도이므로 식심이 동지부터 하지까지인 영력에 들어 있다면 입영력정도가 곧 정적이고, 식심이 하지부터 동지까지인 축력에 들어 있다면 입축력정도에 반세주(半歲周)를 더한 값이 정적이다.

그림 5.23.1에서 보듯이 식심수차를 구하기 위해서는 동지의 가시황도일도에 동지부터 식심 때까지 해가 운행한 각도인 정적을 보태어 황도적도를 구한 후, 황도수차를 차례로 덜어 내다가 더 덜어 낼 수 없을 때 그 나머지가 곧 해당 수(宿)의 입수도(入宿度)가 된다. 이렇게 황도의 어느 수에, 또 입수도 얼마에서 식심이 있는지를 구한 것이 식심의 수차(宿次)이다.

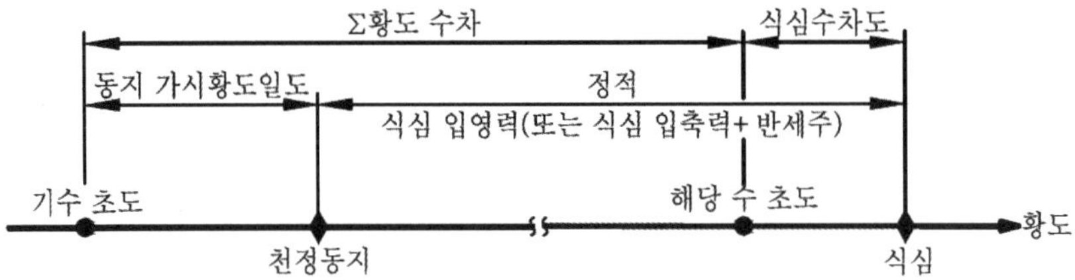

그림 5.23.1

산식

① 〔영력〕이면

정적 = 식심 입영력정도

〔축력〕이면

정적 = 식심 입축력정도+반세주

② 식심수차 = 정적+천정동지 가시황도일도−$\sum$황도수도

가령

세종 정묘년 8월 일식의 식심수차

세종 정묘년(1447) 8월 일식의 식심 입영축력정도는 5.9절의 가령에서 구한 대로 입축력 86도39분88초이다. 따라서 정적(定積)은 (입축력 86도39분88초+반세주 182도62분12초50=) 269도02분00초50이 된다.

정적에 정묘년 천정동지의 가시황도일도를 더한 황도적도는 (정적 269도02분00초50+정묘년천정동지가시황도일도 기수 6도91분97초=) 기수(箕宿) 275도93분97초50이고, 이 값에서 표 2.6.1의 기수부터 장수(張宿)까지 황도수도(黃道宿度)를 거듭 덜어 낸 나머지는 (황도적도 275도93분97초50−기수~장수황도적도 258도19분75초=) 익수(翼宿) 17도74분22초50이다.

세종 정묘년 8월의 일식은 황도수차 익수 17도74분에서 식심에 이른다.

월식 月食

5.24 정한행도 산정 求定限行度

경망(經望)의 입지질력 일분초(入遲疾曆日分秒)를 놓고, 정망(定望)의 가감차(加減差)를 더하거나 빼면 정입지질력(定入遲疾曆)을 얻는다. 이것에 12한 20분을 곱하여 정한(定限)을 얻는다. 달의 정한하행도 분초(定限下行度分秒)를 놓고 태양의 한행도 8분20초를 뺀 것이 정한행도 분초(定限行度分秒)이다.

置經望遲疾曆日及分秒，以定望加減差加減之，得定入遲疾曆。以十二限二十分乘之，得定限。置定限下行度及分秒，減去大陽限行八分二十秒，爲定限行度及分秒。

해설

1) 정입지질력

각각의 타원궤도를 일주하는 동안 해와 달이 겪는 속도 변화를 고려하기 위해 제1장 〈역일(曆日)〉에서 먼저 해의 영축차(盈縮差)와 달의 지질차(遲疾差)를 구하였고, 이로부터 얻은 가감차(加減差)를 경삭(經朔)과 경망(經望)에 보태어 정삭(定朔)과 정망(定望)을 정하였다.

더욱이 속도 변화의 폭이 매우 큰 달에 대해서는 백도를 세분한 미소구간마다 운행속도의 증감이 얼마만큼인지를 밝히고, 백도의 근지점과 원지점을 지난 순간부터 경과한 시간을 나타내는 변수인 입지질력(入遲

疾曆)을 정의하여 달의 실제속도를 나타낼 수 있게 하였다.

월식(月食)이 일어나는 범위인 교점 주변에서 달의 정확한 위치를 구하기 위해 경망의 입지질력에 가감차를 보태어 정입지질력을 구하도록 하였다. 가감차가 나타내는 것이 실제속도로 움직일 때의 정망(定望) 순간과 평균속도로 움직였다고 가정한 경망(經望) 순간 사이의 시간차이기 때문에 월식 추보에서 정입지질력은 정망의 입지질력과 같은 의미를 갖는다.

2) 정한(定限), 정한하행도(定限下行度), 정한행도(定限行度)

정입지질력에 곱한 12한20분은 근점월(近點月)의 주기인 전종(轉終 27일 5546분)을 336한(限)으로 나눠 얻은 0.082008일/한의 역수(逆數)이다. 따라서 정입지질력에 12한20분을 곱하는 것은 정입지질력을 해가 1한을 지나는 데 걸리는 시간(0.082008일/한)으로 나누는 것과 같다. 이는 정입지질력이 몇 한에 해당하는지, 곧 정망의 한수(限數)를 구하는 것이다. 정망의 한수를 정한이라 하였다.

정망의 순간이 168한(=336한/2) 중 어느 한수에 해당하는지를 정한이 나타내고 있으므로, 해당 정한에서 1한, 곧 0.082008일 동안 달이 움직이는 도수를 정한하행도라 하였다. 이 정한하행도는 앞의 1.16절의 입성에 주어진 지질력한행도에서 찾되, 정입지질력이 입질력(入疾曆)이면 질력한행도에서 찾고, 입지력(入遲曆)이면 지력한행도에서 찾는다.

정한하행도에서 태양한행도(太陽限行度)를 뺀 값이 정한행도이다. 달이 정한에서 1한 동안 운행한 각도가 정한하행도이고, 해가 1한 동안 움직인 각도인 0.082008도, 곧 8분20초가 태양한행도이므로, 정한행도는 해당 정한에서 달이 해보다 얼마나 더 운행하는지를 나타내고 있다.

산식

① 정입지질력 = 경망 입지질력+정망 가감차

② 정한 = INT〔정입지질력×12한20분〕

③ 정한행도 = 정한하행도−태양한행도 8분20초

가령

1) 세종 정묘년 매월 정망의 정입지질력

세종 정묘년 매월 경망의 입지질력을 표 1.15.1에서 찾고, 이것에 표 1.18.1의 가감차를 보태어 정묘년 정입지질력을 얻는다. 예를 들어 정월 정망의 정입지질력은 입지력 3일9429분11초50에서 가차(加差) 4938분 4203을 보탠 입지력 4일4367분54초이고, 마찬가지로 8월 정망의 정입지질력은 (8월경망입질력 5일9735분55초50−8월정망감차 5671분5439=) 입질력 5일 4064분01초이다.

세종 정묘년 매월 정망의 정입지질력을 구하여 취합한 것이 표 5.24.1의 제2열이다.

2) 세종 정묘년 매월 정망의 정한과 정한행도

정묘년 정월 정망의 입지력 4일4367분54초에 12한20분을 곱한 54.1284한의 정수(整數) 부분인 54한이 정한이다. 정월 정망의 정한하행도는 1.16절에 주어진 달의 한수와 지질도 입성에서 한수가 54인 행(行)의 제6열에서 찾은 지력한행도인 1도04분48초와 같다. 또 정월 정망의 정한행도는 정한하행도 1도04분48초에서 태양한행도 8분20초를 뺀 0도96분28초가 된다.

이와 같이 세종 정묘년 매월 정망의 정한과 정한하행도, 그리고 정한행도를 구하여 취합한 것이 표 5.24.1의 제3~제5열이다.

표 5.24.1 세종 정묘년 매월 정망의 정입지질력 · 정한 · 정한하행도 · 정한행도

	정입지질력	정한	정한하행도	정한행도
정월	입지력 4일4367분54초	54	1도04분48초	0도96분28초
2월	입지력 6일5051분45초	79	1도09분15초	1도00분95초
3월	입지력 8일4531분36초	103	1도13분06초	1도04분86초
4월	입지력 10일2958분65초	125	1도16분59초	1도08분39초
윤4월	입지력 12일0599분93초	147	1도19분18초	1도10분98초
5월	입지력 13일7736분45초	168	1도20분71초	1도12분51초
6월	입질력 1일7303분82초	21	1도19분08초	1도10분88초
7월	입질력 3일5261분03초	43	1도16분45초	1도08분25초
8월	입질력 5일4064분01초	65	1도12분87초	1도04분67초
9월	입질력 7일3991분12초	90	1도08분73초	1도00분53초
10월	입질력 9일5126분84초	116	1도04분00초	0도95분80초
11월	입질력 11일7460분97초	143	1도00분48초	0도92분28초
12월	입지력 0일2447분91초	2	0도98분67초	0도90분47초

5.25 교상도와 교정도 산정 求交常交定度

교상도

경망(經望)의 입교범일 분초(入交汎日分秒)를 놓고, 월평행(月平行)을 곱하면 교상도 분초가 된다.

교정도

교상도에 그달 망(望)의 영축차(盈縮差)를 가감하되, 영차(盈差)이면 더하고 축차(縮差)이면 뺀 것이 곧 교정도 분초이다. 교상도가 축차보다 작아 뺄 수 없으면 교종도(交終度)를 더한 후에 뺀다.

置經望入交汎日及分秒, 以月平行乘之, 爲交常度及分秒。以其望盈縮差, 盈加縮減之, 爲交定度及分秒。【不及減者, 加交終度減之】

해설

1) 교상도

경망의 입교범일에 달의 하루 평균운행각도인 월평행(月平行 13도36분87초50)을 곱한 교상도는 달이 황도 이북에서 이남으로 통과하는 정교(正交)의 순간부터 경망의 순간까지 이동한 각도를 가리킨다.

2) 교정도와 영축차

영축차는 경망의 순간에 해의 실제위치가 평균속도로 운행한 위치에서 얼마나 벗어나 있는지를 나타내는 각도이다. 그림 5.25.1에서 보듯이 교상도에 영축차를 보탠 교정도는 정교점(正交點)부터 경망 때 달의 실제 위치에 이르기까지의 각도를 가리킨다. 교상도가 정교점부터 경망의 순간까지 달이 평균속도로 이동한 각도이듯이, 교정도 역시 정교점부터 정망의 순간까지 달이 운행한 각도라고 할 수 있다. 《수시력》에서 가감차(加減差) 동안 해가 움직인 각도를 무시하였기 때문이다.

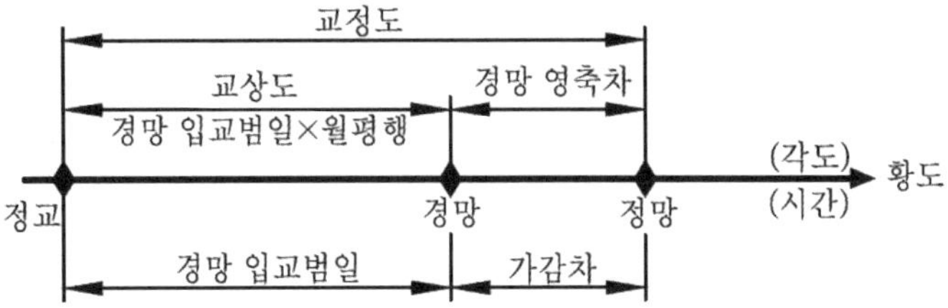

그림 5.25.1

산식

① 교상도 = 경망 입교범일×월평행

② 교정도 = 교상도±영축차 (단, 영차이면 +, 축차이면 −)

가령

세종 정묘년 매월 경망의 교상도와 교정도

세종 정묘년 매월 경망의 입교범일(入交汎日)을 표 1.21.1에서 찾고, 이것에 월평행(月平行)을 곱하여 교상도를 얻는다. 예를 들어 8월 경망의 입교범일이 14일0429분19초50이므로 월평행 13도36분87초50미를 곱한 교상도는 187도73분62초80미이다.

교상도에 표 1.13.1의 영축차를 보탠 각도가 교정도이다. 예를 들어 정묘년 8월 경삭의 교정도는 위의 교상도에서 축차를 뺀 (8월경망교상도 187도73분62초80미−8월경망축차 2도36분91초53미=) 185도36분71초27미이다.

세종 정묘년 매월 경망의 교상도와 교정도를 구하여 취합하면 표 5.25.1과 같다.

표 5.25.1 세종 정묘년 매월 경망의 교상도와 교정도

	교상도	교정도
정월	303도58분01초35	305도48분49초31
2월	334도57분38초31	336도94분22초27
3월	1도77분41초07	4도05분73초96
4월	32도76분78초02	34도46분97초64
윤4월	63도76분14초98	64도43분40초78
5월	94도75분51초93	94도08분76초40
6월	125도74분88초89	124도05분02초00
7월	156도74분25초84	154도46분07초08
8월	187도73분62초80	185도36분71초27
9월	218도72분99초76	216도82분22초33
10월	249도72분36초71	248도78분71초80
11월	280도71분73초67	281도17분16초82
12월	311도71분10초62	313도31분42초07

5.26 묘유전후분 산정 求卯酉前後分

정망(定望)의 일하분(日下分)을 살펴서, 일주(日周)의 1/4보다 작으면 그 값이 곧 묘전분(卯前分)이고, 일주의 1/4보다 크면 반일주(半日周)에서 그 값을 뺀 것이 묘후분(卯後分)이다. 정망의 일하분이 일주의 3/4보다 작으면 그 값에서 반일주를 뺀 것이 유전분(酉前分)이고, 일주의 3/4보다 크면 일주에서 그 값을 뺀 것이 유후분(酉後分)이다.

> 視定望日下分，在日周四分之一已下，爲卯前分；已上，去減半周，爲卯後分。在四分之三已下，減去半周，爲酉前分；已上，去減日周，爲酉後分。

해설

묘유전후분

매월 정망의 순간이 신전야반이나 오정에 얼마나 가까운지를 구하되 묘정(卯正) 전후와 유정(酉正) 전후로 나누어 묘유전후분으로 나타내었다. 정망의 일하분이 신전야반(晨前夜半)부터 일주의 1/4, 곧 2500분의 순간인 묘정(卯正)까지의 구간에 들어 있을 때는 이 일하분을 묘전분(卯前分)이라 하였다. 그러므로 신전야반에서는 묘전분이 영(零)이고 묘정에서는 2500분이다. 또 정망의 일하분이 묘정부터 반일주(半日周) 5000분의 순간인 오정(午正)까지의 구간에 들어 있다면, 반일주에서 이 일하분을 뺀 값을 묘후분(卯後分)이라 하였다. 묘정에서는 묘후분이 2500분이고 오정에서는 영이 된다. 그러므로 정망의 일하분이 묘정에 있다면 묘정(卯正) 전후분이 2500분으로 최대치가 되고, 정망의 일하분이 묘정에서 먼 순간일수록 전후분(前後分)이 줄어들어 신전야반이나 오정에 있을 때는 최소치인 영이 된다.

유전분은 오정부터 일주의 3/4, 곧 7500분의 순간인 유정(酉正)까지의 구간에서 정의된다. 정망의 일하분이 오정에 있을 때는 유전분이 영(零)이지만 유정에 있다면 최대치인 2500분이 된다. 유후분은 유정부터 자정까지의 구간에 정망의 일하분이 들어 있을 때 정의된다. 유정에서는 유후분이 최대치인 2500분이지만, 자정에 정망의 일하분이 있을 때는 최소치인 영이 된다.

변수(變數)인 일하분이 신전야반부터 다음 날 신전야반까지 바뀌는 동안 묘전분부터 유후분까지 묘유전후분의 변화는 다음 그림 5.26.1과 같이 나타난다.

일식의 시차(時差)가 중전중후분(中前中後分)을 변수로 삼은 데 비해 월식의 시차는 묘유전후분을 변수로 삼았으니, 이는 뒤이은 계산의 편의를 위해 도입된 변수이다.

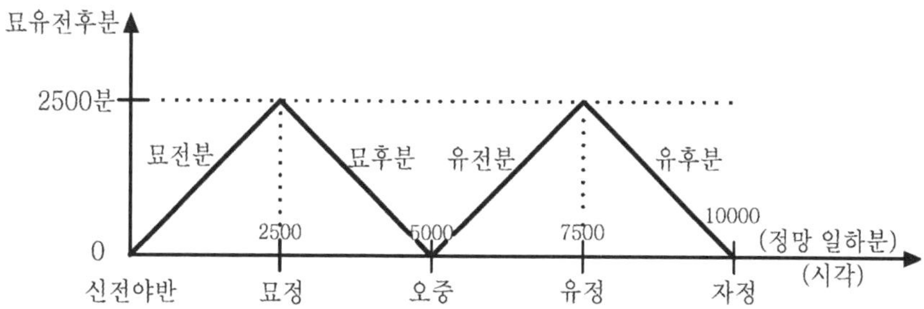

그림 5.26.1

산식

① 〔정망 일하분 ≤ 일주/4〕이면

묘전분 = 정망 일하분

② 〔일주/4 < 정망 일하분 ≤ 반일주〕이면

묘후분 = 반일주−정망 일하분

③ 〔반일주 < 정망 일하분 ≤ 3/4 일주〕이면

유전분 = 정망 일하분−반일주

④ 〔3/4 일주 < 정망 일하분〕이면

유후분 = 일주－정망 일하분

가령

세종 정묘년 정망의 묘유전후분

표 1.20.1에서 찾은 정묘년 8월 정망의 일하분(日下分)은 6665분01초10이다. 8월 정망의 일하분이 반일주보다는 크고 일주의 3/4보다는 작다. 따라서 유전분(酉前分)은 (8월정망 일하분 6665분01초10－반일주 5000분=) 1665분01초가 된다.

5.27 시차와 식심정분 산정 求時差及食甚定分

시차

일주(日周)에서 묘유전후분(卯酉前後分)을 뺀 값을 100으로 나눈 것이 시차이다.

식심정분

시차를 정망의 일하분에 더한 값이 식심정분이다.

以卯酉前後分, 去減日周, 百約, 爲時差。以加定望日下分, 爲食甚定分。

해설

1) 월식의 시차

월식은 해와 달이 지구를 사이에 두고 일직선 상에서 서로 마주 볼 때 달이 지구의 그림자에 가려지는 현상이다. 지구의 어느 곳에서 관측하더라도 월식의 진행은 동일하게 관찰되므로 위도에 따라 달의 시차(視差)는 다르지만 시차(時差)에는 아무런 영향이 없다.

월식 때도 해와 달의 황경(黃經)이 정확히 반세주(半歲周)만큼 차가 나는 순간인 정망(定望)과 지구의 그림자가 달을 가장 많이 가리는 순간인 식심(食甚)이 일치하지 않으며, 최대 8분30초 정도의 시차(時差)를 보인다. 그러나 이것은 달의 시차(視差) 때문이 아니라 교식 때 달의 황위(黃緯)가 영향을 미치기 때문이며, 일식의 시차에 비해서는 아주 작은 값이다.

중국의 전통 역법을 살펴보면 《기원력(紀元曆)》보다 앞선 역법에서는 월식의 시차를 고려하지 않았다. 그러나 《기원력》에서 정망 시각과 식심

시각을 구분하기 시작하였고, 그 영향을 받은 《수시력》에서도 묘유전후분을 변수로 갖는 시차 함수가 제시되었는데,[15] 시차의 최대값은 18분50초였다.

《칠정산내편》에서는 《대통력법통궤(大統曆法通軌)》에서 개정한 월식 시차의 산식을 받아들여 "일주(日周)에서 묘유전후분을 빼고 100으로 나눈 값"을 시차로 삼았다. 그림 5.27.1에서 보듯이 이 시차 함수의 최대치는 100분, 곧 14m24s이다.

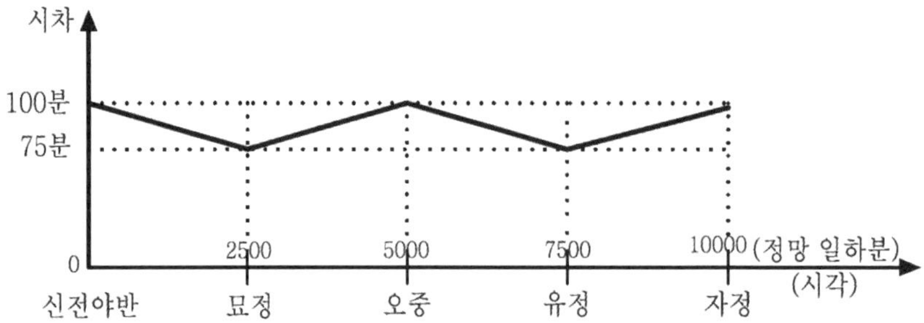

그림 5.27.1

2) 식심정분(食甚定分)

일식에서는 식심과 오중 사이에 정삭이 들어 있으므로 식심과 정삭의 순서가 오중 전후에 따라 바뀌었지만, 월식의 식심은 항상 정망 이후에 일어난다. 그림 5.27.1에서 보듯이 시차(時差)가 항상 양의 값이고, 정망의 일하분에 시차를 더하여 식심 시각을 구하였기 때문이다.

산식

① 시차 = (일주－묘유전후분)/100 (분)

② 식심정분 = 정삭 일하분＋시차

15 《수시력》의 시차(時差)는 묘유전후분(卯酉前後分)의 제곱을 4만7800으로 나누어 얻었다.

가령

세종 정묘년 8월 망식의 시차와 식심정분

앞서 구한 정묘년 8월망의 유전분(酉前分)이 1665분01초이므로, 일주에서 이 값을 뺀 후 100으로 나눈 ({일주 1만분−유전분 1665분01초}/100=) 83분35초가 8월 정망의 시차(時差)이다. 이를 현대의 시간 단위로 환산하면 12분에 해당한다.

8월 정망의 일하분 6665분01초10에 시차 83분35초를 더한 6748분36초가 식심정분이다.

5.28 식심의 입영축력과 정도 산정 求食甚入盈縮曆及定度

식심의 입영축력

경망(經望)의 입영축력 일분초(入盈縮曆日分秒)를 놓고, 정망일(定望日)과 식심정분(食甚定分)을 더한 후, 경망 일분초(經望日分秒)를 뺀 것이 곧 식심의 입영축력이다.

식심의 입영축력정도(入盈縮曆定度)

앞서 제시된 영축차(盈縮差) 산법에 의하여 영축차를 구한 후, 식심의 입영축력에 영차는 더하고 축차는 뺀 것이 식심의 입영축력정도 분초이다.

置經望入盈縮曆日及分秒，以定望日及食甚定分加之，以經望日及分秒減之，即食甚入盈縮曆。依術求盈縮差，盈加縮減之，爲食甚入盈縮曆定度及分秒。

해설

1) 식심의 입영축력

그림 5.28.1에서 보듯이 경망의 입영축력이 동지나 하지부터 경망까지 경과한 시간이고, 경망 일분초는 직전(直前) 갑자일(甲子日) 신전야반부터 경망까지 경과한 시간이다. 그러므로 경망의 입영축력에서 경망 일분초를 빼면 동지나 하지부터 직전 갑자일 신전야반까지 경과한 시간인 직전 갑자일 신전야반의 입영축력을 얻게 된다. 이것에 정망일(定望日)을 더하면 정망일 신전야반의 입영축력이 된다. 다시 정망의 일하분에 시차를 더한 값, 곧 정망일 신전야반부터 식심 순간까지를 나타내는 식심정분(食甚定分)을 더하면 동지나 하지부터 식심까지 경과한 시간인 식심의 입영축력을 얻는다.

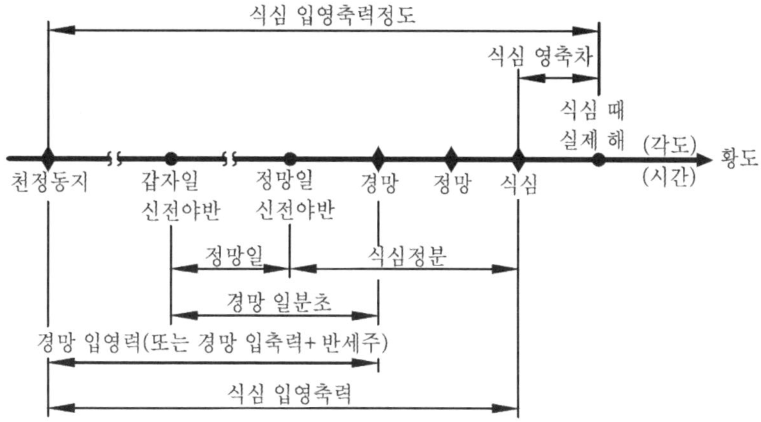

그림 5.28.1

2) 식심의 입영축력정도

식심 때 해가 어디에 위치하는지를 구하자면 먼저 시간 단위로 표현된 식심의 입영축력을 각도 단위으로 바꿔야 한다. 그리고 식심의 순간에 해가 입영축력의 각도보다 얼마나 앞서거나 뒤처져 있는지를 나타내는 영축차(盈縮差)를 보태야 한다. 이렇게 구한 값, 즉 식심 순간 해가 동지나 하지에 대해 가지는 상대 위치를 식심의 입영축력정도라고 하였다.

산식

① 식심 입영축력 = 경망의 입영축력+정망일+식심정분−경망 일분초

② 식심 입영축력정도 = 식심 입영축력±영축차

(단, 영차이면 +, 축차이면 −)

가령

1) 세종 정묘년 8월 망식의 식심 입영축력

정묘년 8월 망식의 식심 입영축력을 구하기 위해 먼저 표 1.9.1에서 찾은 8월 경망의 입영축력은 입축력 103일2974분05초50이다. 또 표 1.20.1에

서 찾은 8월의 정망은 10일(갑술)6665분01초10이며, 앞 절에서 구한 식심정분은 6748분36초이고, 표 1.2.2에서 찾은 경망의 일분초는 11일(을해)2336분55초50이다.

하지부터 103일2974분05초50이 지난 경망의 입축력에 정망일 10일과 식심정분 6748분36초를 더한 후, 경망의 일분초 11일(을해)2336분55초50을 뺀 나머지는 102일7385분86초이고, 이 값이 곧 하지부터 8월 망식의 식심까지 경과한 입축력의 일분초이다.

2) 세종 정묘년 8월 망식의 식심 입영축력정도

세종 정묘년 8월 망식의 식심 입축력 102일7385분86초가 축초영말한(縮初盈末限) 93일7120분25초보다 큰 값이므로, 반세주에서 이 값을 빼면 (반세주 182일6212분50초−8월 경망 입축력 102일7385분86초=) 79일8826분64초이고, 이 값이 곧 정묘년 8월 망식의 식심이 갖는 입축력말한이다.

식심의 입축력말한 79일8826분64초에 대한 영축차 산정은 1.11절 동지전후 영초축말한의 태양입성에서 이루어진다. 적일 79일에 대한 축가분(縮加分)과 축적(縮積)을 찾으면 각각 63분4009와 2일3670분9991이므로, 식심의 영축차를 구하면 (축적 2일3670분9991+축가분 63분4009×일하분 8826분64/일주 1만분=) 축차 2일3726분9608이 된다.

따라서 식심의 입축력과 축차를 각도로 바꾼 후 서로 보태면 (입축력 102도73분85초86−축차 2도37분26초96=) 100도36분59초가 되고, 이것이 곧 하지점에 대한 식심의 상대 위치를 의미하는 식심의 입축력정도(入縮曆定度)이다.

5.29 월식이 드는 위치의 음양력거교전후도 산정

求食入陰陽曆去交前後度

교정도 분초(交定度分秒)를 살펴서, 교중도 분초(交中度分秒)보다 작은 값이면 입양력(入陽曆)이 되고, 교중도 분초보다 큰 값이면 교정도 분초에서 교중도 분초를 뺀 값이 입음력(入陰曆)이 된다.

입음양력(入陰陽曆)을 살펴서, 후준(後準)보다 작으면 입음양력이 교후도 분초(交後度分秒)가 되고, 전준(前準)보다 크면 교중도 분초에서 입음양력을 뺀 값이 교전도 분초(交前度分秒)가 된다.

視交定度及分秒, 在交中度及分秒已下, 爲陽曆; 已上, 減去交中度及分秒, 爲陰曆。視入陰陽曆, 在後準已下, 爲交後度及分秒; 前準已上, 去減交中度及分秒, 爲交前度及分秒。

해설

1) 교정도

5.25절에서 교정도는 경망의 입교범일에 월평행(月平行)을 곱한 후 영축차를 가감한 값으로 정의되었다. 엄밀하게는 정교점부터 경망 때 달의 실제위치에 이르는 각도를 가리키지만, 이미 언급되었듯이 《수시력》에서는 경망에 보탤 가감차의 시간 동안 해가 움직이는 각도를 무시하였으므로, 이전 정교점부터 정망의 순간까지 달이 이동한 각도를 교정도라고 할 수 있다.

2) 전준과 후준

교종도에서 달이 1/2삭망월 동안 운행한 각도를 뺀 값인 (교종도 363도79분

34초-망책 14일7652분96초50×월평행 13도36분87초50/일≈) 166도39분68초를 전준이라 하였고, 또 달이 1/2삭망월 동안 운행한 각도에서 교중도를 뺀 값인(망책 14일7652분96초50×월평행 13도36분87초50/일-교중도 181도89분67초=) 15도50분을 후준이라 하였다. 그러므로 전준과 후준을 합한 값이 교중도가 된다.

정망의 교정도에 해당하는 입음양력으로부터 거교전후도(去交前後度)를 구할 때 전준 또는 후준을 그 한계치(限界値)로 삼았다.

3) 음양력거교전후도(陰陽曆去交前後度)

교정도(交定度)가 교중도(交中度) 이하이면 정망(定望) 때 달이 황도 이남의 양력 구간에 있으므로 교정도가 곧 양력에 들어선 이후의 운행각도인 입양력(入陽曆)이다. 또 교정도가 교중도 이상이면 정망의 달이 황도 이북의 음력 구간에 있으므로 교정도에서 교중도를 뺀 각도가 음력에 들어선 이후의 운행각도인 입음력(入陰曆)이다.

정망의 입양력(또는 입음력)이 후준(後準 15도50분)보다 작은 각도이면 그림 5.29.1(가)에서 보듯이 정망의 달이 정교(또는 중교)를 지난 후 15도50분보다 가까운 위치에 있으므로 이후의 단계에서 월식 여부를 판단할 양력교후도(또는 음력교후도)를 구할 수 있다

마찬가지로 입양력(또는 입음력)이 전준(前準 166도39분68초)보다 큰 값이면 그림 5.29.1(나)에서 보듯이 정망의 달이 중교(또는 정교)에 이르기 전 15도50분보다 가까운 위치에 있으므로 역시 이후의 과정에서 월식 여부를 판단할 양력교전도(또는 음력교전도)를 구할 수 있다.

만약 입음양력이 후준보다 크거나 전준보다 작으면 이 정망에서는 월식이 일어나지 않으므로 거교전후도를 구하지 않았다.

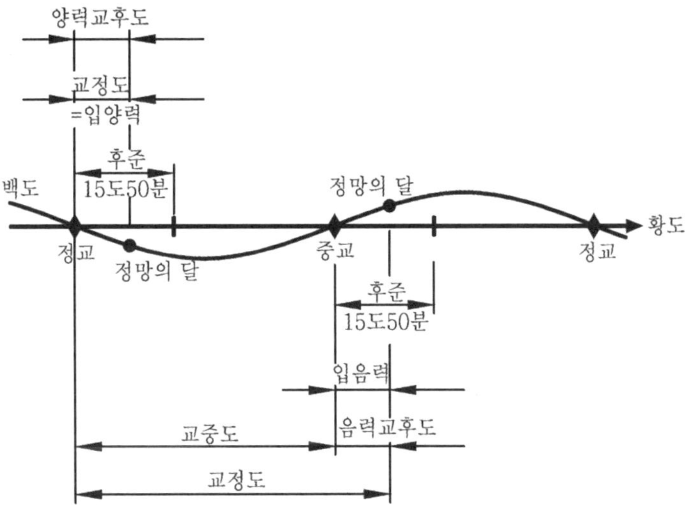

그림 5.29.1(가)

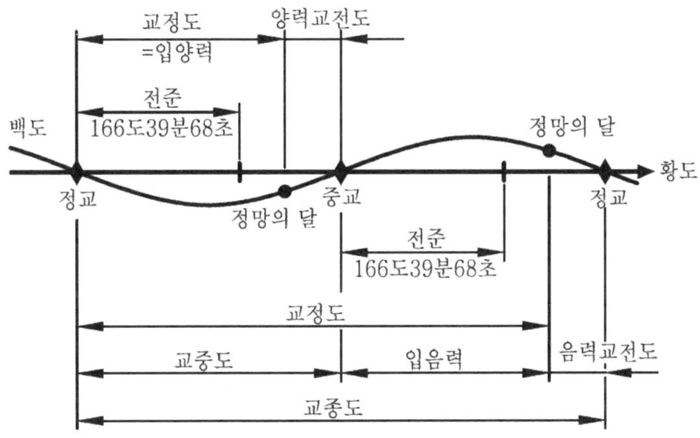

그림 5.29.1(나)

산식

① 〔교정도 ≤ 후준(15도50분)〕이면

양력교후도 = 교정도

② 〔전준(166도39분68초) ≤ 교정도 ≤ 교중도(181도89분67초)〕이면

양력교전도 = 교중도 - 교정도

③ 〔교중도(181도89분67초) < 교정도 ≤ (교중도+후준)(197도39분67초)〕이면

음력교후도 = 교정도 - 교중도

④ 〔(교중도+전준)(348도29분35초) ≤ 교정도 ≤ 교종도(363도79분34초)〕이면

음력교전도 = 교종도 - 교정도

가령

세종 정묘년 8월 망식의 음력교후도

앞서 5.25절의 가령에서 구한 정묘년 8월 망식(望食)의 교정도는 185도36분71초27이어서 교중도보다는 크고 교중도에 후준을 더한 값보다 작다. 그러므로 교정도에서 교중도를 뺀 (교정도 185도36분71초27 - 교중도 181도89분67초=) 3도47분04초27이 음력교후도(陰曆交後度)가 된다.

표 5.25.1에 의하면 이해 3월 정망의 교정도도 후준보다 훨씬 작은 4도05분73초96이었으므로 이 값을 양력교후도(陽曆交後度)로 삼아 월식을 예측하였을 것이다.

5.30 월식분초 산정 求月食分秒

식한(食限)을 놓고, 거교전후도 분초(去交前後度分秒)를 뺀다. 식한이 거교전후도보다 작아서 뺄 수가 없으면 월식이 일어나지 않는다. 뺀 나머지를 정법(定法)으로 나눈 것이 월식분초(月食分秒)이다.

置食限, 以去交前後度及分秒減之,【不及減者, 不食】如定法而一, 爲月食分秒。

해설

1) 월식분초

앞의 5.29절에서 구한 음양력거교전후도는 식심 때 달의 위치와 교점 사이의 각거리를 나타내고 있으며, 이것을 식한(食限)과 비교하는 것은 월식의 식심 때 달이 얼마나 가려지는지를 구하는 과정이다.

음력교전(陰曆交前)의 월식을 묘사한 그림 5.30.1에서 백도와 황도의 교점을 Q, 식심 때 달의 위치를 M, 지구 그림자 중심의 위치를 E로 나타내고, 또 음력교전도를 QM으로, 월식의 식한을 QL로 표시하였다. 음력교전도가 식한과 일치할 때는 달의 중심이 황도로부터 떨어진 거리 LT가 달의 반경에 지구 그림자의 반경을 더한 값이 되어 지구 그림자와 달이 서로 접할 뿐 교식은 일어나지 않는다. 여기서 달의 지름을 10분[16]이라 하였고, 지구 그림자의 직경은 달의 두 배로 잡은 20분이었으므로 LT는 지구 그림자의 반경 10분과 달의 반경 5분을 더한 15분으로 나타내었다.

16 여기서 분(分)은 각도나 길이의 단위를 나타내는 것이 아니라 크기의 정도, 곧 전체에 대한 비(比)를 의미한다. 만약 월식분초가 6분이라면 식심 때 달의 지름의 6분/10분, 곧 6할만큼 달이 가려진다고 풀이해야 한다.

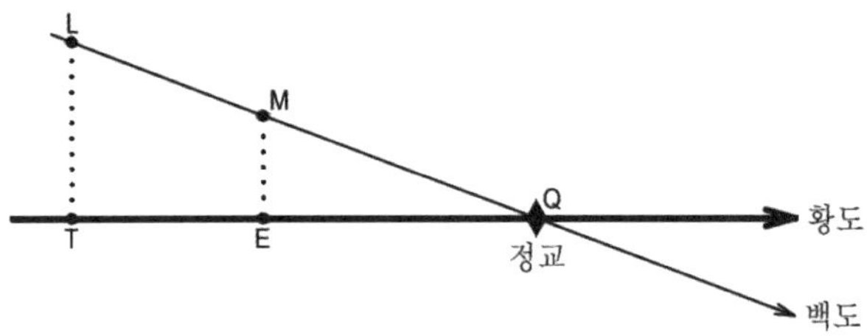

그림 5.30.1

그림 5.30.1과 같이 음력교전도가 식한 QL보다 작은 QM으로 주어지면 식심 때 달이 최대로 가려지는 정도를 의미하는 월식분초는 다음과 같다.

월식분초 = LT−LT×QM/QL = (QL−QM)/QL×LT

여기서 QL/LT를 정법으로 삼으면 위의 식이 곧 본문의 내용이 된다.

2) 식한(食限)과 정법(定法)

위의 그림 5.30.1에서 음력교전도 QM이 식한 QL을 벗어나면 월식이 있을 수 없다고 하였으니, 식한은 교식이 일어날 수 있는 거교전후도의 최대치를 의미한다. 《수시력》에서 정한 월식의 식한은 13도05분이었다. 일식에서는 음력식한보다 양력식한이 큰 값이었으나 월식의 식한은 같은 값으로 정하였다.

한편 정법은 월식분초가 최소 0분에서 최대 15분 사이의 값으로 표현되도록 단위를 환산하는 계수이다. 식한 13도05분에 대한 정법이 87인 것은 식한과 거교전후도를 도(度)로 표시하면서 월식분초의 계산 결과를 분(分)으로 얻어 내기 위함이다. 거교전후도가 영(零)일 때 월식분초가 최대인 15분이 되자면 정법이 다음 식과 같이 표현되어야 한다.

월식정법 = 월식한 13도05분/월식분초 15분 = 87

그러나 그림 5.30.1에서 얻어 낸 정법인 QL/LT는 13도05분/15분의 의미를 가질 뿐이며, 분자의 각도 도(度)와 분모의 비율 분(分) 사이에 아무런 관계가 정의되지 않는다. 《수시력》에서 각도의 분(分)과 비율의 분(分)이 같은 문자이므로 편의상 1도=100분이라는 각도의 관계를 빌려와 정법을 87로 나타내었던 것이다.

산식

월식분초 = (13도05분－음양력거교전후도)/87

가령

세종 정묘년 8월 망식의 월식분초

일월식에 관한 용수(用數)로 주어진 월식식한은 13도05분이고, 정법은 87이다. 앞서 정묘년 8월 망식은 음력교후도(陰曆交後度)가 3도47분04초27이므로, 월식분초는 ({월식한 13도05분－음력교후도 3도47분04초27}/정법 87=) 11분01초10이다. 이는 월식이 처음 시작될 때 지구 그림자와 접했던 월면(月面) 상의 접점이 식심 때는 지구 그림자 속으로 11분01초10만큼 들어갔음을 의미한다. 따라서 정묘년 8월의 월식은 개기월식이었다.

5.31 정용분과 삼한 또는 오한의 진각 산정
求定用分及三限五限辰刻

정용분

월식분초(月食分秒)를 놓고, 30분과 더불어 상감상승(相減相乘)한 후 제곱근을 구한다. 이 값에 4920을 곱하고 정한행도 분초(定限行度分秒)로 나눈 것이 정용분(定用分)이다.

부분월식(部分月食)의 경우 : 초휴(初虧)와 복원(復圓)

식심정분(食甚定分)에서 정용분을 뺀 값이 초휴의 분초이고, 식심정분에 정용분을 더한 값이 복원의 분초이다.

삼한의 진각

식심, 초휴, 그리고 복원의 분초를 가지고 발렴(發斂)의 방법으로 시각을 구한 것이 삼한(三限)의 진각(辰刻)이다.

개기월식(皆既月食)의 경우 : 기내분(既內分)과 기외분(既外分)

월식분초를 놓고, 10분을 뺀 나머지를 15분과 더불어 상감상승한 후 제곱근을 구한다. 이 값에 4920을 곱하고 정한행도 분초로 나눈 것이 곧 기내분이다. 정용분(定用分)에서 기내분을 뺀 값이 곧 기외분이다.

초휴분(初虧分), 식기분(食既分), 식심분(食甚分), 생광분(生光分), 복원분(復圓分)

식심정분(食甚定分)에서 정용분을 뺀 값이 초휴분이다. 초휴분에 기외분을 더하면 식기분이 되며, 다시 기내분을 더한 값이 식심분이다. 한 번 더 기내분을 더하면 생광분이 되고, 다시 기외분을 더한 값이 복원분이다.

오한(五限)의 진각(辰刻)

초휴, 식기, 식심, 생광, 그리고 복원의 분초를 가지고 발렴의 방법으로 시각을 구한 것이 오한의 진각이다. 월식분초가 10분 이상일 때 오한의 법을 사용한다.

○ 置月食分秒，與三十分相減相乘，平方開之。以四千九百二十乘之，如定限行度及分秒而一，爲定用分。以減食甚定分，爲初虧；加食甚定分，爲復圓。依發斂求之，卽三限辰刻。

○ 月食旣者，置月食分秒，減去一十分，餘與十五分相減相乘，平方開之。以四千九百二十乘之，如定限行度及分秒而一，爲旣內分；用減定用分，爲旣外分。以定用分減食甚定分，爲初虧；加旣外，爲食旣；又加旣內，爲食甚；再加旣內，爲生光；復加旣外，爲復圓。依發斂求之，卽五限辰刻。【月食十分已上者，用五限法】

해설

1) 정용분

앞서 5.30절에서 구한 월식분초는 식심 때 달이 가려지는 비율이 얼마인지를 나타낸다. 지구 그림자의 지름이 달 지름의 2배인 20분이라고 설정하였으므로, 달과 지구 그림자의 지름, 그리고 월식분초로부터 월식의 시작인 초휴와 종료인 복원을 계산할 수 있다.

그림 5.31.1에서 중간에 상하로 겹친 두 원은 식심 때 중심이 A에 있고 지름이 10분인 달과, 달을 월식분초 p만큼 가리는 지름이 20분이고 중심이 E에 있는 지구 그림자의 모습이다. 또 우측 위에서 지구 그림자에 접하면서 중심이 B인 원으로 초휴의 달을, 좌측에서 지구 그림자에 접하는 중심이 C인 원으로 복원의 달을 나타내었다. 그러면 세 원의 중심을 이은 삼각형 ABE(또는 ACE)는 직각삼각형이 되며, 변 AE의 길이는 두 원의 반지름을 더한 15분에서 월식분초 p를 뺀 $(15-p)$이고, 변 BE(또는 CE)의 길이는 두 원의 반지름을 더한 15분이다. 따라서 변 AB(또는 AC)의 길이는 다음 식과 같이 표현된다.

$$\mathrm{AB} = \sqrt{15^2-(15-p)^2} = \sqrt{30p-p^2} = \sqrt{p(30-p)} \quad (\text{분})$$

즉 변 AB(또는 AC)의 길이가 월식분초와 30분을 상감상승(相減相乘)한 후 평방근을 구하는 형태의 식으로 주어졌다.

정용분은 초휴일 때 달의 중심 B에서 식심에 이르기까지 걸린 시간을 가리킨다. 소요 시간은 변 AB(또는 AC)를 달의 지구 그림자에 대한 상대속도로 나누어 구한다. 앞서 5.24절에서 구해 놓은 상대속도는 정망의 순간 1한(限) 동안 달이 해보다 더 움직인 각도인 정한행도(定限行度)이다.

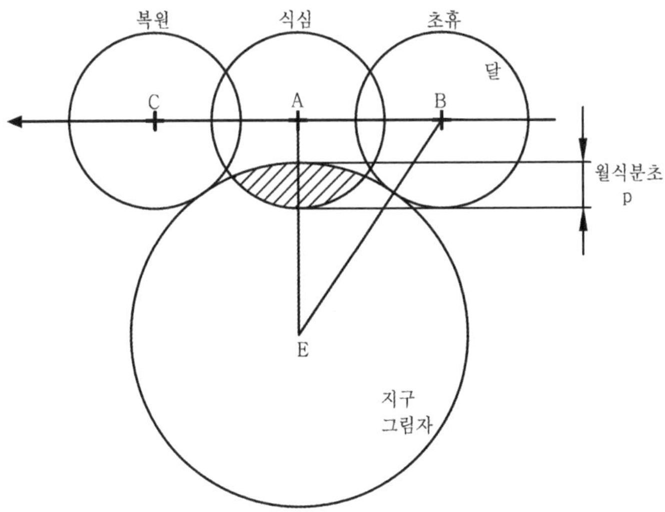

그림 5.31.1

《칠정산내편》에서는 《대통력법통궤》를 따라 변 AB(또는 AC)를 정한행도 v의 1/6로 나눠 아래와 같이 월식의 정용분을 구하였다.[17]

17 《수시력》에서는 변 AB를 정한행도의 1/7로 나누어 월식의 정용분을 구하였으나, 《대통력법통궤》에서는 정한행도의 1/6로 나누었다.

$$\text{정용분} = \frac{\sqrt{p(30-p)}}{v/6} = \frac{6\sqrt{p(30-p)}\,(\text{분})}{(v_m - v_s)(\text{도}/\text{한})}$$

$$= \frac{6\sqrt{p(30-p)}\,(\text{분})}{(v_m - v_s)(100\text{분}/820\text{분})} = \frac{4920\sqrt{p(30-p)}}{100\,(v_m - v_s)} \quad (\text{분})$$

정한행도가 정삭의 순간 1한 동안 달이 해를 따라잡는 각도이므로 위의 식에서 태음한행도 v_m은 1.16절 지질도 입성의 제5열에서 찾은 해당 질력한행도 또는 제6열의 해당 지력한행도이고 단위는 분/한이다. 또 태양한행도 v_s는 8.20(분/한)으로 주어지는 상수이다.

정용분의 최대치는 월식분초 =15분, 즉 최대의 개기월식(皆既月食)이 일어날 때 7각27분96초, 곧 오늘날의 시간으로 1시간44분50초이다.[18]

2) 삼한(三限)의 진각(辰刻)

월식분초가 10분 이하여서 부분월식이 일어나는 경우는 식심과 초휴, 그리고 복원의 시각을 아울러 삼한이라 하였다. 삼한의 순간이 하루 중 몇 시 몇 각인지를 나타낸 것이 삼한의 진각이다. 진각을 구하는 과정은 1.8절에서 다룬 발렴가시(發斂加時)의 방식을 따른다.

3) 기내분(既內分)과 기외분(既外分)

기내분은 달이 지구의 그림자 속에 완전히 가려지기 시작하는 순간인 식기(食既)부터 식심까지 걸리는 시간이며, 또 식심부터 달이 지구의 그림자를 벗어나기 시작하는 순간인 생광(生光)까지 걸리는 시간이기도 하다.

그림 5.31.2에서 보듯이 지영(地影)의 직경이 20분이고 달의 직경은 절반인 10분이므로 중심이 B에 있는 식기(食既)의 달을 나타내는 원과,

18 월식분초가 15분인 개기월식의 경우 정용분의 이론치는 1시간52분 정도이다.

중심이 C에 있는 생광(生光)의 달을 나타내는 원은 지영(地影)의 중심인 E를 지나게 된다.

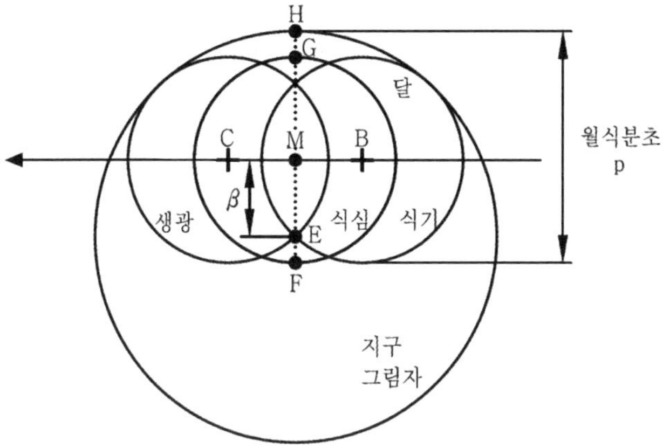

그림 5.31.2

식심의 순간 달의 황위(黃緯) EM을 β로 나타내고, 개기월식이 있을 경우의 월식분초를 p (단, $p \geq 10$)라 하면, EB는 (지영반경 10분－달반경 5분=) 5분이다. 그렇다면 식기 후 식심까지의 거리 $MB = \sqrt{5^2 - \beta^2} = \sqrt{(5+\beta)(5-\beta)}$ 로 표현된다. 그림 5.31.2에서 $5 - \beta = EF = p - 10$이고, $5 + \beta = EG = 10 - HG = 10 - (p-10) = 20 - p$이다. 따라서 $MB = \sqrt{(20-p)(p-10)}$ 이다.

여기서 기내식분(旣內食分) q (단, $q = p - 10$)를 도입하면 $MB = \sqrt{q(10-q)}$ 가 된다. 즉 월식분초에서 10분을 뺀 나머지인 기내식분 q를 10분과 더불어 상감상승한 후 제곱근을 구하는 식으로 바뀌었다. 《수시력》에서는 위의 내용대로 변 MB(또는 MC)를 구한 후, 변 MB를 정한행도 v의 1/7로 나누어 아래와 같이 월식의 기내분을 구하였다.

$$\text{기내분} = \frac{\sqrt{q(10-q)}}{v/7} = \frac{5740\sqrt{q(10-q)}}{100(v_m - v_s)} \quad (\text{분})$$

그러나 《칠정산내편》에서는 《대통력법통궤》를 따라 변 MB= $\sqrt{q(15-q)}$로 나타내고, 이를 정한행도 v의 1/6로 나눠 아래와 같이 월식의 기내분을 구하였다.

$$기내분 = \frac{\sqrt{q(15-q)}}{v/6} = \frac{4920\sqrt{q(15-q)}}{100(v_m - v_s)} \quad (분)$$

따라서 기내분의 최대치는 기내식분 $q=5$분, 즉 월식분초 $p=15$분일 때 3각43분16초이며, 오늘날의 시간으로 49분25초이다.[19]

기외분(旣外分)은 정용분에서 기내분을 뺀 값이며, 초휴분과 식기분의 차에 해당한다. 식심정분(食甚定分)에서 정용분을 뺀 값이 초휴분(初虧分)이므로 초휴분에 기외분을 더하면 식기분(食旣分)이 되고, 다시 기내분을 더한 값이 식심분(食甚分)이다. 한 번 더 기내분을 더하면 생광분(生光分)이 되고, 다시 기외분을 더한 값이 복원분(復圓分)이다.

이상의 정용분과 기내・외분, 그리고 초휴분부터 복원분까지 모두를 취합하여 상호 관계를 나타낸 것이 그림 5.31.3이다.

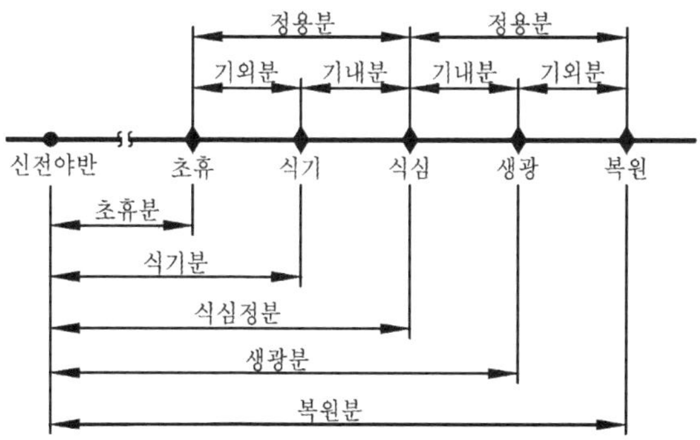

그림 5.31.3

19 월식분초가 15분인 개기월식의 경우 기내분의 이론치는 약 50분30초이다.

4) 오한(五限)의 진각(辰刻)

월식분초가 10분 이상이어서 개기월식이 일어나는 경우는 초휴, 식기, 식심, 생광, 그리고 복원의 시각을 아울러 오한이라 하였다. 오한의 순간이 하루 중 몇 시 몇 각인지를 나타낸 것이 오한의 진각이다. 진각을 구하는 과정은 1.8절에서 다룬 발렴가시(發斂加時)의 방식을 따른다.

산식

① 정용분 $= 4920 \times \sqrt{\text{월식분초} \times (30 - \text{월식분초})}$ / 정한행도

부분월식의 경우

② 초휴분 = 식심정분 − 정용분

복원분 = 식심정분 + 정용분

③ 삼한 진각 = 발렴{식심정분 (또는 초휴분이나 복원분)}

개기월식의 경우

④ 기내분 $= 4920 \times \sqrt{\text{기내식분} \times (15 - \text{기내식분})}$ / 정한행도

(단, 기내식분 = 월식분초 − 10분)

기외분 = 정용분 − 기내분

⑤ 초휴분 = 식심정분 − 정용분

식기분 = 초휴분 + 기외분

식심분 = 식기분 + 기내분

생광분 = 식심분 + 기내분

복원분 = 생광분 + 기외분

⑥ 오한 진각 = 발렴{초휴분(또는 식기분 · 식심분 · 생광분 · 복원분)}

가령

1) 세종 정묘년 8월 망식의 정용분과 기내분

5.30절에서 구한 월식분초가 11분01초10이고, 5.24절에서 구한 이 식심정한행도는 1도04분67초이므로, 정용분은 ($4920\times\sqrt{11.0110\times(30-11.0110)}$ / 104.67=) 679분6844이다.

5.27절에서 구한 식심정분이 6748분36초이므로 초휴는 (식심정분 6748분36초-정용분 679분68초=) 6068분68초에 일어나고, 복원은 (식심정분 6748분36초+정용분 679분68초=) 7428분04초에 완료된다.

8월 망식의 월식분초가 10분보다 큰 값이므로 기내식분은 1분01초10이다. 따라서 개기월식의 기내분(旣內分)은 ($4920\times\sqrt{1.0110\times(15-1.0110)}$ / 104.67 =) 176분7713이다.

정용분에서 기내분을 뺀 기외분(旣外分)은 (정용분 679분68초-기내분 176분77초=) 502분91초이므로, 초휴분에 기외분을 더한 식기분(食旣分)은 (초휴분 6068분68초+기외분 502분91초=) 6571분59초이다.

초휴분과 식기분 외에도 기내분과 기외분을 차례로 더하여 구한 세종 정묘년 8월 망식의 식심분, 생광분, 복원분을 취합하여 표 5.31.1의 제2열에 나타내었다.

2) 세종 정묘년 8월 망식의 오한 진각

제1장 〈역일(曆日)〉 1.8절에서 다룬 발렴가시(發斂加時)의 방법대로 세종 정묘년 8월 망식의 오한을 하루의 진각으로 고치면 다음과 같다. 초휴분 6068분68초에 12를 곱하고 진법을 덜어 낸 나머지 (MOD[6068.68×12, 1만]=) 2824.16이 반진법(半辰法) 5000보다 작으므로, 식심의 진수(辰數)는 (DIV[6068.68×12, 1만]=) 7이고, 각수(刻數)는 (DIV[MOD(6068.68×12, 1만], 1200}=) 2이다. 따라서 식심의 진각은 자정(子正)부터 7번째인 미정(未正)에 2각을 보탠 미정2각이 된다.

이어서 식기분 6571분59초에 12를 곱하고 진법을 덜어 낸 나머지가

(MOD〔6571.59×12, 1만〕=) 8859.08이어서 반진법 5000보다 크므로, 식심의 진수는 (DIV〔6571.59×12, 1만〕+1=) 8이고, 각수는 (DIV〔MOD{(6571.59×12, 1만) −5000}, 1200〕=) 3이다. 따라서 식기의 진각은 자초(子初)부터 8번째인 신초(申初)에 3각을 보탠 신초3각이 된다.

마찬가지 방법으로 식심, 생광과 복원의 진각을 구하여 취합한 것이 표 5.31.1의 제3열이다.

표 5.31.1 세종 정묘년 8월 망식의 오한 진각

	분초	진각
초휴	6068분68초	미정2각
식기	6571분59초	신초3각
식심	6748분36초	신정초각
생광	6925분13초	신정2각
복원	7428분04초	유초3각

5.32 월식이 들어가는 경점 산정 求食入更點

경법(更法)과 점법(點法)

월식 식심이 들어 있는 날의 신분(晨分)을 놓고, 2배를 한 후 5로 나눈 값이 경법이고, 경법을 5로 나눈 값이 점법이다.

경수(更數)와 점수(點數)

삼한(三限)이나 오한(五限)의 모든 한분(限分)을 놓고, 그 값이 혼분(昏分)보다 크면 혼분을 빼고, 신분보다 작으면 신분을 더한다. 이 값을 경법으로 나눈 몫이 경수이고, 나머지를 점법으로 나눈 몫이 곧 점수이다.

식입경점

초경 초점부터 경수와 점수만큼 헤아리면 삼한이나 오한의 각 한분(限分)이 들어가는 경점(更點)을 얻는다.

置食甚所入日晨分，倍之，五約，爲更法；又五約更法，爲點法。置三限、五限諸分，昏分已上，減去昏分；晨分已下，加晨分。以更法除之，爲更數；不滿，以點法收之，爲點數。命初更、初點算外，各得所入更點。

해설

1) 경법과 점법

주간에도 지구의 그림자 가운데로 달이 들어가는 망식(望食)이 발생할 수 있지만 눈으로 직접 관찰할 수 있는 월식은 야간에 진행되는 것뿐이다. 여기서 야간은 해가 지고 나서 어둠이 내리고 별들이 또렷해지기 시작하는 순간인 혼(昏)부터 동이 트면서 하늘의 별들이 희미해지기 시작하는 순간인 신(晨)까지, 즉 5경(更)과 25점(點)으로 구분되는 구간이다. 신과 혼이 야반(夜半)에서 같은 시간만큼 떨어져 있으므로 야반에서 신(晨)까지인 신분(晨分)의 2배를 5등분하면 1경의 길이를 나타내는 경법(更法)이 되고, 경법을 다시 5등분하면 1점의 길이인 점법(點法)이 된다.

제4장 〈중성(中星)〉의 4.5절에서 구한 경률(更率)과 점률(點率)이 곧 경법과 점법이다. 같은 값을 두고 표현을 달리한 것은, 4.6절과 같이 혼분(昏分)에 누가(累加)하여 경점분을 구하는 데 쓸 때는 경점률이라 하였고, 이 절에서와 같이 한분(限分)을 나누어 경점수를 구하는 데 쓸 때는 제수(除數)임을 의미하는 법(法)을 붙여 경점법이라 하였다.

2) 경수와 점수

식심 때 부분월식이면 삼한분을, 또는 개기월식이면 오한분을 놓은 후, 각 한분(限分)이 혼분과 자정인 1만분 사이에 들어 있으면 한분에서 혼분을 뺀 나머지를 경법으로 나눠 경수(更數)를 얻는다. 한분에서 경수만큼 경법을 덜어 내고 남은 값을 점법으로 나눈 몫이 점수(點數)이다.

월식의 각 한분(限分)이 신전자정 0분과 신분 사이에 들어 있다면, 혼(昏)부터 각 한분까지의 시간은 한분에 신분(晨分)을 더한 값과 같다. 이 더한 값을 경법으로 나눈 몫이 경수가 되고, 또 나머지를 점법으로 나눠 얻은 몫은 점수가 된다.

3) 식입경점

위의 방식을 따라 구한 경수와 점수만큼 초경 초점부터 헤아려 나가면 월식의 각 한분이 들어가는 경점(更點)을 얻는다.

산식

① 경법 = 신분×2 / 5

점법 = 경법/5

② 〔한분 > 혼분〕이면

경수 = DIV〔(한분－혼분), 경법〕

점수 = DIV〔MOD{(한분－혼분), 경법}, 점법〕

〔한분 < 신분〕이면

경수 = DIV〔(한분＋신분), 경법〕

점수 = DIV〔MOD{(한분＋신분), 경법}, 점법〕

③ 식입경수 = COUNT〔초경, 경수〕

식입점수 = COUNT〔초점, 점수〕

가령

세종 정묘년 8월 망식의 오한이 들어가는 경점

앞서 5.28절에서 구한 세종 정묘년 8월 망식의 식심 입축력(入縮曆)이 102일7385분86초이므로, 하지부터 적일(積日) 102일인 날의 일출분을 1.19절의 입성에서 찾으면 그 값이 2568분41초이다. 따라서 이날의 일입분은 일주(日周)에서 일출분을 뺀 (일주 1만분－일출분 2568분41초=) 7431분59초이고, 혼분은 일입분에 혼명분(昏明分, 250분)을 더한 7681분59초이다.

그런데 앞 절의 표 5.31.1에서 보듯이 정묘년 8월 망식은 복원분이 7428분04초여서 이 값조차 일입분보다도 조금 일러, 월식의 전 과정이 낮에 진행되었다고 산정된다. 따라서 이날의 월식 오한분이 들어가는 경점은 구할 수가 없다. 그렇지만 만약 어느 달 망식의 초휴분이 9300분이고, 정용분과 기내분이 각각 680분과 140분이라면, 이 월식의 오한(五限)은 차례대로 초휴분 9300분, 식기분 9840분, 식심분 9980분, 생광분 120분, 그리고 복원분은 660분이 된다. 생광분과 복원분은 야반을 지났으므로 일주 1만분을 뺀 값이다. 또 이날의 일출분이 2500분이라면 혼분과 신분은 각각 7750분과 2250분이다.

먼저 이날의 신분에 2/5를 곱한 경법(更法) 900분과, 다시 1/5을 곱한 점법 180분을 얻고, 초휴분의 경·점수를 구하면 경수는 (DIV〔(9300－

7750), 900]=) 1이고, 점수는 (DIV[MOD(9300−7750), 900}, 180]=) 3이다. 즉 초휴분은 이날 밤 2경4점에 들어 있다. 마찬가지 방법으로 식기분이 들어가는 경점을 구하면 경수가 2, 점수가 1이므로 3경2점이 되고, 식심분이 들어가는 경점을 구하면 경수가 2, 점수가 2이므로 3경3점이 된다.

한편 생광분은 야반을 지난 120분이므로 경수는 (DIV[(120+2250), 900]=) 2이고, 점수는 (DIV[MOD(120+2250), 900}, 180]=) 3이므로 3경4점이 해당 경점이다. 같은 산식을 복원분에 적용하면 4경2점에 들어감을 알 수 있다.

5.33 월식이 일어나는 곳 산정 求月食所起

월식이 양력(陽曆)에 들어 있다면 초휴(初虧)는 달의 동북 테두리에서 일어나고, 식심(食甚)은 지구 그림자로 가린 부분의 중심이 정북(正北)에 이르렀을 때 일어나며, 복원(復圓)은 서북에서 일어난다. 월식이 음력(陰曆)에 들어 있다면 초휴는 동남에서, 식심은 정남(正南)에서, 복원은 서남에서 일어난다. 월식분초(月食分秒)가 8분 이상이면 초휴는 정동(正東)에서, 복원은 정서(正西)에서 일어난다. 이들 방향은 남쪽 하늘의 달을 올려다볼 때 땅 쪽을 '남쪽〔午向〕'이라 한 후에 논한 것이다.

食在陽曆，初起東北，甚於正北，復於西北；食在陰曆，初起東南，甚於正南，復於西南。食八分已上，初起正東，復於正西。【此據午地而論之】

해설

월식이 일어나는 곳

해가 하루에 1도씩 황도(黃道) 위를 우(右)에서 좌(左)로 운행하므로, 지구의 그림자 역시 하루에 1도씩 우에서 좌로 움직인다. 이에 비해 달은 해보다 훨씬 빠르게 한 달에 한 바퀴씩 백도(白道) 위를 우에서 좌로 움직이며, 따라서 월식은 달이 지구 그림자를 우에서 좌로 추월하는 동안에 일어난다. 남쪽 하늘에 떠 있는 달을 바라볼 때 우측은 서쪽이고 좌측은 동쪽이다. 따라서 월식은 달의 동쪽 모서리에서 시작되고, 서쪽 모서리를 지나 끝이 난다.

양력에 든 월식은 황도, 곧 지구 그림자의 남쪽에서 교식이 진행되므로 그림 5.33.1(가)에서 보듯이 초휴가 월면(月面)의 좌상(左上)인 동북에서 일어나고, 정북의 식심을 거쳐 우상(右上)인 서북에서 복원이 완료

된다. 음력, 곧 황도 이북에서 일어나는 일식은 그림 5.33.1(나)에서 보듯이 초휴가 동남이고 정남의 식심을 거친 후 복원은 서남에서 이뤄진다.

식심 때 달의 대부분이 지구 그림자에 가려지는 경우, 곧 월식분초가 8분 이상인 때는 달이 황도와의 교점에 매우 가까운 상태이므로 초휴는 정동에 가깝고 복원은 정서에 가깝다고 할 수 있다.

북반구에서는 남쪽 하늘에 떠 있는 달을 바라보게 되므로 우측이 서쪽이고 좌측은 동쪽이며, 달의 아래쪽, 곧 땅을 향하는 쪽이 남쪽이고, 반대로 위쪽은 북쪽이다.

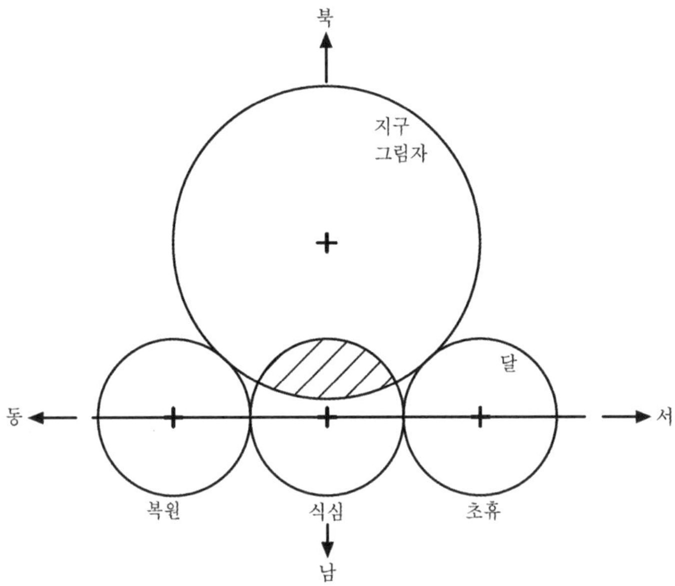

그림 5.33.1(가)

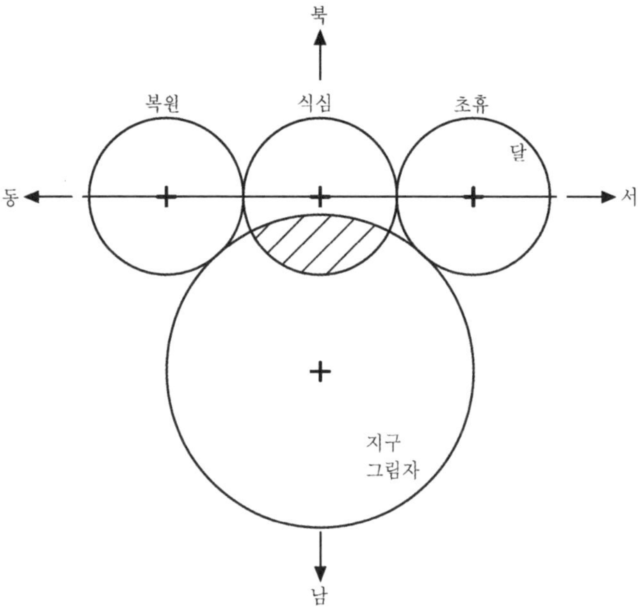

그림 5.33.1(나)

가령

세종 정묘년 8월 망식 때 식이 일어나는 월면의 방위

앞서 5.29절의 가령에서 살펴본 대로 세종 정묘년 8월의 월식은 중교점 이후의 음력 구간에서 일어나며, 5.30절에서 구한 월식분초(月食分秒)는 11분01초10이다. 따라서 정묘년 8월의 망식은 약간 남으로 치우치긴 했지만 월면(月面)의 거의 정동(正東)에서 가려지기 시작하고, 마지막까지 가려지는 부분 역시 월면의 정서(正西)에 가깝다.

5.34 월출입 때 대식소견분 산정 求月出入帶食所見分

그날의 일출분과 일입분을 살펴서, 초휴분(初虧分) 이상이고 식심분(食甚分) 이하이면 대식(帶食)이 된다. 일입분을 구하는 법은 일식(日食)편을 보라. 식심분과 일출분 또는 일입분의 차를 내어 월식분초(月食分秒)에 곱하고 정용분(定用分)으로 나눈 후, 다시 월식분초에서 이것을 뺀 값이 곧 월출 또는 월입의 대식소견분(帶食所見分)이다.

視其日日出入分,【求日入分術, 見《日食》】在初虧已上食甚已下, 爲帶食。各以食甚分與日出入分相減, 以乘月食分秒, 滿定用分而一, 以減月食分秒, 卽月出入帶食所見之分。

해설

1) 대식

지구의 그림자에 달이 가려지기 시작한 후 식심에 이르기 전인 월식의 진행 전반부에 달이 떠오르거나 지고 있으면 대식이라 하였다. 달이 점점 더 가려지는 상태에서 월면이 먹히고 있다는 의미로 식(食)을 대동(帶同)하고 지평선을 지나고 있다고 한 것이다.

2) 대식소견분

그림 5.34.1과 같이 초휴부터 식심까지를 나타내면, 식심분과 일출입분의 차는 BC이고 정용분은 AC이므로 대식의 소견분을 다음과 같이 나타낼 수 있다.

$$대식소견분 = p \times (1 - BC/AC) = p \times AB/AC$$

여기서 p는 월식분초이다. 이 식에서는 초휴부터 식심까지 달이 가려진 정도인 식분(食分)이 선형적으로 증가한다고 가정하였고, 월식분초에 AC에 대한 AB의 거리 비(比)를 곱하여 대식의 소견분으로 삼았다. 따라서 소견분(所見分)은 달이 점점 더 가려지는 상황에서 일출이나 일입에 이르러서는 얼마나 가려졌는지를 나타내는 값이 된다.

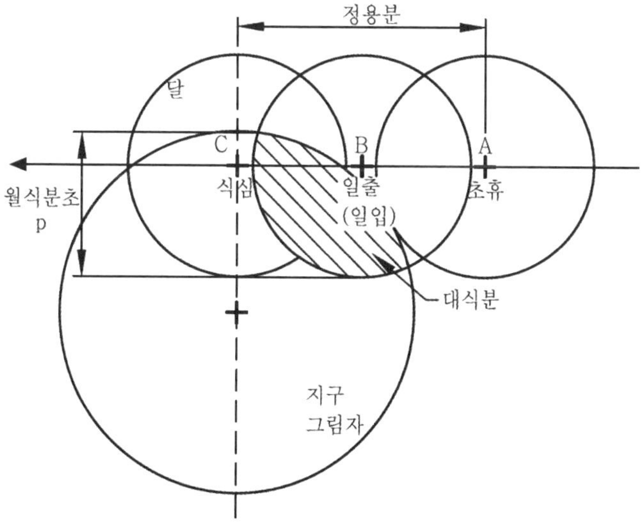

그림 5.34.1

산식

〔초휴분 ≤ 일출분(또는 일입분) ≤ 식심분〕일 때

대식소견분 = 월식분초－〔식심분－일출분(또는 일입분)〕× 월식분초/정용분

가령

세종 정묘년 8월 경망일의 대식소견분

앞서 5.27절에서 구한 세종 정묘년 8월 망식의 식심정분이 6748분36초이고, 5.31절에서 구한 정용분이 679분68초44이므로 초휴분은 (식심정분 6748분36초－정용분 679분68초44＝) 6068분68초이다. 또 5.32절의 가령에서 구한 8월

경망일의 일출분이 2568분41초이고 일입분은 7431분59초이다. 따라서 이 날의 일출분·일입분이 초휴분과 식심분 사이에 들어 있지 않으므로 이 월식에서는 대식이 일어나지 않는다.

그러나 만약 이 일식의 식심분이 7783분31초였고, 월식분초와 정용분이 앞서 5.30절과 5.31절의 가령에서 구한 값 그대로 11분01초10, 그리고 679분68초44였다면, 대식소견분은 (월식분초 11분01초10－{식심분 7783분31초－일입분 7431분59초}×월식분초 11분01초10/정용분 679분68초44=) 5분31초31이다.

위의 계산에서 보듯이 식심에 이르면 월식분초인 11분01초10만큼 가려지겠지만, 그전에 5분31초31만큼 가려진 상태에서 월입(月入)에 이르렀을 것이다.

5.35 월출입 후 미복광분 산정 求月出入後未復光分

그날의 일출분과 일입분을 살펴서, 식심분(食甚分) 이상이고 복원분(復圓分) 이하이면 대생광(帶生光)이 된다. 식심분과 일출분 또는 일입분의 차를 각기 내어 월식분초(月食分秒)에 곱하고 정용분(定用分)으로 나눈 후, 다시 월식분초에서 이것을 뺀 값이 곧 월출 후 또는 월입 후의 미복광분(未復光分)이다.

> 視其日日出入分，在食甚已上復圓已下，爲帶生光。各以食甚分與日出入分相減，以乘月食分秒，滿定用分而一，以減月食分秒，卽月出入後未復光之分。

해설

1) 대생광

월식의 진행 후반부에 달이 떠오르거나 지는 경우를 대생광이라 하였다. 달의 가려짐이 끝나기 얼마 전, 곧 달이 제빛을 온전히 되찾기 얼마 전 단계이므로 빛이 살아나고 있다는 의미의 생광(生光)의 상황을 대동(帶同)하고 지평선을 지나고 있다고 한 것이다.

2) 미복광분

그림 5.35.1과 같이 식심부터 복원까지를 나타내면, 식심분과 일출입분의 차는 AB이고 정용분은 AC이므로 대생광의 미복광분을 다음과 같이 나타낼 수 있다.

$$대생광\ 미복광분 = p \times (1 - \mathrm{AB}/\mathrm{AC}) = p \times \mathrm{BC}/\mathrm{AC}$$

여기서 p는 월식분초이다. 이 식에서는 식심부터 복원까지 달이 가려진 정도인 식분(食分)이 선형적으로 감소한다고 가정하였고, 월식분초에 AC에 대한 BC의 거리 비(比)를 곱하여 대생광의 미복광분으로 삼았다. 따라서 미복광분은 달이 지구 그림자에 최대로 가려졌다가 빛을 되찾아 가는 상황에서 월출이나 월입에 이르러 얼마나 가려져 있는지를 가리키는 값이 된다.

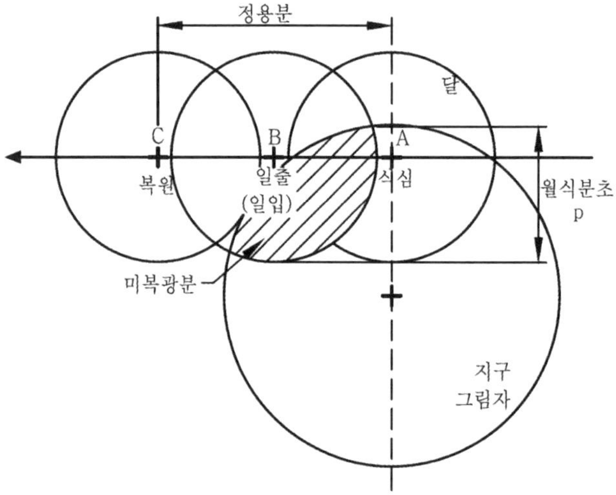

그림 5.35.1

산식

〔식심분 ≤ 일출분(또는 일입분) ≤ 복원분〕일 때

미복광분 = 월식분초－{일출분(또는 일입분)－식심분}×월식분초/정용분

가령

세종 정묘년 8월 경망일의 미복광분

5.27절에서 구한 세종 정묘년 8월 망식의 식심정분은 6748분36초이고, 5.31절에서 구한 정용분이 679분68초44이므로 복원분은 (식심정분 6748분36

초+정용분 679분68초44=) 7428분04초이다. 또 5.32절의 가령에서 구한 8월 경망일의 일출분이 2568분41초이고 일입분은 7431분59초이다. 따라서 이 날의 일입분이 이 월식의 식심분과 복원분 사이를 벗어나 있으므로 일몰 때 복원이 완료되었고, 잠시 후 동쪽 지평선 위로 솟아오를 달에는 대생광의 미복광분이 있을 수가 없다.

5.36 식심수차 산정 求食甚宿次

식심(食甚)의 입영축력정도 분초(入盈縮曆定度分秒)를 살펴서, 이 값이 영력(盈曆)에 있으면 반주천(半周天)을 더한 값을 정적(定積)으로 삼고, 축력(縮曆)에 있으면 반세주(半歲周)와 반주천을 더한 후 주천(周天)을 덜어 낸 값을 정적으로 삼는다. 정적에 동지의 가시황도일도 분초(加時黃道日度分秒)를 더한 후 황도수도(黃道宿度)를 차례로 덜어 내면 식심의 수차도 분초(宿次度分秒)를 얻는다.

視食甚入盈縮曆定度及分秒, 在盈, 加半周天, 爲定積; 在縮, 加半歲周及半周天, 滿周天去之, 爲定積。以冬至加時黃道日度及分秒, 加而命之, 得食甚宿次度及分秒。

해설

식심수차

식심의 입영축력정도는 식심 때 해가 동지나 하지로부터 얼마나 떨어진 위치에 있는지를 나타낸다. 이에 비해 월식 식심의 정적은 동지점에 대한 달의 위상각(位相角)을 가리키므로, 동지부터 식심 때까지 해가 운행한 각도에다 해에 대한 맞은편 달의 각거리인 반주천을 더해야 한다. 월식 식심이 동지부터 하지까지인 영력에 들어 있다면 입영력정도에 반주천을 더한 값이 정적이 되고, 월식 식심이 하지부터 동지까지인 축력에 들어 있다면 입축력정도에 반세주와 반주천을 더한 후 주천도를 뺀 값이 정적이 된다.

그림 5.36.1(가), (나)에서 보듯이 식심수차를 구하기 위해서는 동지의 가시황도일도에 동지에 대한 식심 때 달의 상대 위치인 정적을 보태어

황도적도를 구한 후, 황도수차를 차례로 덜어 내다가 더 덜어 낼 수 없을 때 그 나머지가 곧 해당 수(宿)의 입수도(入宿度)가 된다. 이렇게 황도의 어느 수에, 또 입수도 얼마에서 월식 식심이 있는지를 구한 것이 식심의 수차(宿次)이다.

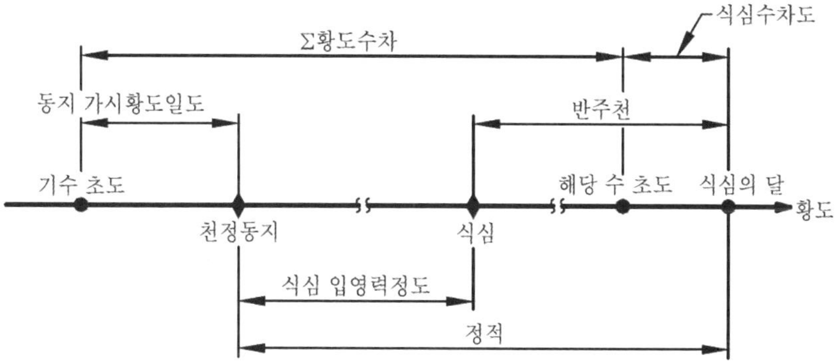

그림 5.36.1(가)

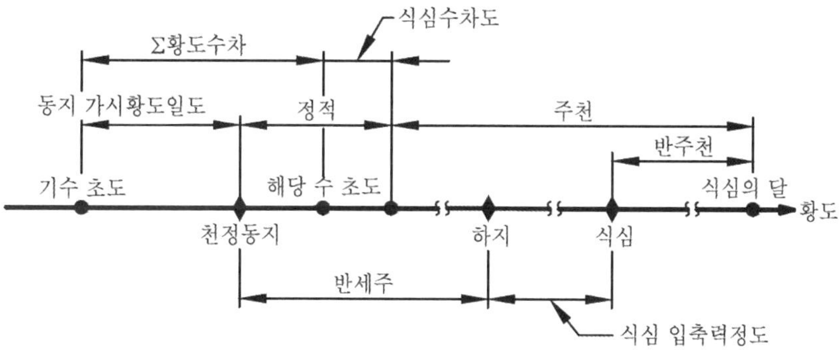

그림 5.36.1(나)

산식

① 〔영력〕이면

정적 = 식심 입영력정도+반주천

〔축력〕이면

정적 = 식심 입축력정도+반세주+반주천−주천도

② 식심수차 = 정적 + 천정동지 가시황도일도−$\sum$황도수도

가령

세종 정묘년 8월 월식의 식심수차

세종 정묘년(1447) 8월 망식의 식심 입영축력정도는 5.28절의 가령에서 구한 대로 입축력 100도36분59초이다. 따라서 정적(定積)은 (입축력 100도 36분59초+반세주 182도62분12초50+반주천 182도62분87초50−주천도 365도25분75초=) 100도35분84초이 된다.

정적에 정묘년 천정동지의 가시황도일도를 더한 황도적도는 (정적 100도 35분84초+정묘년 천정동지 가시황도일도 기수 6도91분97초=) 기수(箕宿) 107도27분 81초이고, 이 값에서 표 2.6.1의 기수부터 장수(張宿)까지 황도수도(黃道宿度)를 거듭 덜어 낸 나머지는 (황도적도 107도27분81초−기수 9도57분−북방7수 94도49분75초=) 규수(奎宿) 3도21분06초이다.

세종 정묘년 8월의 월식은 황도수차 규수 3도21분에서 식심에 이른다.

제6장 오성 五星

6.1 오성에 관한 상수[20]

역도(曆度)	365도25분75초
역중(曆中)	182도62분87초반(半)
역책(曆策)	15도21분90초62미반

해설

1) 역도와 역중

하늘의 둘레를 나타내는 값인 365도25분75초를 해와 달과 항성의 운행에 관계된 때는 주천도(周天度)라 하였고, 마찬가지 값이지만 행성의 운행에 관계된 때는 역도라고 하였다. 역중은 역도의 절반인 182도62분87초반(半)이다.

2) 역책

지구와 마찬가지로 행성 역시 태양 주위를 타원궤도를 따라 운행하므로 평균속도로 움직인 위치에 비해 실제위치가 앞서거나 뒤처지는 현상, 곧 영축(盈縮)을 보인다. 태양의 영축 계산을 위해 1년을 등분한 반세주(半

20 오성에 관한 상수 : 저본에는 제목이 없으나 '하늘의 움직임에 관한 상수〔天行諸率〕'의 예를 따라 제목을 달았다.

歲周)를 영력(盈曆)과 축력(縮曆)의 구간으로 잡았듯이, 행성의 실제위치를 계산하기 위하여 역도를 등분하여 영력과 축력의 구간으로 삼았고, 영력과 축력의 구간을 다시 초책(初策)부터 11책까지 12등분하여 총 24책(策)으로 나누었다. 이와 같이 역도를 24등분한 각 책의 도수인 (역도 365도25분75초÷24책=) 15도21분90초62미반(半)이 곧 역책이다.

6.2 목성 매년 1궁씩 머무르며, 12년에 1주천한다.

木星 每年住一宮, 十二年一周天

6.2.1 목성에 관한 상수[21]

주율(周率)	398만8800분
주일(周日)	398일88분
역률(曆率)	4331만2964분86초반(半)
도율(度率)	11만8582분
합응(合應)	117만9726분
역응(曆應)	1899만9481분

해설

1) 외행성의 회합주기(會合週期)

지구와 태양을 잇는 직선 상에 외행성이 위치할 때를 가리켜 합(合) 또는 충(衝)이라 한다. 그림 6.2.1에서 보듯이 태양이 지구와 외행성 사이에 있을 때가 합이고, 지구가 행성과 태양 사이에 놓일 때가 충이다.

외행성이 지구와 합(合)의 위치에 놓였던 순간부터 충(衝)을 지나 '다음 합〔次合〕'의 위치에 이르기까지 경과한 시간을 회합주기라 한다. 그림 6.2.1에서 확인되듯이 합부터 차합에 이르기까지 지구가 한 바퀴 이상 이동하므로 외행성의 회합주기는 1년보다 길다.

21 목성에 관한 상수 : 저본에는 제목이 없으나 '하늘의 움직임에 관한 상수〔天行諸率〕'의 예를 따라 제목을 달았다. 다른 행성들의 상수도 마찬가지이다.

2) 주율(周率)과 주일(周日)

행성의 회합주기를 분(分 하루의 1만분의 1) 단위로 나타낸 값이 주율이고, 일분초(日分秒 1일=100분, 1분=100초) 단위로 나타낸 값이 주일이다. 주일에서 하루를 100분으로 취한 것은 일분초로 나타낸 주일의 값을 그대로 두고 각도인 도분초(度分秒 1도=100분, 1분=100초)로 바꿔 읽기 위함이다.[22]

외행성의 주율, 곧 회합주기는 외행성이 지구에서 멀수록 줄어든다.[23] 예를 들어 화성의 주율은 779만9290분이고, 목성의 주일은 398일88분, 토성의 주일은 378일09분16초이다.

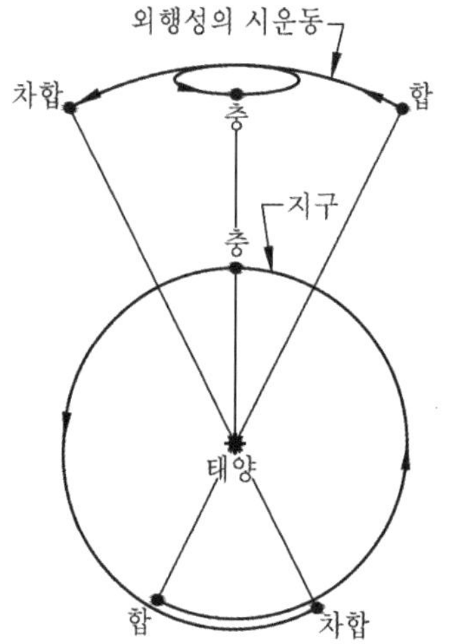

그림 6.2.1

22 제5장 〈교식〉까지 모든 장절(章節)에서 1일=1만분인 데 비해 제6장 〈오성〉에서는 1일=100분이다. 오성에서는 각도와 시간을 바로 환치하여 계산하는 경우가 적지 않다. 뒤의 6.7절에서 천정동지에서 평합까지 시간을 일분초(日分秒)로 나타낸 것을 평합 중적이라 하였고, 천정동지에서 평합까지 걸리는 거리를 도분초(度分秒)로 나타낸 것을 평합 중성이라 하였듯이, 이런 경우 계산의 편의를 위해 도(度)와 일(日)의 단위 크기가 일치하도록 변용(變用)한 것이다.

23 지구의 공전주기인 세실을 E, 행성의 공전주기인 역률(曆率)을 P라 하면, 외행성의 회합주기인 주율(周率) $Q=1/[1/E-1/P]$이므로, 역률이 클수록 주율이 줄어든다.

2) 역률(曆率)과 도율(度率)

행성의 항성주기(恒星週期), 곧 하늘을 한 바퀴 도는 데 걸리는 시간을 분초(分秒)의 단위로 나타낸 값이 역률이다. 목성의 역률이 4331만2964분 86초반(半)인 것은 목성이 1주천(周天)하는 데 4331일2964분86초50이 소요됨을 나타낸다.

행성이 하늘을 1도 운행하는 데 걸리는 평균시간을 분(分) 단위로 나타낸 값이 도율이다. 도율의 1만분을 1년으로 바꿔 읽으면 곧 행성이 하늘을 1주천하는 데 걸리는 햇수를 나타낸다.

목성의 도율은 목성의 역률을 역도로 나누어 얻은 값인 (역률 4331만2964분 86초반÷역도 365도25분75초=) 11만8582분이고, 따라서 목성의 항성주기는 11.8582년이 된다.

3) 합응(合應)과 역응(曆應)

행성이 역원동지(曆元冬至) 직전의 합(合)을 지난 순간부터 역원동지까지 걸린 시간을 일분초(日分秒)로 표현한 것이 합응이다. 《칠정산내편》의 역원동지는 원(元) 지원(至元) 신사년(1281)의 천정동지를 말한다.

행성이 역원동지 직전의 영력(盈曆)의 시작점을 지난 순간부터 역원동지까지의 일분초가 역응이다.

6.2.2 목성의 제단 입성[24]

복현(伏見) : 13도

단목(段目)	단일(段日)	평도(平度)	한도(限度)	초행률(初行率)
합복(合伏)	16일86	3도86	2도93	23분
신질초(晨疾初)	28일	6도11	4도64	22분
신질말(晨疾末)	28일	5도51	4도19	21분
신지초(晨遲初)	28일	4도31	3도28	18분
신지말(晨遲末)	28일	1도91	1도45	12분
신류(晨留)	24일	0도[25]	0도	0분
신퇴(晨退)	46일58	– 4도8812반	0도3287반	0분
석퇴(夕退)	46일58	– 4도8812반	0도3287반	16분
석류(夕留)	24일	0도	0도	0분
석지초(夕遲初)	28일	1도91	1도45	0분
석지말(夕遲末)	28일	4도31	3도28	12분
석질초(夕疾初)	28일	5도51	4도19	18분
석질말(夕疾末)	28일	6도11	4도64	21분
석복(夕伏)	16일86	3도86	2도93	22분
총[26]	398일88	33도6375	33도6375	

24 목성의 제단 입성 : 저본에는 제목 없이 입성의 항목과 수치만을 전하고 있어 역주본에서 붙인 제목이다. 다른 행성들의 제단(諸段) 입성도 마찬가지이다.

25 0도 : 저본에는 빈칸으로 되어 있으나, 이는 평도(平度)가 0이라는 뜻이므로 그 의미를 드러내어 표기하였다. 이후 각 행성의 제단 입성에서도 마찬가지이다.

26 총 : 제단 입성의 원문에는 없으나 단목(段目) 각 단(段)의 단일(段日)과 평도(平度), 그리고 한도(限度)의 총합이 각각 얼마인지 나타내기 위해 표시하였다. 이후 각 행성의 제단 입성도 마찬가지이다.

해설

1) 행성의 제단 입성

행성의 회합주기, 곧 합(合)부터 다음 합까지 걸리는 기간을 여러 단(段)으로 세분하되, 행성이 새벽과 저녁 중 어느 쪽에 항상 나타나는지, 또 순퇴(順退)의 어느 방향으로 얼마나 빨리 운행하는지에 따라 차례대로 단에 붙인 이름이 단목(段目)이다. 행성이 시운동의 각 단목을 지나는 데 걸리는 일수(日數)인 단일(段日), 각 단목이 시운동궤도가 놓인 천구면(天球面)에서 차지하는 평균도수인 평도(平度), 뒤에서 별도로 언급할 한도(限度), 그리고 행성이 각 단에 들어선 첫날의 시운동속도인 초행률(初行率)을 실은 회합주기표가 곧 제단 입성이며, 행성의 위치 계산에 사용된다.

제단 입성의 단일을 전부 합한 값이 회합주기인 주일(周日)이며, 외행성인 경우에는 세실(歲實)의 도수인 365도24분25초에 평도의 총합을 일수로 바꿔 더한 값도 주일(周日)이 된다. 목성의 제단 입성에서도 단일의 합 398일88분과 평도의 합 33도63분75초가 세실만큼 차를 보이고 있다.

2) 복현, 합복과 석복

행성이 합(合) 근방에 이르러 햇빛에 가리어 전혀 보이지 않게 되는 것을 복(伏)이라 하고, 합의 위치로부터 행성이 어느 정도 벗어나 다시 보이기 시작하는 것을 현(見)이라 한다.

합복은 행성의 이각(離角)[27]이 영(零)인 합의 위치부터, 이각이 어느 값에 이르러 행성이 다시 보이게 되는 현(見)까지의 구간을 가리키는 단목(段目)이다. 현의 위치에서 행성이 갖는 이각을 복현이라 한다.

외행성인 목성의 제단 입성을 예로 들면, 그림 6.2.2에서 보듯이 목성

27 지구에서 바라본 행성의 방향이 태양 중심과 이루는 각도를 이각(離角)이라 한다.

이 합복의 단에 들어 있는 단일 16.86일 동안 태양은 하루 1도씩 16도86분만큼 이동하는데, 지구에서 본 목성의 겉보기운행각도, 즉 평도(平度)는 3도86분에 불과하다. 따라서 합복의 단이 끝날 때 목성이 태양부터 13도의 이각을 가지므로, 목성의 복현을 13도라 하였다.

그림 6.2.2에서 반시계 방향으로 나타낸 지구의 자전을 고려하면, 합복의 단을 벗어날 무렵에는 새벽에 목성이 먼저 떠오르고, 이어서 복현의 각도만큼 뒤처져 해가 솟아오르면서 목성이 햇빛 속에 묻히게 됨을 알 수 있다. 따라서 이 제단 입성에서 합복은 신복(晨伏)을 의미한다.[28]

외행성의 회합주기가 막바지에 달하여 외합(外合)에 이르기 직전에도 행성이 햇빛에 가리어 보이지 않게 된다. 이 경우는 해가 먼저 진 후 행성이 그 뒤를 따라 지지만 외행성의 이각이 복현보다 작아 행성이 석양 속에 묻히게 되므로 석복이라 하였다. 목성의 석복단에서 보듯이 단일과 평도가 합복 때와 동일하므로, 석복의 복현 역시 합복 때와 동일한 13도임을 알 수 있다.

3) 목성의 단목(段目)

목성의 회합주기 동안 나타나는 시운동(視運動)의 14단계에 붙인 단목은 그림 6.2.3에서 보듯이 합복(合伏), 신질초(晨疾初), 신질말(晨疾末), 신지초(晨遲初), 신지말(晨遲末), 신류(晨留), 신퇴(晨退), 석퇴(夕退), 석류(夕留), 석지초(夕遲初), 석지말(夕遲末), 석질초(夕疾初), 석질말(夕疾末), 그리고 석복(夕伏)이다.

28 합복은 여러 역법에서 다른 용어로 불렸다. 예를 들어 《대연력(大衍曆)》에서는 합 이후의 복이란 뜻으로 합후복(合後伏)이라 하였고, 《흠천력(欽天曆)》에서는 새벽에 다시 보이기 시작하므로 신현(晨見)이라 하였다. 또 《숭천력(崇天曆)》에서는 첫 단(段)으로 실린 복(伏)이므로 뒤에 실린 복에 대비하여 전복(前伏)이라 하였다.

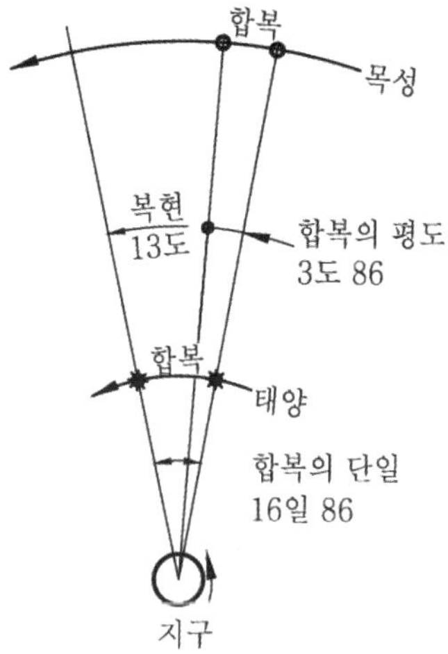

그림 6.2.2

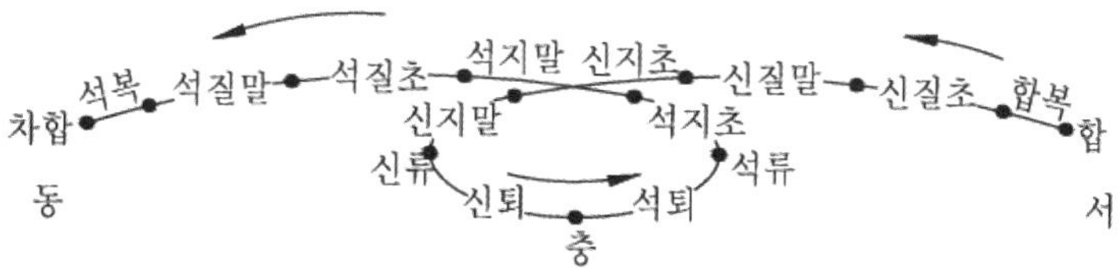

그림 6.2.3

각 단목에 대한 해설에 앞서 목성의 제단 입성에서 각 단일(段日)을 취해 각도로 바꾼 후 황도 위에 그 각도만큼의 구간을 잡고, 또 각 평도(平度)를 취해 천구면 위의 목성 시운동궤도에 각도 구간을 잡으면 그림 6.2.4를 얻게 된다.

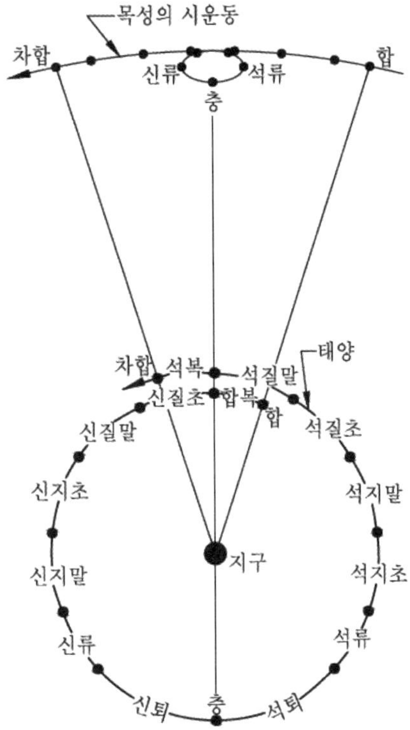

그림 6.2.4

그림 6.2.4에서 보듯이 합(合)에서 시작된 태양의 이동은 지구를 한 바퀴 이상 돌아 398도88분에 이르러 '다음 합〔次合〕'을 이루었다. 이 회합주기 동안 목성은 평도의 총합인 33도6375도를 움직였고, 중간 구간에서는 뒷걸음질도 하였다. 목성의 시운동이 서에서 동으로 향할 때는 순행(順行), 거꾸로 동에서 서로 물러날 때는 퇴행(退行)이라 한다.

지구에서 본 태양과 목성의 운행을 그린 그림 6.2.4와 같은 결과를, 태양을 중심으로 공전하는 지구와 목성을 그린 그림 6.2.5에서도 얻을 수 있다.

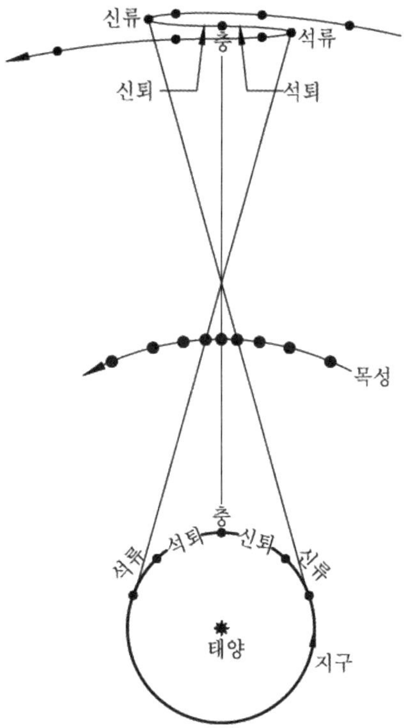

그림 6.2.5

그림 6.2.4나 그림 6.2.5에서 보듯이 신질초(晨疾初)가 끝날 즈음에는 두 단일의 합 (합복단일 16일86+신질초단일 28일=) 44일86에 해당하는 태양의 운행도수 44도86분에서 두 평도의 합 (합복평도 3도86분+신질초의 평도 6도11분=) 9도97분을 뺀 34도89분만큼 목성이 태양보다 앞서 새벽에 떠오르고, 신질말(晨疾末)에는 (합복~신질말단일합 72도86분−합복~신질말평도합 15도48분=) 57도38분만큼 앞서 떠오른다. 또 신지말에 이르러 이각(離角)이 (합복~신지말단일합 128도86분−합복~신지말평도합 21도70분=) 107도16분으로 늘어난 것에서 알 수 있듯이, 뒤 구간으로 갈수록 목성이 동쪽 하늘에 떠오르는 시각이 해보다 더 빨라지며, 신퇴(晨退)의 단에 이르면 밤의 시작인 초저녁에 동쪽 하늘에 떠오른 목성을 새벽까지 밤새도록 볼 수 있게 된다.

합복의 뒤를 이은 단목이 신질초말(晨疾初末)인 것은 그림 6.2.5에서 보듯이 지구가 그림의 좌(左)에서 우(右)로 운행할 때 태양 건너편의 목성은 그림의 우에서 좌로 움직이므로 지구에서 본 목성의 좌향(左向) 시운동속도가 상대적으로 빠른 것처럼 보이기 때문이다.

또 신질초말의 뒤를 잇는 단목을 신지초말이라 한 것은 그림 6.2.5에서 보듯이 지구의 운행 방향이 목성을 향해 좌측으로 상당히 선회하였고, 따라서 지구에서 본 목성의 상대속도가 느려진 탓이다.

더욱이 신류(晨留)의 구간에 이르면 지구가 움직이는 방향의 연장선보다 약간 앞선 위치에 목성이 있으므로 겉보기 움직임이 거의 사라지고 마치 한자리에 '머무르고 있는〔留〕' 것처럼 보인다. 신류의 끝에 이르면 목성이 해보다 (합복~신류단일합 152도86분－합복~신류평도합 21도70분=) 131도16분이나 뒤처진 위치에 있다.

신류를 지난 후에는 지구와 목성이 충(衝)의 위치에 다가서게 되고, 외행성의 운행 각속도가 지구보다 느리므로 전단(前段)에서 멈춰 있던 목성이 이 단에서는 오히려 우향(右向)하여 퇴행하는 듯이 보인다. 이 퇴단(退段)을 신퇴(晨退)라고 한 것은 새벽에 해가 뜰 때까지 하늘에서 목성을 볼 수 있기 때문이다.

합복부터 신퇴까지는 목성이 해의 뒤를 따르게 되므로 야간에 떠오른 목성을 새벽 시간에 언제나 볼 수 있다. 신퇴를 지나 지구와 목성이 충의 위치에 이르게 되면 해와 목성이 지구를 사이에 두고 일직선 위에 놓이므로 일몰 때 동쪽에 떠오른 목성이 일출 때 서쪽으로 지면서 서로 (합복~신퇴단일합 199도44분－합복~신퇴평도합 16도81분875=) 182도62분12초50, 곧 반일(半日)의 위상차를 보인다.

신퇴에서 석퇴(夕退)로 넘어가는 순간에 외행성이 지구와 충(衝)을 이룬다. 이어서 충을 조금 지난 구간에서는 반일(半日) 이하의 위상차로 해를 앞서는 목성이 일몰 때 이미 동천(東天)에 떠올라 있다. 신퇴에서 밝혔듯이 충에 가까운 이 위치에서는 목성이 퇴행하듯이 보이고, 또 일몰 때 이미 목성이 떠올라 있으므로 이 구간을 석퇴라 하였다.

외행성이 합(合)부터 충(衝)까지 나타내는 시운동과 충부터 다음 합까지 보이는 시운동이 충을 중심으로 전후 대칭을 이룬다. 충 이후, 곧 석퇴부터 다음 합까지 구간에서는 저녁 하늘에서 언제나 목성을 볼 수 있으므로 석단(夕段)으로 분류할 수 있다. 석단의 단목인 석퇴, 석류, 석지초, 석지말, 석질초, 석질말과 석복은 앞서 설명한 신단(晨段)의 신퇴, 신류, 신지말, 신지초, 신질말, 신질초, 합복과 일대일(一對一)의 대칭 관계를 갖는다. 예를 들어 신퇴와 신류의 접점에서 해보다 (합복~석퇴단일합 246도02분−합복~석퇴평도합 11도93분75=) 234도08분25초만큼 뒤처진 목성의 위치는 다음 날의 해보다는 (365도24분25−234도08분25=) 131도16분 앞서 있으므로, 신류와 신퇴의 경계에서 갖는 목성의 위상차와 대칭임을 알 수 있다.

석단의 끝인 석복을 거쳐 다음 합에 이르면 비로소 목성의 회합주기가 한 차례 마무리된다. 회합주기 동안 목성이 그리는 궤적이 그림 6.2.4의 고리 모양뿐 아니라 그림 6.2.5의 S자 형상일 수 있는 것은 지구와 목성의 공전면(公轉面)이 약간 기울어져 있기 때문이다.

4) 한도(限度)

제2장 〈태양〉에서 태양의 실제위치를 구하기 위해 평균운행속도에서 나온 위치에 영축차를 가감하였다. 이와 마찬가지로 행성의 실제위치 역시 평균위치에 행성 고유의 영축차를 반영하여 구한다. 이를 위해 먼저 행성의 평균위치가 영축력(盈縮曆)의 기점부터 운행궤도를 따라 얼마나 떨어져 있는지를 알아야 한다. 뒤의 6.8절에서 구할 입력도(入曆度)가 곧 행성의 입영축력(入盈縮曆), 즉 영력 또는 축력의 기점부터 헤아린 운행도수를 가리킨다.

각 단(段)의 입력도는 평합(平合)의 입력도와 평합부터 그 단에 이르기까지 행성이 움직인 각도를 더하여 구하는데, 제단 입성에 주어진 평도(平度)의 합이 아니라 한도(限度)의 합을 보태도록 하였다. 평도를 더하지 않은 까닭은 아마도 행성의 시운동에 퇴단의 퇴행(退行)이 포함되기 때문일 것이다.

그림 6.2.5에서 보듯이 행성의 시운동궤도 위에는 퇴행이 나타나지만, 이 구간에서도 실제궤도 위의 행성은 순행(順行)하고 있을 뿐이다. 그러나 이 때문에 평도가 아닌 한도를 택하여 입력도를 구한 것이 아니라 오직 계산의 편의를 위해 퇴행을 무시한 것으로 여겨진다. 중국의 전통 역산에서는 행성의 시운동에 의해 가려져 있는 지동설(地動說) 모델을 제대로 파악한 적이 전혀 없으므로, 퇴행이 없음을 알아서가 아니라 퇴행의 효과를 상쇄할 목적으로 한도를 고안해 낸 듯하다. 이런 추론의 근거는 다음 두 현상과 관련이 있다.

첫째는 행성의 시운동궤적에 퇴행이 있지만 회합주기 동안 행성이 실제로 이동한 각도는 평도의 합과 같다는 점이고, 둘째는 퇴행 평도의 합이 순행 평도의 합에 비해 상대적으로 상당히 작은 값이거나 회합주기 동안 평도의 총합이 역도(曆度), 곧 365도25분75초에 비해 매우 작다는 점이다.

만약 퇴행 평도의 합이 순행 평도의 합에 대해 갖는 비율보다 조금 큰 감축 비율로 순행하는 각 단의 평도 도수를 줄이고, 줄인 도수의 합을 퇴단에 보태면 회합주기의 전 구간을 순행 도수로 나타낼 수 있다. 이렇게 얻은 각 단의 새로운 운행각도를 한도(限度)라 하였다. 한도를 활용하면 퇴행이 없으므로 입력도 계산이 훨씬 간편해지며, 그러면서도 퇴단의 영향이 최대한 반영된 입력도를 얻을 수 있다.

그러나 입력도에 순행과 퇴행의 영향이 반영되도록 한도를 설정한 것은 행성의 시운동에서 벗어나지 못한 중국 역법의 한계이다. 행성의 평도와 한도의 차에 비해 한 회합주기에 걸쳐 행성이 보이는 영축의 최대 손익율이 상당히 작기 때문이다.

목성의 경우는 그림 6.2.6에서 보듯이 순행 도수의 합은 합복부터 신지말까지 평도를 합한 값인 21도70분의 2배이다. 이에 비해 퇴행 도수는 신퇴의 평도인 4도88분12초50의 2배이므로 퇴행의 비가 ({4도88분12초50×2}÷{21도70분×2}=) 0.225이다. 그러므로 목성의 순행 각 단의 평도를 22.5%보다 조금 큰 24.0%만큼 줄여 순행의 한도를 얻고,[29] 합복부터 신퇴까지 평도의 합과 한도의 합이 같도록 퇴단의 한도를 정하면, 먼저 합복의 한도는 2도93분이 되고, 뒤이은 신질초의 한도는 4도64분, 그리고 퇴단인 신퇴의 한도는 0도32분87초50이 되어 입성의 한도와 동일하며 모든 구간에서 양인 값을 얻을 수 있다.

뒤의 6.2.3절에 주어진 목성의 영축 입성을 참조하면 1책, 곧 목성이 공전궤도를 따라 약 15도22분을 운행하는 동안 영축의 최대 손익률이 1도59분에 불과함을 알 수 있다. 그런데 제단 입성에서는 목성이 회합주기 398일88분 동안 운행한 총도수가 평도의 합인 33도64분임을 밝히고 있다. 그렇다면 어림잡아서 목성이 회합주기 동안 약 2책(策)을 공전하면서 평균속도로 운행한 위치보다 최대 3도 정도 앞서거나 뒤처진다고 할 수 있으며, 따라서 100일 동안에는 최대 0도80분 정도의 영축 손익이 생길 것으로 짐작할 수 있다.

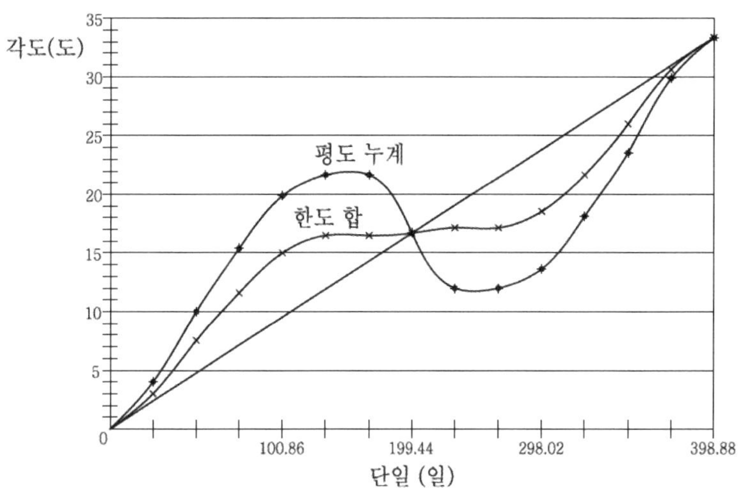

그림 6.2.6

29 이럴 경우 목성의 순행 한도는 평도를 상수 1.315로 나눈 값이 된다. 이 상수는 역법마다 달라 《흠천력》에서는 1.51, 《숭천력》에서는 1.33이었다.

그림 6.2.6에서 직선으로 표현된 도수가 평균속도로 운행한 목성의 위치이다. 단일 합 101일의 평도 합이 19도79분, 한도 합이 15도04분인 데 비해, 직선상의 도수는 8도51분이고, 이것에 101일간의 영축 변화량을 고려한 목성의 실제위치는 7도60분과 9도20분 사이를 벗어나지 않을 것이다. 평도 합과 한도 합이 4도75분의 차를 보이는 데 비해 한도 합이 목성의 실제위치에 비해 갖는 차는 최소 5도80분에서 최대 7도40분에 이른다.

이로써 행성의 시운동위치를 나타내는 평도(平度)에서 유래한 한도(限度) 역시 입력도 계산에 그리 큰 개선책이 되지 못하였음을 확인할 수 있다.

6.2.3 목성의 영축 입성[30]

책수(策數)	영적(盈積)		축적(縮積)	
	손익률(損益率)	영적도(盈積度)	손익률(損益率)	축적도(縮積度)
초	익 159	0도00	익 159	0도00
1	익 142	1도59	익 142	1도59
2	익 120	3도01	익 120	3도01
3	익 93	4도21[31]	익 93	4도21
4	익 61	5도14[32]	익 61	5도14
5	익 24	5도75	익 24	5도75
6	손 24	5도99	손 24	5도99
7	손 61	5도75	손 61	5도75
8	손 93	5도14	손 93	5도14
9	손 120	4도21	손 120	4도21
10	손 142	3도01	손 142	3도01
11	손 159	1도59	손 159	1도59

30 목성의 영축 입성 : 저본에는 제목 없이 입성의 항목과 수치만을 전하고 있으나, 《명사(明史)》 권34 〈대통력법(大統曆法) 입성(立成)〉 '목성영축입성(木星盈縮立成)'을 따라 역주본에서 붙인 제목이다. 다른 행성들의 영축 입성도 마찬가지이다.

해설

목성의 영축 입성

태양의 영축 입성에서 영축력의 각 구간이, 예를 들어 동지와 하지 사이인 영력(盈曆) 구간을 동지부터 춘정(春正)까지 약 88.9일인 영초(盈初)와 춘정부터 하지까지 약 93.7일인 영말(盈末)로 나뉘었듯이, 목성의 영축 입성 역시 영축력의 각 구간이 전후로 나뉘어 대칭을 이룬다.

목성의 영축 입성에 실린 각 책(策)의 손익률(損益率)과 영축적도(盈縮積度)는 태양 영축 입성의 영축가분(盈縮加分)과 영축적(盈縮積)에 각각 대응하는 동일한 의미의 수치이다. 즉, 목성의 손익률은 태양의 영축가분과 마찬가지로, 각 책을 지나는 동안 목성의 실제운행위치가 평균속도로 운행하였다고 가정한 평균위치에 비하여 얼마나 더 앞서거나 뒤처지는지를 나타내는 분(分) 단위의 값이다. 목성이 각 책을 지나는 동안 운행한 각도를 1책의 각도인 15도21분90초62미50과 비교하여 미치지 못한 정도를 손분(損分)으로, 넘어선 정도를 익분(益分)으로 나타내었다.

목성의 영축적도는, 태양 영축 입성의 영축적에 상응하는, 목성의 실제행도와 평균행도의 차를 나타낸 도(度) 단위의 값으로, 초책부터 구하고자 하는 책의 앞 책까지 손익률을 누계한 값이다. 초책(初策)의 손익률은 1책의 영축적도가 되고, n책까지 손익률을 누계하면 $(n+1)$책의 영축적도가 된다.

《수시력경》에서는 위의 영축 입성 대신 3차(差), 곧 입차(立差)·평차(平差)·정차(定差)를 제시하여 목성의 영축차를 1상한의 범위에서 정의되는 다음 수식으로 곧바로 계산할 수 있도록 하였다.[33]

31 4도21 : 저본에는 '四度一二'로 되어 있으나, 《명사》 권34 〈대통력법 입성〉의 '목성영축입성'과 갑인자본에 근거하여 '一二'를 '二一'로 바로잡았다.

32 5도14 : 저본에는 '五度四一'로 되어 있으나, 《명사》 권34 〈대통력법 입성〉의 '목성영축입성'과 갑인자본에 근거하여 '四一'을 '一四'로 바로잡았다.

$$영축차 = [10897000-(25912+236x)x]x/10^8 \quad (도)$$
$$(단, 0 \le x \le Y_s/4)$$

여기서 x는 뒤의 6.8절에서 언급될 입영축력 또는 ($Y_s/2-$ 입영축력)을 가리키며, 영력 또는 축력의 기점부터 행성의 평균위치까지 도수(度數)를 의미한다. 또 Y_s는 역도(曆度), 곧 365도25분75초를 나타낸다.

33 《원사(元史)》 권55 〈수시력경(授時曆經)〉 '보오성(步五星)'. 다른 행성의 평립정(平立定) 3차 역시 이곳에 제시되어 있다.

6.3 화성 약 2년에 1주천하며, 천궐을 범하기도 하고 자미에 들어가기도 한다. 火星 約二年一周天, 或犯天闕或入紫微

6.3.1 화성에 관한 상수

주율(周率)	779만9290분
주일(周日)	779일92분90초
역률(曆率)	686만9580분43초
도율(度率)	1만8807분반
합응(合應)	56만7545분
역응(曆應)	547만2938분

해설

화성에 관한 상수

화성이 지구에 가장 가까운 외행성인 만큼[34] 공전주기가 지구와 큰 차이가 없고, 따라서 회합주기인 주율은 목성 회합주기의 거의 2배에 달할 정도로 긴 779만9290분이며, 햇수로는 약 2.14년이다.

화성이 하늘을 1도 이동하는 데 걸리는 시간의 평균치인 도율이 1만8807분50이므로 화성이 하늘을 한 바퀴 도는 데 1.88075년이 걸리고, 이 기간을 분(分) 단위로 나타낸 역률은 (역도 365도25분75초×도율 1만8807분50초=) 686만9580분43초이다.

34 태양과 지구 사이 거리를 천문단위 1이라 할 때 태양부터 화성, 목성, 토성까지 거리는 각각 1.52, 5.20, 9.54이다.

6.3.2 화성의 제단 입성

복현(伏見) : 19도

단목(段目)	단일(段日)	평도(平度)	한도(限度)	초행률(初行率)
합복(合伏)	69일	50도	46도50	73분
신질초(晨疾初)	59일	41도80	38도87	72분
신질말(晨疾末)	57일	39도08	36도34	70분
신차질초(晨次疾初)	53일	34도16	31도77	67분
신차질말(晨次疾末)	47일	27도04	25도15	62분
신지초(晨遲初)	39일	17도72	16도48	53분
신지말(晨遲末)	29일	6도20	5도77	38분
신류(晨留)	8일	0도	0도	0분
신퇴(晨退)	28일9645	−8도6567반	6도4632반[35]	0분
석퇴(夕退)	28일9645	−8도6567반	6도4632반	44분
석류(夕留)	8일	0도	0도	0분
석지초(夕遲初)	29일	6도20	5도77	0분
석지말(夕遲末)	39일	17도72	16도48	38분
석차질초(夕次疾初)	47일	27도04	25도15	53분
석차질말(夕次疾末)	53일	34도16	31도77	62분
석질초(夕疾初)	57일	39도08	36도34	67분
석질말(夕疾末)	59일	41도80	38도87	70분
석복(夕伏)	69일	50도	46도50	72분
총	779일9290	414도6865	414도6865	

35 6도4632반 : 저본과 갑인자본에는 '六度四六五二半'으로 되어있으나, 《원사》 권55 〈수시력경 하〉와 《명사》 권36 〈대통력법 추보(推步)〉의 '화성제단입성(火星諸段立成)'에 근거하여 수정하였다. 마찬가지로 석퇴의 한도 역시 수정하였다.

해설

1) 화성의 단목과 제단 입성

목성이 약 1.09년에 걸친 회합주기 동안 하늘을 34도 정도 이동하는 데 비해, 화성은 2.14년의 회합주기 동안 하늘을 414.7도(=역도+49.4도)나 되는 넓은 범위를 이동하며 순행-퇴행-순행의 시운동을 나타낸다. 평균적으로 목성보다 6배나 빠른 화성의 시운동을 입성에 제대로 담아내기 위해 합복(合伏) 전후의 질단(疾段)을 세분하여 질초말(疾初末)과 차질초말(次疾初末)로 구별함으로써 목성보다 4개 단목(段目)을 더 보탠 18단으로 나누어 화성의 제단 입성을 만들었다.

그림 6.3.1은 위 제단 입성에서 취한 단일(段日)을 지구가 중심인 황도 위의 각도로 나타내고, 평도(平度)를 화성 시운동궤도 위의 각도로 옮긴 그림이다.

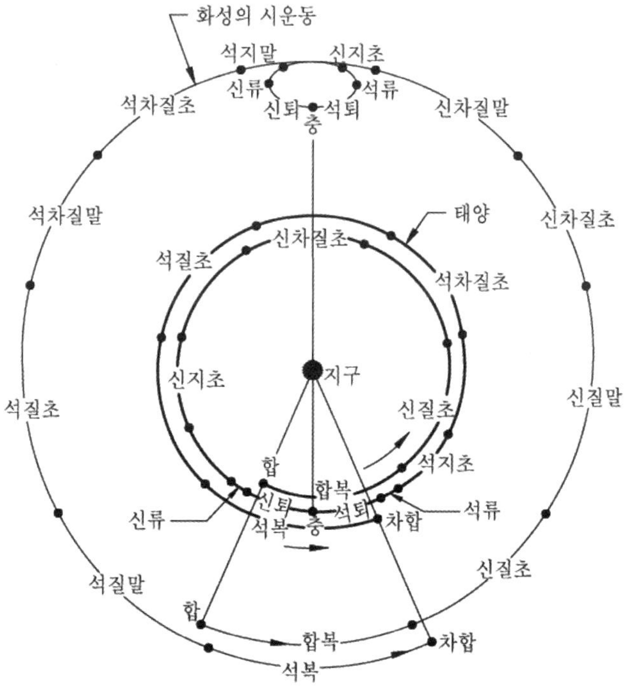

그림 6.3.1

그림 6.3.2는 태양을 중심으로 공전하는 지구와 화성이 충(衝) 전후의 단에서 보이는 위치 변화를 그린 것이다.

2) 화성의 한도

화성이 합부터 충에 이르기까지 순행한 도수의 합은 216도이고 퇴행 도수는 8도65분67초50이므로 퇴행의 비가 (8도65분76초50÷216도=) 0.04인 데 비해 합복단의 한도는 평도를 7% 줄인 값이다.

화성의 순행 각 단의 평도를 7%만큼 줄여 순행의 한도를 얻고,[36] 합복부터 신퇴까지 평도의 합과 한도의 합이 같도록 퇴단인 신퇴의 한도를 정하면 입성의 한도와 같은 (합복~신지말순행평도합 216도분×0.07−신퇴퇴행평도 8도65분67초50=) 6도46분32초50을 얻는다.

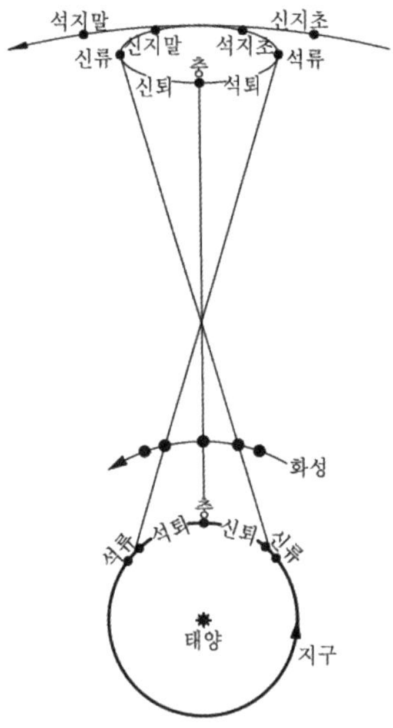

그림 6.3.2

36 이럴 경우 화성의 순행 한도는 평도를 상수 1.075로 나눈 값이 된다.

6.3.3 화성의 영축 입성

책수(策數)	영적(盈積)		축적(縮積)	
	손익률(損益率)	영적도(盈積度)	손익률(損益率)	축적도(縮積度)
초	익 1158	0도00	익 460	0도00
1	익 797	11도58	익 456	4도60
2	익 460	19도55	익 434	9도16
3	익 147	24도15	익 394	13도50
4	손 55[37]	25도62	익 337	17도44
5	손 166	25도07	익 260	20도81
6	손 260	23도41	익 166	23도41
7	손 337	20도81	익 55	25도07
8	손 394	17도44	손 147	25도62
9	손 434	13도50	손 460	24도15
10	손 456	9도16	손 797	19도55
11	손 460	4도60	손 1158	11도58

해설

화성의 영축 입성

지구의 공전궤도는 이심률(離心率)이 0.0167에 불과해 원에 상당히 가깝다고 할 수 있는 데 비해, 화성의 궤도 이심률은 오성(五星) 중 가장 큰 0.0934에 달한다. 이렇게 두드러진 타원궤도를 이루며 공전하고 있으므로 화성의 중심차(中心差)가 크고, 이로 말미암아 지구에서 보는 최대 영축적도가 25도70분에 이르고 있다. 지구에서 관찰한 외행성의 영축차에 가장 큰 영향을 미치는 요소가 행성의 태양에 대한 중심차이므로 이심률

37 손 55 : 저본과 갑인자본에는 '損一百五十五'로 되어 있으나, 《명사》 권34 〈대통력법 입성〉의 '화성영축입성(火星盈縮立成)'에 근거하여 수정하였다. 마찬가지로 축적의 7책(策) 손익률도 수정하였다.

이 0.0485인 목성에 비해 화성의 최대 영축적도가 4배 이상 큰 값으로 주어졌다. 그리고 영축적도의 책(策)당 변화율인 손익률 역시 목성보다 매우 큰 값으로 주어졌다.

목성의 영축 입성에서는 영력과 축력의 각 책 영축적도가 서로 같을 뿐만 아니라 5책과 6책의 경계를 기준으로 하여 초책부터 5책까지와 6책부터 11책까지의 영축적도가 전후 대칭을 이룬다. 이와 달리 화성의 영축 입성에서는 영력과 축력의 초책을 기준으로 전후의 영축적도가 서로 대칭을 이루고 있을 뿐이다. 곧 목성은 영력과 축력 모두 초책부터 5책까지 여섯 책은 익률(益率)이고, 6책부터 11책까지 여섯 책은 손률(損率)이면서 전후로 대칭인 데 반해 화성은 영력에서는 초책부터 3책까지 네 책은 익률, 4책부터 11책까지 여덟 책은 손률로 비대칭이고, 축력에서도 초책부터 7책까지 여덟 책은 익률, 8책부터 11책까지 네 책은 손률로 비대칭이다. 이는 1.11절과 1.12절의 태양 영축 입성에서 동지 전후의 적일(積日)이 하지 전후의 적일보다 적은 것과 유사한 현상이다.

화성의 이심률이 다섯 행성 중에 가장 크다는 점에 기인한 이런 현상을 《원사(元史)》〈수시력경〉에서는 태양과 마찬가지로 화성의 영축차를 영초축말한과 축초영말한의 구간으로 나누어 다음 수식으로 기술하였다.

$$\text{영축차} = [88478400 - (831189 - 1135x)\ x]\ x/10^8 \quad (\text{도})$$
$$(\text{단},\ 0 \le x \le Y_s/4)$$

또는

$$\text{영축차} = [29976300 - (851y - 30235)\ y]\ y/10^8 \quad (\text{도})$$
$$(\text{단},\ 0 \le y \le Y_s/4)$$

여기서 입력 x는 입영초축말한(入盈初縮末限)을 가리키며, 입력 y는 입축초영말한(入縮初盈末限), 곧 $y = Y_s/2 - x$를 나타낸다. Y_s는 역도(曆度), 곧 365도25분75초를 가리킨다.

6.4 토성 1궁에 29개월 머무르며, 28년에 1주천한다.

土星 一宮住二十九箇月, 二十八年一周天

6.4.1 토성에 관한 상수

주율(周率)	378만0916분
주일(周日)	378일09분16초
역률(曆率)	1억0747만8845분66초
도율(度率)	29만4255분
합응(合應)	17만5643분
역응(曆應)	5224만0561분

해설

토성에 관한 상수

앞서 목성에 관하여 6.2절에서 이미 밝혔듯이, 외행성의 경우 역률이 클수록 주율이 줄어든다. 태양에서 가장 멀리 떨어져 있는 토성은 도율이 29만4255분인 데서 보듯이 약 29.5년에 한 차례 공전한다. 토성의 공전 각속도가 지구의 공전 각속도에 비해 매우 작은 값이므로 지구가 추월하는 속도의 영향이 절대적이고, 따라서 토성의 회합주기는 세실(歲實 1회귀년)에 매우 가까운 378일에 불과하다.

주일에서 세실을 뺀 값이 곧 외행성이 회합주기 동안 시운동궤도를 따라 이동한 각도인데, 토성의 제단 입성에서 평도의 합 (주일 378일09분16초－세실 365도24분25초=) 12도84분91초가 바로 이에 해당한다.

6.4.2 토성의 제단 입성

복현(伏見) : 18도

단목(段目)	단일(段日)	평도(平度)	한도(限度)	초행률(初行率)
합복(合伏)	20일40	2도40	1도49	12분
신질(晨疾)	31일	3도40	2도11	11분
신차질(晨次疾)	29일	2도75	1도71	10분
신지(晨遲)	26일	1도50	0도83	8분
신류(晨留)	30일	0도	0도	0분
신퇴(晨退)	52일6458	−3도6254반	0도2845반	0분
석퇴(夕退)	52일6458	−3도6254반	0도2845반	10분
석류(夕留)	30일	0도	0도	0분
석지(夕遲)	26일	1도50	0도83	0분
석차질(夕次疾)	29일	2도75	1도71	8분
석질(夕疾)	31일	3도40	2도11	10분
석복(夕伏)	20일40	2도40	1도49	11분
총	378일0916	12도8491	12도8491	

해설

1) 토성의 단목과 제단 입성

목성의 회합주기가 14단목으로 나뉘었고, 목성보다 평균 시운동속도가 빠르고 속도 변화율이 큰 화성의 제단 입성이 18단목으로 나뉘었던 것을 보면, 시운동속도가 가장 느린 토성의 단목이 12개인 것은 당연한 선택이다. 합복(合伏)부터 전후의 유단(留段)까지 순행 구간을 신질(晨疾), 신차질(晨次疾)과 신지(晨遲)로 나누되, 목성이나 화성과 달리 초말(初末)로 세분하지는 않았다.

그림 6.4.1은 위 제단 입성에서 취한 단일(段日)을 지구가 중심인 황도 위의 각도로 나타내고, 평도(平度)를 천구면(天球面)에 펼친 토성 시운동 궤도 위의 각도로 옮긴 그림이다.

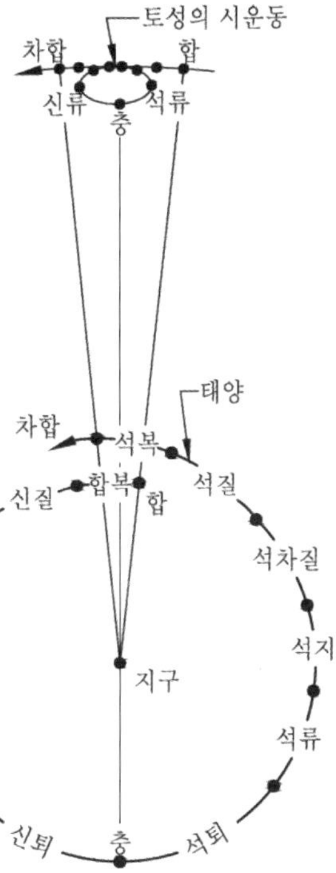

그림 6.4.1

2) 토성의 한도

토성의 경우는 회합주기 동안 순행한 도수의 합이 20도10분이고, 퇴행 도수는 7도25분09초이므로 퇴행의 비가 (7도25분09초÷20도10분=) 0.361이다. 이에 비해 합복단의 한도가 평도에 대해 갖는 비는 0.621이다. 그러므로 토성의 각 단 순행 평도를 38%만큼 줄여 순행의 한도를 얻은 듯하다.[38] 그러나 신지(晨遲)의 한도가 평도에 비해 55.3%에 불과하므로 모든 단의 평도와 한도의 비가 같지는 않다.[39]

38 이럴 경우 토성의 순행 한도는 평도를 상수 1.61로 나눈 값이 된다.

39 만약 신지(晨遲)와 석지(夕遲)의 한도가 0도83분이 아닌 0도93분이고 신퇴(晨退)와 석퇴

6.4.3 토성의 영축 입성

책수(策數)	영적(盈積)		축적(縮積)	
	손익률(損益率)	영적도(盈積度)	손익률(損益率)	축적도(縮積度)
초	익 220	0도00	익 163	0도00
1	익 195	2도20	익 149	1도63
2	익 164	4도15	익 128	3도12
3	익 127	5도79	익 100	4도40
4	익 84	7도06	익 65	5도40
5	익 35	7도90	익 23	6도05
6	손 35	8도25	손 23	6도28
7	손 84	7도90	손 65	6도05
8	손 127	7도06	손 100	5도40
9	손 164	5도79	손 128	4도40
10	손 195	4도15	손 149	3도12
11	손 220	2도20	손 163	1도63

해설

토성의 영축 입성

토성의 공전 궤도 이심률은 0.0556으로, 화성의 이심률인 0.0934에 비해서는 훨씬 작지만 목성의 0.0485보다는 조금 크다. 그러므로 토성의 최대 영적도 8도25분은 목성의 5도99분보다 크고, 화성의 25도62분보다는 상당히 작은 값이다.

토성의 영축 입성이 다른 외행성에 비해 특이한 것은 영력(盈曆)의 손

(夕退)의 한도가 0도28분45초50이 아닌 0도38분45초50이라면 모든 단의 평도를 38% 줄여 한도를 얻을 수 있다. 《송사(宋史)》 권78 〈관천력(觀天曆)〉에서는 토성의 순행 평도와 한도의 비가 모든 단에서 동일한 1 : 0.6이지만, 《원사(元史)》 권57 〈경오원력(庚午元曆)〉에서 보듯이 동일하지 않은 선례가 있으므로 단순한 글자의 오식(誤植)으로 보기는 어렵다.

익률과 영적도(盈積度)가 축력(縮曆)의 그것과 대칭을 이루지 않는다는 점이다. 이런 영축 간의 비대칭은 송(宋)의 《기원력(紀元曆)》에서 나온 것으로 보인다.[40]

《수시력경》의 수식으로 토성의 영축차를 나타내면 다음과 같다.

$$\text{영차} = \left[15146100 - (41022 + 283x)\ x\right] x / 10^8 \quad (\text{도})$$
$$(\text{단},\ 0 \leq x \leq Y_s/4)$$
$$\text{축차} = \left[11017500 - (15126 + 331y)\ y\right] y / 10^8 \quad (\text{도})$$
$$(\text{단},\ 0 \leq y \leq Y_s/4)$$

여기서 x는 입영력 또는 ($Y_s/2-$입영력)을, y는 입축력 또는 ($Y_s/2-$입축력)을 나타낸다. Y_s는 역도(曆度), 곧 365도25분75초를 나타낸다.

40 《송사(宋史)》 권80 〈기원력(紀元曆)〉 '보오성(步五星)' 참조.

6.5 금성 1개월에 1궁씩 머무르며, 1년에 1주천한다.

金星 一月住一宮, 一年一周天

6.5.1 금성에 관한 상수

주율(周率)	583만9026분
주일(周日)	583일90분26초
역률(曆率)	365만2575분
도율(度率)	1만
합응(合應)	571만6330분
역응(曆應)	11만9639분

해설

1) 내행성의 회합주기

그림 6.5.1에서 보듯이 내행성이 태양을 사이에 두고 지구와 일직선을 이룰 때가 외합(外合)이고 태양과 지구 사이에서 일직선을 이룰 때가 내합(內合)이다.

내행성이 외합을 이룬 후부터 내합을 지나 다시 외합에 이르기까지 경과한 기간이 곧 내행성의 회합주기이다.[41]

2) 금성의 주율과 역률

금성은 지구에 가장 가까운 행성이고,[42] 공전주기 역시 0.615년으로 지구

41 지구의 공전주기인 세실을 E, 행성의 공전주기를 P라 하면, 내행성의 회합주기인 주율 $Q=1/[1/P-1/E]$ 이다.

와 큰 차이가 없다. 따라서 회합주기인 주율이 583만9026분에 이를 정도로 크다. 햇수로는 1.60년이다.

금성이 하늘을 1도 이동하는 데 걸리는 시간의 평균치인 도율(度率)을 1만으로 잡았으므로 금성이 하늘을 한 바퀴 도는 데 1년이 걸리는 셈이다. 또 이 기간을 분(分) 단위로 나타낸 역률 역시 365만2575분이라 하였다. 금성의 태양 공전주기가 0.615년인데도 도율과 역률이 1항성년과 같은 값을 갖는 것은 내행성이기 때문이다. 즉, 지구에서 본 내행성의 겉보기 운동은, 지구를 1년에 한 차례 선회하는 태양과 함께 천구면(天球面)을 이동하되, 최대 이각(離角) 이내의 각도만큼 태양을 앞서거나 뒤처져 있을 뿐이기 때문이다. 금성의 최대 이각은 48°이다.

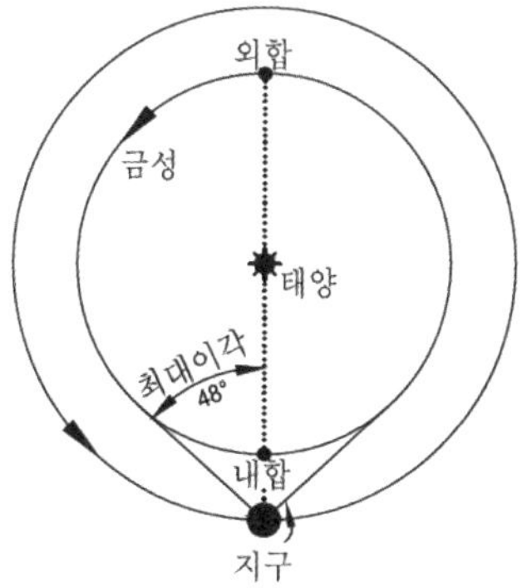

그림 6.5.1

42 태양과 지구 사이 거리를 천문단위 1이라 할 때 태양에서 수성, 금성까지 거리는 각각 0.39, 0.72이다.

6.5.2 금성의 제단 입성

복현(伏見) : 10도 반

단목(段目)	단일(段日)	평도(平度)	한도(限度)	초행률(初行率)
합복(合伏)	39일	49도50	47도64	1도27분반
석질초(夕疾初)	52일	65도50	63도04	1도26분반
석질말(夕疾末)	49일	61도	58도71	1도25분반
석차질초(夕次疾初)	42일	50도25	48도36	1도23분반
석차질말(夕次疾末)	39일	42도50	40도90	1도16분
석지초(夕遲初)	33일	27도	25도99	1도02분
석지말(夕遲末)	16일	4도25	4도09	62분
석류(夕留)	5일	0도	0도	0분
석퇴(夕退)	10일9513	−3도6987	1도5913	0분
석퇴복(夕退伏)	6일	−4도35	1도63	61분
합퇴복(合退伏)	6일	−4도35	1도63	82분
신퇴(晨退)	10일9513	−3도6987	1도5913	61분
신류(晨留)	5일	0도	0도	0분
신지초(晨遲初)	16일	4도25	4도09	0분
신지말(晨遲末)	33일	27도	25도99	62분
신차질초(晨次疾初)	39일	42도50	40도90	1도02분
신차질말(晨次疾末)	42일	50도25	48도36	1도16분
신질초(晨疾初)	49일	61도	58도71	1도23분반
신질말(晨疾末)	52일	65도50	63도04	1도25분반
신복(晨伏)	39일	49도50	47도64	1도26분반
총	583일9026	583도9026	583도9026	

해설

1) 금성의 단목

금성의 회합주기는 외행성 중에서 가장 많은 18개 단으로 나뉜 화성보다 더 많은 20단으로 나뉘었다. 내행성이 외합뿐 아니라 내합의 위치를 지날 때도 행성이 전혀 보이지 않는 복(伏)의 단계를 거쳐야 하므로, 그림 6.5.2

에서 보듯이 내합 전후의 퇴단(退段)을 퇴(退)와 퇴복(退伏)으로 구분하였기 때문이다.

금성은 또 지구보다 공전 각속도가 빠르므로 외합을 지난 후부터 내합에 이르기까지는 금성이 해를 앞서서 동행(東行)하게 되고, 저녁 시간대에 항상 보인다. 따라서 이 기간을 석단(夕段)으로 구분하여 석질초말(夕疾初末), 석차질초말(夕次疾初末) 등으로 나타내었다.

금성의 회합주기 후반부, 즉 내합 이후 외합까지는 금성이 해를 뒤쫓아 동행(東行)하게 되고, 따라서 새벽 시간대에 금성이 항상 보이므로 신단(晨段)이 된다.

내행성은 회합주기의 중간에 충(衝)이 아닌 내합(內合)의 위치를 통과하므로 석류(夕留)를 지나면 저녁에만 잠시 초승달처럼 가늘게 보이다가 퇴복(退伏)에 들어가 사라지게 된다. 내합을 지난 후에는 새벽에만 잠시 가늘게 보이기 시작하다가 신류(晨留)를 지나면서 점차 차오르게 된다.

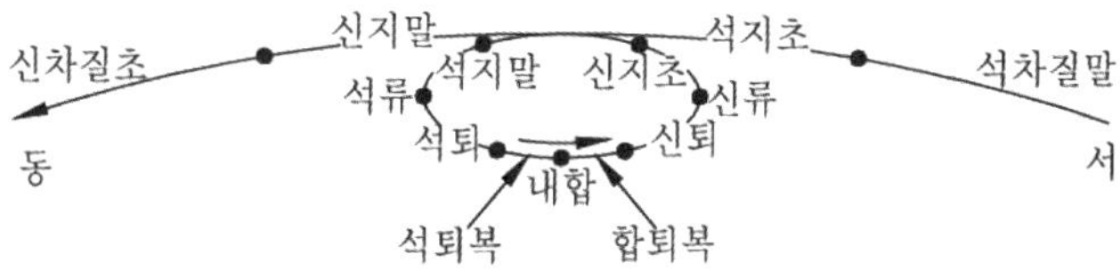

그림 6.5.2

2) 금성의 제단 입성

그림 6.5.3은 위의 금성 제단 입성에서 단일(段日)과 평도(平度)를 취하여, 단일로는 황도 위에 태양의 시운동도수를, 평도로는 천구(天球) 위에 보이는 금성의 겉보기운행도수를 나타낸 것이다. 금성이 1.60년의 회합주기 동안 천구 위를 583.9도 이동하는 것 중 절반 정도만 그린 것이다.[43]

43 금성의 경우 순행(順行)하는 질단(疾段)에서 단일(段日)의 도수보다 평도(平度)가 큰 것은 내행성인 금성이 지구보다 공전 각속도가 빠르기 때문이다.

외합 이후의 첫 단인 합복은 석복(夕伏)이다. 합복의 구간을 지나면서 태양이 단일의 도수인 39도만큼 동행(東行)하는 동안 금성이 복현(伏見) 10도50분만큼 태양을 앞질러야 저녁에 보이기 시작하므로, 합복의 평도는 두 도수를 더한 49도50분이 된다.

합복 이후로 순행(順行)하는 질단(疾段), 즉 석질초말과 석차질초말을 지나기까지는 평도가 단일보다 큰 값이지만, 지단(遲段)인 석지초말(夕遲初末)에 이르면 평도가 단일의 도수보다 작아지고, 석류(夕留)에서는 영(零)이 된다.

석류부터 내합까지 퇴단(退段)은 금성의 퇴행(退行)이 관측되는 석퇴(夕退)와 햇빛에 가려 더 이상 보이지 않는 석퇴복(夕退伏)으로 나뉘었다. 석퇴에서 석퇴복으로 넘어가면서 초승달 모양의 금성이 저녁 햇빛 속에 감춰질 때, 태양을 향해 서행(西行)하는 금성은 복현 10도50분만큼 태양의 동쪽에 있다. 이후로 내합의 위치에 이르기까지 해는 단일의 도수인 6도를 동행하므로 석퇴복에서 금성의 퇴행은 (복현 10도50분−태양의 동행 6도=) 4도50분이라 할 수 있으나, 입성에서는 4도35분을 석퇴복의 평도로 제시하였다.

내합을 지난 후인 합퇴복에서도 금성이 퇴행하여 태양과 복현의 거리에 이르면 새벽 동천(東天)에서 잠시 금성의 가느다란 테두리가 드러난다.

회합주기의 마지막 단은 다음 외합 직전의 신복(晨伏)이다. 신복의 시작은 새벽 동쪽 하늘에서 해보다 복현만큼 앞선 금성이 마지막으로 보이는 순간이다. 외합에 이르기까지 금성은 신복의 단일에 복현을 더한 49도50분만큼 운행하게 된다.

한편 그림 6.5.3에서 보듯이 외합뿐 아니라 내합의 순간에도 지구에서 본 해와 금성의 위상차가 0°이므로, 외합부터 내합까지 291일9513분 동안 해가 이동한 각거리도 이 값과 같고, 마찬가지로 금성이 움직인 겉보기 각도도 이 값으로 주어진다. 그러므로 내행성의 제단 입성에서는 단일의 총합과 평도의 총합이 같고, 당연히 한도의 총합도 동일하다.[44]

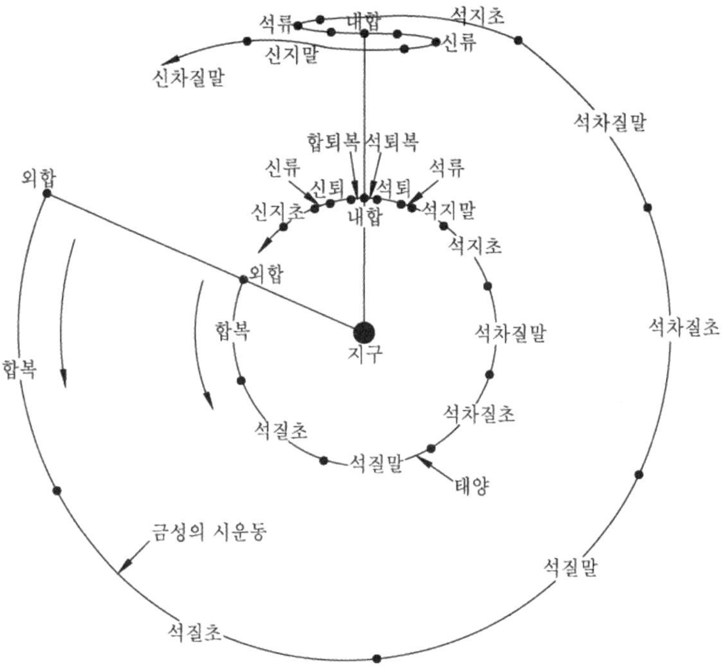

그림 6.5.3

그림 6.5.4는 내합 전후의 구간을 지나는 금성의 시운동으로부터 금성이 공전궤도 위에서 실제로 어떻게 운행하는지를 그린 것이다. 이 그림에서 먼저 석류와 신류 때 금성의 우향(右向) 운행 성분이 지구의 우향 성분과 같으므로 지구에서 본 금성은 멈춰 있는 것처럼 보이며 또 금성의 공전 각속도가 지구보다 빠르기 때문에 석류부터 신류까지 구간이 퇴단이 됨을 확인할 수 있다.

44 내행성의 회합주기 동안 해가 운행한 도수인 단일의 총합과 겉보기운행도수인 평도의 총합은 같은 값이다. 그러므로 해가 1주천하는 동안 내행성도 평균적으로 역도만큼 운행하는 것으로 여겨 역률을 역도와 같게 놓았다고 할 수 있다.

3) 금성의 한도

금성이 합부터 석류에 이르기까지 순행한 도수의 합은 300도이고, 석퇴와 석퇴복의 퇴행 도수 합은 8도04분87초이므로, 퇴행의 비가 (8도04분87초÷300도=) 0.027이다. 이에 비해 합복단의 한도는 평도를 3.76% 줄인 값이다. 즉, 금성의 순행 각 단의 평도를 3.76%만큼 줄여 순행의 한도를 얻고,[45] 합복부터 신퇴까지 평도의 합과 한도의 합이 같도록 퇴단인 신퇴와 신퇴복의 한도 합를 정하면 입성과 같은 (합복~신지말순행평도합 300도×0.0376−신퇴퇴행평도 8도65분67초50=) 3도23분13초를 얻는다. 이 값을 적절히 나누어 신퇴 한도 1도59분13초, 신퇴복 한도 1도63분으로 정했다.

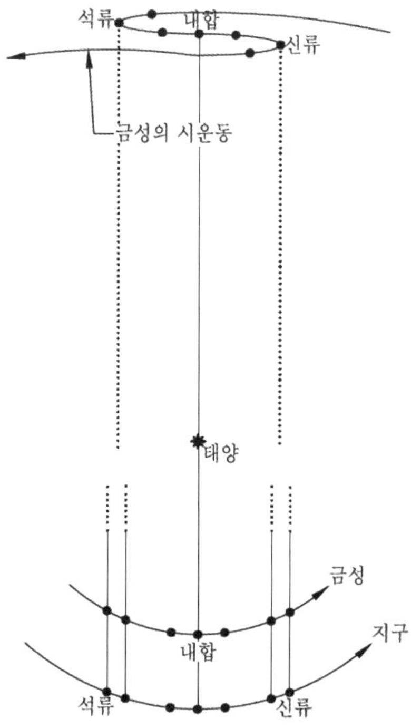

그림 6.5.4

45 이럴 경우 화성의 순행 한도는 평도를 상수 1.039로 나눈 값이 된다.

6.5.3 금성의 영축 입성

책수(策數)	영적(盈積)		축적(縮積)	
	손익률(損益率)	영적도(盈積度)	손익률(損益率)	축적도(縮積度)
초	익 53	0도00	익 53	0도00
1	익 50	0도53	익 50	0도53
2	익 44	1도03	익 44	1도03
3	익 35	1도47	익 35	1도47
4	익 23	1도82	익 23	1도82
5	익 8	2도05	익 8	2도05
6	손 8	2도13	손 8	2도13
7	손 23	2도05	손 23	2도05
8	손 35	1도82	손 35	1도82
9	손 44	1도47	손 44	1도47
10	손 50	1도03	손 50	1도03
11	손 53	0도53	손 53	0도53

해설

금성의 영축 입성

금성의 이심률은 오성 중 가장 작은 0.0068이다. 그러므로 금성이 태양 주위를 공전하며 갖는 중심차는 지구의 이심률로 인한 태양의 영축적보다 적은 값일 것이다. 그러나 위의 입성에 주어진 금성의 최대 영축적이 태양의 최대 영축적인 2일4014분에 비해 큰 차이가 없다. 지구에서 보는 내행성은 태양을 앞서거니 뒤서거니 하면서 태양과 함께 주천(周天)하고 있으므로 내행성의 겉보기운행위치차인 영축차를 태양의 영축차와 대등한 값으로 취한 듯하다.

금성의 영축 입성은 영적과 축적이 동일하고, 전후 6책이 서로 대칭이다. 그러므로 《수시력경》에서는 금성의 영축차를 다음과 같이 하나의 수식으로 나타내었다.

$$영축차 = [3515500-(3+141x)\ x]\ x/10^8 \quad (도)$$
$$(단,\ 0 \leq x \leq Y_s/4)$$

여기서 x는 입영축력 또는 ($Y_s/2-$입영축력)을, Y_s는 역도(曆度)를 나타낸다.

6.6 수성 1개월에 1궁씩 머무르며, 1년에 1주천한다.

水星 一月住一宮, 一年一周天

6.6.1 수성에 관한 상수

주율(周率)	115만8760분
주일(周日)	115일87분60초
역률(曆率)	365만2575분
도율(度率)	1만
합응(合應)	70만0437분
역응(曆應)	205만5161분

해설

수성의 주율과 역률

태양에서 수성까지의 거리가 0.39천문단위이고, 수성의 공전주기는 0.241년이다. 수성의 공전 각속도가 지구에 비해 4배 이상이므로 회합주기는 수성의 공전주기보다는 크지만 지구의 공전주기보다는 훨씬 작은 값인 0.317년에 불과하다. 그러나 그림 6.6.1에서 보듯이 회합주기를 거치는 동안 수성은 역도(曆度 365도25분75초)에 회합주기의 도수를 더한 만큼 운행한다.

수성 역시 내행성이므로 도율은 1만이 되고, 역률은 역도(曆度)의 시간 값인 365만2575분이다.

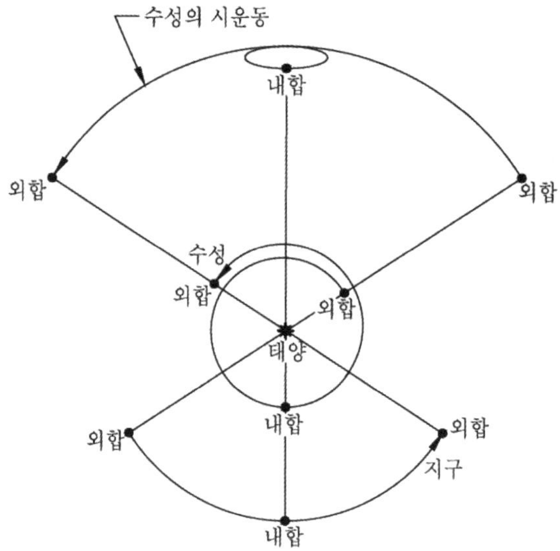

그림 6.6.1

6.6.2 수성의 제단 입성

신복석현(晨伏夕見) : 16도 반

석복신현(夕伏晨見) : 19도

단목(段目)	단일(段日)	평도(平度)	한도(限度)	초행률(初行率)
합복(合伏)	17일75	34도25	29도08	2도15분58
석질(夕疾)	15일	21도38	18도16	1도70분34
석지(夕遲)	12일	10도12	8도59	1도14분72
석류(夕留)	2일	0도	0도	0분
석퇴복(夕退伏)	11일1880	−7도8120	2도1080	0분
합퇴복(合退伏)	11일1880	−7도8120	2도1080	1도03분46
신류(晨留)	2일	0도	0도	0분
신지(晨遲)	12일	10도12	8도59	0분
신질(晨疾)	15일	21도38	18도16	1도14분72

단목(段目)	단일(段日)	평도(平度)	한도(限度)	초행률(初行率)
신복(晨伏)	17일75	34도25	29도08	1도70분34
총	115일8760	115도8760	115도8760	

해설

1) 수성의 신복석현과 석복신현

외행성은 외합(外合) 전후에 걸쳐 한 차례 복(伏)에 들게 되지만, 내행성은 내합(內合)의 전후에도 복에 들므로 회합주기 동안 두 차례 복을 지난다.

수성이 외합을 지날 때는, 합 이전의 어느 날까지는 새벽에만 잠시 보이다가 복에 들며, 합 이후의 어느 날부터는 저녁에만 잠시 보이기 시작한다. 외합 전후의 이 복현을 신복석현이라 하였다.

또 내합을 지날 때는 외합을 지날 때와 반대로 합 이전의 어느 날까지 저녁에만 가늘게 보이다가 복에 들며, 합 이후의 어느 날부터 새벽에만 가늘게 보이는데, 이 복현을 석복신현이라 하였다.

그림 6.6.2에서 보듯이 수성이 지구와 외합을 이룰 때의 복현은 16도50분이다. 그런데 지구에 더 가까운 내합 전후에 복이 지속되는 각도가 19도로 더 큰 값이다. 이것은 외합 전후에는 수성이 보름달처럼 둥글게 빛을 반사하지만, 내합 전후에는 초승달처럼 가는 모습으로 비치기 때문이다. 즉, 금성에 비해 지름이 약 1/2.5인 수성이 합을 지나 또렷이 보이기 시작하자면 내합 전후에는 외합 전후에 비해 이각(離角)이 더 커야 하므로 내합 전후의 복현 도수가 더 커진 것이다.[46]

46 외합 때 금성은 내합 때에 비해 지구로부터 6배 이상의 거리에 있다. 그러나 거리가 먼 대신 밝게 빛나는 면이 최대이므로 두 요소의 복현에 대한 영향이 상쇄되어 신복석현과 석복신현의 도수가 같다.

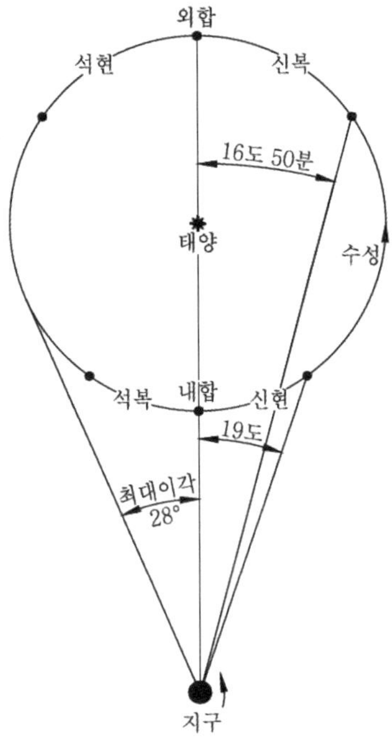

그림 6.6.2

2) 수성의 제단 입성

수성의 회합주기는 오성 중 유일하게 지구의 1항성년보다 짧다. 회합주기가 짧다고 해서 그동안 수성이 이동한 겉보기 각도, 곧 평도의 합이 작은 것은 아니지만, 수성의 단목은 그림 6.6.3에서 보인 대로 10개에 불과하다.

합복은 외합 후 저녁에 수성이 보이기 시작하는 석현(夕見)까지의 구간이다. 합복의 단일 17일7500분 동안 수성이 신복석현 16도50분만큼 태양을 앞질러야 비로소 저녁에 수성이 보이기 시작하므로, 합복의 평도는 두 각도를 더한 (복현 16도50분+합복단일 17도75분=) 34도25분이다.

석질과 석지를 지나 석류에 다다른 후 내합을 향해 석퇴복(夕退伏)에 들어갈 때 수성은 해보다 석복신현 19도만큼 동쪽 하늘에 위치하며, 퇴단의 단일 11일1880분이 지나서 내합에 이른다. 그러므로 복현 19도에서 태양의 동행(東行) 11도1880을 뺀 각도만큼 수성이 서향(西向) 역행하므로, 석퇴복의 수성 평도는 (단일 11도18분80초-석복신현 19도=) -7도81분20초이다.

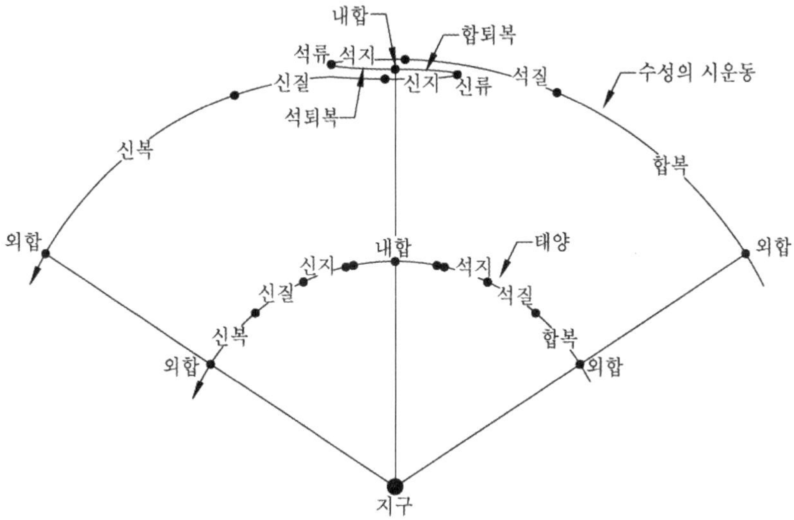

그림 6.6.3

내합 이후 새벽에 잠시 드러나기까지 합퇴복, 곧 신퇴복의 구간을 지나면서 수성이 7도81분20초를 역행하고, 신류를 지난 후에는 순행하면서 신지와 신질을 거치고, 이어서 외합을 향해 신복에 들어간다. 이때 수성은 해보다 신복석현 16도50분만큼 앞서서 새벽을 비추고 있다. 새벽에 모습을 드러낸 후 외합에 이르기까지 수성이 신복석현에 단일을 더한 각도만큼 운행해야 하므로 신복의 평도가 34도25분이 된다.

이와 같이 외합과 내합을 거치는 수성은 회합주기의 ({합복단일 17일75+석퇴복단일 11일1880}×2÷회합주기 115일8760=0.499) 절반 동안 복(伏)에 들어 있어 보이지 않는다.

그림 6.6.4는 내합 전후의 구간을 지나는 수성의 시운동으로부터 수성이 공전궤도 위에서 실제로 어떻게 운행하는지를 개략적으로 그린 것이

다. 그림 6.6.4에서 석류와 신류의 위치가 수성의 최대 이각(離角)인 28° 부근인 것을 확인할 수 있다.

3) 수성의 한도

수성이 합복부터 석류에 이르기까지 순행한 도수의 합은 65도75분이고, 석퇴복의 퇴행 도수는 7도81분20초이므로, 퇴행의 비가 (퇴행 7도81분20초÷순행합 65도75분=) 0.119이다. 이에 비해 합복단의 한도는 평도를 15.1% 줄인 값이다. 수성의 순행 각 단의 평도를 15.1%만큼 줄여 순행의 한도를 얻고,[47] 합복부터 석퇴복까지 평도의 합과 한도의 합이 같도록 퇴단인 석퇴복의 한도를 정하면 입성과 같은 (합복~신지순행평도합 65도75분×0.151−석퇴복퇴행평도 7도81분20초=) 2도10분80초를 얻는다.

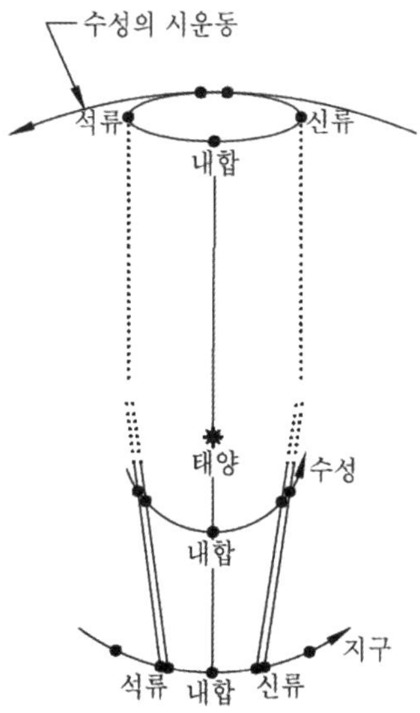

그림 6.6.4

47 이럴 경우 화성의 순행 한도는 평도를 상수 1.178로 나눈 값이 된다.

6.6.3 수성의 영축 입성

책수(策數)	영적(盈積)		축적(縮積)	
	손익률(損益率)	영적도(盈積度)	손익률(損益率)	축적도(縮積度)
초	익 58	0도00	익 58	0도00
1	익 54	0도58	익 54	0도58
2	익 47	1도12	익 47	1도12
3	익 37	1도59	익 37	1도59
4	익 24	1도96	익 24	1도96
5	익 8	2도20	익 8	2도20
6	손 8	2도28	손 8	2도28
7	손 24	2도20	손 24	2도20
8	손 37	1도96	손 37	1도96
9	손 47	1도59	손 47	1도59
10	손 54	1도12	손 54	1도12
11	손 58	0도58	손 58	0도58

해설

수성의 영축 입성

수성의 이심률은 오성 중 가장 큰 0.206이지만, 수성의 겉보기운동이 태양 주변의 좁은 각도에 국한되어 있다. 따라서 수성의 큰 이심률이 지구에서 관측한 수성의 겉보기영축에는 별다른 영향을 미치지 못하며, 단지 금성의 최대 영축보다 조금 크고 태양의 최대 영축보다는 작은 2도28분이다. 수성의 영축 입성 역시 영적과 축적이 동일하고, 전후 6책이 서로 대칭이다. 《수시력경》의 수성 영축차는 다음 수식으로 표현된다.

$$\text{영축차} = [3877000 - (2165 + 141x)\, x]\, x / 10^8 \quad (\text{도})$$
$$(\text{단},\ 0 \le x \le Y_s/4)$$

여기서 x는 입영축력 또는 ($Y_s/2-$입영축력)을, Y_s는 역도(曆度), 곧 365도25분75초를 나타낸다.

6.7 천정동지 후 오성의 평합・제단의 중적・중성 추산

推天正冬至後五星平合及諸段中積中星

평합의 중적과 중성

중적을 놓고, 합응(合應)을 더한 후 행성의 주율(周率)을 거듭 덜어 낸 나머지가 전합(前合)이고, 주율에서 전합을 뺀 나머지가 후합(後合)이다. 전합이나 후합이 세주(歲周)보다 크더라도 세주를 덜어 내지 않는다. 역원동지 이전을 추산하는 경우는 중적에서 합응을 뺀 후 주율을 거듭 덜어 낸 나머지가 곧 구하려는 후합이다.[48] 후합을 일주(日周)로 나누어 행성의 천정동지 후 평합(平合)의 중적과 중성을 얻는다. 일분초(日分秒)로 나타내면 중적이 되고, 도분초(度分秒)로 나타내면 중성이 된다.

제단의 중적과 중성

평합의 중적에 단일(段日)을 누가(累加)한 값이 곧 제단의 중적이고, 평합의 중성에 평도(平度)를 누가하되 역행하는 단의 평도는 뺀 값이 제단의 중성이다. 단일(段日)과 평도(平度)를 차례로 더하되 두 경우 모두 세주보다 크면 세주를 덜어 낸다. 직전 단의 중성이 역행하는 단의 평도보다 작아 뺄 수 없으면 세주를 더하여 뺀다.

置中積，加合應，以其星周率去之，不盡爲前合；復減周率，餘爲後合。【雖滿歲周，亦不去】以日周約之，得其星天正冬至後平合中積、中星。【命爲日曰中積，命爲度曰中星】以其段日，累加中積，卽諸段中積；以平度，累加中星，【段日、平度累加，皆滿歲周去之】經退則減之，【不及減者，加歲周減之】卽爲諸段中星。【上考者，中積內減合應，滿周率去之，不盡便爲所求後合】

48 역원동지……후합이다 : 저본에서는 말미에 붙어 있지만 추산의 흐름을 고려하여 후합(後合)을 구하는 부분으로 옮겼다.

해설

1) 평합

행성이 합의 위치에서 다음 합의 위치까지 이동하는 회합주기 동안 지구와 행성은 각각의 타원궤도를 따라 운행하기 때문에 태양을 도는 각속도가 일정하지 않다. 옛 역법에서는 오성의 운동을 기술하기 위하여 우선 평균속도로 움직이는 행성과 태양을 가정하였는데, 이처럼 평균속도로 움직이는 평균태양과 평균행성이 만나는 순간을 평합(平合)이라고 한다. 곧 평합은 행성과 지구의 중심차로 인한 영축(盈縮)을 고려하지 않은 합(合)이다.

2) 전합과 후합

천정동지(天正冬至) 직전 합(合)부터 천정동지까지 시간을 분(分)으로 나타낸 것이 전합이고, 천정동지부터 다음 합까지 시간을 분으로 나타낸 것이 후합이다. 그림 6.7.1에서 보듯이 중적(中積)에 합응(合應)을 더하고 주율(周率 행성의 회합주기)을 거듭 덜어 내면 전합이 나오고, 주율에서 전합을 빼면 후합이 나온다.

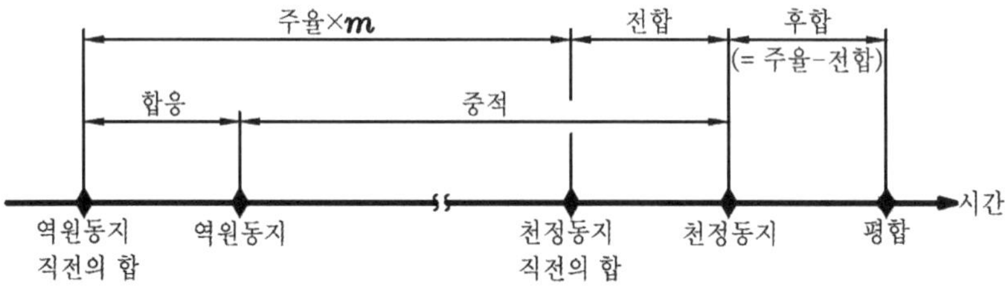

그림 6.7.1

3) 평합의 중적과 중성

이 절에서는 두 가지 의미의 중적이 쓰였다. 하나는 그림 6.7.1의 중적, 곧 역원동지부터 천정동지까지 시간을 분(分)으로 나타낸 것이고, 다른 하나는 그림 6.7.2와 그림 6.7.3의 중적, 곧 천정동지부터 평합까지 또는 어느 단의 시작 순간까지 시간을 분으로 나타낸 것이다. 중적은 본디 '어떤 계산의 중간 합산치'를 뜻하는 말이므로, 이처럼 다른 의미로 사용한다고 이상할 것은 없으나 그림 6.7.1처럼 대상이 명기되지 않은 경우는 그 대상이 무엇인지를 분명히 인식할 필요가 있다.

그림 6.7.2에서 보듯이 천정동지부터 평합까지 시간, 곧 후합을 일분초(日分秒) 단위로 나타낸 것이 평합의 중적이고, 천정동지에서 평합까지 각거리를 도분초(度分秒)로 나타낸 것이 평합의 중성이다.

천정동지부터 평합까지 시간의 값을 그대로 두고 단위만 일분초에서 도분초로 바꾸어 얻은 중성으로 평합 때 행성의 위치를 나타내는 것은, 지구에서 바라본 태양과 행성의 평균위치가 평합에서 일치하기 때문이다. 즉 운행한 날짜를 그대로 평균운행도수로 환치할 수 있는 천체는 오직 태양뿐인데, 합의 순간에는 태양과 행성의 평균위치가 일치하기 때문에 태양의 위치를 가지고 행성의 위치를 나타낼 수 있는 것이다.

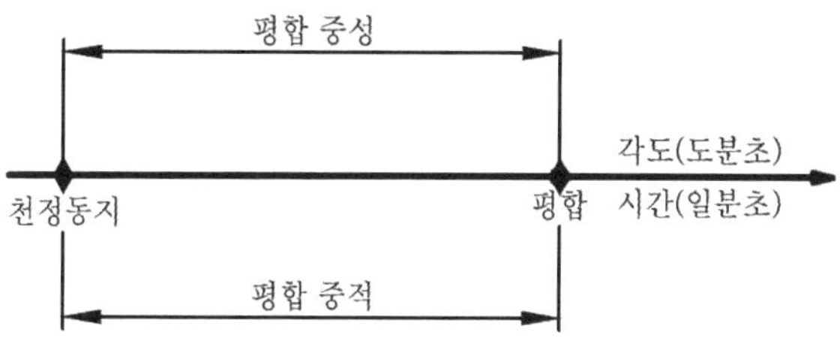

그림 6.7.2

4) 제단(諸段)의 중적과 중성

천정동지부터 구하고자 하는 단이 시작되는 평균시각까지 시간을 일분초 단위로 나타낸 것이 그 단의 중적이고, 천정동지점부터 그 단이 시작되는 평균 시각에 보이는 행성의 평균위치까지 각거리를 도분초 단위로 나타낸 것이 그 단의 중성이다.

따라서 그림 6.7.3에서 보듯이 n단 중적은 평합의 중적에 $(n-1)$단까지 단일(段日)을 차례로 더해서 얻고, n단 중성은 평합의 중성에 $(n-1)$단까지 평도(平度)를 차례로 가감하되, 순행하는 단의 평도는 더하고, 역행하는 단의 평도는 뺀다.

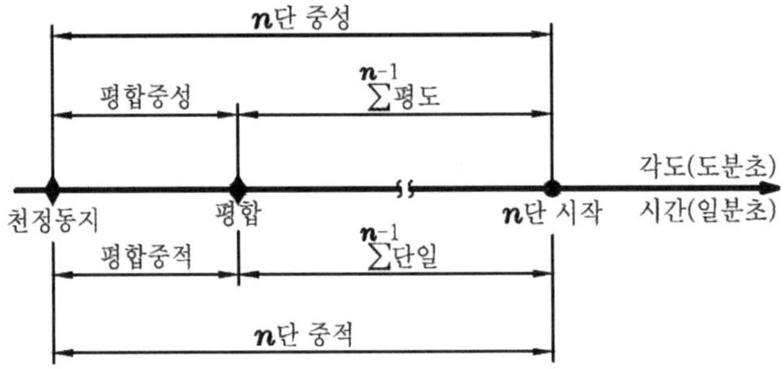

그림 6.7.3

산식

① 전합 = MOD{(중적+합응), 주율}

후합 = 주율−전합

② 평합 중적 = 후합/일주 (일분초)

평합 중성 = 후합/일주 (도분초)

③ n단 중적 = MOD{(평합 중적+$\sum^{n-1}$단일), 세주}

n단 중성 = MOD{(평합 중성±$\sum^{n-1}$평도), 세주}

(단, 순행이면 +, 역행이면 −)

가령

1) 세종 정묘년의 오성 평합 중적과 중성

원(元) 지원 신사년(1281)부터 세종 정묘년(1447)까지 헤아린 거산(距算)이 166년이므로 정묘년의 중적은 (거산 166년×세실 365만2425분=) 6억0630만

2550분이다.

목성은 합응이 117만9726분이므로 중적을 더하고 주율을 덜어 낸 전합이 (MOD{(중적 6억0630만2550분+합응 117만9726분), 주율 398만8800분}=) 118만4676분이고, 후합은 (주율 398만8800분−전합 118만4676분=) 280만4124분이다. 따라서 세종 정묘년의 평합 중적은 280일4124분이고, 평합 중성은 280도41분24초이다.

합응이 56만7545분인 화성은 후합이 (주율 779만9290분−MOD{(중적 60630만2550분+합응 56만7545분), 주율 779만9290분}=) 147만4525분이므로 평합의 중적과 중성은 각각 147일4525분과 147도45분25초이다.

마찬가지 방법으로 세종 정묘년의 오성 평합 중적과 중성을 구하여 취합한 것이 표 6.7.1이다.

표 6.7.1 세종 정묘년의 오성 평합 중적과 중성

	전합	평합 중적	평합 중성
목성	118만4676분	280일4124분	280도41분24초
화성	632만4765분	147일4525분	147도45분25초
토성	153만1633분	224일9283분	224도92분83초
금성	476만0176분	107일8850분	107도88분50초
수성	97만1507분	18일7253분	18도72분53초

위의 표 6.7.1에서 오성의 평합 중적 일분초와 평합 중성 도분초가 같은 값인 것은, 예를 들어 6.2.2절의 목성 제단 입성에서 보듯이 회합주기를 가리키는 단일(段日)의 총합에서 그동안 목성이 이동한 겉보기운행각도인 평도(平度)의 총합을 뺀 값이 (단일총합 398일8800분−평도총합 33도63분75초×1일/도=) 세주 365일2425분과 같기 때문이다.[49] 즉, 평합 때 천정동지

49 내행성의 경우는 단일의 총합과 평도의 총합이 동일하다.

에 대한 태양의 평균위상을 가리키는 중적(中積)이 행성의 평균위상인 중성(中星)과 동일하기 때문이다.

2) 세종 정묘년의 오성 제단 중적과 중성

평합 때와 달리 합복(合伏)의 뒤를 잇는 제단(諸段)이 시작되는 평균시각을 가리키는 중적과 이때 오성의 평균위치를 가리키는 중성은 동일한 위상을 갖지 않는다. 예를 들어, 6.2.2절의 목성 제단 입성에서 보듯이, 목성과 지구가 태양을 사이에 두고 마주 보는 외합(外合)의 평균시각부터 16일8600분이 지나면 목성이 태양보다 13도만큼 앞선 위치에서 '새벽에 다시 보이기 시작〔晨見〕'하며, 이때까지 목성이 외합의 위치부터 운행한 겉보기각도인 평도는 (단일 16일8600분÷1일/도−복현 13도=) 3도86분이다. 따라서 세종 정묘년의 천정동지부터 목성이 신질초에 들기까지 평균시간을 가리키는 중적은 (평합중적 280일4124분+합복단일 16일8600분=) 297일2724분이고, 천정동지부터 목성이 신질초에 드는 평균시각의 평균위치까지 각도를 가리키는 중성은 (평합중성 280도41분24초+합복평도 3도86분=) 284도27분 24초이다.

외행성과 태양 사이에 지구가 들어가 일직선을 이룰 때가 곧 충(衝)이다. 충 전후의 단, 곧 신퇴(晨退)와 석퇴(夕退)의 단에서는 외행성의 겉보기운행이 동(東)에서 서(西)로 퇴행하게 된다. 그러므로 세종 정묘년의 목성이 석퇴에 드는 때의 중적은 전단(前段)인 신퇴의 중적에 신퇴의 단일을 더한 (신퇴중적 68일0299분+신퇴단일 46일5800분=) 114일6099분이지만, 석퇴의 중성은 신퇴의 중성에 신퇴단에서 역행한 각도를 뺀 (신퇴중성 302도11분24초−신퇴평도 4도88분12초50=) 297도23분11초50이다.

이런 방식으로 세종 정묘년의 목성이 제단에 드는 때의 중적과 중성을 구하여 표 6.7.2에 나타내었다.

표 6.7.2 세종 정묘년의 목성 제단 중적과 중성

단목	중적	중성
합복	280일4124분	280도41분24초
신질초	297일2724분	284도27분24초
신질말	325일2724분	290도38분24초
신지초	353일2724분	295도89분24초
신지말	16일0299분	300도20분24초
신류	44일0299분	302도11분24초
신퇴	68일0299분	302도11분24초
석퇴	114일6099분	297도23분11초5
석류	161일1899분	292도34분99초
석지초	185일1899분	292도34분99초
석지말	213일1899분	294도25분99초
석질초	241일1899분	298도56분99초
석질말	269일1899분	304도07분99초
석복	297일1899분	310도18분99초
차합복	314일0499분	314도04분99초

위의 표 6.7.2에서 보듯이 목성의 경우, 평합 중적에 단일을 누가한 값이 신지말(晨遲末)부터 세주(歲周)를 초과하므로, 세주를 덜어 낸 값을 중적으로 삼았다. 이는 곧 세종 정묘년에 시작된 목성의 회합주기 가운데 신지말 이후는 이듬해인 무진년에 전개됨을 가리킨다.

목성의 경우와 마찬가지 방식으로 세종 정묘년의 화성과 토성이 제단에 드는 때의 중적과 중성을 구하여 아래의 표 6.7.3에 나타내었다. 표 6.7.3에서 보듯이 화성의 경우는 신차질말(晨次疾末)에서 세주를 한 번 덜어 내어 중적을 구하였고, 또 석질초(夕疾初)에서 세주를 한 번 더 덜어 낸 값을 중적으로 삼았다. 화성의 회합주기가 이태 뒤인 기사년까지 이어짐을 드러낸다.

표 6.7.3 세종 정묘년의 화성과 토성 제단 중적과 중성

화성			토성		
단목	중적	중성	단목	중적	중성
합복	147일4525분	147도45분25초	합복	224일9283분	224도92분83초
신질초	216일4525분	197도45분25초	신질	245일3283분	227도32분83초
신질말	275일4525분	239도25분25초			
신차질초	332일4525분	278도33분25초	신차질	276일3283분	230도72분83초
신차질말	20일2100분	312도49분25초			
신지초	67일2100분	339도53분25초	신지	305일3283분	233도47분83초
신지말	106일2100분	357도25분25초			
신류	135일2100분	363도45분25초	신류	331일3283분	234도97분83초
신퇴	143일2100분	363도45분25초	신퇴	361일3283분	234도97분83초
석퇴	172일1745분	354도79분57초5	석퇴	48일7316분	231도35분28초5
석류	201일1390분	346도13분90초	석류	101일3774분	227도72분74초
석지초	209일1390분	346도13분90초	석지	131일3774분	227도72분74초
석지말	238일1390분	352도33분90초			
석차질초	277일1390분	4도81분65초	석차질	157일3774분	229도22분74초
석차질말	324일1390분	31도85분65초			
석질초	11일8965분	66도01분65초	석질	186일3774분	231도97분74초
석질말	68일8965분	105도09분65초			
석복	127일8965분	146도89분65초	석복	217일3774분	235도37분74초
차합복	196일8965분	196도89분65초	차합복	237일7774분	237도77분74초

외행성과 마찬가지 방식으로 내행성인 금성과 수성의 제단 중적과 중성을 구하여 아래의 표 6.7.4에 나타내었다. 내행성의 겉보기운행이 동에서 서로 퇴행하는 경우는 지구와 태양 사이에 내행성이 들어와 일직선을 이루는 내합(內合) 전후의 단에 들 때이다. 곧 금성이 석퇴(夕退)부터 신퇴(晨退)까지 네 단에 든 때와 수성이 석퇴복(夕退伏)과 합퇴복(合退伏)에 든 때는 전단(前段)의 중성에서 평도를 뺀 값이 구하고자 하는 단의 중성이다.

그런데 수성은 회합주기, 곧 주일(周日)이 115일87분60초에 불과하여

세종 정묘년 중에 평합을 3회 더 맞게 된다. 즉 첫 평합은 정묘년 천정동지 후 18일7253분 만이지만 차합(次合)의 중적은 주일을 더한 134일6013분이고, 차차합(次次合)의 중적은 250일4773분, 그리고 그다음 평합의 중적은 366일3533분이므로, 모두 정묘년 중에 든다. 그러나 표 6.7.4에 차합 이후의 제단 중적과 중성을 나타내지 않은 것은 첫 회합주기에 속하는 제단 중적과 중성에 주일만큼 일분초와 도분초를 더하면 되기 때문이다.

표 6.7.4 세종 정묘년의 내행성 제단 중적과 중성

<table>
<tr><th colspan="3">금성</th><th colspan="3">수성</th></tr>
<tr><th>단목</th><th>중적</th><th>중성</th><th>단목</th><th>중적</th><th>중성</th></tr>
<tr><td>합복</td><td>107일8850분</td><td>107도88분50초</td><td>합복</td><td>18일7253분</td><td>18도72분53초</td></tr>
<tr><td>석질초</td><td>146일8850분</td><td>157도38분50초</td><td rowspan="4">석질</td><td rowspan="4">36일4753분</td><td rowspan="4">52도97분53초</td></tr>
<tr><td>석질말</td><td>198일8850분</td><td>222도88분50초</td></tr>
<tr><td>석차질초</td><td>247일8850분</td><td>283도88분50초</td></tr>
<tr><td>석차질말</td><td>289일8850분</td><td>334도13분50초</td></tr>
<tr><td>석지초</td><td>328일8850분</td><td>11도39분25초</td><td rowspan="2">석지</td><td rowspan="2">51일4753분</td><td rowspan="2">74도35분53초</td></tr>
<tr><td>석지말</td><td>361일8850분</td><td>38도39분25초</td></tr>
<tr><td>석류</td><td>12일6425분</td><td>42도64분25초</td><td>석류</td><td>63일4753분</td><td>84도47분53초</td></tr>
<tr><td>석퇴</td><td>17일6425분</td><td>42도64분25초</td><td rowspan="2">석퇴복</td><td rowspan="2">65일4753분</td><td rowspan="2">84도47분53초</td></tr>
<tr><td>석퇴복</td><td>28일5938분</td><td>38도94분38초</td></tr>
<tr><td>합퇴복</td><td>34일5938분</td><td>34도59분38초</td><td rowspan="2">합퇴복</td><td rowspan="2">76일6633분</td><td rowspan="2">76도66분33초</td></tr>
<tr><td>신퇴</td><td>40일5938분</td><td>30도24분38초</td></tr>
<tr><td>신류</td><td>51일5451분</td><td>26도54분51초</td><td>신류</td><td>87일8513분</td><td>68도85분13초</td></tr>
<tr><td>신지초</td><td>56일5451분</td><td>26도54분51초</td><td rowspan="2">신지</td><td rowspan="2">89일8513분</td><td rowspan="2">68도85분13초</td></tr>
<tr><td>신지말</td><td>72일5451분</td><td>30도79분51초</td></tr>
<tr><td>신차질초</td><td>105일5451분</td><td>57도79분51초</td><td rowspan="4">신질</td><td rowspan="4">101일8513분</td><td rowspan="4">78도97분13초</td></tr>
<tr><td>신차질말</td><td>144일5451분</td><td>100도29분51초</td></tr>
<tr><td>신질초</td><td>186일5451분</td><td>150도54분51초</td></tr>
<tr><td>신질말</td><td>235일5451분</td><td>211도54분51초</td></tr>
<tr><td>신복</td><td>287일5451분</td><td>277도04분51초</td><td>신복</td><td>116일8513분</td><td>100도35분13초</td></tr>
<tr><td>차합복</td><td>326일5451분</td><td>326도54분51초</td><td>차합복</td><td>134일6013분</td><td>134도60분13초</td></tr>
</table>

6.8 오성의 평합·제단의 입력 추산 推五星平合及諸段入曆

평합의 입력

행성의 중적을 각기 놓고, 역응(曆應)과 구하고자 하는 해의 후합(後合)을 더한 후 역률(曆率)을 거듭 덜어 낸다. 덜어 내고 남은 값을 도율(度率)로 나누어 몫은 도(度)로 하고 나머지는 분초(分秒)로 한 것이 곧 각 별의 평합의 입력 도분초(入曆度分秒)이다. 역원동지 이전을 추산하는 경우는 중적에서 역응을 빼고 역률을 거듭 덜어 낸 나머지를 역률에서 뺀 다음 그 나머지를 그 해의 후합에 더한다. 이후 과정은 위의 방법을 따른다.[50]

제단의 입력

평합의 입력 도분초에 제단의 한도(限度)를 누가(累加)한 값이 곧 제단의 입력이다.

各置中積, 加曆應及所求後合, 滿曆率去之。不盡, 如度率而一爲度, 不滿爲分秒, 卽其星平合入曆度及分秒。以諸段限度, 累加之, 卽諸段入曆。【上考者, 中積內減曆應, 滿曆率去之。不盡, 反減曆率, 餘加其年後合。餘如上】

해설

1) 평합의 입력

직전 영력의 기점부터 구하고자 하는 평합까지 도수(度數)가 평합의 입력이다. 그림 6.8.1에서 보듯이 역원동지부터 천정동지까지 중적(中積)

50 역원동지……따른다 : 저본에서는 말미에 붙어 있지만 추산의 흐름을 고려하여 평합 입력을 구하는 부분으로 옮겼다.

에 역응(曆應), 곧 역원동지 직전 영력의 기점부터 역원동지까지 시간을 더하고, 또 천정동지부터 구하고자 하는 평합까지 시간인 후합(後合)을 보탠다. 이 값에서 행성의 항성주기인 역률을 거듭 덜어 낸 나머지를 행성이 천구 상에서 1도 운행하는 데 소요되는 평균시간인 도율(度率)로 나누어 평합의 입력을 얻는다.

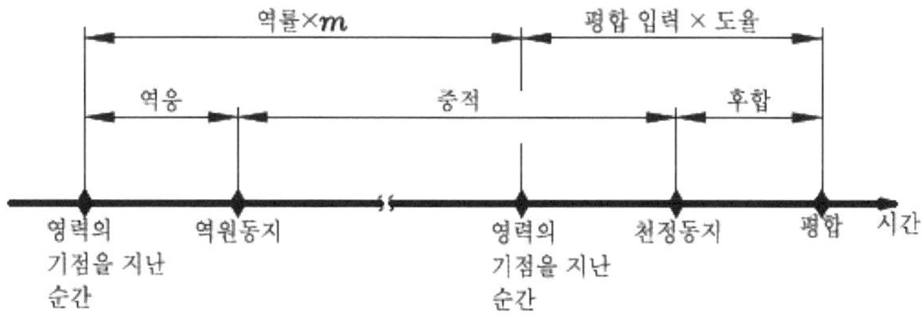

그림 6.8.1

입력은 6.9절에서 행성의 실제위치가 평균위치에 비해 앞서거나 뒤처진 정도를 나타내는 영축차(盈縮差)를 산정할 때 행성의 궤도 상 위치를 나타내는 입영축력(入盈縮曆)으로 사용되며, 영력의 기점을 지난 순간부터 경과한 시간을 산정한 후 도율로 나누어 각도로 환산한 것이다.

1.9절의 태양의 입영축력은 영력의 기점인 천정동지부터 경삭(經朔)·경현(經弦)·경망(經望) 등 특정 순간까지 경과한 시간인 데 비해 행성의 입력은 각도인 것이 대조적이다. 태양의 영축차 산정에 사용되는 1.11절과 1.12절의 영축 입성에는 시간의 누적인 적일(積日)에 대한 영축적이 주어진 반면, 오성의 영축차 산정에 사용되는 행성의 영축 입성에는 각도의 누적인 책수(策數)에 대한 영축적이 주어졌기 때문이다.

2) 제단(諸段)의 입력

영력의 기점부터 구하고자 하는 단(段)의 시작까지 헤아린 궤도 상의 도수가 그 단의 입력이다. 그림 6.8.2에서 보듯이 평합의 입력에 $(n-1)$단까지 한도(限度)를 누가하여 n단의 입력을 얻는다.

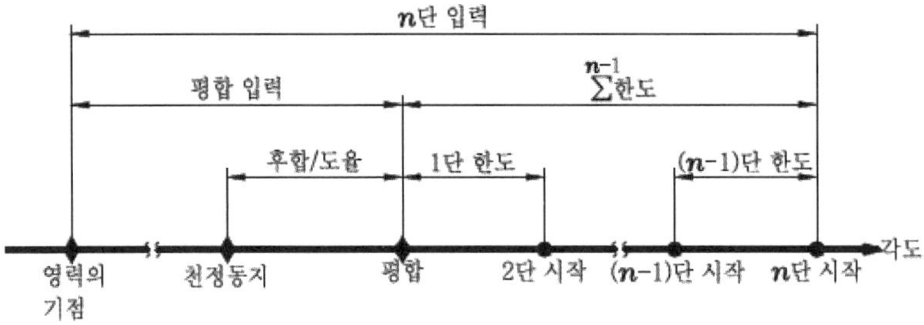

그림 6.8.2

앞서 6.7절에서 추산한 제단 중성과 이 절에서 추산한 제단 입력은 계산 방법뿐만 아니라 추산의 대상이 되는 행성의 위치가 다르다. 곧 중성은 행성의 시운동궤도 위의 위치를 천정동지를 기점으로 헤아린 각도인 반면, 입력은 행성의 실제궤도 상 위치를 영력의 기점부터 헤아린 각도이다.

그러나 행성의 시운동궤도와 실제궤도를 구분하지 않았고, 오직 중성을 추산할 때는 시운동궤도 위의 위치 변화 값인 평도를 누가하는 데 반해, 입력을 추산할 때는 평도를 변환하여 역행 값을 없앤 한도를 누가하였다.

입력의 추산 범위는 실제 항성주기인 역률(曆率)이다. 다만 회합주기에 걸친 평도의 총합과 한도의 총합이 같을 뿐이다.

산식

① 평합 입력 = MOD〔(중적+역응+후합), 역률〕÷도율

② n단 입력 = MOD〔(평합 입력+ $\sum^{n-1}$ 한도), 역도〕

가령

1) 세종 정묘년의 오성 평합 입력

세종 정묘년(1447)의 중적에 목성의 역응과 정묘년의 후합을 더한 후 역

률을 거듭 덜어 낸 나머지가 (MOD{(중적 6억0630만2550분+역응 1899만9481분+후합 280만4124분), 역률 4331만2964분86초50}=) 2172만4646분89초이다. 이것을 목성의 도율 11만8582분으로 나누어 얻은 세종 정묘년의 목성 평합 입력은 183도20분35초80이다.

수성의 평합 입력은 (MOD{(중적 6억0630만2550분+역응 205만5161분+후합 18만7253분), 역률 365만2575분}÷도율 1만=) 221도75분14초이다. 수성의 회합주기는 115일87분60초에 불과하지만, 정묘년에 수성이 첫 평합에 드는 위치는 영력의 기점부터 221도75분14초의 각거리에 있다.

이와 같은 방식으로 세종 정묘년의 오성 평합 입력을 구하여 취합한 것이 아래의 표 6.8.1이다. 다만 수성의 차합(次合)과 차차합(次次合)의 입력은 아래 표의 평합 입력에 수성의 주일(周日)에 해당하는 도수 115도87분60초를 거듭 보탠 값이므로 별도로 드러내지 않았다.

표 6.8.1 세종 정묘년의 오성 평합 입력

	후합	평합 입력
목성	280만4124분	183도20분35초80
화성	147만4525분	98도75분60초67
토성	224만9283분	54도10분04초23
금성	107만8850분	117도35분89초
수성	18만7253분	221도75분14초

2) 세종 정묘년의 오성 제단 입력

외행성의 평합 입력에 합복의 한도를 더하면 뒤이은 신질초 또는 신질의 단(段)이 시작되는 순간의 입력을 얻고, 내행성의 평합 입력에 합복의 한도를 더하면 석질초 또는 석질의 단이 시작되는 순간의 입력을 얻는다.

세종 정묘년의 목성이 신질초에 든 때의 입력은 평합 입력 183도20분35초80에 합복의 한도 2도93분을 보탠 186도13분35초80이다.

화성이 석질초에 든 때의 입력을 구하자면 정묘년의 평합 입력에 합복부터 신차질말까지 한도를 누가해야 하지만, 이때 얻은 값이 역도(曆度)를 초과하므로 역도를 덜어 낸 (MOD{(평합입력 98도75분60초67+합복~석차질말 한도합 292도97분65초), 역도 365도25분75초}=) 26도47분50초67이 화성이 석질초에 든 때의 입력이 된다.

내행성의 경우, 합퇴복에 든 때가 곧 내합(內合)을 지나는 순간이다. 금성이 합퇴복에 든 때의 입력은 정묘년의 평합 입력에 합복부터 석퇴복까지 한도를 누가한 값, 곧 한도의 총합 583도90분26초의 절반을 더한 후 역도를 덜어 낸 (MOD{(평합입력 117도35분89초+합복~석퇴복한도합 291도95분13초), 역도 365도25분75초}=) 44도05분27초이다.

이와 같은 방식으로 구한 외행 3성과 내행 2성의 제단 입력을 각각 아래의 표 6.8.2와 표 6.8.3에 나타내었다.

표 6.8.2 세종 정묘년의 외행성 제단 입력

단목	입력		
	목성	화성	토성
합복	183도20분35초80	98도75분60초67	54도10분04초23
신질초	186도13분35초80	145도25분60초67	55도59분04초23
신질말	190도77분35초80	184도12분60초67	
신차질초	-	220도46분60초67	57도70분04초22
신차질말	-	252도23분60초67	
신지초	194도96분35초80	277도38분60초67	59도41분04초22
신지말	198도24분35초80	293도86분60초67	
신류	199도69분35초80	299도63분60초67	60도24분04초22
신퇴	199도69분35초80	299도63분60초67	60도24분04초22
석퇴	200도02분23초30	306도09분93초17	60도52분49초72
석류	200도35분10초80	312도56분25초67	60도80분95초22
석지초	200도35분10초80	312도56분25초67	60도80분95초22
석지말	201도80분10초80	318도33분25초67	
석차질초	-	334도81분25초67	61도63분95초22
석차질말	-	359도96분25초67	

단목	입력		
	목성	화성	토성
석질초	205도08분10초80	26도47분50초67	63도34분95초22
석질말	209도27분10초80	62도81분50초67	
석복	213도91분10초80	101도68분50초67	65도45분95초22
차합복	216도84분10초80	148도18분50초67	66도94분95초22

표 6.8.3 세종 정묘년의 내행성 제단 입력

금성		수성	
단목	입력	단목	입력
합복	117도35분89초	합복	221도75분14초
석질초	164도99분89초	석질	250도83분14초
석질말	228도03분89초		
석차질초	286도74분89초		
석차질말	335도10분89초		
석지초	10도75분14초	석지	268도99분14초
석지말	36도74분14초		
석류	40도83분14초	석류	277도58분14초
석퇴	40도83분14초	석퇴복	277도58분14초
석퇴복	42도42분27초		
합퇴복	44도05분27초	합퇴복	279도68분94초
신퇴	45도68분27초		
신류	47도27분40초	신류	281도79분74초
신지초	47도27분40초	신지	281도79분74초
신지말	51도36분40초		
신차질초	77도35분40초	신질	290도38분74초
신차질말	118도25분40초		
신질초	166도61분40초		
신질말	225도32분40초		
신복	288도36분40초	신복	308도54분74초
차합복	336도00분40초	차합복	337도62분74초

6.9 영축차 산정 求盈縮差

책수(策數)와 책여(策餘)

행성의 입력(入曆)을 살펴, 역중(曆中) 이하이면 입영력(入盈曆)이고, 이상이면 역중을 뺀 나머지가 입축력(入縮曆)이다. 입영축력(入盈縮曆)을 놓고, 역책(曆策)으로 나누면 몫은 책수, 나머지는 책여가 된다.

영축차

영축 입성에서 책수에 해당하는 손익률(損益率)을 찾아 책여에 곱하고 역책으로 나누어 나온 값을 해당 영축적(盈縮積)에 가감하되 익률(益率)이면 더하고 손률(損率)이면 뺀다. 이렇게 얻은 값이 곧 영축차이다.

> 視入曆，在曆中已下爲盈；已上，減去曆中，餘爲縮。置盈縮曆，以曆策除之，爲策數，不盡爲策餘。以其下損益率乘之，曆策除之。所得，益加損減其下盈縮積，卽盈縮差。

해설

1) 입영축력

행성의 영축차를 계산하기 위하여 역도(曆度) 365도25분75를 영력(盈曆)과 축력(縮曆)의 두 구간으로 나누었다. 그림 6.9.1에서 보듯이 두 구간의 크기는 각기 역도의 절반인 역중(曆中)과 같다. 행성이 영력의 기점을 통과하여 운행한 도수를 입영력이라 하고, 축력의 기점을 통과하여 운행한 도수를 입축력이라 한다. 제2장 〈태양〉에서 태양의 입영축력이 영축력의 기점부터 운행하는 동안 경과한 일분초(日分秒)를 나타낸 것과 달리 여기서는 영축력의 기점부터 운행한 도분초(度分秒)를 나타낸다.

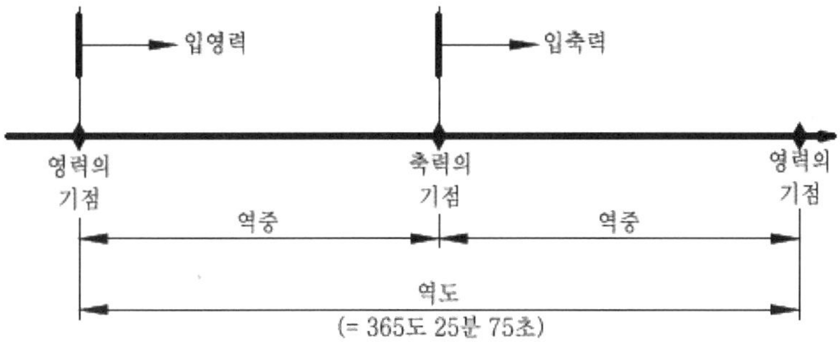

그림 6.9.1

2) 책수와 책여

그림 6.9.2(가)(나)에서 보듯이 행성의 입영력이나 입축력을 역책(曆策)으로 나눈 몫이 책수이고 나머지가 책여이다. 역책은 역도(曆度)의 1/24이므로 1책의 도수는 15도21분90초625이고, 책여는 1책 미만의 도수이다. 행성의 영축(盈縮) 입성을 이용하기 위해 입영축력을 책수와 책여로 환산하는 것이다.

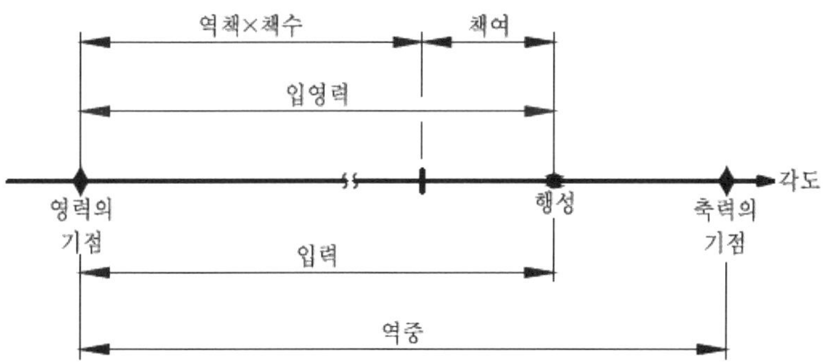

그림 6.9.2(가)

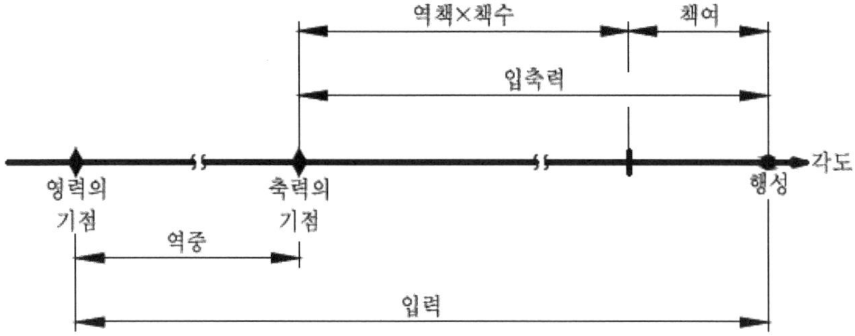

그림 6.9.2(나)

3) 영축차(盈縮差)

영축차는 임의 시각에 행성의 평균위치를 실제위치로 바꾸는 데 사용하는 보정치이다. 영축차 계산의 첫 단계는 행성의 입력을 입영축력으로 바꾸고, 입영축력을 역책으로 나눠 책수와 책여를 구하는 것이다. 다음 단계에서는 영축 입성에서 책수에 해당하는 영축적도와 손익률(損益率)을 찾고, 마지막으로 손익률에 책여를 곱하고 역책으로 나눈 값을 영축적도에 더하여 영축차를 구한다.

영축차의 계산 과정을 도식으로 나타내면 그림 6.9.3과 같다. 그림 6.9.3에서 n으로 책수를, $f(n)$으로 책수 n에 해당하는 영축적을, $\{f(n+1)-f(n)\}$으로 책수 n에 해당하는 손익률을, Δn으로 책여를 역책으로 나눈 값을 나타낼 때, 구하고자 하는 $(n+\Delta n)$에 대한 영축차 $f(n+\Delta n)$은 $\{f(n+1)-f(n)\}\times\Delta n$으로 주어진다.

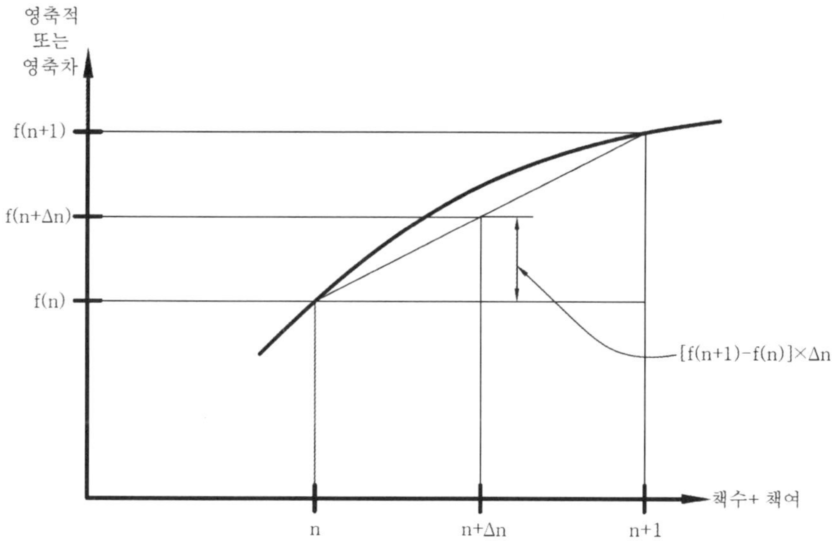

그림 6.9.3

산식

① 〔입력 < 역중〕이면

입영축력 = 입영력 = 입력

〔입력 > 역중〕이면

입영축력 = 입축력 = 입력－역중

② 책수 = DIV{입영축력, 역책}

책여 = MOD{입영축력, 역책}

③ 영축차 = 영축적±(손익률×책여)/역책

(단, 익률이면 +, 손률이면 －)

가령

세종 정묘년의 오성 영축차

세종 정묘년의 목성 평합(平合) 입력이 역중(曆中)보다 큰 값이므로, 평합 입력에서 역중을 뺀 입축력이 (평합입력 183도20분35초80-역중 182도62분87초50=) 57분48초30이다. 따라서 책수는 (DIV{입축력 57분48초30, 역책 15도21분90초625}=) 0이고, 책여는 (MOD{입축력 57분48초30, 역책 15도21분90초625}=) 57분48초30이다. 6.2.3절의 목성 영축입성을 활용하여 축력의 초책(初策)에 들어 있는 목성 평합의 축차(縮差)를 구하면 (초책축적도 0도+초책익률 1도59분×책여 57분48초30/역책 15도21분90초625=) 6분0초55를 얻는다.

화성이 석지초(夕遲初)에 들어서는 순간은 입력이 312도56분25초67이므로 입축력이 (입력 312도56분25초67-역중 182도62분87초50=) 129도93분38초17이다. 입축력을 역책으로 나눈 책수가 8이고 나머지인 책여가 8도18분13초17이므로 세종 정묘년의 화성은 석지초에서 (8책축적도 25도62분-8책손률 1도47분×책여 8도18분13초17/역책 15도21분90초625=) 24도82분97초72의 축차를 갖는다.

또 토성이 석질(夕疾)에 들 때의 입력 63도34분95초22은 역중보다 작은 값이므로 이대로 입영력이 된다. 석질의 입영력을 역책으로 나눈 책수가 4이고, 책여가 2도47분32초72이므로, 6.4.3절의 토성 영축입성을 통하여 얻은 영차(盈差)는 (4책영적도 7도06분+4책익률 0도84분×책여 2도47분32초72/역책 15도21분90초625=) 7도19분65초10이다.

이와 같은 방식으로 세종 정묘년의 외행성이 평합 이후 제단에 들어서는 순간에 갖는 영축차를 구하여 취합한 것이 표 6.9.1이다.

내행성의 경우도 합복 후 저녁에 보이다가 석류, 석퇴를 거쳐 새벽에 나타나므로 단목의 순서가 외행성과 다를 뿐, 영축차의 산법은 동일하다. 예를 들어, 금성이 석질초(夕疾初)에 들어설 때 입력 164도99분89초가 그대로 입영력이 되고, 책수는 (DIV{입영력 164도99분89초, 역책 15도21분90초625}=) 10, 책여가 (MOD{입영력 164도99분89초, 역책 15도21분90초625}=) 12도80분82초75이므로, 이 순간 금성의 영차(盈差)는 (10책영적도 1도03분-10책손률 0도50분×책여 12도80분82초75/역책 15도21분90초625=) 0도60분92초03이다.

세종 정묘년의 내행성이 평합과 제단에서 갖는 영축차를 구하여 취합한 것이 표 6.9.2이다.

표 6.9.1 세종 정묘년의 외행성 영축차

단목	목성의 영축차	화성의 영축차	토성의 영축차
합복	−0도06분00초55	22도13분86초73	6도49분45초71
신질초	−0도36분61초64	11도13분75초19	6도61분89초09
신질말	−0도85분09초25	− 0도45분25초68	
신차질초	−	− 11도27분00초18	6도79분49초84
신차질말	−	− 19도37분33초45	
신지초	−1도28분86초72	− 23도78분55초35	6도93분76초79
신지말	−1도62분69초27	− 25도23분99초93	
신류	−1도76분22초18	− 25도44분85초14	7도00분69초41
신퇴	−1도76분22초18	− 25도44분85초14	7도00분69초41
석퇴	−1도79분28초91	− 25도45분40초53	7도03분06초87
석류	−1도82분35초65	− 24도82분97초72	7도05분44초32
석지초	−1도82분35초65	− 24도82분97초72	7도05분44초32
석지말	−1도95분88초56	− 24도27분24초51	
석차질초	−	− 19도55분20초58	7도10분21초28
석차질말	−	− 4도02분88초50	
석질초	−2도26분48초93	17도47분46초05	7도19분65초10
석질말	−2도65분58초37	25도54분99초33	
석복	−3도07분65초64	21도63분82초88	7도31분29초69
차합복	−3도30분75초90	10도30분22초60	7도39분52초08

표 6.9.2 세종 정묘년의 내행성 영축차

금성		수성	
단목	영축차	단목	영축차
합복	1도88분63초99	합복	−1도38분81초98
석질초	0도60분92초03	석질	−2도07분55초35
석질말	− 1도46분28초58		
석차질초	− 2도06분26초86		
석차질말	− 1도02분04초88		
석지초	0도37분44초15	석지	−2도25분39초71
석지말	1도21분22초35		
석류	1도33분04초81	석류	−2도26분08초75
석퇴	1도33분04초81	석퇴복	−2도26분08초75
석퇴복	1도37분64초87		
합퇴복	1도42분36초12	합퇴복	−2도24분97초94
신퇴	1도47분05초87		
신류	1도47분24초43	신류	−2도23분87초14
신지초	1도47분24초43	신지	−2도23분87초14
신지말	1도60분12초42		
신차질초	2도05분66초16	신질	−2도18분06초79
신차질말	1도87분28초72		
신질초	0도55분61초41		
신질말	− 1도38분43초67		
신복	− 2도05분41초96	신복	−1도85분87초14
차합복	− 0도99분10초81	차합복	−1도02분03초66

6.10 평합과 제단의 정적과 가시일분 산정

求平合諸段定積及加時日分

제단의 정적

각 행성의 각 단 중적에 해당 영축차(盈縮差)를 가감하되 영차(盈差)는 더하고 축차(縮差)는 뺀 값이 곧 그 단의 정적 일분초(定積日分秒)이다. 입력의 차가 없는 단의 경우는 앞 단의 영축차를 사용한다.

제단의 가시일분

각 단의 정적 일분초에 천정동지의 일분(日分)를 더하고, 기법(紀法)을 거듭 덜어 내면 그 단의 가시일분초가 된다. 각 단 가시일분초의 일수(日數)만큼 갑자일부터 헤아려 나가면 그 단의 일진(日辰)이 된다. 중적이 축차보다 작아 뺄 수 없어서 세주(歲周)를 더하여 뺀 경우는 전년의 동지 일분을 사용하고, 중적이 세주보다 커서 세주를 덜어 낸 경우는 다음 해의 동지 일분을 사용한다.

各置其星其段中積，以其盈縮差，盈加縮減之,【本段無差者，借前段盈縮差】 卽其段定積日及分秒。以天正冬至日及分加之,【中積少不及減，加歲周減之者，用上年冬至；滿歲周去之者，用次年冬至】 滿紀法去之，爲加時日及分秒。命甲子算外，卽得日辰。

해설

1) 제단의 정적

천정동지부터 실제행성이 어느 구하고자 하는 단의 시작점을 지나기까지 경과한 일분초(日分秒)를 정적 일분초라 한다. 중적(中積), 곧 천정동지부터 평균행성이 그 단 시작점을 지나기까지 경과한 평균시간에 행성의 영축차를 반영하여, 실제행성이 그 단 시작점을 지나기까지 경과한 평균

시간을 구한 것이다.[51] 행성이 영력의 구간에 들어 있을 때는 중적에 영차(盈差)를 더하고, 축력의 구간에 들어 있을 때는 중적에 축차(縮差)를 뺀 값이 곧 구하고자 하는 단의 정적이다.

평합의 중적이 천정동지부터 평균태양과 평균행성이 만나는 순간까지 시간이라면, 중적에 행성의 영축차를 가감한 평합의 정적은 천정동지부터 실제행성과 평균태양이 만나는 순간까지 시간을 의미한다. 그러므로 행성의 영축차는 타원인 행성의 공전궤도 위에서 실제행성과 평균행성 사이의 위치차를 가리키는 행성의 중심차(中心差)와는 의미가 다르다. 다만 이 각도만큼 평균태양이 따라가야만 실제행성과 평균태양이 만나게 되는데, 태양은 하루에 1도씩 운행하므로 행성 영축차의 도수(度數)를 일수(日數)로 바꾼 값이 곧 태양이 행성의 영축차를 따라잡는 데 소요되는 시간이다.

평합 이외의 단들도 모두 태양과의 위치 관계에 의해 결정되므로 마찬가지이다. 이 때문에 6.9절에서 행성의 평균위치와 실제위치 간의 보정치로 정의된 영축차가 여기서는 시간의 보정치로 사용될 수 있는 것이다.

제목에 평합을 언급한 것과 달리 본문에서 제단의 정적 일분초와 가시 일분초만 언급한 것은 그림 6.10.1에서 보듯이 $n=0$일 때가 곧 평합이기 때문이다. 뒤의 6.11절과 6.12절도 마찬가지이다.

51 여기서는 평합(平合) 중적에 행성의 영축차를 반영하여 평합 정적을 구하지만, 6.23절에서는 태양의 영축차도 고려하여 정합(定合) 정적을 구한다. 이러한 차이를 구분하기 위하여 평합 정적을 실제행성이 어느 단에 들어서는 평균시간이라고 표현하였다.

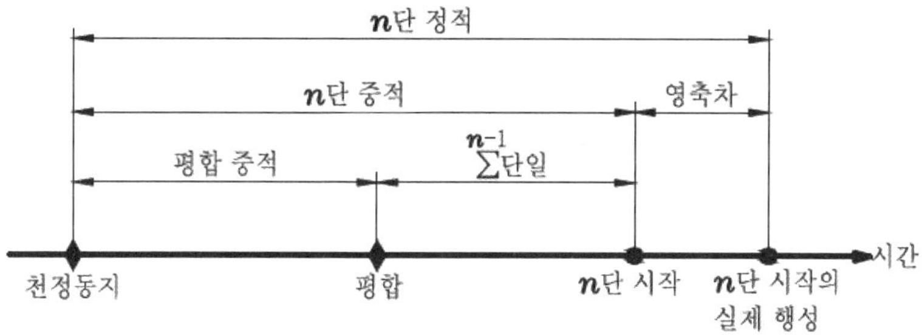

그림 6.10.1

2) 제단의 가시일분초(加時日分秒)

직전 갑자일 신전야반부터 실제행성이 구하고자 하는 단에 들기까지 경과한 평균시간을 일진과 분초로 나타낸 것이 그 단의 가시일분초이다. 그림 6.10.2에서 보듯이 n단의 정적 일분초에 천정동지의 일분을 보탠 후 기법 60을 차례로 덜어 내어 구한다.

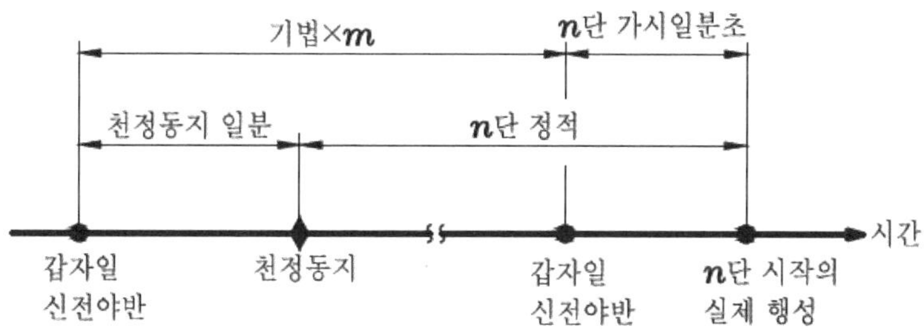

그림 6.10.2

산식

① n단 정적 일분초 = n단 중적±행성의 영축차/(1도/일)

(단, 영차이면 +, 축차이면 −)

② n단 가시일분초 = MOD〔(천정동지 일분+n단 정적 일분초), 기법〕

③ n단 가시일진 = COUNT〔갑자, n단 가시일〕

가령

세종 정묘년의 오성 정적과 가시일분

6.7절의 가령에서 구한 대로 세종 정묘년의 목성은 평합 때 중적이 280일4124분이고, 이때 영축차는 6.9절의 가령에서 구한 축차 0도06분00초55이다. 그러므로 정묘년 천정동지부터 실제목성이 평균태양과 합복(合伏)을 이룰 때까지 경과한 시간인 평합 정적은 (평합중적 280일4124분－축차 0도06분00초55/도/일=) 280일3523분45초이다. 또 목성 합복의 가시일진분초는 평합 정적에 정묘년 천정동지 일분을 보탠 후 기법 60일을 거듭 덜어 내고 남은 (MOD{(평합정적 280일3523분45+천정동지일분 25일3150분), 기법 60일}=) 5일(기사)6673분45이다.

목성이 신퇴(晨退)에 이르면 정적은 (신퇴중적 68일0299분－신퇴축차 1도76분22초18/(도/일)=) 66일2676분82가 된다. 그런데 6.7절의 가령에서 보았듯이 목성의 신퇴는 이듬해인 무진년(1448)에 들어선 후의 현상이므로 신퇴의 가시일분을 구하기 위해서는 무진년의 천정동지 일분 (MOD{(거산 167년×세실 365만2425분+기응 55만0600분), 순주 60만}=) 30일5575분을 보태야 하며, 따라서 신퇴의 가시일진분초는 (MOD{(신퇴정적 66일2676분82+무진년천정동지일분 30일5575분), 기법 60일}=) 36일(경자)8251분82가 된다.

한편 화성이 석질초(夕疾初)에 든 해는 2년 후인 기사년이므로 석질초의 정적에 기사년의 천정동지 일분 (무진년천정동지일분 30일5575분+세여 5일2425분=) 35일8000분을 더하여 가시일분을 구해야 한다. 화성이 석질초에 드는 가시일분은 (MOD{(석질초중적 11일8965분+석질초영차 17도47분46초05/(도/일)+기사년천정동지일분 35일8000분), 기법 60일}=) 5일(기사)1711분05이다.

또 내행성인 금성이 석류(夕留)에 들 때 중적이 무진년 천정동지 후 12일6425분이므로 영차 1도33분04초81을 더한 정적은 13일9729분81초이고, 가시일분은 (MOD{(석류정적 13일9729분81초+무진년천정동지일분 30일5575분), 기법 60일}=) 44일(무신)5304분81초이다.

이와 같이 세종 정묘년의 평합과 제단에서 외행성과 내행성이 갖는 정적과 가시일분을 구하여 취합한 것이 표 6.10.1～표 6.10.3이다.

표 6.10.1 세종 정묘년의 목성 정적과 가시일분

단목	정적	가시일분
합복	280일3523분45초	5일(기사)6673분45초
신질초	296일9062분36초	22일(병술)2212분36초
신질말	324일4214분75초	49일(계축)7364분75초
신지초	351일9837분28초	17일(신사)2987분28초
신지말	14일4029분73초	44일(무신)9604분73초
신류	42일2676분82초	12일(병자)8251분82초
신퇴	66일2676분82초	36일(경자)8251분82초
석퇴	112일8170분09초	23일(정해)3745분09초
석류	159일3663분35초	9일(계유)9238분35초
석지초	183일3663분35초	33일(정유)9238분35초
석지말	211일2310분44초	1일(을축)7885분44초
석질초	238일9250분07초	29일(계사)4825분07초
석질말	266일5340분63초	57일(신유)0915분63초
석복	294일1133분36초	24일(무자)6708분36초
차합복	310일7423분10초	41일(을사)2998분10초

표 6.10.2 세종 정묘년의 화성·토성 정적과 가시일분

단목	화성		토성	
	정적	가시일분	정적	가시일분
합복	169일5911분73초	14일(무인)9061분	231일4228분71초	16일(경진)7378분
신질초	227일5900분19초	12일(병자)9050분	251일9472분09초	37일(신축)2622분
신질말	274일9999분32초	0일(갑자)3149분		
신차질초	321일1824분82초	46일(경술)4974분	283일1232분84초	8일(임신)4382분
신차질말	0일8366분55초	31일(을미)3941분		
신지초	43일4244분65초	13일(정축)9819분	312일2659분79초	37일(신축)5809분
신지말	80일9700분07초	51일(을묘)5275분		
신류	109일7614분86초	20일(갑신)3189분	338일3352분41초	3일(정묘)6502분
신퇴	117일7614분86초	28일(임진)3189분	3일0927분41초	33일(정유)6502분
석퇴	146일7204분47초	57일(신유)2779분	55일7622분87초	26일(경인)3197분
석류	176일3092분28초	26일(경인)8667분	108일4318분32초	18일(임오)9893일
석지초	184일3092분28초	34일(무술)8667분	138일4318분32초	48일(임자)9893분
석지말	213일8665분49초	4일(무진)4240분		
석차질초	257일5869분42초	48일(임자)1444분	164일4795분28초	15일(기묘)0370분
석차질말	320일1101분50초	50일(갑인)6676분		
석질초	29일3711분05초	5일(기사)1711분	193일5739분10초	44일(무신)1314분
석질말	94일4464분33초	10일(갑술)2464분		
석복	149일5347분88초	5일(기사)3347분	224일6903분69초	15일(기묘)2478분
차합복	207일1987분60초	2일(병인)9987분	245일1726분08초	35일(기해)7301분

표 6.10.3 세종 정묘년의 내행성 정적과 가시일분

금성			수성		
단목	정적	가시일분	단목	정적	가시일분
합복	109일7713분99초	15일(기묘)0863분	합복	17일3371분02초	42일(병오)6521분
석질초	147일4942분03초	52일(병진)8092분	석질	34일3997분65초	59일(계해)7147분
석질말	197일4221분42초	42일(병오)7371분			
석차질초	245일8223분14초	31일(을미)1373분			
석차질말	288일8645분12초	14일(무인)1795분			
석지초	329일2594분15초	54일(무오)5744분	석지	49일2213분29초	14일(무인)5363분
석지말	363일0972분35초	28일(임진)4122분			
석류	13일9729분81초	44일(무신)5304분	석류	61일2144분25초	26일(경인)5294분
석퇴	18일9729분81초	49일(계축)5304분	석퇴복	63일2144분25초	28일(임진)5294분
석퇴복	29일9702분87초	0일(갑자)5277분			
합퇴복	36일0174분12초	6일(경오)5749분	합퇴복	74일4135분06초	39일(계묘)7285분
신퇴	42일0643분87초	12일(병자)6218분			
신류	53일0175분43초	23일(정해)5750분	신류	85일6125분86초	50일(갑인)9275분
신지초	58일0175분43초	28일(임진)5750분	신지	87일6125분86초	52일(병진)9275분
신지말	74일1463분42초	44일(무신)7038분			
신차질초	107일6017분16초	18일(임오)1592분	신질	99일6706분21초	4일(무진)9856분
신차질말	146일4149분72초	56일(경신)9724분			
신질초	187일1012분41초	37일(신축)6587분			
신질말	234일1607분33초	24일(무자)7182분			
신복	285일4909분04초	16일(경진)0484분	신복	114일9925분86초	20일(갑신)3075분
차합	325일5540분19초	56일(경신)1115분	차합	133일5809분34초	38일(무신)8959분

6.11 평합과 제단에 드는 월일 산정 求平合及諸段所在月日

제단의 월수(月數)와 일수(日數)

각 단의 정적(定積)을 놓고, 천정윤여 분초(天正閏餘分秒)를 더한다. 앞의 6.7 절에서 세주를 가감한 경우는 각각 그해의 윤여를 사용한다. 이 값을 삭책(朔策)으로 나누면 몫은 월수가 되고, 나머지는 그 달에 들어선 후의 일수와 분초가 된다.

제단에 드는 달 경삭의 일분초

천정(天正) 11월부터 월수만큼 헤아려 나간 값이 곧 구하고자 하는 단에 드는 달의 경삭(經朔) 일분초이다. 그해에 윤월이 있으면 윤월 이후는 한 달을 빼고 달을 정한다.

제단에 드는 월일

일진의 차를 가지고 그 단에 드는 정삭(定朔)의 월일을 정한다.

各置其段定積, 以天正閏日[52]及分秒加之,【若加減歲周者, 各用其年閏餘】 滿朔策除之[53]爲月數, 不盡爲入月已來日數及分秒。其月數, 命天正十一月算外, 卽其段入月經朔日數及分秒。【其年有閏者, 閏月以後, 減一月命之】 以日辰相距, 爲所在定月日。

52 天正閏日 : 유경로(兪景老) 등의 원역본에서는 《오성통궤(五星通軌)》를 근거로 이를 '天正閏餘'의 오식(誤植)이라고 하였으나, 저본과 갑인자본, 《원사》 권55 〈수시력경 하〉, 《고려사》 권52 〈수시력경 하〉, 《고금율력고(古今律歷考)》 권38 〈보오성(步五星) 수시(授時)〉에 모두 이대로 되어 있으므로 오식으로 보기는 어렵다. 이는 《송사》 권68 〈율력지(律曆志)〉 등에서 이미 두루 사용된 개념으로, '天正閏餘'의 다른 표현이다.

53 滿朔策除之 : 저본에는 '滿朔策爲除之'라 하여 '爲' 자가 더 있으나 전후의 용례에 맞지 않으므로 갑인자본에 근거하여 삭제하였다.

해설

1) 제단의 정적(定積)에 드는 월일

천정경삭(天正經朔), 곧 천정동지가 들어 있는 세전(歲前) 11월의 경삭부터 천정동지까지 경과한 시간이 천정윤여(天正閏餘)이다. 그림 6.11.1에서 보듯이 천정윤여에 천정동지부터 실제 행성이 있는 n단 시작까지 시간을 더한 후, 이 값에서 삭책을 거듭 덜어 낼 때, 삭책을 덜어 낼 수 있는 횟수가 곧 천정경삭 후 n단 시작까지 월수(月數)이고, 덜어 낸 나머지가 그달 경삭부터 n단 시작까지 일분초이다.

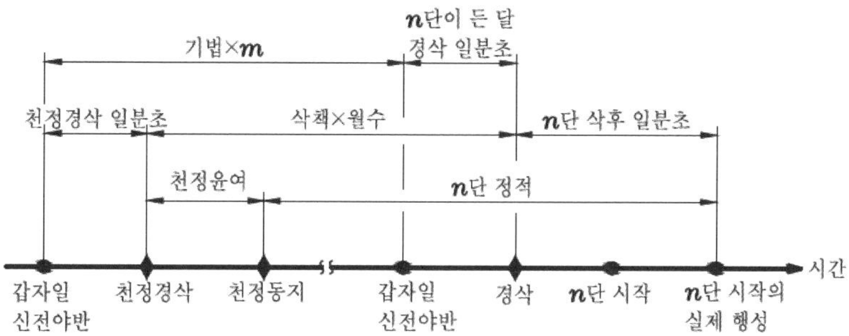

그림 6.11.1

2) 일진의 차〔日辰相距〕

위에서 n단에 드는 달의 경삭부터 n단 시작까지 일분초를 구하였고, 이를 그달 경삭의 일분초에 더하면 n단에 드는 날을 알 수 있다. 그림 6.11.1에서 보듯이 천정경삭의 일진(日辰)과 분초에 삭책을 월수(月數)만큼 더한 후 기법(紀法)을 덜어 낸 값이 곧 n단에 드는 달 경삭의 일진분초이고, 이로써 n단에 드는 날의 일진분초를 구할 수 있다.

그런데 위 본문의 말미에서 "일진의 차를 가지고 그 단에 드는 정삭(定朔)의 월일을 정한다.〔以日辰相距, 爲所在定月日.〕"라고 하여[54] '定月日'을

54 《원사》 권55 〈수시력경 하〉의 표현과 동일하다.

'定朔月日'로 풀이한 것은 다음과 같은 다른 역법의 표현을 참조한 것이다.

먼저 《송사(宋史)》 〈명천력(明天曆)〉에서는 "정삭 날짜가 당겨지거나 늦추어지는 경우는 구하고자 하는 단이 든 날짜도 당기거나 늦추되, 일진을 가지고 정한다.〔定朔有進退者, 亦進退其日, 以日辰爲定.〕"라고 하여,[55] 경삭과 정삭 사이에 진퇴(進退)가 있는 경우를 언급하고 있음을 명확히 하였다.

또 《중수대명력(重修大明曆)》과 《경오원력(庚午元曆)》에서는 "일진의 차를 가지고 그 단이 들어 있는 정삭의 월일을 정한다.〔以日辰相距, 爲所在定朔月日.〕"라고 하였다. 그리고 《오성통궤》에서도 "그달의 정삭부터 일진을 헤아려 월일을 정한다.〔各以其月定朔甲子挨, 推其在何旬何日也.〕"라고 하였다.[56] 여기서 일진의 차는 그림 6.11.1에서 보듯이 n단 삭후일분초의 일진이 n단에 드는 달 경삭 일진분초의 일진에 대해 갖는 차를 의미한다.

그러므로 《칠정산내편》의 '定月日' 역시 '定朔月日'로 풀이하여, 경삭이 아닌 정삭의 일분초를 기점으로 삼아 행성이 제단에 드는 날을 정한 것으로 간주하였다.

산식

① n단까지 월수 = DIV〔(천정윤여+n단 정적), 삭책〕

n단에 드는 달 = COUNT〔천정11월, 월수〕

② n단의 삭후일분초 = MOD〔(천정윤여+n단 정적), 삭책〕

n단까지 일수 = DIV〔(그달 정삭 일분초+삭후일분초), 1만분〕－정삭일

n단에 드는 날 = COUNT〔1일, 일수〕

55 《송사(宋史)》 권75 〈명천력(明天曆)〉 '보오성술(步五星術)'.

56 《속수사고전서(續修四庫全書)》본 《오성통궤(五星通軌)》.

가령

오성이 평합과 제단에 드는 세종 정묘년 월일

제1장 〈역일〉의 1.2절에서 구한 세종 정묘년의 천정윤여는 24일1525분71초이다. 이것에 앞 절에서 구한 정묘년의 목성 평합 정적을 더하고 삭책으로 나눈 천정 11월 이후 평합까지 월수는 (DIV{(평합정적 280일3523분45초 + 천정윤여 24일1525분71초), 삭책 29일5305분93초}=) 10이다. 세종 정묘년에는 윤4월이 들어 있으므로 목성이 평합에 든 달은 (COUNT{천정11월, (월수 10−윤월 1)}=) 8월이다. 그리고 평합에 든 날의 삭후일분초는 (MOD{(평합정적 280일3523분45초+천정윤여 24일1525분71초), 삭책 29일5305분93초}=) 9일1989분86초이다.

한편 세종 정묘년의 천정경삭 일분초에 목성 합복의 월수 10회만큼 삭책을 더한 후 기법을 덜어 낸 값인 정묘년 8월 경삭 일분초는 (MOD{(정묘년천정경삭 일분초 1일1624분29초+월수 10×삭책 29일5305분93초), 기법 60일}=) 56일(경신)4683분59초이다. 이 값에 평합의 삭후일분초를 보태면 (MOD{(8월경삭 일분초 56일4683분59초+평합삭후일분초 9일1989분86초), 기법 60일}=) 5일(기사)6673분45초이다. 즉, 정묘년 8월 경삭의 일진은 경신(庚申)이고 합복에 드는 날의 일진이 기사(己巳)이므로 목성이 합복에 드는 세종 정묘년의 월일은 8월10일(기사)이다.[57]

앞서 6.7절의 가령에서 구한 목성이 신지말(晨遲末)에 드는 순간의 중적(中積) 16일0299분은, 평합 중적에 신지초(晨遲初)까지 단일(段日)을 누가한 값이 세주(歲周)보다 크므로 세주를 덜어 내고 남은 (후합 280일4124분+평합~신지초단일합 100일8600분−세주 365일2425분=) 값이며, 곧 무진년 천정동지부터 헤아린 시간이다. 따라서 신지말의 정적(定積)에는 무진년의 천정윤여인 (MOD{(정묘년윤여 24일1525분71초+통윤 10일8753분84초), 삭책 29일5305분93초}=) 5일4973분62초를 보태어 목성이 이 단에 드는 월일을 구해야

57 제1장 〈역일〉의 표 1.20.1에서 보인 정묘년 8월의 정삭 일분초 56일(경신)6699분09초를 기준으로 삼아도 목성이 합복에 드는 일자는 변함없이 10일(기사)이다.

한다. 목성이 신지말에 들기까지 월수가 (DIV{(신지말정적 14일4029분73초+무진년천정윤여 5일4973분62초), 삭책 29일5305분93초}=) 0이고, 삭후일분초는 (MOD{(신지말정적 14일4029분73초+무진년천정윤여 5일4973분62초), 삭책 29일5305분93초}=) 19일9003분35초이다.

세종 정묘년의 11월 경삭 일분초가 25일(기축)0601분38초이므로 목성이 신지말에 드는 날이 (11월경삭 25일0601분38초+신지말삭후일분초 19일9003분35초=) 44일(무신)9604분73초이다. 그러나 1.20절에서 구한 11월의 정삭일분초 25일(기축)2778분87초가 날짜 산정의 기준이어야 하므로, 일진분초가 45일(기유)1782분22초인 11월21일에 목성이 신지말에 들게 된다.

이와 같이 각 행성이 평합과 제단에 드는 세종 정묘년의 월일을 구하여 취합한 것이 아래의 표 6.11.1～표 6.11.5이다.

표 6.11.1에는 정묘년 정월부터 합복에 드는 8월10일까지 기간에 목성이 거치는 석복(夕伏) 이전의 제단이 포함되지 않았고, 또 무진년에 드는 목성의 신퇴(晨退) 이후 제단도 제외되었다.

그리고 수성의 경우, 첫 합복과 석질에 드는 때가 정묘년 천정동지 이후이지만 병진년 12월에 속하므로 제외하였고, 대신 차합복과 뒤이은 석질에 드는 월일을 구하여 표 6.11.5에 포함시켰다.

표 6.11.1 목성이 평합과 제단에 드는 세종 정묘년 월일

단목	입월(入月)	삭후일분초	정삭	소재 월일
합복	8월	9일1989분86초	56일(경신)6699분09초	8월10일(기사)
신질초	8월	25일7528분77초	상동	8월27일(병술)
신질말	9월	23일7375분23초	26일(경인)2400분56초	9월25일(계축)
신지초	10월	21일7691분83초	55일(기미)7761분80초	10월23일(신사)
신지말	11월	19일9003분35초	25일(기축)2778분87초	11월21일(기유)
신류	12월	18일2344분51초	54일(무오)7446분24초	12월19일(병자)

표 6.11.2 화성이 평합과 제단에 드는 세종 정묘년 월일

단목	입월(入月)	삭후일분초	정삭	소재 월일
합복	윤4월	16일5601분86초	58일(임술)1678분23초	윤4월17일(무인)
신질초	6월	15일4978분46초	57일(신유)4164분67초	6월16일(병자)
신질말	8월	3일8465분73초	56일(경신)6699분09초	8월05일(갑자)
신차질초	9월	20일4985분30초	26일(경인)2400분56초	9월21일(경술)
신차질말	11월	6일3340분17초	25일(기축)2778분87초	11월07일(을미)
신지초	12월	19일3912분34초	54일(무오)7446분24초	12월21일(무인)

표 6.11.3 토성이 평합과 제단에 드는 세종 정묘년 월일

단목	입월(入月)	삭후일분초	정삭	소재 월일
합복	6월	19일3306분98초	57일(신유)4164분67초	6월20일(경진)
신질	7월	10일3244분43초	27일(신묘)0576분35초	7월11일(신축)
신차질	8월	11일9699분25초	56일(경신)6699분09초	8월13일(임신)
신지	9월	11일5820분27초	26일(경인)2400분56초	9월12일(신축)
신류	10월	8일1206분96초	55일(기미)7761분80초	10월09일(정묘)
신퇴	11월	8일5901분03초	25일(기축)2778분87초	11월09일(정유)

표 6.11.4 금성이 평합과 제단에 드는 세종 정묘년 월일

단목	입월(入月)	삭후일분초	정삭	소재 월일
합복	3월	15일8015분98초	59일(계해)0576분40초	3월16일(무인)
석질초	4월	23일9938분09초	28일(임진)5905분65초	4월25일(병진)
석차질초	7월	4일1995분48초	27일(신묘)0576분35초	7월05일(을미)
석지초	9월	28일5754분63초	26일(경인)2400분56초	9월29일(무오)
석류	11월	19일4703분43초	25일(기축)2778분87초	11월20일(무신)
석퇴	11월	24일4703분43초	상동	11월25일(계축)
석퇴복	12월	5일9370분56초	54일(무오)7446분24초	12월07일(갑자)
합퇴복	12월	11일9841분81초	상동	12월13일(경오)
신퇴	12월	18일1011분56초	상동	12월19일(병자)
신류	12월	28일9843분12초	상동	12월30일(정해)

표 6.11.5 수성이 평합과 제단에 드는 세종 정묘년 월일

단목	입월(入月)	삭후일분초	정삭	소재 월일
석지	정월	14일3127분14초	0일(갑자)0833분91초	1월15일(무인)
석류	정월	26일3058분10초	상동	1월27일(경인)
석퇴복	정월	28일3058분10초	상동	1월29일(임진)
합퇴복	2월	9일9742분98초	29일(계사)5556분82초	2월11일(계묘)
신류	2월	21일1733분78초	상동	2월22일(갑인)
신지	2월	23일1733분79초	상동	2월24일(병진)
신질	3월	5일7008분20초	59일(계해)0576분40초	3월06일(무진)
신복	3월	21일0227분85초	상동	3월22일(갑신)
차합복	4월	10일0805분40초	28일(임진)5905분65초	4월11일(임인)
석질	4월	28일9061분62초	상동	4월30일(신유)

6.12 평합과 제단의 가시정성 산정 求平合及諸段加時定星

제단의 정성

각 단의 중성(中星)을 놓고, 영축차(盈縮差)를 가감하되 영차(盈差)는 더하고 축차(縮差)는 뺀 값이 곧 그 단의 정성(定星)이다. 금성은 영축차의 2배를 가감하고, 수성은 3배를 가감한다.

제단의 가시정성

각 단의 정성에 천정동지의 가시황도일도 분초를 더한 값이 가시정성이다. 세주(歲周)를 가감한 경우는 각각 그해 천정동지의 황도일도(黃道日度)를 사용한다.

제단의 수차

각 단의 가시정성에서 황도수차(黃道宿次)를 차례로 덜어 내면 곧 수차(宿次)를 얻는다.

各置其段中星，以盈縮差盈加縮減之，【金星倍之，水星三之】卽其段定星。以天正冬至加時黃道日度及分秒加之，【若加減歲周者，各用其年冬至黃道】爲加時定星。滿黃道宿次去之，卽得宿次。

해설

1) 제단의 정성과 가시정성

천정동지부터 구하고자 하는 단에 드는 순간의 실제행성까지 각거리를 정성이라 한다. 천정동지 때 황도 위 해의 위치부터 구하고자 하는 단에 드는 순간의 평균행성까지 각거리를 일컫는 중성(中星)에 행성의 영축차를 가감하여 보정한 각거리가 곧 정성이다. 행성이 영력에 있을 때는 중성에 영차를 가하고 축력에 있을 때는 중성에 축차를 뺀 값이 그 단의 정성 도분초이다. 외행성의 경우는 중성에 가감할 보정치가 영축차 그대로이지만, 내행성 중 금성의 중성에는 영축차의 2배를 가감하였고, 수성에서는 영축차의 3배를 반영하였다.

이렇게 얻은 제단의 정성에 동지의 황도일도(黃道日度)를 더한 도수를 제단의 가시정성(加時定星)이라 하였다. 그리고 이 값을 황도수차로 차례로 덜어 낸 나머지가 제단 시작에서 실제행성이 든 황도수차가 된다.

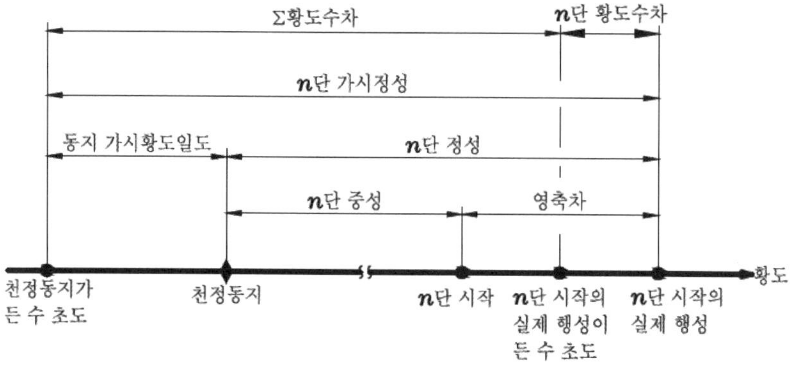

그림 6.12.1

2) 금성과 수성의 정성

평균행성의 위치를 보정하여 실제행성의 위치를 얻기 위해 영축차를 그대로 가감하는 외행성들과 달리 금성은 영축차의 2배를 가감하고 수성은 영축차의 3배를 가감하도록 하였다. 11세기 초에 쓰인 북송의《숭천력(崇天曆)》, 뒤이은《관천력(觀天曆)》, 그리고《기원력(紀元曆)》, 또 원의《경오원력(庚午元曆)》에서도 이미 같은 계산법을 사용한 것으로 보아 정성(定星) 산정 때 금성은 영축차의 2배를 가감하고 수성은 영축차의 3배를 가감한 연원이 오래되었음을 알 수 있다.

지구에서 관찰한 행성의 겉보기 영축차는 행성이 태양을 공전하면서 갖는 중심차(中心差)에 기인하는 행성차(行星差)에서 지구가 태양을 공전하면서 갖는 중심차, 곧 태양의 영축차에 기인하는 태양차(太陽差)를 뺀 값으로 나타낼 수 있다. 취안징(曲安京)의 해석에 의하면,[58] 외행성의 경우는 행성차와 행성의 겉보기 영축차가 큰 차를 보이지 않지만, 내행성 중 금성의 최대 행성차는 앞서 6.9절에서 구한 금성의 겉보기 영축차의 2/3에 가깝고, 수성의 최대 행성차는 6.9절에서 구한 수성의 겉보기 영축차의 3배 정도이다. 이 해석이 수성의 정성 산정에 영축차의 3배가 가감된 연유를 드러내었다고 볼 수 있으나, 금성의 경우 배수가 2인 것은 무엇에서 비롯되었는지 명확하지 않다.

산식

① n단 정성 = n단 중성 $\pm k \times$ 영축차

(단, 외행성이면 $k=1$, 금성이면 $k=2$, 수성이면 $k=3$, 영차이면 $+$, 축차이면 $-$)

② n단 가시정성 = n단 정성 + 천정동지 가시황도일도

③ n단 황도수차 = n단 가시정성 $- \sum$ 황도수차

가령

1) 세종 정묘년 이후 외행성의 제단 정성 · 가시정성 · 황도수차

세종 정묘년의 목성 평합, 곧 목성이 합복에 든 때 중성은 6.7절의 가령에서 구한 대로 280도41분24초이고, 이때 영축차는 6.9절의 가령에서 구한 축차 0도06분00초55이다. 그러므로 목성의 평합 정성은 (평합중성 280도41분24초−평합축차 0도06분00초55=) 280도35분23초45이고, 평합 가시정성은 평합 정성에 정묘년 천정동지의 가시황도일도를 보탠 (평합정성 280도35분23초45+정묘년천정동지황도일도 기수6도91분97초=) 기수(箕宿) 287도27분20초45이

58 취안징(曲安京), 《중국수리천문학(中國數理天文學)》(북경, 과학출판사, 2008), 583~592쪽.

다. 그러므로 세종 정묘년에 목성이 합복에 드는 위치의 황도수차는 평합 가시정성에서 2.6절에서 구한 세종 정묘년의 28수 황도수차를 기수부터 차례로 덜어 내고 남은 (평합가시정성 기수287도27분20초45－기수～익수황도적도 278도35분75초=) 진수(軫宿) 8도91분45초45가 된다.

앞의 표 6.7.2에서 목성이 신지말(晨遲末)에 들 때의 중적 16일0299분은 무진년 천정동지부터 헤아린 값이다. 따라서 신지말의 가시정성은 (신지말중성 300도20분24초－신지말축차 1도62분69초27＋무진년천정동지황도일도 기수6도90분58초=) 305도48분12초73이고, 황도수차는 (신지말가시정성 305도48분12초73－기수～진수황도적도 297도07분75초=) 8도40분37초73이다.

한편 화성이 석차질초(夕次疾初)에 들 때 중성은 6.7절의 가령에서 구한 대로 4도81분65초이고, 이때 영축차는 6.9절의 가령에서 구한 축차 19도55분20초55이다. 이 경우는 중성의 도수가 작아 축차를 뺄 수 없으므로 세주(歲周)를 더한 후 축차를 감하여 정성을 얻는다. 화성이 석차질초에 드는 시각의 정성은 (석차질초중성 4도81분65초＋세주 365도24분25초 － 축차 19도55분20초58=) 350도50분69초42가 된다.

화성의 석차질초 가시정성은 이 단의 정성에 무진년 천정동지의 가시황도일도를 보탠 (석차질초정성 350도50분69초42＋무진년천정동지황도일도 기수6도90분58초=) 기수 357도41분27초42이며, 화성이 석차질초에 드는 위치의 황도수차는 석차질초의 가시정성에서 황도수차를 차례로 덜어 내고 남은 (석차질초가시정성 기수357도41분27초42－기수～심수황도적도 347도37분75초=) 미수(尾宿) 10도03분52초42가 된다.

또한 화성이 석질초에 드는 위치의 중성은 6.7절의 가령에서 구한 대로 66도01분65초이고, 영축차는 6.9절의 가령에서 구한 영차 17도47분46초05이므로 석질초의 정성은 (석질초중성 66도85분65초＋영차 17도47분46초05=) 83도49분11초05가 된다. 그런데 화성이 석질초에 드는 해는 기사년이므로 이 단의 가시정성은 기사년의 천정동지 가시황도일도를 보탠 (석차질초정성 83도49분11초05＋기사년동지황도일도 기수6도89분19초=) 기수 90도38분30초05가 된다.

따라서 화성이 석질초에 드는 위치의 황도수차는 석질초의 가시정성에서 황도수차를 차례로 덜어 내고 남은 (석질초가시정성 기수90도38분30초05－기수～위수황도적도 76도33분75초=) 실수(室宿) 14도04분55초05가 된다.

이와 같은 방법으로 세종 정묘년에 시작된 외행성 3성의 회합주기 동안 제단에 드는 위치의 정성과 가시정성, 그리고 황도수차를 구하여 취합한 것이 표 6.12.1～표 6.12.3이다.

표 6.12.1 세종 정묘년 목성의 제단 정성・가시정성・황도수차

단목	정성	가시정성	황도수차
합복	280도35분23초	기 287도27분20초	진 8도91분45초
신질초	283도90분62초	기 290도82분59초	진 12도46분84초
신질말	289도53분15초	기 296도45분12초	진 18도09분37초
신지초	294도60분37초	기 301도52분34초	각 4도44분59초
신지말	298도57분55초	기 305도48분13초	각 8도40분38초
신류	300도35분02초	기 307도25분60초	각 10도17분85초
신퇴	300도35분02초	기 307도25분60초	각 10도17분85초
석퇴	295도43분83초	기 302도34분41초	각 5도26분66초
석류	290도52분63초	기 297도43분21초	각 0도35분46초
석지초	290도52분63초	기 297도43분21초	각 0도35분46초
석지말	292도30분10초	기 299도20분68초	각 2도12분93초
석질초	296도30분50초	기 303도21분08초	각 6도13분33초
석질말	301도42분41초	기 308도32분99초	각 11도25분24초
석복	307도11분33초	기 314도01분91초	항 4도13분16초
차합복	310도74분23초	기 317도64분81초	항 7도76분06초

표 6.12.2 세종 정묘년 이후 화성의 제단 정성 · 가시정성 · 황도수차

단목	정성	가시정성	황도수차
합복	169도59분11초73	기 176도51분09초	필 15도61분34초
신질초	208도59분00초19	기 215도50분97초	정 27도88분22초
신질말	238도79분99초32	기 245도71분96초	장 5도42분21초
신차질초	267도06분24초82	기 273도98분22초	익 15도78분47초
신차질말	293도11분91초55	기 300도02분50초	각 2도94분75초
신지초	315도74분69초65	기 322도65분28초	저 3도26분53초
신지말	332도01분25초07	기 338도91분83초	방 3도23분08초
신류	338도00분39초86	기 344도90분98초	심 3도77분23초
신퇴	338도00분39초86	기 344도90분98초	심 3도77분23초
석퇴	329도34분16초97	기 336도24분75초	방 0도56분00초
석류	321도30분92초28	기 328도21분50초	저 8도82분75초
석지초	321도30분92초28	기 328도21분50초	저 8도82분75초
석지말	328도06분65초49	기 334도97분23초	저 15도58분48초
석차질초	350도50분69초42	기 357도41분27초	미 10도03분52초
석차질말	27도82분76초50	기 34도73분35초	우 1도62분35초
석질초	83도49분11초05	기 90도38분30초	실 14도04분55초
석질말	130도64분64초33	기 137도53분83초	위(胃) 3도37분08초
석복	168도53분47초88	기 175도42분67초	필 14도52분92초
차합복	207도19분87초60	기 214도09분07초	정 26도46분32초

표 6.12.3 세종 정묘년 토성의 제단 정성 · 가시정성 · 황도수차

단목	정성	가시정성	황도수차
합복	231도42분28초71	기 238도34분26초	성 4도39분51초
신질	233도94분72초09	기 240도86분69초	장 0도56분94초
신차질	237도52분32초84	기 244도44분30초	장 4도14분55초
신지	240도41분59초79	기 247도33분57초	장 7도03분82초
신류	241도98분52초41	기 248도90분49초	장 8도60분74초
신퇴	241도98분52초41	기 248도90분49초	장 8도60분74초
석퇴	238도38분35초37	기 245도28분93초	장 4도99분18초
석류	234도78분18초32	기 241도68분76초	장 1도39분01초

단목	정성	가시정성	황도수차
석지	234도78분18초32	기 241도68분76초	장 1도39분01초
석차질	236도32분95초28	기 243도23분53초	장 2도93분78초
석질	239도17분39초10	기 246도07분97초	장 5도78분22초
석복	242도69분03초69	기 249도59분62초	장 9도29분87초
차합복	245도17분26초08	기 252도07분84초	장 11도78분09초

2) 세종 정묘년 내행성 제단의 정성·가시정성·황도수차

세종 정묘년의 금성 평합 중성은 6.7절의 가령에서 구한 대로 107도88분50초이고, 이때 영축차는 6.9절의 가령에서 구한 영차 1도88분63초99이다. 따라서 금성의 평합 성성은 합복 때 중성에 영차의 2배를 더하여 얻은 (평합중성 107도88분50초+2×영차 1도88분63초99=) 111도65분77초98이다.

금성의 합복 때 가시정성은 평합 정성에 정묘년 천정동지의 가시황도일도를 보탠 (평합정성 111도65분77초98+정묘년천정동지황도일도 기수6도91분97초=) 기수 118도57분74초98이 된다. 그러므로 금성이 합복에 들 때 황도수차는 평합 가시정성에서 기수의 황도수차부터 차례로 덜어 내고 남은 값인 (평합가시정성 기수118도57분74초98−기수~벽수황도적도 104도06분75초=) 규수(奎宿) 14도50분99초98이다.

앞서 6.7절의 가령에서 구한 금성의 석류(夕留) 중적 12일6425분은 무진년 천정동지부터 헤아린 일분(日分)이다. 따라서 석류의 가시정성은 (석류중성 42도64분25초+2×영차 1도33분04초81+무진년천정동지황도일도 기수6도90분58초=) 기수 52도20분92초62이고, 이 순간의 황도수차는 (석류가시정성 기수52도20분92초62−기수~여수황도적도 51도24분=) 허수(虛宿) 0도96분92초62이다.[59]

또 세종 정묘년의 수성은 평합 중성이 18도72분53초이고, 평합의 영축

59 엄밀하게 논하자면 세종 정묘년(1447)과 그 이듬해인 무진년의 천정동지 황도일도가 동일하지 않은 만큼 28수의 황도수차도 바뀌어야 한다. 그러나 1년 동안의 수차 변화는 무시할 만한 정도이므로 정묘년의 황도수차를 그대로 무진년의 값으로 삼아 황도적도를 덜어 내었다.

차는 축차 1도38분81초98이므로 수성의 평합 정성은 합복 때 중성에 영차의 3배를 감하여 얻은 (평합중성 18도72분53초−3×축차 1도38분81초98=) 14도56분07초06이다. 그러므로 수성의 합복 때 가시정성은 평합 정성에 정묘년 천정동지의 가시황도일도를 보탠 (평합정성 14도56분07초06+정묘년천정동지황도일도 기수6도91분97초=) 기수 21도48분04초06이고, 수성이 합복에 드는 순간의 황도수차는 (평합가시정성 기수21도48분04초06−기수황도수차 9도57분00초=) 두수(斗宿) 11도91분04초06이다.

이와 같은 방법으로 내행 2성인 금성과 수성의 제단에 드는 정성과 가시정성 및 황도수차를 구하여 취합한 것이 표 6.12.4와 표 6.12.5이다.

표 6.12.4 세종 정묘년 금성의 제단 정성 · 가시정성 · 황도수차

단목	정성	가시정성	황도수차
합복	111도65분77초98	기 118도57분74초98	규 14도51분00초
석질초	158도60분34초06	기 165도52분31초06	필 4도62분56초
석질말	219도95분92초84	기 226도87분89초84	유 6도01분15초
석차질초	279도75분96초28	기 286도67분93초28	진 8도32분18초
석차질말	332도09분40초24	기 339도01분37초24	방 3도32분62초
석지초	12도14분13초30	기 19도06분10초30	두 9도49분10초
석지말	40도81분69초70	기 47도73분66초70	여 7도68분67초
석류	45도30분34초62	기 52도20분92초62	허 0도96분93초
석퇴	45도30분34초62	기 52도20분92초62	허 0도96분93초
석퇴복	41도69분67초74	기 48도60분25초74	여 8도55분26초
합퇴복	37도44분10초24	기 44도34분68초24	여 4도29분68초
신퇴	33도18분49초74	기 40도09분07초74	여 0도04분08초
신류	29도48분99초86	기 36도39분57초86	우 3도28분58초
신지초	29도48분99초86	기 36도39분57초86	우 3도28분58초
신지말	33도99분75초84	기 40도90분33초84	여 0도85분34초
신차질초	61도90분83초32	기 68도81분41초32	위(危)8도51분66초
신차질말	104도04분08초44	기 110도94분66초44	규 6도87분91초
신질초	151도65분73초82	기 158도56분31초82	묘 8도67분57초

단목	정성	가시정성	황도수차
신질말	208도77분63초66	기 215도68분21초66	정 28도05분47초
신복	272도93분67초08	기 279도84분25초08	진 1도48분50초
차합복	324도56분29초38	기 331도46분87초38	저 12도08분12초

표 6.12.5 세종 정묘년 수성의 제단 정성 · 가시정성 · 황도수차

단목	정성	가시정성	황도수차
합복	14도56분07초06	기 21도48분04초06	두 11도91분04초
석질	46도74분86초95	기 53도66분83초95	허 2도42분84초
석지	67도59분33초87	기 74도51분30초87	위(危)14도21분56초
석류	77도69분26초75	기 84도61분23초75	실 8도27분49초
석퇴복	77도69분26초75	기 84도61분23초75	실 8도27분49초
합퇴복	69도91분39초28	기 76도83분36초18	실 0도49분61초
신류	62도13분51초58	기 69도05분48초58	위(危) 8도75분74초
신지	62도13분51초58	기 69도05분48초58	위(危) 8도75분74초
신질	72도42분92초63	기 79도34분89초63	실 3도01분15초
신복	94도77분51초58	기 101도69분48초58	벽 6도96분74초
차합복	131도54분02초02	기 138도45분99초02	위(胃) 4도29분24초

6.13 제단 초일 신전야반의 정성 산정 求諸段初日晨前夜半定星

제단 초일 신전야반의 정성

각 단의 초행률(初行率)을 그 단 초일의 가시분(加時分)에 곱하고 100으로 나눈다. 이 값을 그 날의 가시정성(加時定星)에 가감하되, 순행 때는 빼고 역행 때는 더한 것이 곧 그 단 초일 신전야반의 정성(定星)이다.

제단 초일 신전야반의 성행수차(星行宿次)

각 단 초일 신전야반의 정성에서 황도수차(黃道宿次)를 차례로 덜어 내면 곧 수차(宿次)를 얻는다.

各以其段初行率, 乘其段加時分, 百約之。乃順減退加其日加時定星, 卽其段初日晨前夜半定星。滿黃道宿次去之, 卽得宿次。

해설

1) 제단 초일 신전야반의 정성

천정동지가 든 수(宿), 곧 기수(箕宿)의 초도(初度)부터 구하고자 하는 단 초일(初日) 신전야반 때 행성의 실제위치까지 각거리가 곧 그 단 초일 신전야반의 정성이다. 앞서 6.12절에서 제시한 방식으로 어느 단의 가시정성(加時定星)을 구하면, 이 값이 곧 구하고자 하는 단(段)이 시작되는 순간에 행성이 갖는 가시정성이다. 또 6.11절의 순서를 따라 어느 단에 드는 월일(月日)을 구하면, 이 값이 곧 그 단이 시작되는 월일이다.

그림 6.13.1에서 보듯이 행성이 n단 '초일에 움직인 행분〔初行率〕'을 n단 시작점의 가시분(加時分)으로 비례보간(比例補間)한 값을 n단의 가시정성에 가감하여 n단 초일 신전야반의 정성을 얻는다. 순행(順行)할 때

는 가시분에 해당하는 도수를 n단의 가시정성에서 빼고, 역행(逆行)할 때는 더해서 얻는다. 다음의 그림 6.13.1은 행성이 n단에 들 때 n단의 가시정성과 n단 초일 신전야반의 정성을 나타낸다.

2) 제단 초일 신전야반의 성행수차

앞에서 구한 그 단 초일의 신전야반 정성을 28수의 입수도로 나타낸 값을 그 단 초일 신전야반의 성행수차라고 하였다. 초일의 신전야반 정성에서 기수(箕宿)부터 차례로 황도수차를 덜어 낸 나머지가 곧 그 단 초일 신전야반의 성행수차가 된다.

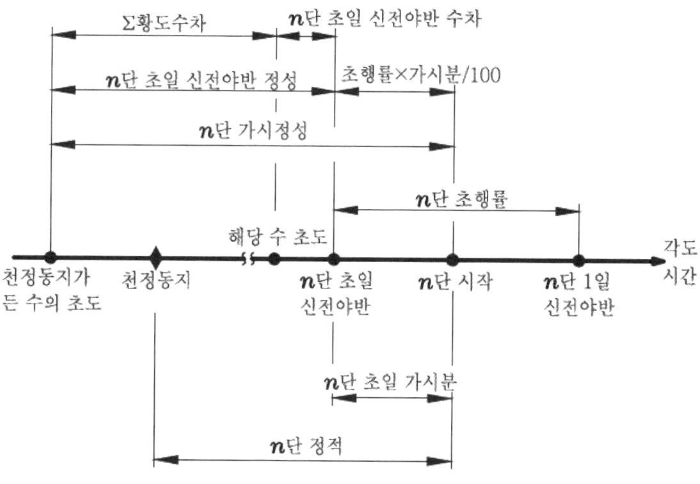

그림 6.13.1

산식

① n단 초일 신전야반 정성 = n단 가시정성±(n단 초행율×n단 시작 가시분 /100)

(단, 순행이면 −, 역행이면 +)

② 초일 신전야반 성행수차 = 초일 신전야반 정성−$\sum$황도수차

가령

세종 정묘년의 오성 제단 초일 신전야반 정성과 성행수차

세종 정묘년에 목성이 합복(合伏)에 드는 순간의 가시정성은 6.12절에서 구한 대로 기수(箕宿) 초도부터 287도27분20초이고, 합복단의 초행률은 6.2.2절의 입성에 주어진 23분이다. 또 목성이 합복단에 드는 날의 가시분(加時分)은 6.10절에서 구한 합복의 가시일분(加時日分)에서 가시일(加時日)을 덜어 내고 남은 (합복가시일분 5일6673분45초－합복가시일 5일＝) 6673분45초이다.

따라서 합복단 초일 신전야반의 정성은 합복에 드는 순간의 가시정성에서 가시분 동안 목성이 운행한 도수를 뺀 (합복가시정성 기287도27분20초－합복초행률 0도23분/일×초일가시분 6673분45초 / 1만분/일＝) 기수 287도11분85초이고, 이날 신전야반의 성행수차는 (합복초일신전야반정성 287도11분85초－기수~익수황도적도 278도35분75초＝) 진수(軫宿) 8도76분10초이다.

목성이 신지말(晨遲末)에 드는 날은 표 6.11.1에서 구한 대로 정묘년 11월21일(기유)이지만, 표 6.10.1에서 보듯이 이날은 무진년 천정동지 이후이므로, 목성의 신지말 초일 가시분은 정적 분초에 무진년 천정동지의 분을 더한 (신지말정적분초 4029분73초＋무진년천정동지분 5575분＝) 9604분73초가 된다. 따라서 순행(順行)하는 신지말 초일 신전야반의 정성은 (신지말가시정성 기305도48분13초－신지말초행률 0도12분/일×초일가시분 9604분73초 / 1만분/일＝) 기수 305도36분60초이고, 신전야반의 성행수차는 (신지말초일신전야반정성 305도36분60초－기수~진수황도적도 297도07분75초＝) 각수(角宿) 8도28분85초이다.

목성이 신류(晨留)에 이르러 겉보기운행을 멈추면 초행률이 영(零)이므로 초일 신전야반 정성은 신류에 드는 순간의 가시정성과 같은 기수 307도25분60초이고, 성행수차 역시 표 6.12.1에서 구한 황도수차와 동일한 각수 10도17분85초이다.

목성이 신류를 벗어나 신퇴(晨退)에 이르면 퇴행(退行)을 시작하지만 초행률이 영(零)이므로 신퇴 초일 신전야반의 정성과 성행수차는 신류의 값과 동일한 기수 307도25분60초와 각수 10도17분85초이다.

그림 6.2.4에서 보듯이 신퇴와 석퇴(夕退)의 경계인 충(衝)에서 외행성은 지구를 사이에 두고 태양과 마주 보며 일몰 때 떠서 일출 때 지기까지 밤새 퇴행한다. 목성이 석퇴에 드는 순간의 가시정성은 표 6.12.1에서 보듯이 신퇴의 가시정성보다 줄어든 기수 302도34분41초이고, 초일가시분은 표 6.10.1에서 찾은 3745분09초이다. 그러므로 석퇴 초일 신전야반의 정성은 (석퇴가시정성 기302도34분41초+석퇴초행률 0도16분/일×초일가시분 3745분09초/1만분/일=) 기수 302도40분40초이고, 신전야반의 성행수차는 (석퇴초일신전야반정성 302도40분40초−기수~진수황도적도 297도07분75초=) 각수 5도32분65초이다.

외행성이 석류(夕留)와 석지초(夕遲初)에 들 때는 초행률이 영이므로 두 단의 초일 신전야반 정성이 6.12절에서 구한 외행성이 석류에 드는 순간의 가시정성과 같은 값이며, 두 단의 성행수차 역시 6.12절에서 구한 황도수차와 동일하다.

석지초에 들면서 다시 순행하기 시작한 목성이 석지말(夕遲末)과 석질초(夕疾初)를 거쳐 석질말(夕疾末)에 드는 순간에는 가시정성이 기수 308도32분99초이고 가시일분이 57일(신유)0915분63초이다. 그러므로 석질말 초일 신전야반의 정성은 (석질말가시정성 기308도32분99초−석질말초행률 0도21분/일×초일가시분 915분63초/1만분/일=) 기수 308도31분07초이고, 신전야반의 성행수차는 (석질말초일신전야반정성 308도31분07초−기수~진수황도적도 297도07분75초=) 각수 11도23분32초이다.

이와 같은 방식으로 구한 세종 정묘년의 오성 제단 초일 신전야반 정성과 성행수차를 취합한 것이 표 6.13.1~표 6.13.5이다.

표 6.13.1 목성의 제단 초일 신전야반 정성과 성행수차

단목	가시분	신전야반 정성	신전야반 성행수차
합복	6673분45초	기 287도11분85초	진 8도76분11초
신질초	2212분36초	기 290도77분73초	진 12도41분98초
신질말	7364분75초	기 296도29분65초	진 17도93분90초
신지초	2987분28초	기 301도46분96초	각 4도39분21초
신지말	9604분73초	기 305도36분60초	각 8도28분85초
신류	8251분82초	기 307도25분60초	각 10도17분85초
신퇴	8251분82초	기 307도25분60초	각 10도17분85초
석퇴	3745분09초	기 302도40분40초	각 5도32분65초
석류	9238분35초	기 297도43분21초	각 0도35분46초
석지초	9238분35초	기 297도43분21초	각 0도35분46초
석지말	7885분44초	기 299도11분22초	각 2도03분47초
석질초	4825분07초	기 303도12분39초	각 6도04분64초
석질말	0915분63초	기 308도31분07초	각 11도23분32초
석복	6708분36초	기 313도87분15초	항 3도98분40초
차합복	2998분10초	기 317도57분91초	항 7도69분16초

표 6.13.2 화성의 제단 초일 신전야반 정성과 성행수차

단목	가시분	신전야반 정성	신전야반 성행수차
합복	9061분73초	기 175도84분94초	필 14도95분19초
신질초	9050분19초	기 214도85분81초	정 27도23분06초
신질말	3149분32초	기 245도49분92초	장 5도20분17초
신차질초	4974분82초	기 273도64분89초	익 15도45분14초
신차질말	3941분55초	기 299도78분06초	각 2도70분31초
신지초	9819분65초	기 322도13분24초	저 2도74분49초
신지말	5275분07초	기 338도71분78초	방 3도03분03초
신류	3189분86초	기 344도90분98초	심 3도77분23초
신퇴	3189분86초	기 344도90분98초	심 3도77분23초
석퇴	2779분47초	기 336도36분98초	방 0도68분23초
석류	8667분28초	기 328도21분50초	저 8도82분75초
석지초	8667분28초	기 328도21분50초	저 8도82분75초
석지말	4240분49초	기 334도81분12초	저 15도42분37초

단목	가시분	신전야반 정성	신전야반 성행수차
석차질초	1444분42초	기 357도33분61초	미 9도95분86초
석차질말	6676분50초	기 34도31분96초	우 1도20분96초
석질초	1711분05초	기 90도26분84초	실 13도93분09초
석질말	2464분33초	기 137도36분58초	위(胃)3도19분83초
석복	3347분88초	기 175도18분57초	필 14도28분82초
차합복	9987분60초	기 213도36분16초	정 25도73분41초

표 6.13.3 토성의 제단 초일 신전야반 정성과 성행수차

단목	가시분	신전야반 정성	신전야반 성행수차
합복	7378분71초	기 238도25분41초	성 4도30분66초
신질	2622분09초	기 240도83분81초	장 0도54분06초
신차질	4832분84초	기 244도39분47초	장 4도09분72초
신지	5809분79초	기 247도28분92초	장 6도99분17초
신류	6502분41초	기 248도90분49초	장 8도60분74초
신퇴	6502분41초	기 248도90분49초	장 8도60분74초
석퇴	3197분87초	기 245도32분13초	장 5도02분38초
석류	9893분32초	기 241도68분76초	장 1도39분01초
석지	9893분32초	기 241도68분76초	장 1도39분01초
석차질	0370분28초	기 243도23분23초	장 2도93분48초
석질	1314분10초	기 246도06분66초	장 5도76분91초
석복	2478분69초	기 249도56분89초	장 9도27분14초
차합복	7301분08초	기 251도99분08초	장 11도69분33초

표 6.13.4 금성의 제단 초일 신전야반 정성과 성행수차

단목	가시분	신전야반 정성	신전야반 성행수차
합복	0863분99초	기 118도46분73초	규 14도39분98초
석질초	8092분03초	기 164도49분95초	필 3도68분20초
석질말	7371분42초	기 225도95분39초	유 5도08분64초
석차질초	1373분14초	기 286도50분97초	진 8도15분22초
석차질말	1795분12초	기 338도80분55초	방 3도11분80초
석지초	5744분15초	기 18도47분51초	두 8도90분51초

단목	가시분	신전야반 정성	신전야반 성행수차
석지말	4122분35초	기 47도48분14초	여 7도43분14초
석류	5304분81초	기 52도20분93초	허 0도96분93초
석퇴	5304분81초	기 52도20분93초	허 0도96분93초
석퇴복	5277분87초	기 48도92분45초	여 8도87분45초
합퇴복	5749분12초	기 44도81분83초	여 4도76분83초
신퇴	6218분87초	기 40도47분01초	여 0도42분01초
신류	5750분43초	기 36도39분58초	우 3도28분58초
신지초	6097분83초	기 36도39분58초	우 3도28분58초
신지말	7038분42초	기 40도46분70초	여 0도41분70초
신차질초	1592분16초	기 68도65분17초	위(危)8도35분42초
신차질말	9724분72초	기 109도81분86초	규 5도75분11초
신질초	6587분41초	기 157도74분96초	묘 7도86분21초
신질말	7182분33초	기 214도78분08초	정 27도15분33초
신복	0484분04초	기 279도78분13초	진 1도42분38초
차합복	1115분19초	기 331도32분66초	저 11도93분91초

표 6.13.5 수성의 제단 초일 신전야반 정성과 성행수차

단목	가시분	신전야반 정성	신전야반 성행수차
합복	6521분02초	기 20도07분46초	두 10도50분46초
석질	7147분65초	기 52도45분09초	허 1도21분09초
석지	5363분29초	기 73도89분78초	위(危)13도60분03초
석류	5294분25초	기 84도61분24초	실 8도27분49초
석퇴복	5294분25초	기 84도61분24초	실 8도27분49초
합퇴복	7285분06초	기 77도58분73초	실 1도24분98초
신류	9275분86초	기 69도05분49초	위(危)8도75분74초
신지	9275분86초	기 69도05분49초	위(危)8도75분74초
신질	9856분21초	기 78도21분83초	실 1도88분08초
신복	3075분86초	기 101도17분09초	벽 6도44분34초
차합복	8959분34초	기 136도52분84초	위(胃)2도36분09초

6.14 제단의 일률과 도율 산정 求諸段日率度率

일률

'다음 단〔後段〕'의 가시일(加時日)을 놓고, '구하고자 하는 단〔本段〕'의 가시일을 빼면 일률이 된다. 다음 달의 가시일이 작아서 뺄 수 없는 경우에는 기법을 더하여 뺀다.

도율

구하고자 하는 단의 야반 정성(夜半定星)과 다음 단 야반 정성을 서로 빼면 도율이 된다. 야반 정성이 원래 없는 단의 경우는 대신 가시정성을 쓴다. 또한 야반 정성과 가시정성이 원래 모두 없는 단의 경우는 구하려는 단 전후 두 단의 야반 정성을 빌려 쓰되 순행인지 역행인지를 보고 차를 구하면 그 나머지가 도율이 된다.

置後段加時日，以本段加時日減之,【不及減者，加紀法減之】爲日率。以其段夜半定星與後段夜半定星相減，爲度率。【如元無夜半定星者，借用加時定星；又元無夜半及加時定星者，借本段前後二段夜半定星，視其順逆相減，餘爲度率】

해설

1) 일률

행성이 구하고자 하는 단을 지나는 데 소요되는 일수(日數)가 곧 그 단의 일률이다. 일률은 다음 단이 시작하는 순간의 가시일(加時日)에서 구하려는 단이 시작하는 순간의 가시일을 감하여 얻는다. 가시일은 앞서 6.10절에서 구한 가시일분(加時日分)에서 일(日) 미만의 값인 가시분(加時分)을 덜어 낸 나머지를 가리킨다. 그림 6.14.1의 아랫부분에서 보듯이 $(n+1)$단 초일 가시일에서 n단 초일 가시일을 빼면 n단의 일률이 된다.

그런데 가시일의 일진(日辰)은 갑자부터 계해까지 60일 중 어느 날을 나타내므로 $(n+1)$단 초일이 n단 초일보다 작은 경우가 있다. 이때는 $(n+1)$단 초일 가시일에 기법 60을 더한 후 n단 초일 가시일을 뺀다.

2) 도율

도율은 행성이 구하고자 하는 단을 지나는 동안 이동한 도수(度數)로서, 그 단에 드는 초일과 말일 신전야반을 기준으로 삼아 구한다. 즉 그림 6.14.1의 윗부분에서 보듯이 n단 초일 신전야반의 정성(定星)과 $(n+1)$단 초일 신전야반 정성의 차가 n단의 도율이다. 순행(順行)일 때는 $(n+1)$단 초일 신전야반의 정성에서 n단 초일 신전야반의 정성을 빼고, 역행(逆行)일 때는 n단 초일 신전야반의 정성에서 $(n+1)$단 초일 신전야반의 정성을 뺀다.

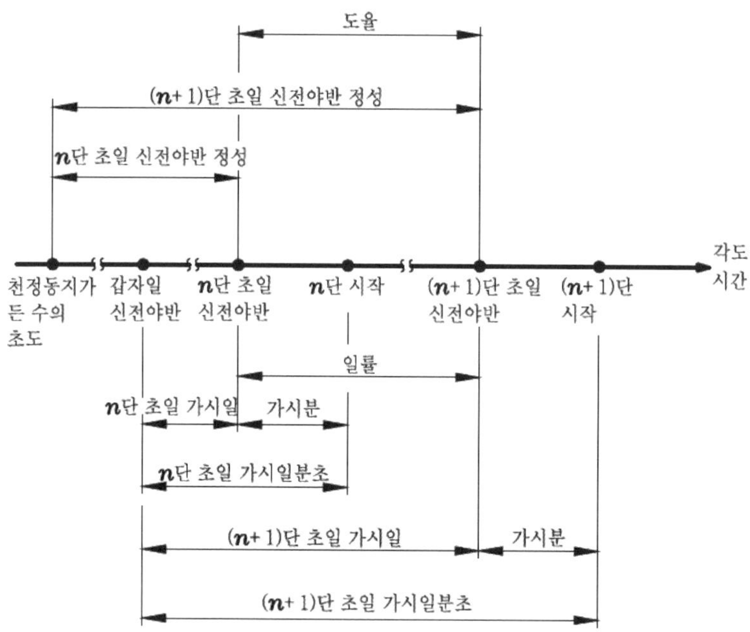

그림 6.14.1

3) 야반 정성이나 가시정성이 없는 경우

도율을 구하는 과정 뒤에 붙은 본문의 원주(原注)는 《수시력》을 비롯한 다른 역법에는 없는 것으로, 《칠정산내편》의 저자들이 덧붙인 내용이다. 야반 정성이나 가시정성이 '원래 없다〔元無〕'는 것은 다음 경우를 가리킨다. 즉 앞서 오성의 제단 입성에서 유단(留段)에는 평도(平度), 한도(限度), 그리고 초행률(初行率)이 공란(空欄)으로 남아 있으므로,[60] 그 단의 중성(中星)이나 입력(入曆) 등을 구할 수 없다는 의미이다.

엄밀하게 말하면 중성이나 입력을 구할 수 없는 것이 아니라 그 단의 값은 구할 필요가 없다고 해야겠지만, 정성(定星) 등의 산정에 반드시 필요한 수치를 담은 입성의 해당 난이 비어 있으므로 '원래 없다'고 밝힌 것일 뿐이다. 그러므로 야반 정성이나 가시정성이 무(無), 곧 0도인 것이 아니라, 그 단의 정성은 별도로 계산하지 않고 전후 단의 값을 가져다 쓴다고 하였다.

산식

① 일률 = MOD〔{(n+1)단 초일 가시일+60−n단 초일 가시일}, 60〕

② 〔순행〕이면

도율 = (n+1)단 초일 신전야반 정성−n단 초일 신전야반 정성

〔역행〕이면

도율 = n단 초일 신전야반 정성−(n+1)단 초일 신전야반 정성

가령

세종 정묘년의 오성 제단 일률과 도율

세종 정묘년에 목성이 합복단을 지나는 데 소요되는 일수, 즉 일률은 표

60 유단(留段)의 다음 단은 초행률만 공란이다.

6.10.1에서 구한다. 먼저 본단(本段)인 합복 초일 가시일분(加時日分) 05일6673분45초에서 가시분(加時分) 6673분45초를 덜어 낸 가시일(加時日) 5일과, 후단(後段)인 신질초(晨疾初)의 초일 가시일분 22일2212분36초에서 가시분을 덜어 낸 가시일 22일을 얻는다. 두 가시일의 차인 (신질초초일가시일 22일－합복초일가시일 5일=) 17일이 곧 합복의 일률이 된다.

순행하는 단인 합복에서 목성의 도율은 표 6.13.1에서 구한 신질초 초일 신전야반의 정성에서 합복 초일 신전야반 정성을 뺀 (신질초초일야반정성 기290도77분73초－합복초일야반정성 기287도11분85초=) 3도65분88초이다.

순행하던 목성이 신류(晨留)에 든 후에 운행을 멈추었다가 신퇴(晨退)에 들면서 퇴행하기 시작한다. 신퇴의 일률은 후단(後段)인 석퇴의 가시일에 기법(紀法) 60일을 보탠 후 본단(本段)인 신퇴의 가시일을 뺀 (석퇴가시일 23일+기법 60일－신퇴가시일 36일=) 47일이다. 그러나 퇴행단인 신퇴의 도율은 본단인 신퇴의 초일 신전야반 정성에서 후단인 석퇴의 초일 신전야반 정성을 뺀 (신퇴초일야반정성 307도25분60초－석퇴초일야반정성 302도40분40초=) 4도85분20초이다.

한편 화성이 석차질초에 든 경우는, 표 6.10.2에 주어진 후단인 석차질말의 가시일이 50일(갑인)이고 석차질초의 가시일은 48일(임자)이지만, 정적(定積)의 차를 고려하여 기법 60일을 더해야 하므로 일률이 62일이 된다.

이와 같이 세종 정묘년의 오성 제단 일률과 도율을 구하여 취합한 것이 표 6.14.1～표 6.14.3이다.

표 6.14.1 목성의 제단 일률과 도율

단목	일률	도율
합복	17일	3도65분88초
신질초	27일	5도51분92초
신질말	28일	5도17분31초
신지초	27일	3도89분64초
신지말	28일	1도89분00초
신류	24일	0도
신퇴	47일	4도85분20초
석퇴	46일	4도97분19초
석류	24일	0도
석지초	28일	1도68분01초
석지말	28일	4도01분17초
석질초	28일	5도18분68초
석질말	27일	5도56분08초
석복	17일	3도70분76초

표 6.14.2 화성과 토성의 제단 일률과 도율

<table>
<tr><th rowspan="2">단목</th><th colspan="2">화성</th><th colspan="2">토성</th></tr>
<tr><th>일률</th><th>도율</th><th>일률</th><th>도율</th></tr>
<tr><td>합복</td><td>58일</td><td>39도00분87초</td><td>21일</td><td>2도58분40초</td></tr>
<tr><td>신질초</td><td>48일</td><td>30도64분11초</td><td rowspan="2">31일</td><td rowspan="2">3도55분66초</td></tr>
<tr><td>신질말</td><td>46일</td><td>28도14분97초</td></tr>
<tr><td>신차질초</td><td>45일</td><td>26도13분17초</td><td rowspan="2">29일</td><td rowspan="2">2도89분45초</td></tr>
<tr><td>신차질말</td><td>42일</td><td>22도35분18초</td></tr>
<tr><td>신지초</td><td>38일</td><td>16도58분54초</td><td rowspan="2">26일</td><td rowspan="2">1도61분57초</td></tr>
<tr><td>신지말</td><td>29일</td><td>6도19분20초</td></tr>
<tr><td>신류</td><td>8일</td><td>0도</td><td>30일</td><td>0도</td></tr>
<tr><td>신퇴</td><td>29일</td><td>8도54분00초</td><td>53일</td><td>3도58분36초</td></tr>
<tr><td>석퇴</td><td>29일</td><td>8도15분48초</td><td>52일</td><td>3도63분37초</td></tr>
<tr><td>석류</td><td>8일</td><td>0도</td><td>30일</td><td>0도</td></tr>
</table>

단목	화성		토성	
	일률	도율	일률	도율
석지초	30일	6도59분62초	27일	1도54분47초
석지말	44일	22도52분49초		
석차질초	62일	42도24분10초	29일	2도83분43초
석차질말	75일	55도94분88초		
석질초	65일	47도09분74초	31일	3도50분23초
석질말	55일	37도81분99초		
석복	57일	38도17분59초	20일	2도42분19초

표 6.14.3 금성과 수성의 제단 일률과 도율

금성			수성		
단목	일률	도율	단목	일률	도율
합복	37일	46도03분22초	합복	17일	32도37분63초
석질초	50일	61도45분44초	석질	15일	21도44분69초
석질말	49일	60도55분58초			
석차질초	43일	52도29분58초			
석차질말	40일	44도92분71초			
석지초	34일	29도00분63초	석지	12일	10도71분46초
석지말	16일	4도72분79초			
석류	5일	0도	석류	2일	0도
석퇴	11일	3도28분48초	석퇴복	11일	7도02분51초
석퇴복	6일	4도10분62초			
합퇴복	6일	4도34분82초	합퇴복	11일	8도53분24초
신퇴	11일	4도07분43초			
신류	5일	0도	신류	2일	0도
신지초	16일	4도07분12초	신지	12일	9도16분34초
신지말	34일	28도18분47초			
신차질초	38일	41도16분69초	신질	16일	22도95분26초
신차질말	41일	47도93분10초			
신질초	47일	57도03분12초			
신질말	52일	65도00분05초			
신복	40일	51도54분53초	신복	18일	35도35분75초

6.15 제단의 평행분 산정 求諸段平行分

각 단의 도율(度率)을 놓고, 그 단의 일률(日率)로 나누면 곧 그 단의 평행도 분초(平行度分秒)가 된다.

各置其段度率，以其段日率除之，卽其段平行度及分秒。

해설

평행분

행성이 각 단(段)에서 하루 동안 운행하는 평균도수가 평행분이다. 그림 6.14.1에서 보였듯이 일률(日率)은 해당 단에 드는 날 신전야반부터 다음 단에 드는 날 신전야반까지 일수(日數)이고, 도율(度率) 역시 해당 단이 드는 날 신전야반부터 다음 단에 드는 날 신전야반까지 운행한 도수이므로, 도율을 일률로 나누면 1일 평균운행도수가 구해진다.

본문의 평행도 분초를 제목에서 평행분이라 칭한 것은 1일 평균운행도수가 내행성의 몇 단을 제외하고는 대부분 1도 미만의 분초(分秒)로 주어지기 때문이다.

산식

평행분 = 도율 / 일률

가령

세종 정묘년의 오성 제단 평행분

앞서 6.14절의 가령에서 세종 정묘년의 목성이 합복단을 지날 때의 일률과 도율을 구하였다. 그러므로 목성이 합복단을 지날 때 하루 동안 평균

운행도수를 가리키는 평행분은 (합복도율 3도65분88초 ÷ 합복일률 17일 =) 21분52초18이다.

또 금성이 신퇴(晨退)에 들어 퇴행할 때의 평행분 역시 6.14절의 가령에서 구한 도율을 일률로 나눠 구하면 (신퇴도율 4도07분43초÷신퇴일률 11일=) 37분03초91이다.

이와 같은 방식으로 세종 정묘년의 외행성과 내행성이 갖는 제단 평행분을 구하여 취합한 것이 표 6.15.1과 표 6.15.2이다.

표 6.15.1 세종 정묘년의 외행성 제단 평행분

단목	평행분		
	목성	화성	토성
합복	21분52초24	67분25초64	12분30초48
신질초	20분44초15	63분83초56	11분47초29
신질말	18분47초54	61분19초50	
신차질초	-	58분07초04	09분98초10
신차질말	-	53분21초86	
신지초	14분43초11	43분64초58	06분21초42
신지말	6분75초00	21분35초17	
신류	0분	0분	0분
신퇴	10분32초34	29분44초83	06분76초15
석퇴	10분80초85	28분12초00	06분98초79
석류	0분	0분	0분
석지초	6분00초04	21분98초73	05분72초11
석지말	14분32초75	51분19초30	
석차질초	-	68분13초06	09분77초34
석차질말	-	74분59초84	
석질초	18분52초43	72분45초75	11분29초77
석질말	20분59초56	68분76초35	
석복	21분80초94	66분97초53	12분10초95

표 6.15.2 세종 정묘년의 내행성 제단 평행분

금성		수성	
단목	평행분	단목	평행분
합복	1도24분41초14	합복	1도90분44초86
석질초	1도22분90초88	석질	1도42분97초96
석질말	1도23분58초33		
석차질초	1도21분61초81		
석차질말	1도12분31초78		
석지초	85분31초26	석지	89분28초80
석지말	29분54초94		
석류	0분	석류	0분
석퇴	29분86초19	석퇴복	63분86초45
석퇴복	68분43초67		
합퇴복	72분47초00	합퇴복	77분56초73
신퇴	37분03초91		
신류	0분	신류	0분
신지초	25분44초50	신지	76분36초17
신지말	82분89초62		
신차질초	1도08분33초39	신질	1도43분45초41
신차질말	1도16분90초49		
신질초	1도21분34초30		
신질말	1도25분00초10		
신복	1도28분86초33	신복	1도96분43초06

6.16 제단의 증감차와 일차 산정 求諸段增減差及日差

증감차

구하고자 하는 단(段)의 전과 후에 있는 단의 평행분(平行分)을 서로 빼면 그 단의 범차(汎差)가 되고, 범차를 2배하고 한 자리 물리면 증감차가 된다. 이 증감차를 그 단의 평행분에 가감하면 초말일행분(初末日行分)이 된다. 전단의 평행분이 후단의 평행분보다 클 때는 더한 것이 초일행분이고, 뺀 것이 말일행분이다. 전단의 평행분이 후단의 평행분보다 작을 때는 뺀 것이 초일행분이고 더한 것이 말일행분이다.

일차

증감차를 2배한 값이 총차(總差)이고, 이 총차를 일률(日率)에서 1을 감한 값으로 나누면 일차가 된다.

以本段前後平行分相減，爲其段汎差；倍而退位，爲增減差；以加減其段平行分，爲初末日行分。【前多後少者，加爲初，減爲末；前少後多者，減爲初，加爲末】倍增減差，爲總差；以日率減一，除之，爲日差。

해설

1) 범차

전단(前段)의 평행분과 후단(後段)의 평행분의 차가 범차이다. 즉 제n단의 범차는 $(n-1)$단의 평행분과 $(n+1)$단의 평행분의 차이다.

예를 들어 세종 정묘년에 평합에 든 화성의 회합주기에서 제13단인 석지말(夕遲末)부터 제17단인 석질말(夕疾末)까지 다섯 순행단(順行段)의 평행분은 아래 표 6.16.1의 제4열과 같고, 이로부터 구한 범차는 제5열과 같다.[61] 즉 제13단인 석지초의 범차는 후단인 제14단의 평행분과 전단인 제12단의 평행분의 차이므로 (석차질초평행분 68분13초06−석지초평행분 21분 98초73=) 46분14초33이다. 표 6.16.1의 나머지 범차 역시 같은 방법으로 구한다.

2) 증감차와 초말일행분

범차를 2배하고 한 자리를 물린 값, 곧 0.2배한 값이 증감차이다. 이는 행성이 제n단을 지나는 동안 매일의 행분(行分)이 선형(線形)적으로 변화한다고 가정하고, 그 변화율을 나타내기 위해 미리 도입한 값이다. 즉 평행분이 증가하는 구간에 제n단이 들어 있을 경우, 그 단의 평행분에서 증감차를 뺀 그 단의 초일행분부터 증감차를 더한 말일행분까지 행분이 매일 일정한 값만큼 바뀐다고 설정한 후, 제n단의 도율(度率)만큼 운행하는 동안 평행분의 변화 추세를 나타내는 수단으로서 범차의 0.2배인 증감차를 도입하였다.

평행분이 감소하는 구간에서 제n단이 들어 있는 경우는 그 단의 평행분에 증감차를 더한 값이 초일의 행분이고, 증감차를 뺀 값이 말일의 행분이 된다.

세종 정묘년에 평합에 든 화성이 후순행(後順行) 5단에서 갖는 증감차를 구하여 표 6.16.1의 6열에 나타내었다. 이 구간에서는 평행분이 증가하다가 감소하고 있다. 전단보다 후단의 평행분이 큰 석차질초의 초일행분은 평행분에서 증감차를 뺀 (석차질초평행분 68분13초06−석차질초증감차 4분68초11=) 63분44초95이고, 말일행분은 증감차를 더한 (석차질초평행분 68분13초06+석차질초증감차 4분68초11=) 72분81초17이다.

61 본문에서 특별히 언급하지는 않았으나 6.16절에서 다룬 증감차와 일차, 그리고 초말일행분 등의 산정식은, 화성의 경우, 합복(合伏)을 뒤따르는 신질초부터 신지초까지 다섯 순행단과, 석복(夕伏)에 앞서는 석지말부터 석질말까지 다섯 순행단에만 해당된다. 나머지 단들, 곧 복단(伏段), 지단(遲段), 퇴행단(退行段)에 대한 산정 과정은 6.17절에서 세분하여 다루고 있다.

그러나 석질초의 경우, 전단인 석차질말의 평행분이 후단인 석질말의 평행분보다 크다. 따라서 석질초의 초일행분은 평행분에서 증감차를 더한 (석질초평행분 72분45초75+석질초증감차 1분16초70=) 73분62초45이고, 말일행분은 증감차를 뺀 (석질초평행분 72분45초75−석질초증감차 1분16초70=) 71분29초05이다.

이런 방식으로 나머지 단의 초말일행분까지 구하여 표 6.16.2의 3열과 4열에 나타내었다.

표 6.16.1 화성의 후순행 5단 증감차

n	단목	일률	평행분	범차	증감차
13	석지말	44일	51분19초30	46분14초33	9분22초87
14	석차질초	62일	68분13초06	23분40초54	4분68초11
15	석차질말	75일	74분59초84	4분32초69	0분86초54
16	석질초	66일	72분45초75	5분83초49	1분16초70
17	석질말	55일	68분76초35	5분48초22	1분09초64

표 6.16.2 화성의 후순행 5단 초말일행분과 일차

n	단목	초일행분	말일행분	총차	일차
13	석지말	41분96초43	60분42초17	18분45초74	42초9242
14	석차질초	63분44초95	72분81초17	9분36초22	15초3478
15	석차질말	73분73초30	75분46초38	1분73초08	2초3389
16	석질초	73분62초45	71분29초05	2분33초40	3초5907
17	석질말	69분86초00	67분66초71	2분19초28	4초0607

3) 총차(總差)와 일차(日差)

총차는 증감차(增減差)의 2배이다. 평행분에 증감차를 더하거나 뺀 값이 초일 또는 말일의 행분이므로, 초일행분과 말일행분의 차가 곧 증감차의 2배인 총차이다.

일차는 구하고자 하는 단에서 행성 행분의 하루 동안 변화량을 가리킨다. 구하고자 하는 단의 초일행분과 말일행분의 차, 곧 총차를 그 단의

(일률−1)로 나누어 일차를 구한다. 이때 총차를 일률이 아닌 (일률−1)로 나누는 까닭은 제n단의 말일행분과 $(n+1)$단 초일행분을 구별하기 위함이다. 즉 제n단의 초일에 일률을 더한 날을 말일로 삼지 않고, 그보다 하루 앞선 날을 n단의 말일로 잡았기 때문이다.

위에서 예로 든 화성이 석지말과 석질말 사이 구간에서 갖는 총차와 일차를 구하여 표 6.16.2의 5열과 6열에 나타내었다.

그리고 이 예에서 구한 평행분과 증감차, 그리고 초말일행분 등이 갖는 의미가 무엇인지를 시각적으로 드러내기 위한 것이 그림 6.16.1과 그림 6.16.2이다.

6.2.2절 등 제단 입성에서 시작된 오성의 추보 과정에서 6.15절의 제단 평행분에 이르기까지 이미 주어졌거나 구했던 모든 수치는 해당 단(段) 내에서는 변하지 않는 상수(常數)였다. 그러므로 그림 6.16.1에서 보듯이 이웃한 단으로 넘어갈 때는 계단형의 불연속적 증감을 보일 수밖에 없다. 그런데 이런 계단식 증감으로는 행성의 행분이 매일 조금씩 변하는 모습을 제대로 나타낼 수 없으므로, 불연속인 그림 6.16.1의 평행분에 선형보간(線形補間)의 방식을 적용하여 그림 6.16.2와 같이 연속함수의 형태를 갖춘 매일 행분을 얻었다.

그림 6.16.1에서는 드러나 있지 않으나 범차(汎差)는 어느 단의 평행분이 그 단 전후 구간에 걸쳐 얼마나 빠르게 증가하거나 감소하는 추세 속의 값인지를 판별케 한다. 그리고 그림 6.16.1의 증감차는 기울기가 영(零)인 평행분을 기울여 일정한 기울기로 선형적으로 증감하는 행분을 만들고자 제단의 시작과 끝에 가감하는 정도를 가리킨다. 범차에 0.2를 곱한 값을 증감차로 삼은 예를 그림 6.16.2에서 보듯이, 계수 0.2는 경험에서 얻은 최적의 값이라 할 수 있다. 제단의 말일을 일률에서 하루를 뺀 날로 정한 것 역시 그림 6.16.2에서 보듯이 전단(前段) 말일과 본단(本段) 초일을 구별함으로써 불연속의 정도를 줄이기 위한 조치이다.

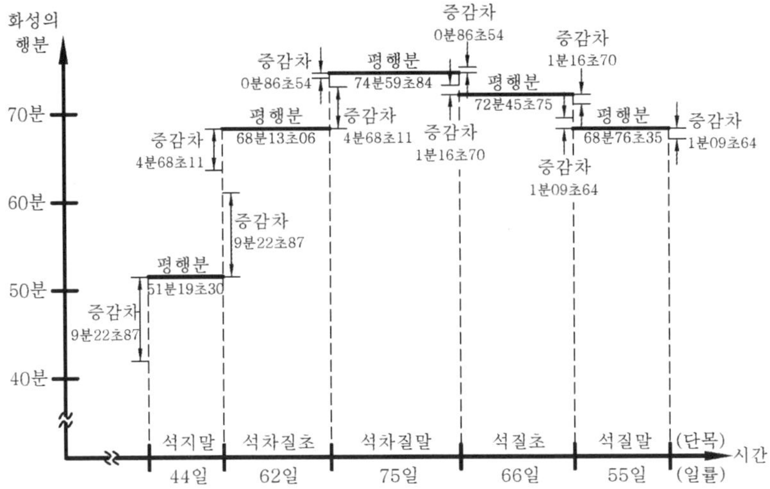

그림 6.16.1

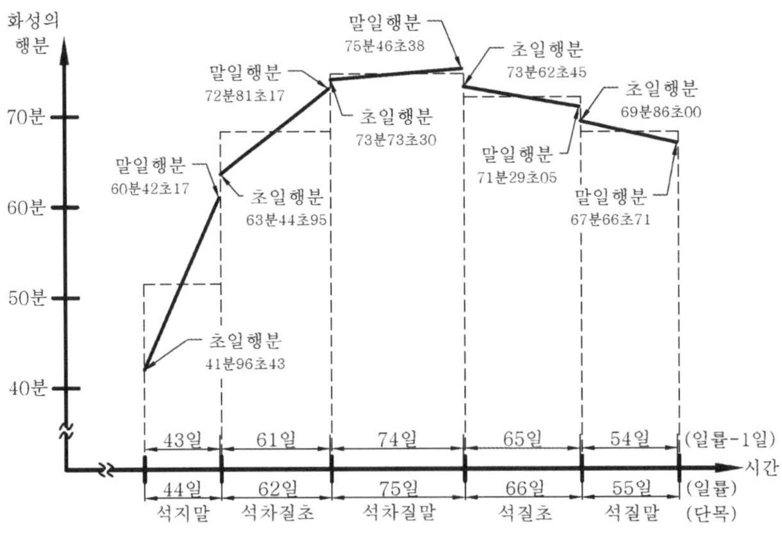

그림 6.16.2

산식

① n단 범차 = |(n+1)단 평행분−(n−1)단 평행분|

n단 증감차 = 2/10×n단 범차

② 〔전단 평행분 > 후단 평행분〕이면

초일행분 = n단 평행분+n단 증감차

말일행분 = n단 평행분−n단 증감차

〔전단 평행분 < 후단 평행분〕이면

초일행분 = n단 평행분−n단 증감차

말일행분 = n단 평행분+n단 증감차

③ 총차 = 2×증감차

④ 일차 = 총차/(일률−1)

가령

세종 정묘년에 평합에 든 오성이 전후 순행단 일부에서 갖는 증감차와 일차
이 가령에서는 오성의 전후 순행단(順行段) 가운데서 복단(伏段), 그리고 유단(留段)에 접한 지단(遲段)을 제외한 나머지 단을 대상으로 삼는다.

먼저 세종 정묘년에 평합에 든 목성이 신질초(晨疾初)부터 신지초(晨遲初)까지 3단에서 갖는 증감차와 일차 등은 앞의 6.15절에서 구한 제단 평행분으로부터 곧바로 구할 수 있다. 신질초에서 범차는 (합복평행분 21분52초24−신질말평행분 18분47초54=) 3분04초70이고, 증감차는 (신질초범차 3분04초70×0.2=) 60초94이다. 전순행(前順行)단에서는 평행분이 줄어들고 있으므로 신질초의 초일행분은 평행분에 증감차를 더한 값인 (신질초평행분 20분44초15+증감차 60초94=) 21분05초09이고, 말일행분은 (신질초평행분 20분44초15−증감차 60초94=) 19분83초21이다. 그리고 신질초의 총차는 (신질초초일행분 21분05초09−신질초말일행분 19분83초21=) 1분21초88이고, 일차는 (신질초총차 1분21초88÷(신질초일률 27일−1일)=) 4초68미77이다.

목성의 후순행(後順行)단에서는 평행분이 지속적으로 증가하고 있으므

로 초일행분보다 말일행분이 크다는 것 외에는 전순행단과 마찬가지 과정을 따른다. 목성의 전후 순행 6단에서 갖는 증감차와 일차, 그리고 초말일행분 등을 구하여 표 6.16.3에 나타내었다.

표 6.16.3 목성의 전후 순행 6단 증감차와 일차

단목	범차	증감차	초일행분	말일행분	총차	일차
신질초	3분04초70	0분60초94	21분05초09	19분83초21	1분21초88	4초6877
신질말	6분01초04	1분20초21	19분67초75	17분27초33	2분40초42	8초9044
신지초	11분72초54	2분34초51	16분77초62	12분08초60	4분69초02	18초0391
⋮	⋮	⋮	⋮	⋮	⋮	⋮
석지말	12분52초39	2분50초48	11분82초27	16분83초23	5분00초96	18초5539
석질초	6분26초81	1분25초36	17분27초07	19분77초79	2분50초72	9초2861
석질말	3분28초51	0분65초70	19분93초86	21분25초26	1분31초40	5초0538

화성의 경우는 앞서 해설에서 예로 들었던 후순행 5단을 제외한, 신질초부터 신지초까지 전순행 5단에 대한 증감차 등을 구하여 표 6.16.4에 나타내었다.

표 6.16.4 화성의 전순행 5단 증감차와 일차

단목	범차	증감차	초일행분	말일행분	총차	일차
신질초	6분06초14	1분21초23	65분04초79	62분62초33	2분42초46	5초1586
신질말	5분76초52	1분15초30	62분34초80	60분04초20	2분30초61	5초1246
신차질초	7분97초64	1분59초53	59분66초57	56분47초51	3분19초06	7초2513
신차질말	14분42초46	2분88초49	56분10초35	50분33초37	5분76초98	14초0728
신지초	31분86초69	6분37초34	50분01초92	37분27초24	12분74초68	34초4507

토성의 전후 지단(遲段)은 초말(初末)로 나뉘지 않은 채 유단(留段)에 접하고 있으므로 제외하고, 전질단인 신질(晨疾)과 신차질(晨次疾), 그

리고 후질단인 석차질(夕次疾)과 석질(夕疾)을 대상으로 삼아 앞서의 계산 예를 그대로 따르면 표 6.16.5와 같이 증감차 등을 구할 수 있다.[62]

표 6.16.5 토성의 전후 질단 증감차와 일차

단목	범차	증감차	초일행분	말일행분	총차	일차
신질	2분32초38	0분46초48	11분93초77	11분00초81	0분92초95	3초0984
신차질	5분25초87	1분05초17	11분03초27	8분92초93	2분10초35	7초5124
⋮	⋮	⋮	⋮	⋮	⋮	⋮
석차질	5분57초66	1분11초53	8분65초81	10분88초87	2분23초06	7초9666
석질	2분33초61	0분46초72	10분83초05	11분76초49	0분93초44	3초1148

내행성인 금성의 경우, 전순행단 중 석질초부터 석지초까지 다섯 단과, 후순행단 중 신지말부터 신질말까지 다섯 단이 산정 대상이다. 세종 정묘년에 평합에 든 금성은 석질초의 평행분이 석질말의 평행분보다 약간 크게 주어졌으므로 석질말의 초일행분뿐 아니라 심지어 말일행분조차 석질초의 말일행분보다 더 큰 값이 되었다. 금성의 전후 순행 10단에서 갖는 증감차 등을 구하여 표 6.16.6에 취합하였다.

62 범차에 0.2를 곱하여 증감차로 삼았지만 토성의 신질 말일행분보다 신차질 초일행분이 약간 큰 값이어서 평행분이 감소하는 전순행단의 추세를 반영하지 못하고 있다.

표 6.16.6 금성의 전후 순행 10단 증감차와 일차

단목	범차	증감차	초일행분	말일행분	총차	일차
석질초	0분82초81	0분16초56	1도23분07초44	1도22분74초32	0분33초12	0초6760
석질말	1분29초07	0분25초81	1도23분84초14	1도23분32초52	0분51초63	1초0756
석차질초	11분26초55	2분25초31	1도23분87초12	1도19분36초50	4분50초62	10초7290
석차질말	36분30초55	7분26초11	1도19분57초89	1도05분05초67	14분52초22	37초2364
석지초	82분76초84	16분55초37	1도01분86초61	68분75초87	33분10초74	1분0초3253
⋮	⋮	⋮	⋮	⋮	⋮	⋮
신지말	82분88초89	16분57초78	66분31초84	99분47초40	33분15초56	1분0초4714
신차질초	34분00초87	6분80초17	1도01분53초22	1도15분13초56	13분60초35	36초7662
신차질말	13분00초91	2분60초18	1도14분30초31	1도19분50초67	5분20초36	13초0091
신질초	8분09초61	1분61초92	1도19분72초38	1도22분96초22	3분23초84	7초0401
신질말	7분52초03	1분50초41	1도23분49초69	1도26분50초51	3분00초81	5초8983

수성이 전후 질단, 곧 석질(夕疾)과 신질(晨疾)에서 갖는 증감차와 일차 등은 표 6.16.7과 같다.

표 6.16.7 수성의 전후 질단 증감차와 일차

단목	범차	증감차	초일행분	말일행분	총차	일차
석질	1도01분16초06	20분23초21	1도63분21초17	1도22분74초75	40분46초42	2분89초03
⋮	⋮	⋮	⋮	⋮	⋮	⋮
신질	1도20분06초90	24분01초38	1도19분44초03	1도67분46초79	48분02초76	3분20초18

6.17 전후 복단·지단·퇴단의 증감차 산정 求前後伏遲退段增減差

6.17.1 전후 복단의 증감차[63]

전복단(前伏段)의 말일행분(末日行分)

전복단의 경우, 다음 단의 초일행분(初日行分)을 놓고, 그 단 일차(日差)의 반(半)을 더한 값이 말일행분이다.

후복단(後伏段)의 초일행분(初日行分)

후복단의 경우, 앞 단의 말일행분을 놓고, 그 단 일차의 반을 더한 값이 초일행분이다.

전후 복단의 증감차

전복단과 후복단 모두 위에서 구한 말일행분 또는 초일행분과 그 복단 평행분을 서로 뺀 나머지가 증감차이다.

前伏者, 置後段初日行分, 加其日差之半, 爲末日行分。後伏者, 置前段末日行分, 加其日差之半, 爲初日行分。皆以伏段平行分相減, 餘爲增減差。

해설

1) 전복단과 후복단

오성의 제단 입성에서 맨 앞의 합복(合伏)을 전복단, 마지막 석복(夕伏)

63 전후 복단의 증감차 : 6.17.1절부터 6.17.4절까지 소절(小節)의 제목은 내용에 준하여 역주본에서 단 것으로, 저본에는 없다.

또는 신복(晨伏)을 후복단이라 하였다.

행성이 태양을 사이에 두고 지구의 맞은편에 위치하여 완전히 가려졌을 때가 외합(外合)이며, 이때부터 다시 보이기 시작할 때까지 구간이 전복단이다. 외행성은 외합을 지난 후 새벽에 다시 보이기 시작하므로 합부터 신현(晨見)까지, 곧 신질초에 드는 순간까지가 전복단이며, 내행성은 외합을 지난 후 저녁에 다시 보이기 시작하므로 합부터 석현(夕見)까지, 곧 석질초에 드는 순간까지가 전복단이다.

후복단은 행성이 외합의 위치에 다가가면서 마지막으로 보인 때부터 외합까지 구간을 가리킨다. 외행성이 저녁에 보이다가 사라진 순간부터 합까지 구간인 석복(夕伏)과, 내행성이 새벽에 보이다가 사라진 순간부터 합까지 구간인 신복(晨伏)이 곧 후복단이다.

여기서 전후 복단을 별도의 대상으로 삼은 것은 앞서 6.17절에서 전후 질단(疾段)에 적용하였던 증감차 산정 방식을 첫 단인 전복단과 마지막 단인 후복단에는 적용할 수 없기 때문이다. 전복단부터 후복단까지 한 회합주기 내에서 구한 평행분만으로 첫 단과 마지막 단의 증감차와 행분을 구하기 위해 앞 절과는 다른 산정식을 제시하였다.

2) 전복단의 말일행분과 증감차

오성 제단 입성의 초행률(初行率)이 합복에서 가장 크고 전질단을 거치면서 지속적으로 줄어든다. 그뿐만 아니라 6.15절의 가령에서 구한 세종 정묘년에 평합에 든 오성의 평행분을 보더라도 합복의 평행분이 다음 단의 평행분보다 큰 값이다. 그렇다면 전복단의 말일행분이 다음 단의 초일행분보다 크다고 여기는 것이 당연하다.

전복단의 말일행분은 다음 단 초일행분에 그 단 일차(日差)의 절반을 더한 값으로 취하였다. 앞서 6.16절에서 평행분에 증감차를 가감하여 초말일행분을 구하였듯이, 6.15절에서 구한 전복단의 평행분과 위의 방식으로 구한 말일행분의 차를 전복단의 증감차로 삼았다.

예를 들어 세종 정묘년에 평합에 든 화성의 경우, 표 6.16.4에 주어진 제2단인 신질초(晨疾初)의 초일행분과 일차로부터 구한 전복단인 합복의 말일행분은 (신질초초일행분 65분04초79+신질초일차 5초15미86/2=) 65분07초37이며, 이 말일행분을 표 6.15.1에 주어진 합복의 평행분에서 뺀 전복단의 증감차는 (합복평행분 67분25초64−합복말일행분 65분07초37=) 2분18초27이다.

화성의 전복단 말일행분과 증감차 산정에 필요한 값들과 계산 결과를 표 6.17.1.1에 나타내었다.

표 6.17.1.1 화성의 전복단 말일행분과 증감차

단목	평행분	증감차	초일행분	말일행분	일차
합복	67분25초64	**2분18초27**	−	**65분07초37**	−
신질초	63분83초56	1분21초23	65분04초79	62분62초33	5초1586

3) 후복단의 초일행분과 증감차

오성 제단 입성의 초행률(初行率)은 후질단을 거쳐 후복단에 이르기까지 지속적으로 증가하고, 합복에서 최대에 이른다. 그리고 6.15절의 가령에서 보듯이 세종 정묘년에 평합에 든 오성의 평행분 역시 대체로 이런 추세를 따르고 있다. 일반적으로는 후복단의 초일행분이 앞 단 말일행분보다 크다고 여기는 것이 타당하다. 그래서 앞 단 말일행분에서 앞 단 일차(日差)의 절반을 뺀 값을 후복단의 초일행분으로 취하였고, 또 후복단의 초일행분과 평행분의 차로부터 증감차를 얻었다.

그런데 앞서 6.15절의 가령에서 보았듯이 세종 정묘년에 평합에 든 화성의 경우, 석차질말에서 평행분이 최대이고, 석질초말을 거쳐 석복에 이르기까지 평행분이 지속적으로 감소하였다. 오성 가운데 화성의 공전 궤도 이심률이 가장 크고, 따라서 최대 영축적도 가장 큰 만큼 제단의 입력(入曆)에 따라 일반적인 추세와는 상반되는 값을 보일 수 있음을 드러내는 예이다.

이렇게 후복단의 평행분이 감소하는 추세에서 앞 단보다 작은 경우에도 본문대로 후복단의 초일행분을 산정하였는지는 확실하지 않다. 아마도 본문은 일반적으로 증가 추세에 있는 후복단에 대한 산정식이 그렇다는 의미일 것이다. 화성이 후복단을 앞서는 후질단을 거치면서 그림 6.16.2와 같은 행분 변화를 보인 것을 고려한다면, 석복의 초일행분은 석질말의 말일행분에 일차의 절반을 더한 값이 아니라 오히려 뺀 값이었을 것이다. 이럴 경우 화성의 석복 초일행분은 (석질말말일행분 67분66초71－석질말일차 4초06미09/2＝) 67분64초68이고, 석복의 증감차는 (석복초일행분 67초64미68－석복평행분 66분97초53＝) 0분67초15일 것이다.

화성의 후복단 초일행분과 증감차 산정에 필요한 값들과 계산 결과를 표 6.17.1.2에 나타내었다.

표 6.17.1.2 화성의 후복단 초일행분과 증감차

단목	평행분	증감차	초일행분	말일행분	일차
석질말	68분76초35	1분09초64	69분86초00	67분66초71	4초0609
석복	66분97초53	**0분67초15**	**67분64초68**	-	-

4) 일차(日差)의 반(半)

전복단의 말일행분을 구하기 위해 다음 단의 초일행분에 다음 단 일차의 절반을 더하였고, 후복단의 초일행분을 구하기 위해 앞 단의 말일행분에 앞 단 일차의 절반을 더하였다. 이는 전복단과 다음 단 또는 후복단과 앞 단의 접속 구간에서 행분 변화가 최대한 완만하도록 조정하기 위한 조치이다.

산식

① 전복단(제1단) 말일행분 ＝ 제2단 초일행분＋1/2×제2단 일차

증감차 ＝ 전복단 평행분－전복단 말일행분

② 후복단(제ω단) 초일행분 = 제($\omega-1$)단 말일행분+1/2×제($\omega-1$)단 일차

증감차 = 후복단 평행분－후복단 초일행분

가령

1) 세종 정묘년의 오성 전복단 말일행분과 증감차

앞서 6.16절의 가령에 주어진 목성의 신질초 초일행분과 일차로부터 세종 정묘년의 합복 말일행분을 구하면 (신질초초일행분 21분05초09+신질초일차 4초6877/2=) 21분07초43이고, 말일행분과 평행분의 차인 합복의 증감차는 (합복평행분 21분52초24－합복말일행분 21분07초43=) 44초81이다.

이와 같은 방법으로 오성의 전복단 말일행분과 증감차를 구하여 취합한 것이 표 6.17.1.3이다.

표 6.17.1.3 세종 정묘년의 오성 전복단 말일행분과 증감차

	평행분	말일행분	증감차
목성 합복	21분52초24	21분07초43	0분44초81
화성 합복	67분25초64	65분07초37	2분18초27
토성 합복	12분30초48	11분95초32	0분35초16
금성 합복	1도24분41초14	1도23분07초78	1분33초36
수성 합복	1도90분44초86	1도64분65초69	25분79초18

2) 세종 정묘년에 평합에 든 오성의 후복단 초일행분과 증감차

앞서 6.16절의 가령에 주어진 목성의 석질말 말일행분과 일차로부터 세종 정묘년에 평합에 든 목성의 석복 초일행분을 구하면 (석질말말일행분 21분25초26+석질말일차 5초0538/2=) 21분27초79이고, 초일행분과 평행분의 차인 석복의 증감차는 (석복평행분 21분80초94－석복초일행분 21분27초79=) 0분53초15이다.

이와 같은 방법으로 오성의 후복단 초일행분과 증감차를 구하여 취합한 것이 표 6.17.1.4이다.

표 6.17.1.4 세종 정묘년에 평합에 든 오성의 후복단 초일행분과 증감차

	평행분	초일행분	증감차
목성 석복	21분80초94	21분27초79	0분53초15
화성 석복	66분97초53	67분64초68	0분67초15
토성 석복	12분10초95	11분78초05	0분32초90
금성 신복	1도28분86초33	1도26분53초46	2분32초87
수성 신복	1도96분43초06	1도69분06초88	27분36초18

6.17.2 전후 지단의 증감차

전지단(前遲段)의 초일행분

전지단의 경우, 앞 단의 말일행분을 놓고, 그 단 일차의 2배를 뺀 값이 초일행분이다.

후지단(後遲段)의 말일행분

후지단의 경우, 다음 단의 초일행분을 놓고, 그 단 일차의 2배를 뺀 값이 말일행분이다.

전후 지단의 증감차

전지단과 후지단 모두 위에서 구한 초일행분 또는 말일행분과 그 지단의 평행분을 서로 뺀 나머지가 증감차이다. 이는 전후의 유(留)에 이웃한 지단에 대한 내용이다.

금성의 불륜(不倫) 때 증감차와 초말일행분

금성의 석지말(夕遲末)이나 신지초(晨遲初)에서 만약 증감차가 평행분보다 크다면 이를 가리켜 불륜(不倫)이라 한다. 이때 일률이 15일이면 평행분을 놓고 87초496을 곱하여 증감차를 얻고, 16일이면 평행분을 놓고 88초231을 곱하여 증감차를 얻으며, 17일이면 평행분을 놓고 88초885

를 곱하여 증감차를 얻는다. 석지말에서는 평행분에 증감차를 더한 값이 초일행분이고, 뺀 값이 말일행분이며, 신지초에서는 뺀 값이 초일행분이고 더한 값이 말일행분이다.[64]

前遲者，置前段末日行分，倍其日差減之，爲初日行分。後遲者，置後段初日行分，倍其日差減之，爲末日行分。皆以遲段平行分相減，餘爲增減差。【前後近留之遲段】

【金星[65]夕遲末與晨遲初，如增減差多平行分少者，名曰不倫。如日率是十五日者，置平行分，以八十七秒四九六乘之，得增減差；十六日者，置平行分，以八十八秒二三一乘之，得增減差；十七日者，置平行分，以八十八秒八八五乘之，得增減差。夕遲末者，加爲初，減爲末；晨遲初者，減爲初，加爲末】

해설

1) 전지단과 후지단

본문 원주(原注)에서 '전후의 유(留)에 이웃한 지단(遲段)'이라고 했듯이, 평합 이후 순행하던 행성이 유단(留段)에 들어 멈추기 바로 전에 든 구간을 전지단이라 하였고, 역행하던 행성이 유단에서 멈추었다가 다시 순행을 시작하는 구간을 후지단이라 하였다. 전후 지단은 평행분이 영(零)인 유단과 접하므로 앞서 6.16절에서 적용하였던 증감차 산정식이 아닌 별도의 방식을 따르게 하였다.

외행성인 목성・화성・토성의 전지단은 신류(晨留)에 앞서는 신지말

64 금성의……말일행분이다 : 저본에서는 퇴단에 붙은 원주(原註)이나, 추산의 흐름을 고려하여 지단 부분으로 옮겼다.

65 金星 : 저본과 갑인자본에는 '金火二星'으로 되어 있으나, 뒤이은 '석지말(夕遲末)'과 '신지초(晨遲初)'가 내행성에 적용되는 단목(段目)이며, 오직 금성에서만 일률(日率)이 16일 전후인 것을 근거로 바로잡았다.

(晨遲末)이고, 후지단은 석류(夕留)를 뒤따르는 석지초(夕遲初)이다. 그러나 내행성인 금성의 전지단은 석류 앞의 석지말(夕遲末)이고, 신류 뒤의 신지초(晨遲初)가 후지단이다. 수성의 전후 지단은 석지(夕遲)와 신지(晨遲)이다.

2) 전지단의 초일행분과 증감차

전지단의 경우, 유단에 접근하면서 행분(行分)이 줄어들고 있으므로, 앞 단의 말일행분에서 그 단 일차의 2배를 뺀 값을 초일행분으로 삼았다. 이렇게 구한 초일행분과 평행분의 차가 전지단의 증감차이다.

예를 들어 세종 정묘년에 평합에 든 화성의 전지단, 곧 신지말의 초일행분은 6.16절의 가령에서 구한 신지초 말일행분에서 일차의 2배를 뺀 (신지초말일행분 37분27초24−2×신지초일차 34초4507=) 36분58초34이며, 6.15절의 가령에서 구한 평행분으로부터 구한 신지말의 증감차는 (신지말초일행분 36분58초34−신지말평행분 21분35초17=) 15분23초17이다.

화성의 전지단 초일행분과 증감차 산정에 필요한 값들과 계산 결과를 표 6.17.2.1에 나타내었다.

표 6.17.2.1 화성의 전지단 초일행분과 증감차

단목	평행분	증감차	초일행분	말일행분	일차
신지초	43분64초58	6분37초34	50분01초92	37분27초24	34초4507
신지말	21분35초17	**15분23초17**	**36분58초34**	–	–

3) 후지단의 말일행분과 증감차

유단을 벗어나 순행하기 시작한 후지단의 경우, 행분이 증가하면서 다음 단에 들어서므로, 다음 단의 초일행분에서 그 단 일차의 2배를 뺀 값을 후지단의 말일행분으로 삼았다. 이렇게 구한 말일행분과 평행분과의 차가 후지단의 증감차이다.

예를 들어 세종 정묘년에 평합에 든 화성의 후지단, 곧 석지초의 말일행분은 앞서 6.16절의 해설에서 구한 석지말의 초일행분에 일차의 2배를 뺀 (석지말초일행분 41분96초43－2×석차질초일차 42초9242＝) 41분10초58이며, 6.15절의 가령에서 구한 평행분으로부터 구한 석지초의 증감차는 (석지초말일행분 41분10초58－석지초평행분 21분98초73＝) 19분11초85이다.

화성의 후지단 말일행분과 증감차 산정에 필요한 값들과 계산 결과를 표 6.17.2.2에 나타내었다.

표 6.17.2.2 화성의 후지단 말일행분과 증감차

단목	평행분	증감차	초일행분	말일행분	일차
석지초	21분98초73	**19분11초85**	-	**41분10초58**	-
석지말	51분19초30	91분22초87	41분96초43	60분42초17	42초9242

4) 일차(日差)의 2배

전지단의 초일행분을 구하기 위해 앞 단의 말일행분에서 앞 단 일차의 2배를 빼고, 후지단의 말일행분을 구하기 위해 다음 단의 초일행분에서 다음 단 일차의 2배를 뺐다. 전지단과 앞 단 사이 또는 후지단과 다음 단 사이에 행분 변화가 최대한 완만하도록 조정하기 위한 조치이지만, 6.17.1절의 전후 복단에서 일차의 절반만 반영하던 것과는 대비되는 조정이다. 이는 6.16절의 가령에서 확인되듯이 전후 복단에 이웃한 단의 증감차나 일차에 비해 전후 지단에 이웃한 순행단의 증감차나 일차가 매우 큰 값인 것과 관련이 있다. 즉, 이웃 단에서 전후 지단에 다가올수록 행분의 변화가 더 심해지는 추세에서 이웃 단과 접하고 있으므로 일차의 2배를 반영하여 지단의 초일 또는 말일행분을 구하였다.

5) 금성의 불륜(不倫)

어느 행성이나 유단(留段)에서 먼 때는 평행분보다 증감차가 훨씬 작지만, 행성이 유단에 접근할수록 평행분은 줄어들고 증감차는 증가한다. 앞의 표 6.17.2.1과 표 6.17.2.2에서 보듯이 화성이 전후 지단에 든 때는 증감차가 평행분의 절반보다 큰 값이다. 특히 금성이 지단(遲段)인 석지말(夕遲末)이나 신지초(晨遲初)에 든 때는 증감차가 평행분보다 큰 값일 수도 있는데, 이런 경우를 불륜이라 하였다.

예를 들어 세종 정묘년에 평합에 든 금성이 전지단인 석지말에 이르렀을 때 본문의 일반적인 방식을 따라 증감차를 구해 평행분과 비교해 보자. 먼저 석지초의 말일행분이 (석지초평행분 85분31초26−석지초증감차 16분55초37=) 68분75초89이고, 석지초의 일차가 (2×석지초증감차 16분55초37/(석지초일률 34일−1일)=) 1분00초3255이므로, 석지초 말일행분에서 일차의 2배를 뺀 석지말의 초일행분은 (석지초말일행분 68분75초89−석지초일차 1분00초3255×2=) 66분75초24이고, 석지말의 증감차는 (석지말초일행분 66분75초24−석지말평행분 29분54초94=) 37분20초30이 된다. 따라서 금성의 전지단인 석지말은 평행분보다 증감차가 큰 불륜단이 된다.

불륜인 단에서는 평행분에서 증감차를 뺄 수 없으므로 앞서 제시된 일반적인 방법으로는 초말일행도를 구할 수 없으며, 그래서 단일(段日)에 따른 증감차 산식을 별도로 제시하여 증감차가 평행분보다 크지 않게 하였다.

《중수대명력(重修大明曆)》과 《경오원력(庚午元曆)》의 '매일 신전야반의 성행수차 산정〔求每日晨前夜半星行宿次〕' 조 주석에, 서로 접한 두 단 사이에서 앞 단 말일행분과 다음 단 초일행분의 차는 일차(日差)의 1, 2배를 넘지 않아야 한다고 했고, 만약 행분의 차가 일차의 몇 배 이상이 되거나 두 행분의 크기가 "증감의 추세에 맞지 않게 바뀌었으면〔顚倒不倫〕" 전후의 증감차에 비추어 "추세에 맞게〔使其有倫〕" 조정해야 한다고 하였다.[66] 그러나 《중수대명력》과 《경오원력》, 그리고 《수시력》에는 불륜(不倫)을 조정하기 위한 계수가 특별히 제시되어 있지 않다.

《칠정산내편》에 제시된 조정 계수는 《대통력(大統曆)》의 특례를 준용한 것인데, 《대통력》의 '불륜분(不倫分)' 조에는 본문의 세 가지 외에 "일률 =14일인 경우, 증감차=평행분×86초761"이라는 조항도 들어 있다.[67]

산식

① 전지단(제m단) 초일행분 = $(m-1)$단 말일행분$-2\times(m-1)$단 일차
증감차 = 전지단 초일행분－전지단 평행분

② 후지단(제n단) 말일행분 = $(n+1)$단의 초일행분$-2\times(n+1)$단 일차
증감차 = 후지단 말일행분－후지단 평행분

③ 금성 불륜단 :

〔일률 = 15일〕이면

증감차 = 평행분×87초496/(100초/분)

〔일률 = 16일〕이면

증감차 = 평행분×88초231/(100초/분)

〔일률 = 17일〕이면

증감차 = 평행분×88초885/(100초/분)

초말일행분 = 평행분±증감차

(단, 석지말의 초일행분이나 신지초의 말일행분은 +, 석지말의 말일행분이나 신지초의 초일행분은 －)

66 《금사(金史)》 권22 〈중수대명력 하(重修大明曆下)〉; 《원사(元史)》 권57 〈경오원력 하(庚午元曆下)〉. "視前段末日、後段初日行分相較之數, 不過一二日差爲妙. 或多日差數倍, 或顚倒不倫, 當類同前後增減差稍損益之, 使其有倫, 然後用之."

67 《명사(明史)》 권36 〈대통력법(大統曆法) 추보(推步)〉. "不倫分. 金、火星之夕遲末與晨遲初, 其增減差多於平行分者, 爲不倫分也. 十七日, 八十八秒八八五; 十六日, 八十八秒二三一; 十五日, 八十七秒四九六; 十四日, 八十六秒七六一."

가령

1) 세종 정묘년의 금성을 제외한 네 행성 전지단 초일행분과 증감차

세종 정묘년에 평합에 든 목성이 전지단인 신지말에서 갖는 초일행분은 (신지초말일행분 12분08초60−2×신지초일차 18초0391=) 11분72초52이고, 증감차는 (신지말초일행분 11분72초52−신지말평행분 6분75초00=) 4분97초52이다.

해설에서 불륜이 확인된 금성을 제외한 나머지 네 행성의 전지단 초일행분과 증감차를 위와 같은 방식으로 구하여 표 6.17.2.3에 나타내었다.

표 6.17.2.3 세종 정묘년의 네 행성 전지단 초일행분과 증감차

	평행분	증감차	초일행분
목성 신지말	6분75초00	4분97초51	11분72초51
화성 신지말	21분35초17	15분23초17	36분58초34
토성 신지	6분21초42	2분56초49	8분77초91
수성 석지	89분28초80	27분67초89	116분96초69

2) 세종 정묘년의 금성을 제외한 네 행성 후지단 말일행분과 증감차

세종 정묘년에 평합에 든 목성이 후지단인 석지초에서 갖는 말일행분은 (석지말초일행분 11분82초27−2×석지말일차 18초5539=) 11분45초16이고, 증감차는 (석지초말일행분 11분45초16−석지초평행분 6분00초04=) 5분45초12이다.

불륜 여부를 확인해야 할 금성을 제외한 나머지 네 행성의 후지단 말일행분과 증감차를 위와 같은 방식으로 구하여 표 6.17.2.4에 나타내었다.

표 6.17.2.4 세종 정묘년의 네 행성 후지단 말일행분과 증감차

	평행분	증감차	말일행분
목성 석지초	6분00초04	5분45초12	11분45초16
화성 석지초	21분98초73	19분11초85	41분10초58
토성 석지	5분72초11	2분77초77	8분49초88
수성 신지	76분36초17	36분67초50	113분03초67

3) 세종 정묘년의 금성 전후 지단 증감차와 초말일행분

앞서 해설에서 살펴보았듯이 금성의 전지단인 석지말은 증감차가 평행분보다 크다. 불륜인 석지말의 일률이 16일이므로 증감차는 (석지말평행분 29분54초94×0.88231=) 26분07초23이고, 초일행분은 (석지말평행분 29분54초94+석지말증감차 26분07초23=) 55분62초17이다.

한편 6.16절의 가령에서 구한 신지말의 초일행분에서 일차의 2배를 빼면 (신지말초일행분 66분31초84−신지말일차 1분00초4714×2=) 64분30초90을 얻는다. 이 값에서 신지초의 평행분을 뺀 (64분30초90−신지초평행분 25분44초50=) 38분86초40을 신지초의 증감차라 하면, 증감차가 평행분보다 큰 값이 되므로 신지초 역시 불륜단이 된다.

따라서 일률이 16일인 신지초의 증감차는 (신지초평행분 25분44초50×0.88231=) 22분45초04로 바뀌고, 말일행분은 (신지초평행분 25분44초50+신지초증감차 22분45초04=) 47분89초54가 된다.

위에서 구한 금성의 불륜단 증감차와 초말일행분을 표 6.17.2.5에 취합하였다.

표 6.17.2.5 세종 정묘년의 금성 전후 지단 증감차와 초말일행분

	평행분	증감차	초일행분	말일행분
석지말	29분54초94	26분07초23	55분62초17	3분47초71
신지초	25분44초50	22분45초04	2분99초46	47분89초54

6.17.3 전후 퇴단의 증감차

목성·화성·토성의 퇴행단(退行段) 증감차

목성·화성·토성의 퇴행(退行)하는 단에서는 평행분에 6을 곱하고 한 자리를 물린 값이 증감차이다.

금성의 퇴행단 증감차

금성의 전후 퇴복단(退伏段)에서는 평행분에 3을 곱하고 반(半)을 취한 후 한 자리를 물린 값이 증감차이다. 전퇴단에서는 다음 단의 초일행분을 놓고 그 단 일차를 뺀 값을 말일행분으로 삼고, 후퇴단에서는 앞 단의 말일행분을 놓고 그 단 일차를 뺀 값을 초일행분으로 삼는다. 전후 퇴단 모두 이렇게 구한 말일행분 또는 초일행분과 그 단의 평행분을 서로 뺀 나머지가 증감차이다.

수성의 퇴행단 증감차

수성의 퇴행하는 단에서는 평행분의 반이 증감차이다.

○ 木、火、土三星退行者，六因平行分，退位，爲增減差。

○ 金星前後退伏者，三因平行分，半而退位，爲增減差。前退者，置後段初日行分，以其日差減之，爲末日行分；後退者，置前段末日行分，以其日差減之，爲初日行分。皆以本段平行分相減，餘爲增減差。

○ 水星退行者，半平行分，爲增減差。

해설

1) 퇴행단, 퇴단, 퇴복단

그림 6.2.1 등에서 보듯이 외행성인 목성, 화성, 토성이 지구와 충(衝)을 이루는 위치에 가까울 때는 마치 행성이 퇴행하는 듯이 보인다. 충에 이르기 전에는 외행성이 저녁 늦은 시각에 떠오른 후 주로 새벽하늘에서 퇴행을 보이다가 아침 햇빛 속으로 사라지므로 신퇴(晨退)라 하였고, 충을 지난 후에는 외행성이 일몰 때 이미 떠올라 있어 주로 저녁하늘에서 퇴행을 보이다가 이른 새벽에 지므로 석퇴(夕退)라 하였다. 외행성이 태양과 정반대 위치인 충을 지날 때는 일몰 때 떠올라 일출 때 지므로 밤새 보일

뿐 아니라 퇴행속도가 가장 크다.

이에 비해 내행성의 퇴행은 그림 6.5.2에서 보듯이 내합(內合)에 가까울 때 일어나므로 퇴행 중에 햇빛에 가려 보이지 않는 퇴복(退伏)의 구간을 지나게 된다. 따라서 금성의 퇴행단은 눈에 보이는 가운데 퇴행하는 퇴단(退段)과 햇빛에 가려 보이지 않는 채 퇴행하는 퇴복단(退伏段)으로 구분된다. 즉, 유단(留段)에 접한 석퇴(夕退)와 신퇴(晨退)가 전후의 퇴단이고, 내합에 접한 구간인 석퇴복(夕退伏)과 합퇴복(合退伏)이 전후의 퇴복단이다.

그러나 수성의 경우, 석류(夕留)와 신류(晨留)의 위치가 수성의 최대 이각(離角) 부근이므로 퇴행의 전 구간이 햇빛에 가려 보이지 않는다. 그림 6.17.1에서 보듯이 수성의 퇴행단은 퇴복단인 석퇴복과 합퇴복뿐이다.

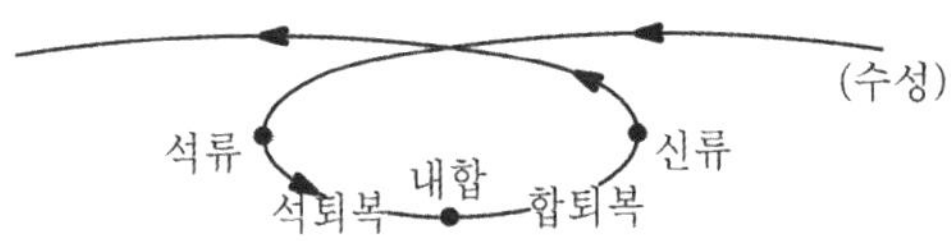

그림 6.17.1

2) 외행성과 수성의 퇴행단 증감차

평행분이 영(零)인 유단(留段)부터 퇴행 속도가 가장 큰 순간인 외행성의 충(衝) 또는 수성의 내합(內合)까지의 구간을 단 한 개의 퇴행단으로 나타내었을 뿐이다. 충 또는 내합에 이르기 전에는 운행속도가 증가하다가 충 또는 내합을 지난 후에는 감소하며 거의 대칭을 이루므로, 이런 경우는 퇴행단 평행분의 절반 정도를 취하여 증감차로 삼는 것이 합당하다. 그래서 외행성에서는 평행분의 6/10을, 또 수성에서는 평행분의 1/2을 증감차로 취하였을 것이다.

3)금성의 퇴행단 증감차

금성의 퇴행단은 퇴단과 퇴복단으로 구분되었다. 내합의 전후에 접하는 석퇴복과 신퇴복에서는 평행분의 3/20을 증감차로 삼았다. 금성의 퇴복단 평행분이 퇴단 평행분에 비해 2배 이상 큰 값이고, 또 내합 전후로 속도 변화가 그리 크지 않다고 가정할 수 있으므로 평행분의 0.15배만을 증감차로 취하였다고 볼 수 있다.

금성의 전후 퇴단의 증감차 산법은 앞서 다루었던 복단(伏段)이나 지단(遲段)의 방식과 같다. 곧 전후 단의 초일 또는 말일행분과 일차를 이용하여 퇴단의 초일 또는 말일행분을 구한 후, 퇴단의 평행분과 차를 구하여 증감차로 삼았다. 다만 복단에서 초말일행분을 구할 때는 전후 단 일차의 1/2배를 가감하고, 지단에서는 2배를 가감한 것에 비해 금성의 퇴단에서는 일차를 그대로 가감하는 것이 다를 뿐이다.

산식

① 외행성의 퇴행단 증감차 = 6/10×퇴행단 평행분

② 금성

〔퇴복단〕이면

증감차 = 3/20×퇴복단 평행분

〔전퇴단(제m단)〕이면

말일행분 = $(m+1)$단 초일행분－$(m+1)$단 일차

증감차 = 전퇴단 말일행분－전퇴단 평행분

〔후퇴단(제n단)〕이면

초일행분 = $(n-1)$단 말일행분－$(n-1)$단 일차

증감차 = 후퇴단 초일행분－후퇴단 평행분

③ 수성의 퇴행단 증감차 = 1/2×퇴행단 평행분

가령

1) 외행성과 수성의 퇴행단 증감차

세종 정묘년에 평합에 든 오성의 전후 퇴단 평행분은 6.15절의 가령에 주어져 있다. 이로부터 구한 목성의 전퇴단인 신퇴의 증감차는 (신퇴평행분 10분32초34×6/10=) 6분19초40이고, 후퇴단인 석퇴의 증감차는 (석퇴평행분 10분80초85×6/10=) 6분48초51이다. 또 수성의 전퇴복단인 석퇴복의 증감차는 (석퇴복평행분 63분86초45÷2=) 31분93초23이다.

이와 같이 구한 외행성과 수성의 퇴행단 증감차를 표 6.17.3.1에 취합하였다.

6.17.3.1 외행성과 수성의 퇴행단 증감차

	전퇴단		후퇴단	
	평행분	증감차	평행분	증감차
목성	10분32초34	6분19초40	10분80초85	6분48초51
화성	29분44초83	17분66초90	28분12초00	16분87초20
토성	6분76초15	4분05초69	6분98초79	4분19초27
수성	63분86초45	31분93초23	77분56초73	38분78초37

2) 금성의 퇴행단 초말일행분과 증감차

금성의 전퇴복단인 석퇴복의 평행분 68분43초67로부터 구한 증감차가 (석퇴복평행분 68분43초67×3/20=) 10분26초55이므로, 석퇴복의 초일행분은 (석퇴복평행분 68분43초67−석퇴복증감차 10분26초55=) 58분17초12이고, 일차는 (석퇴복증감차 10분26초55×2/(석퇴복일률 6일−1일)=) 4분10초62이다.

따라서 석퇴복을 앞서는 석퇴의 말일행분은 (석퇴복초일행분 58분17초12−석퇴복일차 4분10초62=) 54분06초50이 되고, 석퇴의 증감차는 (석퇴말일행분 54분06초60−석퇴평행분 29분86초19=) 24분20초31이 된다.

마찬가지 방식으로 금성의 후퇴행단인 합퇴복과 신퇴의 증감차와 초말일행분을 구하여 취합한 것이 표 6.17.3.2이다.

6.17.3.2 금성의 전후 퇴행단 증감차와 초말일행분

	평행분	증감차	초일행분	말일행분	일차
석퇴	29분86초19	24분20초31	5분65초88	54분06초50	4분84초06
석퇴복	68분43초67	10분26초55	58분17초12	78분70초22	4분10초62
합퇴복	72분47초00	10분87초05	83분34초05	61분59초95	4분34초82
신퇴	37분03초91	20분21초22	57분25초13	16분82초69	4분04초24

6.17.4 전후 복단·지단·퇴단의 초말일행분·총차·일차

초말일행분(初末日行分)

모두 평행분에 증감차를 가감한 값이 초말일행분이다. 앞 단의 평행분이 다음 단의 평행분보다 클 때는 평행분에 증감차를 더한 것이 초일행분이고, 뺀 것이 말일행분이다. 앞 단의 평행분이 다음 단의 평행분보다 작을 때는 뺀 것이 초일행분이고, 더한 것이 말일행분이다.

총차(總差)와 일차(日差)

또 증감차를 2배하면 총차가 되고, 일률(日率)에서 1을 감한 값으로 총차를 나누면 일차가 된다.

並以增減差加減平行分，爲初末日行分。【前多後少者，加爲初，減爲末；前少後多者，減爲初，加爲末】又倍增減差，爲總差；以日率減一，除之，爲日差。

해설

전후 복단·지단·퇴단의 초말일행분·총차·일차

6.16절에서는 일반적인 순행단(順行段)에 대한 증감차와 초말일행분 산법이 제시되었고, 6.17.1절~6.17.3절에서는 복단(伏段), 지단(遲段), 퇴행단(退行段) 등 특별한 단목에 대한 증감차 산법이 제시되었다. 이렇게

구한 특별한 단목의 증감차로부터 6.17.1절~6.17.3절에서 산정하지 않았던 초말일행분 중 나머지 하나와 총차, 일차의 산법을 제시하였다.

산식

① 〔전단 평행분 > 후단 평행분〕이면

초일행분 = 평행분+증감차

말일행분 = 평행분−증감차

〔전단 평행분 < 후단 평행분〕이면

초일행분 = 평행분−증감차

말일행분 = 평행분+증감차

② 총차 = 2×증감차

③ 일차 = 총차/(일률−1)

가령

세종 정묘년에 평합에 든 오성의 전후 복단·지단·퇴단의 초말일행분·총차·일차

목성의 전체 14단 중 6.16절에서 다룬 전후 순행(順行) 6단과 전후 유단(留段)을 제외한 6단, 곧 전후 복단, 전후 지단, 그리고 전후 퇴행단에 대해 앞서 산정되지 않았던 항목을 마저 구하여 취합한 것이 표 6.17.4.1이다. 마찬가지 방식으로 나머지 네 행성에 대해 계산한 결과를 취합한 것이 표 6.17.4.2~표 6.17.4.5이다.

표 6.17.4.1 목성의 전후 복단·지단·퇴단의 초말일행분·총차·일차

	평행분	초일행분	말일행분	총차	일차
합복	21분52초24	21분97초05	21분07초43	0분89초56	5초6013
⋮	⋮	⋮	⋮	⋮	⋮
신지말	6분75초00	11분72초51	01분77초49	9분95초02	36초8526
신류	–	–	–	–	–
신퇴	10분32초34	4분12초94	16분51초74	12분38초80	26초9304
석퇴	10분80초85	17분29초36	4분32초34	12분97초02	28초8226
석류	–	–	–	–	–
석지초	6분00초04	0분54초92	11분45초16	10분90초24	40초3793
⋮	⋮	⋮	⋮	⋮	⋮
석복	21분80초94	21분27초79	22분34초09	1분06초30	6초6438

표 6.17.4.2 화성의 전후 복단·지단·퇴단의 초말일행분·총차·일차

	평행분	초일행분	말일행분	총차	일차
합복	67분25초64	69분43초91	65분07초37	4분36초54	0분07초6586
⋮	⋮	⋮	⋮	⋮	⋮
신지말	21분35초17	36분58초34	6분12초00	30분46초34	1분08초7979
신류	–	–	–	–	–
신퇴	29분44초83	11분77초93	47분11초73	35분33초80	1분26초2071
석퇴	28분12초00	44분99초20	11분24초80	33분74초40	1분20초5143
석류	–	–	–	–	–
석지초	21분98초73	2분86초88	41분10초58	38분23초70	1분31초8517
⋮	⋮	⋮	⋮	⋮	⋮
석복	66분97초53	67분64초68	66분30초38	1분34초30	0분02초3982

표 6.17.4.3 토성의 전후 복단 · 지단 · 퇴단의 초말일행분 · 총차 · 일차

	평행분	초일행분	말일행분	총차	일차
합복	12분30초48	12분65초64	11분95초32	0분70초32	3초5160
⋮	⋮	⋮	⋮	⋮	⋮
신지	6분21초42	8분77초91	3분64초93	5분12초98	20초5192
신류	–	–	–	–	–
신퇴	6분76초15	2분70초46	10분81초84	8분11초38	15초6035
석퇴	6분98초79	11분18초06	2분79초52	8분38초54	16초4420
석류	–	–	–	–	–
석지	5분72초11	2분94초34	8분49초88	5분55초54	21초3669
⋮	⋮	⋮	⋮	⋮	⋮
석복	12분10초95	11분78초05	12분43초85	0분65초80	3초4632

표 6.17.4.4 금성의 전후 복단 · 지단 · 퇴단의 초말일행분 · 총차 · 일차

	평행분	초일행분	말일행분	총차	일차
합복	1도24분41초14	1도25분74초50	1도23분07초78	2분66초72	0분07초4089
⋮	⋮	⋮	⋮	⋮	⋮
석지말	29분54초94	55분62초17	3분47초71	52분14초46	3분47초6307
석류	–	–	–	–	–
석퇴	29분86초19	5분65초88	54분06초50	48분40초62	4분84초0620
석퇴복	68분43초67	58분17초12	78분70초22	20분53초10	4분10초6200
합퇴복	72분47초00	83분34초05	61분59초95	21분74초10	4분34초8200
신퇴	37분03초91	57분25초13	16분82초69	40분42초44	4분04초2440
신류	–	–	–	–	–
신지초	25분44초50	2분99초46	47분89초54	44분90초08	2분99초3387
⋮	⋮	⋮	⋮	⋮	⋮
신복	1도28분86초33	1도26분53초46	1도31분19초20	4분65초74	0분11초9421

표 6.17.4.5 수성의 전후 복단・지단・퇴단의 초말일행분・총차・일차

	평행분	초일행분	말일행분	총차	일차
합복	1도90분44초86	2도16분24초04	1도64분65초69	51분58초36	3분22초3975
⋮	⋮	⋮	⋮	⋮	⋮
석지	89분28초80	1도16분96초69	61분60초91	55분35초78	5분03초2527
석류					
석퇴복	63분86초45	31분93초22	95분79초68	63분86초46	6분38초6460
합퇴복	77분56초73	1도16분35초10	38분78초37	77분56초73	7분75초6730
신류					
신지	76분36초17	39분68초67	1도13분03초67	77분35초00	6분66초8182
⋮	⋮	⋮	⋮	⋮	⋮
신복	1도96분43초06	1도69분06초88	2도23분79초24	54분72초36	3분21초9035

6.18 매일 신전야반의 성행수차 산정 求每日晨前夜半星行宿次

매일 행도(行度)

각 단(段)의 초일행분(初日行分)을 놓고, 일차(日差)를 거듭 더하거나 덜어 내되, 뒤의 행도가 작은 경우는 덜어 내고 큰 경우는 더한 것이 행성의 매일 행도 분초이다.

매일 신전야반의 성행수차

행성의 매일 행도 분초를 그 단 초일 신전야반의 정성(定星)에 누가하되 순행(順行)이면 더하고 퇴행(退行)이면 뺀다. 이 값에서 황도수차(黃道宿次)를 차례로 덜어 내면 곧 매일 신전야반의 성행수차(星行宿次)이다.

各置其段初日行分，以日差累損益之，後少則損之，後多則益之，爲每日行度及分秒。乃順加退減，滿宿次去之，即每日晨前夜半星行宿次。

해설

매일 신전야반의 성행수차

순행과 퇴행을 반복하며 황도 주변을 운행하는 행성의 위치를 28수(宿)에 대한 황도 입수도(入宿度)로 나타낸 것이 성행수차이다. 앞서 6.13절에서 구한 제n단 초일 신전야반의 성행수차에 n단 초일행분을 순행이나 역행에 맞춰 더하거나 덜어 낸 것이 n단 1일 신전야반의 성행수차이다. n단 2일 신전야반의 수차(宿次)는 1일 신전야반의 수차에 n단 1일의 행분을 더한 값인데, 1일의 행분은 초일행분에 일차를 가감한 값이다. 따라서 제n단 k일 신전야반 때 행성의 위치는 다음과 같은 수식으로 표현된다.

k일 신전야반 성행수차

$$= \text{초일 신전야반 성행수차} \pm \sum_{m=1}^{k} \{(m-1)\text{일 행도}\}$$

$$= \text{초일 신전야반 성행수차} \pm \sum_{m=1}^{k} \{\text{초일행분} \pm (m-1) \times \text{일차}\}$$

$$= \text{초일 신전야반 성행수차} \pm \{k \times \text{초일행분} \pm \frac{k(k-1)}{2} \times \text{일차}\}$$

이 식으로 구한 값에서 황도수차를 차례로 덜어 낸 나머지가 매일, 곧 임의의 k일 신전야반의 성행수차이다.

산식

① k일 행도 = 초일행분±$(k-1)$×일차

(단, 〔전일 행도 < 후일 행도〕이면 +, 〔전일 행도 > 후일 행도〕이면 −)

② k일 신전야반 성행수차

$$= \text{초일 신전야반 성행수차} \pm \sum_{m=1}^{k} \{(m-1)\text{일 행도}\} - \sum \text{황도수차}$$

(단, 순행이면 +, 역행이면 −)

가령

1) 세종 정묘년에 평합에 든 목성의 제단 6일째 신전야반 성행수차

세종 정묘년에 평합에 든 목성의 평합 후 6일째 신전야반의 성행수차를 구하자면, 합복 초일 신전야반 성행수차에 초일행분부터 5일째 행분까지 매일의 행도를 거듭 더하여야 한다. 목성의 합복단 1일째 행분은 (합복초일행분 21분97초05−합복일차 5초6013=) 21분91초45이고, 2일째 행분이 (합복1일행분 21분91초45−합복일차 5초6013=합복초일행분 21분97초05−합복일차 5초6013×2=) 21분85초85이듯이, 5일째 행분은 (합복초일행분 21분97초05−합복일차 5초6013×5=) 21분69초04이다. 따라서 초일행분부터 5일째 행분까지 보탠 값은 (6×합복초일행분 21분97초05−6×5×합복일차 5초6013/2=) 1도30분98초28이며, 목성의

합복 후 6일째 신전야반의 성행수차는 (합복초일신전야반성행수차 진수8도76분11초+매일행도합 1도30분98초28=) 진수(軫宿) 10도07분09초이다.

이와 같이 목성이 합복에 든 후 6일까지 매일 행분과 매일 행분의 누적, 그리고 매일 신전야반 성행수차를 구하여 취합한 것이 표 6.18.1이다.

표 6.18.1 목성이 합복에 든 후 6일까지 매일 신전야반 성행수차

	매일 행도	∑매일 행도	매일 신전야반 성행수차
초일	21분97초05	-	진 8도76분11초
1일	21분91초45	21분97초05	진 8도98분08초
2일	21분85초85	43분88초50	진 9도20분00초
3일	21분80초25	65분74초35	진 9도41분85초
4일	21분74초64	87분54초60	진 9도63분66초
5일	21분69초04	1도09분29초24	진 9도85분40초
6일	—	1도30분98초28	진 10도07분09초

합복과 신질초를 지난 목성이 신질말에 든 후 6일째 신전야반의 성행수차를 구하기 위해 초일부터 5일까지 매일 행분을 더하면 (6×신질말초일행분 19분67초75−6×5×신질말일차 8초9044/2=) 1도16분72초93이다. 그러므로 신질말 6일째 신전야반의 성행수차는 (신질말초일신전야반성행수차 진수17도93분90초+매일행도합 1도16분72초93−진수황도수차 18도72분=) 각수(角宿) 0도38분63초이다.

합복부터 신지말까지는 목성의 매일 순행(順行) 행분이 감소하였으나, 신류를 벗어난 후 신퇴에서는 퇴행(退行) 행분이 매일 증가한다. 따라서 신퇴에 든 후 5일까지 매일 행분의 합은 (6×신퇴초일행분 4분12초94+6×5×신퇴일차 26초9304/2=) 0도28분81초60이다. 퇴행단인 신퇴에 든 후 6일째 신전야반의 성행수차는 (신퇴초일신전야반성행수차 각수10도17분85초−매일행도합 0도28분81초60=) 각수 9도89분03초이다.

그러나 석퇴에서는 퇴행 행분이 감소하므로 석퇴에 든 후 5일까지 매일 행분의 합은 (6×석퇴초일행분 17분29초36−6×5×석퇴일차 28초8226/2=) 0도99분

43초82이다. 퇴행단인 석퇴에 든 후 6일째 신전야반의 성행수차는 (석퇴초일신전야반성행수차 각수5도32분65초－매일행도합 0도99분43초82＝) 각수 4도33분21초이다.

퇴행단과 석류를 지난 목성은 매일 순행 행분이 증가하면서 후지단과 후질단을 거친다. 목성이 석질초에 든 후 6일째 신전야반 성행수차는 매일 행분의 합이 (6×석질초초일행분 17분27초07＋6×5×일차 9초2861/2＝) 1도05분01초71이므로, 이 값에 석질초 초일 신전야반 성행수차를 더한 (석질초초일신전야반성행수차 각수6도04분64초＋매일행도합 1도05분01초71＝) 각수 7도09분66초이다.

이와 같이 목성이 제단에 든 후 5일까지 매일 행도의 누적과 6일째 신전야반의 성행수차를 구하여 취합한 것이 표 6.18.2이다.

표 6.18.2 목성이 제단에 든 후 6일째 신전야반의 성행수차

단목	초일행분	일차	$\sum$매일 행도	6일째 신전야반 성행수차
합복	21분97초05	5초6013	1도30분98초28	진 10도07분09초
신질초	21분05초09	4초6877	1도25분60초22	진 13도67분58초
신질말	19분67초75	8초9044	1도16분72초99	각 0도38분63초
신지초	16분77초62	18초0391	0도97분95초13	각 5도37분16초
신지말	11분72초51	36초8526	0도64분82초27	각 8도93분67초
신류	-	-	-	각 10도17분85초
신퇴	4분12초94	26초9304	0도28분81초60	각 9도89분03초
석퇴	17분29초36	28초8226	0도99분43초82	각 4도33분21초
석류	-	-	-	각 0도35분46초
석지초	0분54초92	40초3793	0도09분35초21	각 0도44분81초
석지말	11분82초27	18초5539	0도73분71초93	각 2도77분19초
석질초	17분27초07	9초2861	1도05분01초71	각 7도09분66초
석질말	19분93초86	5초0538	1도20분38초97	각 12도43분71초
석복	21분27초79	6초6438	1도28분66초40	항 5도27분06초

2) 세종 정묘년에 평합에 든 화성의 제단 10일째 신전야반 성행수차

목성의 경우 합복부터 신퇴까지 매일 행분이 지속적으로 감소하고 석류 이후 석복까지는 일관되게 증가하지만, 세종 정묘년에 평합에 든 화성은 후질단의 석질초·말과 석복에서 매일 행분이 감소한다. 즉, 석차질말에서는 입단(入段) 후 9일까지 매일 행분을 누적할 때 일차의 영향을 더하여 (10×석차질말초일행분 73분73초30+10×9×석차질말일차 2초3389/2=) 7도38분38초25를 얻지만, 석질초에서는 행분이 감소하므로 입단 후 9일까지 매일 행분을 누적할 때 일차의 영향을 감하여 (10×석질초초일행분 73분62초45−10×9×석질초일차 3초5907/2=) 7도34분62초92를 얻는다.

이와 같이 화성이 제단에 든 후 9일까지 매일 행도의 누적과 10일째 신전야반의 성행수차를 구하여 취합한 것이 아래의 표 6.18.3이다. 단, 화성의 전후 유단(留段)은 일률이 8일에 불과하므로 10일째 신전야반이라는 전제가 적용되지 않는다.

표 6.18.3 화성이 제단에 든 후 10일째 신전야반 성행수차

단목	초일행분	일차	∑매일 행도	10일째 신전야반 성행수차
합복	69분43초91	7초6586	6도90분94초46	삼 5도39분13초
신질초	65분04초79	5초1586	6도48분15초76	유 0도47분22초
신질말	62분34초80	5초1246	6도21분17초39	장 11도41분34초
신차질초	59분66초57	7초2513	5도93분39초39	진 1도22분53초
신차질말	56분10초35	14초0728	5도54분70초22	각 8도25분01초
신지초	50분01초92	34초4507	4도84분68초91	저 7도59분18초
신지말	36분58초34	1분08초7979	3도16분87초49	심 0도74분90초
신류	-	-	-	심 3도77분23초
신퇴	11분77초93	1분26초2071	0도98분08초72	심 2도79분14초
석퇴	44분99초20	1분20초5143	3도95분68초86	저 13도02분54초
석류	-	-	-	저 8도82분75초
석지초	2분86초88	1분31초8517	0도88분02초13	저 9도70분77초
석지말	41분96초43	42초9242	4도38분95초89	방 3도51분33초

단목	초일행분	일차	∑매일 행도	10일째 신전야반 성행수차
석차질초	63분44초95	15초3478	6도41분40초15	미 16도37분26초
석차질말	73분73초30	2초3389	7도38분38초25	여 1도65분34초
석질초	73분62초45	3초5907	7도34분62초92	벽 2도88분72초
석질말	69분86초00	4초0607	6도96분77초27	위(胃) 10도16분60초
석복	67분64초68	2초3982	6도75분38초88	삼 4도57분21초

3) 세종 정묘년에 평합에 든 금성의 제단 5일째 신전야반 성행수차

한편 표 6.18.4의 제2열을 보면 금성의 석질초 초일행분보다 석질말의 초일행분이 크고, 석질말보다도 석차질초의 초일행분이 더 크다. 그럼에도 불구하고 표 6.15.2의 금성 평행분 분포로부터 석질초·말과 석차질초의 행분은 매일 감소함을 알 수 있다. 그러므로 석질말에 든 후 4일까지 매일 행도를 누적한 값은 (5×석질말초일행분 1도23분84초14−5×4×석질말일차 1초0756/2=) 6도19분09초94이어야 한다.

금성이 제단에 든 후 4일까지 매일 행도의 누적과 5일째 신전야반의 성행수차를 구하여 취합한 것이 표 6.18.4이다. 단, 금성의 전후 유단(留段)은 일률이 5일이므로 5일째 신전야반이라는 전제가 적용되지 않는다.

표 6.18.4 금성이 제단에 든 후 5일째 신전야반 성행수차

단목	초일행분	일차	∑매일 행도	5일째 신전야반 성행수차
합복	1도25분74초50	7초4089	6도27분98초41	루 2도87분96초
석질초	1도23분07초44	0초6760	6도15분30초44	필 9도83분50초
석질말	1도23분84초14	1초0756	6도19분09초94	유 11도27분74초
석차질초	1도23분87초12	10초7290	6도18분28초31	진 14도33분50초
석차질말	1도19분57초89	37초2364	5도94분17초09	심 3도60분97초
석지초	1도01분86초61	1분00초3253	4도99분29초80	두 13도89분81초
석지말	55분62초17	3분47초6307	2도43분34초54	여 9도86분49초
석류	-	-	-	허 0도96분93초
석퇴	5분65초88	4분84초0620	0도76분70초02	허 0도20분22초

단목	초일행분	일차	$\sum$매일 행도	5일째 신전야반 성행수차
석퇴복	58분17초12	4분10초6200	3도31분91초80	여 5도55분53초
합퇴복	83분34초05	4분34초8200	3도73분22초05	여 1도03분61초
신퇴	57분25초13	4분04초2440	2도45분83초21	우 4도90분18초
신류	-	-	-	우 3도28분58초
신지초	2분99초46	2분99초3387	0도44분90초69	우 3도73분49초
신지말	66분31초84	1분00초4714	3도41분63초91	여 3도83분34초
신차질초	1도01분53초22	36초7662	5도11분33초76	위(危) 13도46분76초
신차질말	1도14분30초31	13초0091	5도72분81초64	규 11도47분93초
신질초	1도19분72초38	7초0401	5도99분32초30	필 2도84분53초
신질말	1도23분49초69	5초8983	6도18분07초43	유 0도09분40초
신복	1도26분53초46	11초9421	6도33분86초72	진 7도76분25초

6.19 황도12차 교궁시각 추산 推黃道十二次交宮時刻

순행하는 경우는 황도12차 입차수도 분초(入次宿度分秒)를 놓고, 그날 신전야반의 성행수차(星行宿次)를 빼고, 퇴행하는 경우는 그날 신전야반의 성행수차를 놓고, 입차수도 분초를 뺀다. 황도12차의 수도는 제2장 〈태양〉을 보라. 뺀 나머지에 일주(日周)를 곱하여 실(實), 곧 피제수로 삼고 그날의 행도 분초(行度分秒分秒)를 법(法), 곧 제수로 삼아 나눈 후, 이 값을 가지고 발렴(發斂)의 방법으로 시각을 구하면 곧 행성의 입차시각(入次時刻)이 된다.

順者, 置入次宿度及分秒,【黃道十二次宿度, 見《大陽》】以其日晨前夜半星行宿次減之; 退者, 置其日晨前夜半星行宿次, 以入次宿度及分秒減之。餘以日周乘之爲實, 以其日行度及分秒爲法而一, 依發斂求之, 卽入次時刻。

해설

황도12차 교궁시각

행성이 황도12차의 어느 궁에 들어가는 시각을 하루 중의 시진(時辰)과 각(刻)으로 나타낸 것이 교궁시각이다. 앞서 6.18절에서 구한 행성의 매일 신전야반 성행수차와 2.22절에 제시된 입차수도가 이루는 차를 구하고, 이를 그날의 행도로 나눈 후 일주(日周) 1만분을 곱하면 신전야반부터 행성이 황도12차의 궁계(宮界)를 지나는 순간까지 경과한 시간, 곧 입차분초(入次分秒)가 나온다. 이 값에 발렴의 방식을 적용하면 교궁이 일어나는 시각을 얻는다.

행성이 순행하는 경우는 그림 6.19.1에서 보듯이 행성이 해당 차의 초도(初度)를 지나 입차(入次)하므로 입차수도에서 신전야반의 성행수차를 뺀 값에서 시각을 구한다. 그러나 퇴행하는 경우는 행성이 해당 차의 말도(末度)를 지나 입차하므로 신전야반의 성행수차에서 입차수도를 뺀 값에서 시각을 구한다.

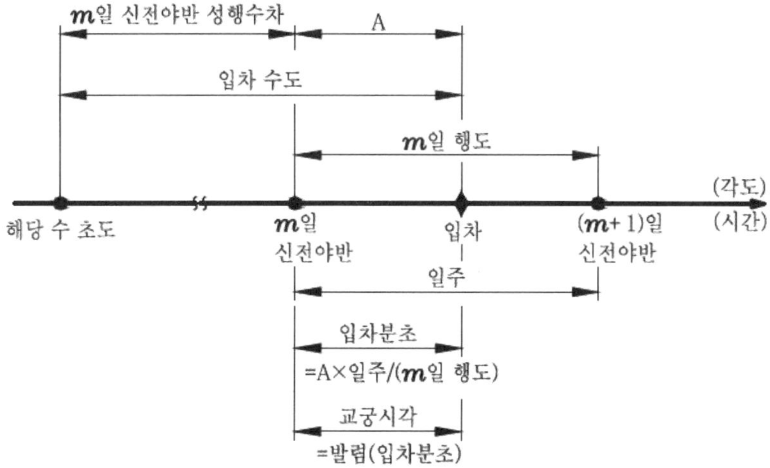

그림 6.19.1

산식

① 〔순행〕이면

입차 분초 = (해당 차의 입차수도－신전야반 성행수차)×일주/행도

〔퇴행〕이면

입차 분초 = (신전야반 성행수차－해당 차의 입차수도)×일주/행도

② 교궁시각 = 발렴{입차분초}

가령

1) 세종 정묘년에 평합에 든 목성이 수성에 들어가는 시각

앞서 표 6.13.1에서 보았듯이 세종 정묘년에 평합에 든 목성은 회합주기 동안 진수(軫宿)부터 항수(亢宿)까지 구간을 운행한다. 이 구간에 들어 있는 궁계가 곧 순미(鶉尾)에서 수성(壽星)으로 넘어가는 진수 10도07분 97초이다.

또 표 6.18.1에서 보듯이 세종 정묘년에 평합에 든 목성이 합복 6일째 신전야반 성행수차가 진수 10도07분09초이며, 이날 목성의 행도는 (합복초일행도 21분97초05－합복일차 5초6013×6＝) 21분63초44이므로, 신전야반부터 수성(壽星)에 들어서는 데 걸리는 일하분초(日下分秒)는 ({수성입차수도 진수10도07분97초－합복6일신전야반성행수차 진수10도07분09초}/{합복6일행도 0도21분63초44/일}×{일주 1만분/일}＝) 406분76초이다.

이 값에 12를 곱한 4881에 발렴(發斂)의 방법을 적용하여 각법(刻法) 1200을 네 번 덜어 낼 수 있으므로, 목성의 수성 입차시각은 자정(子正) 4각이다. 한편 표 6.11.1에서 보듯이 목성이 합복에 든 날이 정묘년 8월 10일(기사)이므로, 목성이 수성에 들어가는 일시는 8월 16일 자정 4각이 된다.

2) 세종 정묘년에 평합에 든 화성의 12차 입차시각

표 6.13.2에서 보듯이 세종 정묘년에 평합에 든 화성의 합복 초일 신전야반 성행수차가 필수(畢宿) 14도95분19초이고, 다음 단인 신질초의 초일 신전야반 성행수차가 정수(井宿) 27도23분06초인 것으로부터 화성의 평합 후 첫 입차는 순수(鶉首)로 들어가는 것임을 알 수 있다.

먼저 순수의 입차수도에서 화성의 합복 초일 신전야반 성행수차를 뺀 (순수입차수도 정8도34분94초＋필～삼황도적도 26도73분－합복초일야반수차 필14도95분19초＝) 20도12분75초를 얻고, 이를 합복의 초일행도로 나누어 (20도12분75초－합복초일행도 0도69분43초91＝) 28.99일을 얻는다. 이로부터 화성이 합복 후 29일쯤 지나서 순수에 들 것으로 예상할 수 있다.

6.18절의 산식을 따라 화성이 합복에 든 후 29일째 신전야반 성행수차를 구하면 ({29×합복초일행분 69분43초91－30×29×합복일차 7초6586/2}/100＋합복초일야반수차 필14도95분19초－필～삼황도적도 26도73분＝) 정수 8도02분61초이다. 화성의 이날 행도가 (합복초일행분 69분43초91－29×합복일차 7초6586＝) 67분21초81인데 비해, 순수의 입차수도와 이 값의 차가 32분33초에 불과하므로 화성이

합복에 든 후 29일째 날 순수에 듦이 확인된다.

화성이 순수에 드는 순간의 일하분초가 (32분33초/{합복29일행분 67분21초81}×1만=) 4809.72이므로, 12배 한 57716에 발렴의 방법을 적용하여 진법 1만을 다섯 번, 반진법 5000을 한 번, 각법 1200을 두 번 덜어 낼 수 있다. 따라서 화성의 순수 입차시각은 합복 후 29일 오초(午初)2각이다.

2.22절의 입차수도를 표 6.13.2의 초일야반수차와 대비해 보면 화성의 퇴행단은 대화(大火)의 궁계 내에 포함되며, 석목(析木)에는 석지말에 듦을 알 수 있다. 석목의 입차수도에서 석지말의 초일야반수차를 뺀 값이 (석목입차수도 미3도01분15초+저~심황도적도 27도99분−석지말초일야반수차 저15도42분37초=) 15도57분78초이고, 이를 석지말의 평행분으로 나누면 (15도57분78초÷석지말평행분 51분19초30=) 30.43일이므로, 화성이 석지말에 든 후 31일쯤 지나서 석목에 들 것으로 짐작할 수 있다.

6.18절의 산식을 따라 화성이 석지말에 든 후 31일째 신전야반 성행수차를 구하면 ({31×석지말초일행분 41분96초43+32×31석지말일차 42초9242/2}/100+석지말초일야반수차 저15도42분37초−저~심황도적도 27도99분=) 미수 2도57분17초이다. 화성의 이날 행도가 (석지말초일행분 41분96초43+31×석지말일차 42초9242=) 55분27초08인 데 비해, 석목의 입차수도와 31일째 야반수차의 차가 43분98초에 불과하므로 화성이 석지말에 든 후 31일째 되는 날 석목에 듦이 확인된다.

화성이 석목에 드는 순간의 일하분초가 (43분98초/{석지말31일행분 55분27초08}×1만=) 7957.19이므로, 12배 한 95486에 발렴의 방법을 적용하여 진법 1만을 아홉 번, 반진법 5000을 한 번 덜어 낼 수 있다. 따라서 화성의 석목 입차시각은 석지말에 든 후 31일 술초초각이다.

이런 방식으로 세종 정묘년에 평합에 든 화성의 황도12차 입차시각을 구하여 취합한 것이 표 6.19.1이다.

표 6.19.1 세종 정묘년에 평합에 든 화성의 황도12차 입차시각

12차	입차수도	입차시각
순수(鶉首)	정 8도34분94초	합복 29일 오초2각
순화(鶉火)	유 3도86분80초	신질초 15일 묘정3각
순미(鶉尾)	장 15도26분06초	신질말 16일 묘초4각
수성(壽星)	진 10도07분97초	신차질초 25일 인정1각
대화(大火)	저 1도14분52초	신차질말 38일 해정2각
석목(析木)	미 3도01분15초	석지말 31일 술초초각
성기(星紀)	두 3도76분85초	석차질초 32일 묘초초각
현효(玄枵)	여 2도06분38초	석차질말 10일 미초초각
추자(娵訾)	위(危) 12도64분91초	석차질말 51일 해정3각
강루(降婁)	규 1도73분63초	석질초 21일 묘초초각
대량(大梁)	위(胃) 3도74분56초	석질말 초일 유정3각
실침(實沈)	필 6도88분05초	석질말 44일 축정2각
순수(鶉首)	정 8도34분94초	석복 30일 해초3각

6.20 오성의 평합·평현·평복 때 태양의 입영축력 산정 求五星平合見伏入盈縮曆

구하고자 하는 별의 합·현·복단의 정적 일분초(定積日分秒)를 놓고, 반세주(半歲周) 이하이면 입영력(入盈曆)으로 삼고, 반세주 이상이면 반세주를 뺀 나머지를 입축력(入縮曆)으로 삼는다. 만약 정적 일분초가 세주(歲周)보다 크면 세주를 뺀 나머지가 이듬해 천정동지 후의 정적(定積)이 된다. 입영축력이 초한(初限) 이하이면 입초한(入初限)이 되고, 이상이면 반세주에서 뺀 나머지가 입말한(入末限)이 된다. 이렇게 하면 곧 오성(五星)의 평합(平合)·평현(平見)·평복(平伏) 때 태양의 입영축력 일분초(入盈縮曆日分秒)를 얻는다.

置其星其段定積日及分秒,【若滿歲周去之, 餘在次年天正冬至後】如在半歲周已下, 爲入盈曆; 滿半歲周去之, 爲入縮曆。各在初限已下, 爲初限[68]; 已上, 反減半歲周, 餘爲末限, 卽得五星平合、見、伏入盈縮曆日及分秒。

해설

1) 평합·평현·평복

행성의 운행을 제대로 추보하자면 먼저 회합주기의 기준이 되는 합(合)을 정확히 추보할 수 있어야 한다. 그런데 합은 지구와 태양을 잇는 직선 위에 행성이 위치하는 순간이므로 관측이 불가하다는 제약이 있다. 그래

68 各在初限已下, 爲初限 : 유경로(俞景老) 등의 원역본에서는 '各在歲象限已下, 爲初限'의 잘못으로 추정하고, 이 잘못은 《수시력(授時曆)》으로부터 그대로 왔다고 하였다. 그러나 이와 유사한 표현 '如在初限已下, 爲入初限'(《宋史 卷79 紀元曆》) 등과 비교해 볼 때 뒤 구의 '爲初限'은 '爲入初限'을 축약한 말이므로, 의미상으로도 오류가 없다.

서 합에 대한 추보 수단을 정밀하게 갖추는 동시에 측험이 가능한 한계(限界)이면서 합을 앞서거나 뒤따르는 복(伏)과 현(見)에 대해서도 정확히 추보하고자 하였다. 오성의 제단(諸段) 가운데서 평합뿐만 아니라 평합 전후의 평현·평복에 대해서도 별도로 태양의 입영축력을 산정하는 이유가 여기에 있다.

2) 외행성의 평합·평현·평복

외행성의 합은 외합(外合)뿐이다. 평합은 석복단(夕伏段)을 지난 외행성이 신복단(晨伏段)인 합복에 드는 순간으로, 태양이 최대의 속도차로 외행성의 순행을 추월하며 행성을 태양의 중심으로 완전히 가리게 된다.

평현은 외행성이 합복을 벗어나 신질단(晨疾段)에 드는 순간으로, 평합을 지난 태양이 여전히 큰 속도차로 외행성으로부터 달아나 상당히 앞서면서 석복(夕伏) 이후 햇빛 속에 감춰졌던 외행성이 드러나기 시작한다. 외행성의 평현은 새벽에 관찰되므로 신현(晨見)이다.

평복은 석질단(夕疾段)을 지난 외행성이 석복단에 들어서는 순간으로, 태양이 점점 빠르게 외행성을 뒤쫓아 다가가면서 외행성을 햇빛 속으로 사라지게 한다. 외행성의 평복은 저녁에 관찰되므로 석복(夕伏)이다.

3) 내행성의 평합·평현·평복

내행성의 합에는 태양을 사이에 두고 행성과 지구가 마주하는 외합과, 행성을 사이에 두고 지구와 태양이 마주하는 내합이 있다. 따라서 내행성은 회합주기 동안 합·현·복을 두 번 거치게 된다.

외합을 가리키는 평합은 신복단을 지난 내행성이 석복단인 합복에 드는 순간으로, 내행성이 최대의 속도차로 태양의 순행을 추월하며 태양의 중심에 닿게 된다.

내행성의 외합을 뒤따르는 평현은 합복을 벗어난 행성이 석질단에 드는 순간으로, 외합을 지난 내행성이 빠르게 태양으로부터 달아나 상당히 앞서면서 신복(晨伏) 이후 햇빛에 감춰졌던 모습을 드러내기 시작한다. 내행성의 외합을 뒤따르는 평현은 저녁에 관찰되므로 석현(夕見)이다.

내행성의 외합을 앞서는 평복은 신질단을 지난 행성이 신복단에 들어서는 순간으로, 내행성이 점점 빠르게 태양을 뒤쫓아 다가가다가 햇빛 속으로 사라지게 된다. 내행성의 외합을 앞서는 평복은 새벽에 관찰되므로 신복이다.

한편 내합을 가리키는 내행성의 평합은 석퇴복(夕退伏)을 지난 행성이 합퇴복(合退伏)에 드는 순간이다. 이 평합은 퇴행하는 내행성이 순행하는 태양을 마주치면서 그 중심에 다다르게 되므로 퇴합(退合)이다.

내행성의 내합을 뒤따르는 평현은 행성이 합퇴복을 벗어나 신퇴(晨退) 또는 신류(晨留)에 드는 순간으로, 퇴행하며 내합을 지난 내행성이 순행하는 태양으로부터 벗어나면서 석퇴복 이후 햇빛에 감춰졌던 모습을 드러내기 시작한다. 이 평현은 새벽에 관찰되므로 신퇴현(晨退見)이다.

내행성의 내합을 앞서는 평복은 석퇴(夕退) 또는 석류(夕留)를 지난 행성이 석퇴복에 들어서는 순간으로, 내행성이 퇴행하며 순행하는 태양을 마주보며 다가가다가 햇빛 속으로 사라지게 된다. 이 평복은 저녁에 관찰되므로 석퇴복(夕退伏)이다.

4) 오성의 평합·평현·평복 때 태양의 입영축력

앞서 6.10절과 6.12절에서 평합과 제단의 정적(定積)과 정성(定星)을 구할 때 오성의 영축(盈縮)만을 고려한 것에서 알 수 있듯이, 평합·평현·평복은 태양의 영축차가 고려되지 않은, 합·현·복에 대한 기초적인 단계의 정의(定義)이다. 태양의 영축차까지 고려된 합·현·복의 시각을 6.23절 이후에서 정합(定合)·정현(定見)·정복(定伏)의 정적이라 하였다. 이와 같이 이 절 이후는 앞서 반영된 행성의 영축차에 더하여 태양 영축차의 영향도 반영함으로써 더 정확한 회합(會合)의 시각과 위치를 찾아내는 과정을 다루고 있다.

오성의 제단 정적(定積)은 천정동지의 순간부터 행성이 어느 단에 드는 순간까지 경과한 평균시간인 중적(中積)에 행성의 영축차가 가감된 시간이다. 평합・평현・평복의 정적은 또 태양이 천정동지점부터 행성이 평합・평현・평복에 들 때까지 운행하는 데 소요되는 시간이기도 하다. 《수시력》에서 동지를 태양의 행도(行度)가 가장 큰 때로 여겨 영축 산정의 기점으로 삼았으므로, 행성의 제단 정적으로부터 태양의 영축차를 구하기 위한 입영축력초말한을 곧바로 얻을 수 있다.

입영축력초말한을 구하는 방식은 제1장 〈역일(曆日)〉의 1.9절~1.10절의 내용과 동일하다. 본문에서 입영축력을 입초말한으로 구분할 때 비교의 대상으로 삼은 초한(初限)은 영력에서는 영초축말한(盈初縮末限)을 가리키고, 축력에서는 축초영말한(縮初盈末限)을 가리킨다.

산식

① 〔정적 일분초 ≤ 반세주〕이면

입영축력 = 입영력 = 정적 일분초

〔정적 일분초 > 반세주〕이면

입영축력 = 입축력 = 정적 일분초－반세주

② 〔입영력 ≤ 영초축말한〕이면

입영력초말한 = 입영력초한 = 입영력

〔입영력 > 영초축말한〕이면

입영력초말한 = 입영력말한 = 반세주－입영력

③ 〔입축력 ≤ 축초영말한〕이면

입축력초말한 = 입축력초한 = 입축력

〔입축력 > 축초영말한〕이면

입축력초말한 = 입축력말한 = 반세주－입축력

가령

세종 정묘년의 오성 평합·평현·평복 때 태양의 입영축력

앞서 6.10절의 가령에서 구한 세종 정묘년의 목성 평합 정적, 곧 합복 정적이 반세주보다 큰 값인 280일3523분45초이다. 따라서 목성의 평합 입축력은 (합복정적 280일3523분45초−반세주 182일6212분50초=) 97일7310분95초이며, 축초영말한 93일7120분25초보다 큰 이 입축력은 입축력말한이 된다. 반세주에서 입축력을 뺀 목성 평합의 입축력말한은 (반세주 182일6212분50초−입축력 97일7310분95초=) 84일8901분55초이다.

금성의 외합 평현은 석질초에 드는 순간이며, 내합 평복은 석퇴복에 드는 순간이다. 6.10절의 가령에서 구한 세종 정묘년의 금성 석질초 정적 147일4942분03초는 반세주 이하이므로 그대로 금성의 외합 평현, 곧 석현의 입영력이 되고, 석퇴복 정적 29일9702분87초 역시 반세주 이하이므로 그대로 금성의 내합 평복인 석퇴복의 입영력이 된다. 따라서 금성의 석현 입영력말한은 (반세주 182일6212분50초−석현입영력 147일4942분03초=) 35일1270분47초이고, 석퇴복 입영력초한은 29일9702분87초 그대로이다.

이와 같이 세종 정묘년의 오성이 평합·평현·평복을 지나는 순간 태양의 입영축력과 입영축초말한을 구하여 취합한 것이 표 6.20.1이다.

표 6.20.1 세종 정묘년의 오성 평합·평현·평복 때 태양의 입영축력과 입영축초말한

		정적	입영축력	입영축초말한
목성	평합	280일3523분45초	입축력 97일7310분95초	입축말 84일8901분55초
	신현	296일9062분36초	입축력 114일2849분86초	입축말 68일3362분64초
	석복	294일1133분36초	입축말 111일4920분86초	입축말 71일1291분64초
화성	평합	169일5911분73초	입영력 169일5911분73초	입영말 13일0300분77초
	신현	227일5900분19초	입축력 44일9687분69초	입축초 44일9687분69초
	석복	149일5347분88초	입영력 149일5347분88초	입영말 33일0864분62초

		정적	입영축력	입영축초말한
토성	평합	231일4228분71초	입축력 48일8016분21초	입축초 48일8016분21초
	신현	251일9472분09초	입축력 69일3259분59초	입축초 69일3259분59초
	석복	223일6903분69초	입축력 41일0691분19초	입축초 41일0691분19초
금성	평합	109일7713분99초	입영력 109일7713분99초	입영말 72일8498분51초
	석현	147일4942분03초	입영력 147일4942분03초	입영말 35일1270분47초
	석퇴복	29일9702분87초	입영력 29일9702분87초	입영초 29일9702분87초
	퇴합	36일0174분12초	입영력 36일0174분12초	입영초 36일0174분12초
	신퇴현	42일0643분87초	입영력 42일0643분87초	입영초 42일0643분87초
	신복	285일4909분04초	입축력 102일8696분54초	입축말 79일7515분96초
수성	평합	17일3371분02초	입영력 17일3371분02초	입영초 17일3371분02초
	석현	34일3997분65초	입영력 34일3997분65초	입영초 34일3997분65초
	석퇴복	63일2144분25초	입영력 63일2144분25초	입영초 63일2144분25초
	퇴합	74일4135분06초	입영력 74일4135분06초	입영초 74일4135분06초
	신퇴현	85일6125분86초	입영력 85일6125분86초	입영초 85일6125분86초
	신복	114일9925분86초	입영력 114일9925분86초	입영말 67일6286분64초

6.21 오성의 평합·평현·평복 때 행차 산정 求五星平合見伏行差

각 별의 구하고자 하는 합·현·복단의 초일(初日) 성행분(星行分)과 그 단 초일 태양행분(太陽行分)을 서로 빼면 그 나머지가 행차(行差)이다. 금성이 퇴행(退行) 중에 있거나 수성이 퇴합(退合)에 이른 경우는 그 단 초일의 성행분과 그 단 초일의 태양행분의 합이 행차이다. 수성이 석복(夕伏)이나 신현(晨見)을 지날 때는 그 단 초일의 태양행분이 곧 행차이다.

各以其星其段初日星行分，與其段初日大陽行分相減，餘爲行差。若金、水二星退行在退合者，以其段初日星行分，併其段初日大陽行分，爲行差。如水星夕伏晨見者，直以其段初日大陽行分，爲行差。

해설

1) 평합·평현·평복의 태양행분

태양행도를 분(分)으로 나타낸 것이 태양행분이므로 평합·평현·평복의 태양행분은 제2장 〈태양〉의 태양행도 입성을 활용하여 구한다. 앞의 6.20절에서 구한 태양의 입영축력초말한에서 일하분초(日下分秒)를 뺀 값이 곧 2.12절과 2.13절에 제시된 태양행도 입성의 적일(積日)이다. 이로써 구하고자 하는 단의 정적일(定積日), 곧 그 단 초일(初日)의 태양행도를 입성에서 곧바로 찾게 된다. 입성의 태양행도는 태양의 평균행도인 1도/일에 해당 적일의 영축가분(盈縮加分)이 가감된 값이다.

2) 행차

태양에 대한 행성의 시운동(視運動) 상대속도가 행차이다. 내·외행성에 관계없이 외합(外合), 곧 평합과 전후의 현·복 때는 태양과 행성이 순행하므로 그 단 초일(初日) 태양행분(太陽行分)과 성행분(星行分)의 차가 곧 행차이다.

그러나 내행성의 내합(內合) 전후에는 행성이 퇴행하므로, 태양의 행성에 대한 상대속도는 태양행분과 성행분을 더한 값이 된다.

3) 금성이 퇴행(退行) 중에 있거나 수성이 퇴합(退合)을 지나는 경우

원문은 "若金水二星退行在退合者"인데, 같은 내용이 《경오원력》에서는 "若金在退行, 水在退合者"로 되어 있어 의미가 분명하다.[69] 금성은 석퇴부터 신퇴까지 네 퇴단을 지나는 동안 석퇴복(夕退伏), 퇴합(退合), 신퇴현(晨退見)의 세 순간을 모두 거치게 되므로, 합·현·복이 '퇴행에 있다〔在退行〕'라 할 수 있다. 금성이 퇴행 중에 합·현·복단에 이르렀을 때 행차는 그 단 초일의 성행분과 태양행분의 합이다.

수성 역시 석류(夕留)를 지난 후 석퇴복에 들어가며, 퇴합을 거쳐 신퇴복이 끝날 때 신류(晨留)에 이르므로 퇴행 중에 퇴복·퇴합·퇴현을 모두 거치게 된다. 그러나 본문에서는 '퇴합에 이른다〔在退合〕'라 하여 수성이 합퇴복에 드는 경우의 행차가 성행분과 태양행분의 합이라는 것만 언급하였다. 수성이 석퇴복과 신퇴현을 지날 때의 행차를 함께 다루지 않고 별도로 정의하여 구분한 것은 이 순간의 행차에 그 단 초일의 성행분이 영향을 미치지 않기 때문이다.

4) 수성의 석복(夕伏)과 신현(晨見) 때 행차

내행성의 퇴행은 저녁에 보이다가 내합(內合)에 다가가면서 보이지 않게 되는 석퇴복, 곧 석복과, 내합을 지나는 순간인 퇴합(退合), 그리고 내합을 벗어난 후 새벽에 다시 보이기 시작하는 신퇴현, 곧 신현으로 구분된다.

69 《원사(元史)》 권57 〈경오원력 하(庚午元曆下)〉.

금성이 석복과 신현에 이르렀을 때 행차가 그 단 초일 태양행분과 성행분의 합인 데 비해, 수성이 석복이나 신현을 지날 때는 행차가 그 단 초일의 태양행분과 같다고 하였다.

수성의 제단 입성에서 석퇴복이나 합퇴복의 단일 11일18분80초에 역행평도 7도81분20초를 더한 값이 수성의 석복신현 19도와 같은 값이라는 것에서 확인되듯이, 수성이 석복이나 신현을 지날 때가 곧 석류에서 석퇴복으로 넘어가는 순간, 또는 신퇴복에서 신류로 넘어가는 순간을 가리킨다. 따라서 석복을 지나는 순간이 곧 석류가 끝나는 순간이고, 신현을 지나는 순간이 곧 신류가 시작되는 순간으로, 이때는 성행분이 영(零)이므로 태양행분이 곧 행차가 된다.

산식

① 외합의 평합・평현・평복을 지날 때

행차 = | 그 단 초일 성행분−그 단 초일 태양행분 |

② 금성의 퇴행 중 합・현・복과 수성의 퇴합 때

행차 = 그 단 초일 성행분+그 단 초일 태양행분

③ 수성이 퇴행 중 석복과 신현을 지날 때

행차 = 그 단 초일 태양행분

가령

세종 정묘년 이후 오성의 평합・평현・평복 때 행차

앞서 6.16절 가령에서 구한 세종 정묘년의 목성 평합 초일 성행분은 21분97초05이고, 6.20절 가령에서 구한 목성 합복 초일의 입축력말한 적일 84일에 해당하는 태양의 행분을 2.12절의 입성에서 찾으면 1도00분31초17이다. 따라서 평합 때 태양에 대한 목성의 상대속도인 행차는 (|합복초일성행분 21분97초05−합복초일태양행분 1도00분31초17|=) 78분34초12이다.

그러나 금성이 퇴행(退行) 중에 있거나 수성이 퇴합(退合)에 있는 경우는 그 단 초일의 성행분과 태양행분을 더한 것이 행차이다. 따라서 금성이 석퇴복에 있는 경우 행차는 6.17절 가령에서 구한 석퇴복 초일의 성행분 58분17초12와 6.20절 가령에서 구한 석복단 초일의 입축력초말한 적일에 해당하는 태양의 행분 1도03분60초08을 더한 (석퇴복초일성행분 58분12초72+석퇴복초일태양행분 1도03분60초08=) 1도61분77초20이 된다.

한편 수성이 석복(석퇴복)이나 신현(신류)을 지나는 순간은 성행분이 영(零)이므로 태양행분이 그 단의 행차가 된다. 6.20절 가령에서 구한 수성의 석퇴복 초일의 입축력 초말한 적일에 해당하는 태양의 행분은 1도01분63초39이고, 신류 초일의 태양행분은 1도00분24초67이다. 그러므로 석퇴복 초일의 행차는 1도01분63초39가 되고, 신류 초일의 행차는 1도00분24초67이 된다.

이와 같은 방법으로 오성 각각의 평합·평현·평복에 해당하는 단목 초일의 동·하지후 적일과 태양행분 그리고 성행분과 행차를 구한 것이 표 6.21.1이다.

표 6.21.1 세종 정묘년의 오성 평합·평현·평복 때 행차

		적일	초일 태양행분	초일 성행분	행차
목성	평합	입축말 84일	1도00분31초17	21분97초05	78분34초12
	신현	입축말 68일	1도01분32초66	21분05초09	80분27초57
	석복	입축말 71일	1도01분13초99	21분27분79	79분86초20
화성	평합	입영말 13일	0도95분74초09	69분43초91	26분30초18
	신현	입축초 44일	0도97분25초68	65분04초79	32분20초89
	석복	입영말 33일	0도96분70초11	67분64초68	29분05초43
토성	평합	입축초 48일	0도97분46초37	12분65초64	84분80초73
	신현	입축초 69일	0도98분59초26	11분93초77	86분65초49
	석복	입축초 41일	0도97분10초33	11분78초05	85분32초28

		적일	초일 태양행분	초일 성행분	행차
금성	석현	입영말 35일	0도96분80초06	1도23분07초44	26분27초38
	석퇴복	입영초 29일	1도03분60초08	58분17초12	1도61분77초20
	퇴합	입영초 36일	1도03분21초34	83분34초05	1도86분55초39
	신퇴현	입영초 42일	1도02분87초42	57분25초13	1도60분12초55
	신복	입축말 79일	1도00분63초40	1도26분53초46	25분90초06
수성	평합	입영초 17일	1도04분24초37	2도16분24초04	1도11분99초67
	석현	입영초 34일	1도03분32초50	1도63분21초17	59분88초67
	석퇴복	입영초 63일	1도01분63초39	0도	1도01분63초39
	퇴합	입영초 74일	1도00분95초16	1도16분35초10	2도17분30초26
	신퇴현	입영초 85일	1도00분24초67	0도	1도00분24초67
	신복	입영말 67일	0도98분48초20	1도69분06초88	70분58초68

6.22 오성의 정합 · 정현 · 정복 때 범적 산정

求五星定合定見定伏汎積

외행성의 범적

목성 · 화성 · 토성의 경우, 평합(平合) · 신현(晨見) · 석복(夕伏)의 정적 일분초(定積日分秒)는 그대로 정합(定合) · 정현(定見) · 정복(定伏)의 범적 일분초(汎積日分秒)가 된다.

내행성의 범적

금성과 수성의 경우는 구하고자 하는 합 · 현 · 복단의 행성 영축차(盈縮差)를 놓고, 그 단의 행차(行差)로 나누면 몫은 일(日)이 되고 나머지는 분초(分秒)가 된다. 수성은 영축차의 2배를 놓는다. 내행성이 평합 · 석현 · 신복에 든 때는 이 값을 정적 일분초에 가감하되, 영차(盈差)이면 빼고 축차(縮差)이면 더한 것이 정합 · 정복 · 정현의 범적 일분초이다. 내행성이 퇴합 · 석복 · 신현에 든 때는 이 값을 정적 일분초에 가감하되, 영차이면 더하고 축차이면 뺀 것이 정합 · 정복 · 정현의 범적 일분초이다.

木、火、土三星，以平合、晨見、夕伏定積日，便爲定合、伏、見汎積日及分秒。金、水二星，置其段盈縮差,【水星，倍之】各以其段行差除之爲日，不滿爲分秒。在平合、夕見、晨伏者，盈減縮加；在退合、夕伏、晨見者，盈加縮減，各以加減定積，爲定合、伏、見汎積日及分秒。

해설

1) 정합 · 정현 · 정복의 범적

태양과 행성이 모두 평균속도로 운행한다고 가정하여 산정한 합 · 현 · 복이 평합·평현·평복이고, 천정동지부터 평합·평현·평복까지 경과한 시간이 평합·평현·평복의 중적(中積)이다.

6.10절의 방법으로 평합·평현·평복의 중적에 행성의 영축차를 가감하여 실제행성이 평균태양과 이루는 합·현·복의 순간까지 경과한 시간을 구한 것이 평합·평현·평복의 정적(定積)이다.

6.23절에서는 평합·평현·평복의 정적에 다시 태양의 영축차를 반영하여 실제행성이 실제태양과 이루는 합·현·복의 순간까지 경과한 시간을 구하고, 이를 정합·정현·정복의 정적이라 하였다.

그런데 위의 세 단계를 거쳐 추보한 정합·정현·정복의 정적이 관측치와 차를 보이므로 이를 보정하기 위하여 평합·평현·평복의 정적에 행성의 영축차를 추가로 반영케 하였고, 이렇게 구한 시간을 정합·정현·정복의 범적이라 하였다.

2) 외행성의 정합·정현·정복 범적

제단 입성에서 평도(平度)의 총합은 행성이 시운동궤도를 따라 회합주기 동안 이동한 겉보기 각거리를 나타낸다. 그런데 외행성이 회합주기 동안 실제로 이동한 각거리는 단일(段日)의 총합에서 세주(歲周) 365일2425분을 뺀 값의 도수(度數)이며, 이는 평도의 총합과 같은 각도이다.

이렇게 외행성의 경우는 회합주기 동안 이동한 겉보기 각거리가 곧 실제로 운행한 각도와 동일하며, 그런 만큼 순행(順行) 구간의 중심인 평합 전후에서 행성의 겉보기 영축차가 실제의 영축차와 같은 값이라고 유추할 수 있다.

그러므로 외행성의 경우에는 행성 영축차의 영향을 추가로 반영할 필요가 없으며, 평합·평현·평복의 정적을 그대로 정합·정현·정복의 범적으로 취하였다.

3) 내행성의 정합·정현·정복 범적

외행성과 달리 내행성이 주일(周日), 곧 회합주기 동안 실제로 이동한 각거리는 단일(段日)의 총합에 역도(曆度) 365도25분75초를 더한 값이며, 시운동궤도를 따라 이동한 겉보기 각거리인 평도(平度)의 총합은 단일(段日)의 총합과 같다. 예를 들어 금성이 회합주기 동안 이동한 겉보기 각거리는 583도90분26초이지만, 실제로 운행한 각도는 (단일합 583도90분26초+역도 365도25분75초=) 949도16분01초이므로 1.626배나 크다. 수성 역시 그림 6.6.1에서 보였듯이 주일 동안 겉보기로는 시운동궤도를 따라 115도87분60초를 이동하는 것에 불과하지만 실제로 운행하는 각도는 (단일합 115도87분60초+역도 365도25분75초=) 481도13분35초이므로 4.15배나 된다.

그러므로 평합 전후에서 내행성의 실제운행속도는 제단 입성의 바탕을 이루는 초행률(初行率)로 드러낸 시운동속도보다 훨씬 큰 값이다. 다만 내행성이 회합주기 동안 이동한 겉보기 각거리인 평도의 총합이 그동안 태양이 이동한 각도인 단일의 총합과 같을 뿐이다. 더욱이 내행성의 영축 입성에 주어진 최대 영축차는 태양의 최대 영축차와 그리 큰 차를 보이지 않는다.

이로부터 평합 전후에 행성이 나타내는 시운동궤도를 따른 영축차의 관측치는 영축 입성의 영축차보다 훨씬 클 것으로 짐작할 수 있다. 따라서 앞서 평합·평현·평복의 정적(定積)에 반영된 행성의 영축차에 보정항을 추가할 필요가 있으며, 이렇게 추가로 보정된 합·현·복의 시간을 정합·정현·정복의 범적(汎積)이라 하였다.

정합·정현·정복의 범적은 평합·평현·평복의 정적에 내행성의 영축차를 행차로 나눈 값의 k배를 가감하여 얻는다. 단 금성의 k값은 1이고, 수성은 2이다.

내행성이 평합·석현·신복에 있을 때는 앞서가던 태양을 행성이 따라잡게 된다. 따라서 실제행성이 평균행성보다 앞서는 영력의 경우, 행성이 태양을 따라잡는 데 걸리는 시간이 감소하므로 평합·평현·평복의 정적에 '행성의 영축차÷행차×k'의 값을 감(減)하여 정합·정현·정복의 범적을 얻으며, 축력의 경우는 반대이다. 반면에 행성이 퇴합·석복·신현에 있을 때는 앞서가던 행성이 퇴행하며 태양과 마주 보고 지나가는 상황이기 때문에 영력과 축력에서 가감의 부호가 평합·석현·신복과 반대가 된다.

산식

정합·정현·정복의 범적 = 평합·평현·평복의 정적$\pm k \times$행성 영축차/행차

(단, 외행성이면 $k=0$, 금성이면 $k=1$, 수성이면 $k=2$

평합·석현·신복의 축차 또는 퇴합·석복·신현의 영차이면 $+$

평합·석현·신복의 영차 또는 퇴합·석복·신현의 축차이면 $-$)

가령

1) 세종 정묘년의 외행성 정합·정현·정복 범적

외행성인 목성·화성·토성의 경우, 평합·신현·석복의 정적 일분초가 그대로 정합·정현·정복의 범적 일분초가 되므로 6.20절의 가령에서 구한 목성·화성·토성의 평합·신현·석복 정적이 곧 정합·정현·정복의 범적이다. 따라서 세종 정묘년의 외행성에 대한 정합·정현·정복의 범적은 표 6.22.1과 같다.

표 6.22.1 세종 정묘년의 외행성 정합·정현·정복 범적

	정합 범적	정현 범적	정복 범적
목성	280일3523분45초	296일9062분36초	294일1133분36초
화성	169일5911분73초	227일5900분19초	149일5347분88초
토성	231일4228분71초	251일9472분09초	223일6903분69초

2) 세종 정묘년의 내행성 정합·정현·정복 범적

금성이 석퇴복에 드는 경우, 6.9절의 가령에서 구한 석퇴복의 영축차를 6.21절의 가령에서 구한 행차로 나누면 (석퇴복영차 1도37분64초87/석퇴복행차 1도61분77초20=) 0일8508분81초가 된다. 그러므로 이 값을 석퇴복의 정적에 더한 금성의 석퇴복 범적은 (석퇴복정적 29일9702분87초+0일8508분81초=) 30일8211분68초가 된다.

한편 수성이 평합에 드는 경우, 합복의 영축차를 행차로 나눈 값의 2배를 평합 정적에 더한 수성의 정합 범적은 (평합정적 17일3371분02초+2×{합복축차 1도38분81초98/합복행차 1도11분99초67}=) 19일8161분00초이다.

이와 같이 방식으로 세종 정묘년에 평합에 든 내행성의 정합·정현·정복 범적을 구하여 취합한 것이 표 6.22.2이다.

표 6.22.2 세종 정묘년의 내행성 정합·정현·정복 범적

		평합, 평현, 평복 정적	행성 영축차 / 행차	정합, 정현, 정복 범적
금성	평합	109일7713분99초	영 6일9904분69초	102일7809분30초
	석현	147일4942분03초	영 2일3186분71초	145일1755분32초
	석퇴복	29일9702분87초	영 0일8508분81초	30일8211분68초
	퇴합	36일0174분12초	영 0일7631분10초	36일7805분22초
	신퇴현	42일0643분87초	영 0일9183분97초	42일9827분84초
	신복	285일4909분04초	축 7일9310분75초	293일4219분79초
수성	평합	17일3371분02초	축 1일2394일99초	19일8161분00초
	석현	34일3997분65초	축 3일4657분70초	41일3313분05초
	석퇴복	63일2144분25초	축 2일2245분28초	58일7653분69초
	퇴합	74일4135분06초	축 1일0353분28초	72일3428분50초
	신퇴현	85일6125분86초	축 2일2332분05초	81일1461분76초
	신복	114일9925분86초	축 2일6332분32초	120일2590분50초

6.23 오성의 정합 정적과 정성 산정 求五星定合定積定星

6.23.1 외행성의 정합 정적과 정합 정성[70]

거합차일(距合差日)과 거합차도(距合差度)

목성·화성·토성의 경우, 각기 평합 초일(初日)의 태양 영축적(盈縮積)을 평합 행차(平合行差)로 나누면 몫은 거합차일이 되고 나머지는 분초(分秒)가 된다. 거합차일 분초에서 태양의 영축적을 뺀 값이 거합차도 분초이다.

정합 정적과 정합 정성

각 행성의 정합 범적(定合汎積)을 놓고, 거합차일 분초를 가감하되 영력(盈曆)에서는 빼고 축력(縮曆)에서는 더한 값이 그 행성의 정합 정적 일분초(定合定積日分秒)이다. 행성의 정합 범적에 거합차도 분초를 가감하되 영력에서는 빼고 축력에서는 더한 값이 그 행성의 정합 정성 도분초(定合定星度分秒)이다.

> 木、火、土三星, 各以平合行差, 除其段初日大陽盈縮積, 爲距合差日, 不滿爲分秒。以大陽盈縮積减之, 爲距合差度及分秒。各置其星定合汎積, 以距合差日及分秒, 盈减縮加之, 爲其星定合定積日及分秒; 以距合差度及分秒, 盈减縮加之, 爲其星定合定星度及分秒。

70 외행성의……정성 : 6.23.1절부터 6.23.3절까지 소절(小節)의 제목은 내용에 준하여 역주본에서 단 것으로, 저본에는 없다.

해설

1) 거합차일(距合差日)과 거합차도(距合差度)

앞 절에서 구한 정합 범적(定合汎積)은 평합 정적(平合定積)에 행성 영축차의 영향을 추가로 반영하여 실제에 가깝도록 보정한 값이지만 어디까지나 실제행성과 평균태양이 만나기까지 시간이 수정된 값일 뿐이다. 그러므로 실제태양과 실제행성이 만나기까지의 시간인 정합 정적을 구하자면 태양의 영축차, 곧 실제태양과 평균태양의 위치차도 반영되어야 한다.

정합 범적부터 정합 정적에 이르기까지 소요되는 일수(日數)를 거합차일이라 하고, 이 동안 행성이 운행한 도수(度數)를 거합차도라고 하였다. 거합차일 τ동안 행성이 v_a의 속도로 거합차도 α만큼 운행할 때, 태양은 v_s의 속도로 거합차도 α에 태양의 영축차 c_s를 가감한 만큼 운행하여 실제행성과 만나게 된다. 이를 수식으로 요약하면 $\alpha = v_a \tau$와 $\alpha + c_s = v_s \tau$가 되고, 이로부터 거합차일 $\tau = c_s / (v_s - v_a)$와 거합차도 $\alpha = v_s c_s / (v_s - v_a) - c_s$를 얻는다.[71] 즉, 거합차일은 태양의 영축차를 행성과 태양의 행차(行差)로 나눈 값과 같고, 거합차도는 거합차일에 태양의 운행속도인 1도/일를 곱한 도수에다 태양의 영축차를 가감한 값과 같다.

본문에서는 평합 초일이라는 적일(積日)이 주어졌으므로, 1.11절과 1.12절에 주어진 태양 영축 입성의 예를 따라, 태양의 영축차를 영축적(盈縮積)이라 하였다.

2) 외행성의 정합 정적(定合定積)과 정합 정성(定合定星)

외행성의 평합은 앞서가던 행성을 태양이 따라잡는 순간이다. 그림 6.23.1(가)에서 보듯이 정합 범적, 곧 평합 정적 때 태양의 영적(盈積) c_s가 AB와 같다면, 실제태양 A가 실제행성 B를 이미 추월하여 AB만큼

71 취안징(曲安京), 《중국수리천문학(中國數理天文學)》(북경, 과학출판사, 2008), 565쪽.

앞선 상태가 된다. 따라서 실제태양은 B에 이르기 전에 정합 정적의 위치인 C에서 실제행성을 따라잡게 되며, 이는 정합 범적의 순간 B보다 태양의 영적 AB, 곧 c_s를 태양과 행성 간 상대속도인 행차 $(v_s - v_a)$로 나눈 값인 거합차일 AC 또는 BC만큼 이른 시각이 된다. 그러므로 AC는 거합차일 동안 태양이 1도/일의 속도로 운행한 각도, 곧 $v_s c_s / (v_s - v_a)$가 되고, 그 동안 행성이 움직인 각도 BC, 곧 거합차도는 거합차일 동안 태양이 운행한 각도인 AC에서 태양의 영적인 AB, 곧 c_s를 뺀 값이 된다.

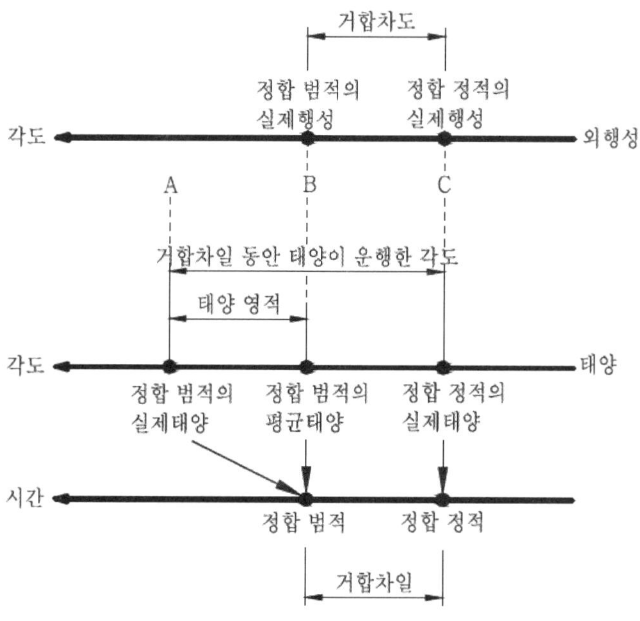

그림 6.23.1(가)

한편 그림 6.23.1(나)에서 보듯이 정합 범적 때 축력의 구간에 있는 태양의 축적(縮積) c_s가 AB와 같다면, 실제행성 B가 실제태양 A를 AB만큼 앞선 상태이다. 따라서 A의 실제태양이 AB만큼 앞선 실제행성을 따라잡기 위해서는 각도 BC만큼 더 운행하여 정합 정적의 위치인 C에 이르러야 하고, 이 동안에 태양의 축적 AB, 곧 c_s를 태양과 행성 간 상대속도인 행차 $(v_s - v_a)$로 나눈 값인 거합차일만큼 시간이 걸려야 한다. 그러므로 AC 또는 BC의 시간은 거합차일이 되고, 그 시간 동안 행성이 움직인 각도인 거합차도는 거합차일 동안 태양이 운행한 각도인 AC, 곧 $v_s c_s / (v_s - v_a)$에서 태양의 축적인 AB, 곧 c_s를 뺀 BC가 된다.

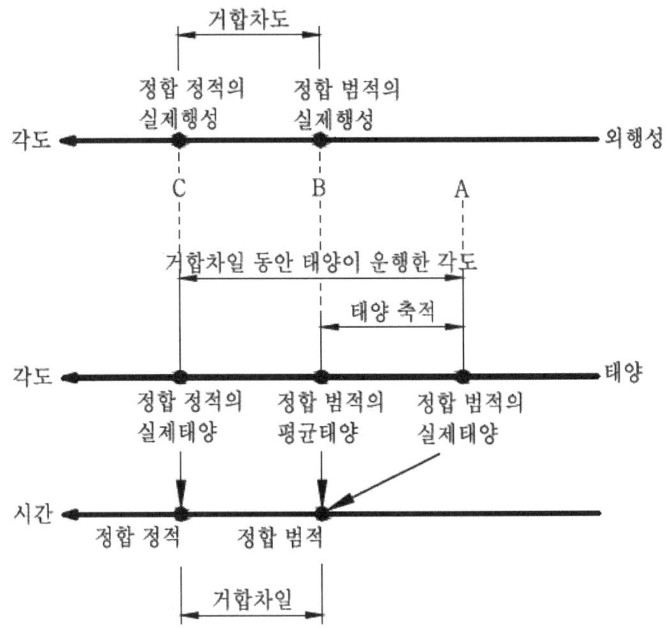

그림 6.23.1(나)

산식

① 거합차일 = 평합 초일의 태양 영축적÷평합 행차

거합차도 = 거합차일－태양의 영축적

② 정합 정적 = 정합 범적±거합차일 (단, 영력이면 －, 축력이면 ＋)

정합 정성 = 정합 범적±거합차도 (단, 영력이면 －, 축력이면 ＋)

가령

1) 세종 정묘년 외행성의 평합 거합차일과 거합차도

앞서 6.21절의 가령에서 구한 목성의 평합 적일이 입축말 84일이므로, 1.11절의 태양영축입성에서 찾은 이날 태양의 축적은 2만3923분7376이다. 이 값을 6.21절의 가령에서 구한 평합 초일의 행차로 나눈 거합차일은 (평합태양축적 2일3923분7376÷평합행차 78분34초12=) 3일0537분87초이다. 거합차일에서 평합 초일의 축적을 뺀 거합차도는 ({평합거합차일 3일0537분87초−평합축적 2일3923분7376}/{1일/도}=) 0도66분14초13이다.

이와 같은 방법으로 목성・화성・토성의 평합 초일 거합차일과 거합차도를 구하여 취합한 것이 표 6.23.1.1이다.

표 6.23.1.1 세종 정묘년 외행성의 평합 거합차일과 거합차도

	태양 영축적	거합차일	거합차도
목성	축 2만3923분7376	3일0537분87초	0도66분14초13
화성	영 5952분3581	2일2630분99초	1도66분78초63
토성	축 1만7988분4416	2일1210분96초	0도32분22초52

2) 세종 정묘년 외행성의 정합 정적과 정합 정성

목성의 평합 적일이 축력에 들어 있으므로 6.22절의 가령에서 구한 목성의 정합 범적에 거합차일을 더한 목성의 정합 정적은 (정합범적 280일3523분45초+거합차일 3일0537분68초=) 283일4061분32초이고, 정합 범적에 거합차도를 더한 목성의 정합 정성은 ({정합범적 280일3523분45초}/{1일/도}+거합차도 0도66분14초13=) 281도01분37초58이다.

화성의 평합 적일은 영력에 들어 있으므로 정합 범적에서 거합차일을 뺀 화성의 정합 정적은 (정합범적 169일5911분73초−거합차일 2일2630분99초=) 167일3280분74초이고, 정합 범적에 거합차도를 뺀 화성의 정합 정성은 ({정합범적 169일5911분73초}/{1일/도}−거합차도 1도66분78초63=) 167도92분33초10이다.

이와 같은 방법으로 목성·화성·토성의 정합 정적과 정합 정성을 구하여 취합한 것이 표 6.23.1.2이다.

표 6.23.1.2 세종 정묘년 외행성의 정합 정적과 정합 정성

	정합 정적	정합 정성
목성	283일4061분32초	281도01분37초58
화성	167일3280분74초	167도92분33초10
토성	233일5439분67초	231도74분51초23

6.23.2 내행성의 정합 정적과 정합 정성

거합차일과 거합차도

금성과 수성이 순합(順合) 또는 퇴합(退合)할 경우, 그날 태양의 영축적을 평합 행차(平合行差)나 퇴합 행차(退合行差)로 나누면 몫은 거합차일(距合差日)이 되고 나머지는 분초가 된다. 태양의 영축적에 거합차일 분초를 가감하되, 순합에서는 더하고 퇴합에서는 뺀 값이 거합차도 분초(距合差度分秒)이다.

순합·퇴합의 정적과 정성

순합에서는 행성의 정합 범적에 거합차일 분초를 가감하되, 영력(盈曆)에서는 더하고 축력(縮曆)에서는 뺀 값이 행성의 정합 정적 일분초(定合定積日分秒)이다. 퇴합에서는 거합차도 분초에 거합차일 분초를 가감하되, 영력에서는 더하고 축력에서는 뺀다. 이 값을 행성의 퇴정합 범적(退定合汎積)에 가감하되, 영력에서는 더하고 축력에서는 뺀 값이 행성의 퇴정합 정적 일분초(退定合定積日分秒)이다. 퇴정합 정적 일분초를 도분초(度分秒)로 나타낸 것이 퇴정합 정성 도분초(退定合定星度分秒)이다.

金、水二星順合、退合者，各以平合、退合行差，除其日大陽盈縮積，爲距合差日，不滿爲分秒。順加退減大陽盈縮積，爲距合差度及分秒。順合者，盈加縮減其星定合汎積，爲其星定合定積日及分秒；退合者，以距合差日及分秒，盈加縮減距合差度及分秒，盈加縮減其星退定合汎積，爲其星退定合定積日及分秒。命之爲退定合定星度及分秒。

해설

1) 내행성의 순합(順合) 때 거합차일과 거합차도

내행성은 한 회합주기 내에 태양과 황경이 두 번 같아진다. 그중 외합(外合) 부근에서 순행하며 v_s(단, $v_s = 1$도/일)의 속도로 앞서가는 태양을 내행성이 v_a(단, $v_a > v_s$)의 속도로 따라잡는 순간이 평합(平合), 곧 순합이다. 순합의 경우, 거합차일은 태양 영축적 c_s를 순합 행차 $(v_a - v_s)$로 나눈 값인 $c_s/(v_a - v_s)$이고, 거합차도는 태양의 영축적 c_s에 거합차일을 더한 $v_s c_s/(v_a - v_s) + c_s$와 같다.

그림 6.23.2(가)에서 보듯이 정합 범적 때 태양의 영적(盈積) c_s가 AB와 같다면 실제행성 B보다 실제태양 A가 AB만큼 앞선 상태이다. 따라서 정합 범적 때 B에 있는 실제행성이 A의 실제태양을 뒤따라가서 만나게 되는 곳이 정합 때의 위치 C라 하면, 태양의 영적 AB를 태양과 행성의 순합 행차로 나눈 값인 거합차일, 곧 $c_s/(v_a - v_s)$만큼 시간이 더 걸려야 한다. 그러므로 AC 또는 BC의 시간은 거합차일이 되고, 그 동안 행성이 움직인 각도 BC, 곧 거합차도는 거합차일 동안 태양이 이동한 각도인 AC에 태양의 영적인 AB를 더한 값, 곧 $v_s c_s/(v_a - v_s) + c_s$가 된다.

그림 6.23.2(나)에서 보듯이 순합을 지나는 태양이 축력에 들어있어 축적(縮積)이 AB와 같다면, 정합 범적 때 이미 실제행성 B가 실제태양 A를 AB만큼 앞지른 상태이다. 따라서 실제태양은 A에 이르기 전인 정합 정적 때의 위치 C에서 실제행성에 따라잡히게 된다. 정합 범적 때 B에 있

던 실제행성이 되돌아가서 정합 C에 이르자면, 태양의 축적 AB를 태양과 행성 간 상대속도인 행차로 나눈 값인 거합차일, 곧 $c_s/(v_a - v_s)$만큼 이른 시간이어야 한다. 그러므로 AC 또는 BC의 시간차는 거합차일이 되고, 그 시간 동안 행성이 움직인 각도 BC, 곧 거합차도는 거합차일 동안 태양이 이동한 각도 AC에 태양의 축적인 AB를 더한 값, 곧 $v_s c_s/(v_a - v_s) + c_s$가 된다.

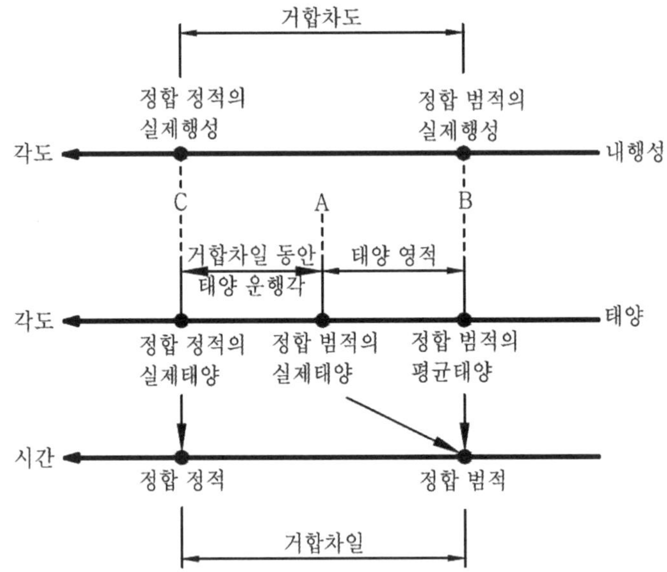

그림 6.23.2(가)

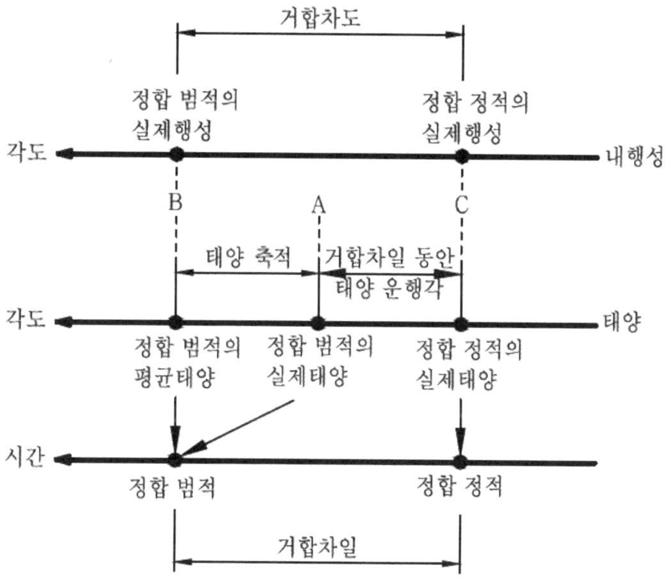

그림 6.23.2(나)

2) 내행성의 퇴합(退合) 때 거합차일과 거합차도

내행성의 퇴합은 내합(內合) 부근에서 내행성과 태양이 마주 보며 다가와 만나는 순간이다. 퇴합의 거합차일은 태양의 영축적 c_s를 퇴합 행차$(v_a + v_s)$로 나눈 값인 $c_s/(v_a + v_s)$이고, 거합차도는 태양의 영축적 c_s에서 거합차일 동안 태양이 이동한 각도를 뺀 값인 $c_s - v_s c_s/(v_a + v_s)$가 된다.

그림 6.23.2(다)에서 보듯이 퇴정합 범적 때 태양의 영적 c_s가 AB와 같다면 퇴행하는 실제행성이 B에 이르기 전, 곧 퇴정합 정적의 위치인 C를 지날 때 이미 순행하는 실제태양을 만났다. 따라서 A에 있던 퇴정합 범적의 실제태양이 퇴정합 정적의 위치인 C로 되돌아가기까지 걸리는 시간은 태양의 영적 AB를 태양행분과 성행분을 더한 속도인 행차로 나눈 값인 $c_s/(v_a + v_s)$와 같고, 이 값이 곧 거합차일 AC이다. 그리고 거합차일 AC 또는 BC의 시간 동안 행성이 퇴정합 범적의 위치 B부터 퇴정합 정적

의 위치 C로 되돌아가야 하는 각도 BC가 거합차도이며, 그 값은 태양의 영적에서 거합차일 동안 태양이 움직인 각도인 $c_s - v_s c_s/(v_a + v_s)$가 된다.

그림 6.23.2(라)에서 보듯이 퇴정합 범적 때 태양의 축적 c_s가 AB와 같다면 이 순간의 실제행성이 B부터 퇴행하며 퇴정합 정적의 위치 C에서 순행하는 실제태양 A를 만나기까지 걸리는 시간은 태양의 영적 AB를 태양행분과 성행분을 더한 속도인 행차로 나눈 $c_s/(v_a + v_s)$와 같고, 이 값이 곧 거합차일 AC 또는 BC이다. 그리고 거합차일 AC 또는 BC의 시간 동안 행성이 움직인 각도 BC가 곧 거합차도이다.

거합차일 AC 또는 BC의 시간 동안 태양이 순행하며 퇴정합 범적의 위치 A부터 퇴정합 정적의 위치 C로 나아가는 각도 AC가 $v_s c_s/(v_a + v_s)$와 같고, 따라서 거합차일 동안 실제행성이 이동한 각도인 거합차도는 태양의 축적 AB에서 거합차일 동안 태양이 움직인 각도 AC를 뺀 $c_s - v_s c_s/(v_a + v_s)$가 된다.

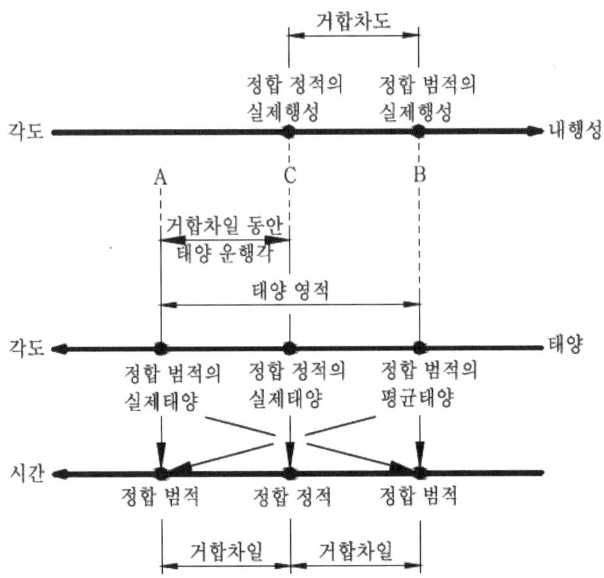

그림 6.23.2(다)

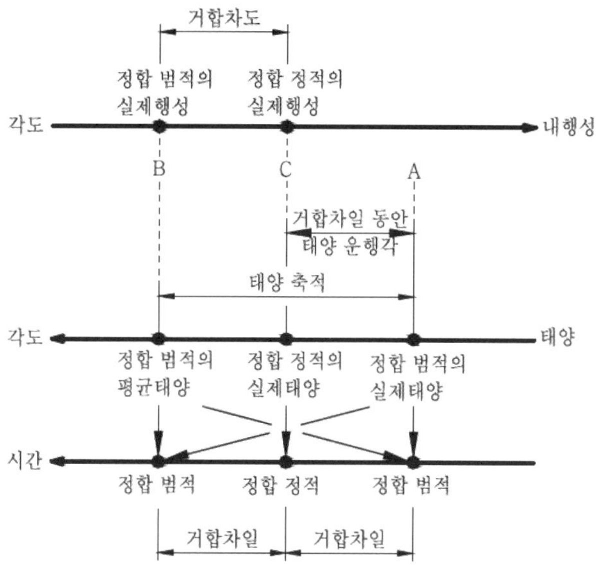

그림 6.23.2(라)

3) 내행성의 정합 정적(定合定積)과 정합 정성(定合定星)

그림 6.23.2의 (가)와 (나)에서 보듯이 순합(順合)에서는 행성의 정합 범적에 거합차일 분초를 가감하되, 영력(盈曆)에서는 더하고 축력(縮曆)에서는 뺀 값이 정합 정적 일분초이다. 영력과 축력에 따른 가감의 부호가 외행성의 경우와 반대인데, 이는 외행성의 합이 앞서가던 행성을 태양이 따라잡는 순간인 데 반해 내행성의 외합은 앞서가던 태양을 행성이 따라잡는 순간이기 때문이다.

퇴합 때는 그림 6.23.2의 (다)와 (라)에서 보듯이 범적에 거합차일 분초나 행성이 거합차도 분초를 지나는데 걸리는 시간을 가감하되, 영력에서는 더하고 축력에서는 뺀 값이 그 행성의 퇴정합 정적이다.

그러나 본문에서는 퇴합의 경우, 거합차도 분초에 거합차일 분초를 가감하되 영력에서는 더하고 축력에서는 빼며, 이 값을 행성의 퇴정합 범적(退定合汎積)에 가감하되 영력에서는 더하고 축력에서는 뺀 값이 그 행성의 퇴정합 정적(退定合定積)이라고 하였다.

퇴정합 정성은 퇴정합 정적의 일분초 단위를 도분초(度分秒)로 바꾸어 구한다.

산식

① 거합차일 = 평합(또는 퇴합)의 태양 영축적 ÷ 평합(또는 퇴합) 행차

거합차도 = 태양 영축적 ± 거합차일

(단, 순합이면 +, 퇴합이면 −)

② 순정합 정적 = 정합 범적±거합차일

(단, 영력이면 +, 축력이면 −)

③ 〔영력〕이면

퇴정합 정적 = 퇴정합 범적+(거합차도+거합차일)

〔축력〕이면

퇴정합 정적 = 퇴정합 범적−(거합차도−거합차일)

④ 퇴정합 정성 = 퇴정합 정적×1도/일

가령

1) 세종 정묘년 내행성의 거합차일과 거합차도

금성의 순합 적일이 입영말 72일이고, 퇴합 적일은 입영초 36일이므로, 순합 때는 태양의 축적이 2만2603분91초04이고, 퇴합 때는 영적이 1만5146분72초64이다. 따라서 순합의 거합차일은 ({순합태양축적 2만2603분9104}/{1만분/도}÷순합행차 0도26분98초53=) 8일3763분79초14이고, 퇴합의 거합차일은 ({퇴합태양영적 1만5146분7264}/{1만분/도}÷퇴합행차 1도86분55초39=) 0일8119분22초26이다.

순합의 거합차도는 태양 축적에 거합차일을 더한 (순합태양축적 〔{2만2603분9104}/{1만분/일}+순합거합차일 8일3763분79초14〕/{1일/도}=) 10도63분67초70이고, 퇴합의 거합차도는 퇴합의 태양 영적에서 거합차일을 뺀 (〔{퇴합태양영

적 1만5146분7264}/{1만분/일}−퇴합거합차일 0일8119분22초26]/{1일/도}=) 0도70분 27초50이다.

이와 같이 수성의 순합과 퇴합 때 거합차일과 거합차도까지 구하여 표 6.23.2.1에 취합하였다.

표 6.23.2.1세종 정묘년 내행성의 거합차일과 거합차도

		태양 영축적	거합차일	거합차도
금성	순합	영 2만2603분9104	8일3763분79초14	10도63분67초70
	퇴합	영 1만5146분7264	0일8119분22초26	0도70분27초50
수성	순합	영 8000분2697	0일7143분30초84	1도51분43초58
	퇴합	영 2만3258분5256	1일0703분28초92	1도25분55초24

2) 세종 정묘년 내행성의 순정합 정적과 순정합 정성

금성의 순합 때 태양이 영력의 구간에 있으므로 순정합 범적에 거합차일을 더한 순정합 정적은 (순정합범적 102일7809분30초+거합차일 8일3763분79초14=) 111일1573분09초14이고, 순정합 범적에 거합차도를 더한 순정합 정성은 ({순정합범적 102일7809분30초}/{1도/일}+거합차도 10도63분67초70=) 113도41분77초00이다.

이와 같이 내행성의 순정합 정적과 정성을 구하여 취합한 것이 표 6.23.2.2이다.

표 6.23.2.2세종 정묘년 내행성의 순정합 정적과 정성

	순정합 정적	순정합 정성
금성	111일1573분09초	113도41분77초00
수성	20일5304분31초	21도33분04초58

3) 세종 정묘년 내행성의 퇴정합 정적과 퇴정합 정성

금성의 퇴합 때 태양이 영력의 구간에 있으므로 퇴정합 범적에 거합차도와 거합차일을 더한 금성의 퇴정합 정적은 (퇴정합범적 36일7805분22초+{거합

차도 0도70분27초50}/{1도/일}+거합차일 0일8119분22초26=) 38일2951분94초이다.

수성의 퇴합 때도 태양이 영력에 들어 있으므로 퇴정합 범적에 거합차도와 거합차일을 더한 수성의 퇴정합 정적은 (퇴정합범적 72일3428분50초+{거합차도 1도25분55초24}/{1도/일}+거합차일 1일0703분28초92=) 74일6687분03초이다.

퇴정합의 정성은 퇴정합 정적의 일분초를 도분초로 바꾼 값이므로, 금성의 퇴정합 정성은 38도29분51초94이고 수성의 퇴정합 정성은 74도66분87초03이다.

위의 결과를 표 6.23.2.3에 취합하였다.

표 6.23.2.3 세종 정묘년 내행성의 퇴정합 정적과 정성

	퇴정합 정적	퇴정합 정성
금성	38일2951분94초	38도29분51초94
수성	74일6687분03초	74도66분87초03

6.23.3 정합의 일진분초와 황도수도

정합의 일진분초와 황도수도

천정동지 일분에 구하려는 행성의 정합 정적 일분초를 더하고 순주(旬周)를 거듭 덜어 낸 나머지만큼 갑자일로부터 헤아려 나가면 곧 정합의 일진(日辰)과 분초를 얻는다. 천정동지 가시황도일도 분초(加時黃道日度分秒)를 행성의 정합 정성 도분초에 더하고 황도수차를 차례로 덜어 내면 곧 정합 위치의 황도수도 분초(黃道宿度分秒)를 얻는다.

오성의 합복정일(合伏定日)을 구하는 첩경

오성의 합복정일을 곧장 구하는 방법은 다음과 같다. 목성·화성·토성의 경우, 행성의 야반(夜半) 황도수차에서 야반 황도일도 분초를 뺀 나머지가 그날 태양의 행분(行分)보다 작으면 그날이 합복정일이다. 금성과 수성의 경우, 야반 황도일도 분초에서 행성의 야반 황도수차를 뺀 나머지가 그날 금성과 수성의 행분보다 작으면 그날이 합복정일이다. 금성과 수성이 퇴합에 들 경

우, 그날 태양의 야반 황도수차를 보면 금성과 수성의 수차에 미치지 못하지만 이튿날 태양이 금성과 수성의 수차를 지남을 보게 되면, 금성과 수성이 퇴행하며 태양의 수차를 지나는 것이므로 그날이 바로 합퇴복정일(合退伏定日)이다.

以天正冬至日及分，加其星定合定積日及分秒，滿旬周去之，命甲子算外，卽得定合日辰及分秒。以天正冬至加時黃道日度及分秒，加其星定合定星度及分秒，滿黃道宿次去之，卽得定合所躔黃道宿度及分秒。

【徑[72]求五星合伏定日，木、火、土三星，以夜半黃道日度及分秒，減其星夜半黃道宿次，餘在其日大陽行分已下，爲其日伏合。金、水二星，以其星夜半黃道宿次，減夜半黃道日度及分秒，餘在其日金、水二星行分已下者，爲其日伏合。金、水二星伏退合者，視其日大陽夜半黃道宿次，未行到金、水二星宿次，又視次日大陽行過金、水二星宿次，金、水二星退行，過大陽宿次，爲其日定合伏退定日】

해설

1) 정합의 일진분초와 황도수도

정합 정적이 천정동지의 순간부터 행성이 정합에 드는 순간까지 경과한 시간이므로, 이것에 갑자일 신전야반부터 헤아린 천정동지의 일분(日分)을 더하면 동지 전 갑자일 신전야반부터 정합까지의 일분초를 얻는다. 따라서 순주(旬周) 60일을 거듭 덜어 낸 나머지가 곧 정합의 일진(日辰)과 분초를 나타내게 된다.

마찬가지로 정합 정성이 천정동지점부터 행성의 정합 때 위치까지 황도적도이므로, 이것에 천정동지점의 입수도(入宿度)를 가시황도일도를 더하면 천정동지가 든 수(宿) 초도부터 헤아린 황도적도를 얻는다. 그러므로 황도수차를 거듭 덜어 낸 나머지가 곧 정합이 일어나는 위치의 황도수도를 나타내게 된다.

72 徑 : 저본에는 '經'으로 되어 있으나 갑인자본에 근거하여 바로잡았다.

2) 오성의 합복정일(合伏定日)과 합퇴복정일(合退伏定日)을 구하는 첩경

평합(平合)이 합복(合伏)에 드는 순간을 가리키듯이 정합(定合)은 '정합복(定合伏)'에 드는 순간이라 할 수 있다. 또 퇴합(退合), 곧 평퇴합(平退合)으로 합퇴복(合退伏)에 드는 순간을 나타내듯이 정퇴합(定退合)으로 정합퇴복(定合退伏)에 드는 순간을 나타낼 수 있다. 이렇듯이 본문의 '합복정일'은 정합복에 드는 날을 의미하며, '합퇴복정일'은 정합퇴복에 드는 날을 가리킨다.[73]

본문의 서두에 제시된 대로 행성의 정합 정적에 천정동지 일분을 더하고 순주를 거듭 덜어 낸 나머지로부터 정합이 일어나는 날을 구하는 것이 정식(正式) 과정이다. 그런데 원주(原註)에서는 정합이 일어나는 날, 곧 합복정일과 합퇴복정일을 빠르게 구하는 방법을 제시하였다. 즉, 6.18절에서 구한 어느 날 신전야반의 행성 황도수차와 2.18절에서 구한 그날 신전야반의 태양 황도일도(黃道日度)의 차(差)를 구한 후, 이 차를 외행성과 내행성, 순합과 퇴합에 따라 태양 또는 행성의 당일 행분(行分)과 비교하면서, 이 차가 태양 또는 행성의 행분을 넘지 않는 날에 합복이 든다고 하였다.

외행성의 합복은 앞서가던 행성을 태양이 따라잡는 순간이므로 행성의 황도수차에서 신전야반의 황도일도를 뺀 값을 태양의 행분과 비교하고, 내행성의 외합은 앞서가던 태양을 행성이 따라잡는 순간이므로 신전야반의 황도일도에서 행성의 황도수차를 뺀 값을 행성의 행분과 비교한다. 내행성의 퇴합은 행성과 태양의 운행 방향이 반대이므로 행성과 태양의 도수 차와 행분만을 비교하여 판단할 수 없고, 당일과 이튿날 신전야반의 태양과 행성의 황도수차를 비교하여 하루 동안 태양과 행성의 선후 위치가 바뀌면 당일에 퇴합에 든다고 하였다.

73 원주(原註)에서 합복정일을 '伏合'이라고도 표기하였듯이 원주의 '定合伏退定日'을 합퇴복정일로 해석하였다.

산식

① 정합 일진분초 = MOD{(정합 정적+천정동지 일분), 순주}

정합 황도수도 = 정합 정성+천정동지 황도일도−$\sum$황도수차

② 목성 · 화성 · 토성의 합복정일에는

행성 야반 황도수차−야반 황도일도 < 태양 행분

③ 금성과 수성의 합복정일에는

야반 황도일도−행성 야반 황도수차 < 성행분

④ 금성과 수성의 합퇴복정일에는

당일 태양 야반 황도수차 < 당일 행성수차

익일 태양 야반 황도수차 > 익일 행성수차

가령

세종 정묘년 오성의 정합 일진분초와 황도수도

6.23절에서 구한 목성의 정합 정적에 세종 정묘년의 천정동지 일분을 더한 후 순주 60일을 거듭 덜어 낸 목성의 정합 일진분초는 (MOD{(정합정적 283일4061분32초+천정동지일분 25일3150분), 기법 60일}=) 8일(임신)7211분32초이고, 목성의 정합 정성에 정묘년 천정동지의 가시황도일도를 더한 후 기수부터 황도수도를 차례로 덜어 낸 목성의 황도수도는 (정합정성 281도01분37초58+정묘년동지황도일도 6도91분97초−기수~익수황도적도 278도35분75초=) 진수(軫宿) 9도57분59초58이다.

이와 같은 방법으로 오성의 정합 일진분초와 황도수도를 구하여 취합한 것이 아래의 표 6.23.3.1이다. 다만 금성의 퇴정합 일진분초와 황도수도는 무진년의 천정동지 일분 30일5575분과 무진년의 천정동지 가시황도일도 6도90분58초를 대입하여 계산한 값이다.

표 6.23.3.1 세종 정묘년 오성의 정합 일진분초와 황도수도

		일진분초	황도수도
목성	정합	8일(임신)7211분32초	진 9도57분59초58
화성	정합	12일(병자)6430분74초	필 13도94분55초10
토성	정합	18일(임오)8589분67초	성 4도71분73초23
금성	정합	16일(경진)4723분09초	규 16도26분99초00
	퇴정합	8일(임신)8526분94초	여 5도15분09초94
수성	정합	45일(기유)8454분31초	두 18도68분01초58
	퇴정합	39일(계묘)9837분03초	실 5도25분09초03

6.24 목성·화성·토성의 정현·정복 때 정적일 산정
求木火土三星定見伏定積日

각 행성의 정현(定見)·정복(定伏) 때 범적 일분초(汎積日分秒)를 놓고, 세상한 91일31분06초를 가감하되, 신(晨)이면 더하고 석(夕)이면 뺀다. 이 값이 반세주 이하면 이 값을 제곱하고, 이상이면 세주(歲周)에서 감한 나머지를 제곱한다. 제곱한 값을 75로 나누어 분(分)으로 삼고, 다시 100으로 나누어 몫은 도(度)로 삼고 나머지는 분초로 삼는다. 이 도분초에 그 행성의 복현도(伏見度)를 곱하고 15로 나누어 얻어진 값을 그 단의 행차로 나누면 몫은 일수(日數)가 되고 나머지는 분초(分秒)가 된다. 이 일분초를 정현·정복의 범적에 가감하되, 현(見)일 때는 더하고 복(伏)일 때는 뺀 값이 곧 행성의 정현·정복 때 정적 일분초이다.

앞서와 같이 정현·정복의 정적 일분초에 천정동지 일분을 더한 후, 순주(旬周)를 거듭 덜어 낸 나머지를 갑자일(甲子日)부터 헤아려 나가면 정현·정복의 일진(日辰)과 분초를 얻는다.

各置其星定見、定伏汎積日及分秒，晨加夕減九十一日三十一分〇六秒。如[74]在半歲周已下，自相乘；已上，反減歲周，餘亦自相乘。滿七十五除之爲分，滿百爲度，不滿爲分秒。以其星見伏度乘之，一十五除之，所得，以其段行差除之爲日，不滿爲分秒。見加伏減汎積，爲其星定見伏定積日及分秒。加命如前，卽得定見、定伏日辰[75]及分秒。

74 如 : 저본에는 '餘'로 되어 있으나 갑인자본과 《원사》 권55 〈수시력경 하〉에 근거하여 바로잡았다.

75 辰 : 저본과 갑인자본에는 모두 '晨'으로 되어 있으나, 전후의 용례에 맞지 않으므로 《원사》 권55 〈수시력경 하〉에 근거하여 바로잡았다.

해설

1) 정현(定見)과 정복(定伏)

앞서 6.20절에서 평합뿐만 아니라 전후의 평현·평복에 대한 태양의 입영축력을 산정하였고, 6.22절에서는 평합과 더불어 평현·평복의 정적(定積)에 행성의 영축차를 추가로 반영하여 정합·정현·정복의 범적(汎積)을 추산하였다. 그러나 6.23절에서는 정합만을 대상으로 정합 범적에 태양의 영축을 반영하여 정합 정적을 구하였다. 그리고 이 절에서는 앞서 6.22절에서 구한 정현·정복의 범적에 절기(節氣)를 반영하여 정현·정복의 정적을 구하였다.

오성 추보의 마지막 단계에 정현·정복의 정확한 시각을 구하기 위한 산법이 추가된 것은 정현·정복의 정적으로부터 회합주기의 기준인 정합에 대한 정보를 얻을 수 있기 때문이다. 측험의 한계이면서 한편으로는 시현(始見)과 시복(始伏)이라는 가장 명확하게 정의되는 순간인 복(伏)과 현(見)에 대해 세밀한 추보 수단을 갖춤으로써 관측이 불가한 합(合)을 보다 정밀하게 파악하는 간접적인 수단으로 삼았을 것이다.

2) 외행성의 정현, 정복 때 정적

정현 정적을 얻기 위해 6.22절에서 구한 정현 범적에 보탤《수시력》의 보정항은 범적에 세상한을 더한 값인 x를 변수로 갖는 함수 $\Delta(x)$이다. x가 반세주 이하이면 $\Delta(x)=Cx^2$의 형태이고, 반세주 이상이면 $\Delta(x)=C(\text{세주}-x)^2$의 형태로 주어졌다. 이로부터 정현의 보정 변수 x는 범적부터 추분까지 시간을 의미하며, 보정항 $\Delta(x)$는 추분을 중심으로 전후 대칭임을 알 수 있다.[76]

한편 정복의 보정 변수 x'은 범적에서 세상한을 뺀 값이며, x'이 반세

76 취안징(曲安京), 《중국수리천문학(中國數理天文學)》(북경, 과학출판사, 2008), 624쪽.

주 이하이면 정복의 보정항 $\Delta(x')$는 Cx'^2의 형태이고, 반세주 이상이면 $\Delta(x')= C(\text{세주}-x')^2$의 형태이다. 이로써 정복의 보정 변수 x'은 범적부터 춘분까지 시간을 의미하며, 보정항 $\Delta(x')$은 춘분을 중심으로 전후 대칭임을 알 수 있다.

이렇게 정현·정복의 보정항이 태양의 영축차와는 다른 형태의 함수로 주어진 것은, 태양의 영축뿐만 아니라 다른 계절적 요인도 고려하였기 때문일 것이다. 즉 시현(始見)과 시복(始伏)은 육안으로 관찰하여 확정해야 하는 순간이므로 관찰 가능성의 계절적 변화를 포함해야 하며, 그것은 곧 몽영한(曚影限)의 변화일 것으로 짐작할 수 있다. 몽영한은 춘분과 추분 때 가장 짧고 하지 때 가장 길며, 동지 때는 중간 정도이다.

산식

① $x \equiv$ 정현·정복의 범적 일분초±세상한

(단, 신현이면 $+$, 석복이면 $-$)

② 〔$x \leq$ 반세주〕이면

$$\Delta(x) = \frac{x^2}{15 \times 7500} \times \text{복현도} / \text{행차} \quad (\text{일})$$

〔$x >$ 반세주〕이면

$$\Delta(x) = \frac{(\text{세주} - x)^2}{15 \times 7500} \times \text{복현도} / \text{행차} \quad (\text{일})$$

③ 정현 정적 = 정현 범적$+ \Delta(x)$

정복 정적 = 정현 범적$- \Delta(x)$

④ 정현·정복 일진분초 = MOD〔(정현·정복 정적+천정동지 일분), 순주〕

가령

세종 정묘년에 평합에 든 외행성의 정현·정복 때 정적과 일진분초

6.22절의 가령에서 구한 목성의 정현 범적에 세상한을 더한 값에서 세주

를 덜어 낸 나머지 x가 (정현범적 296일9062분36초+세상한 91일3106분25−세주 365일2425분=) 22일9743분61초이다. 따라서 목성 정현의 $\Delta(x)$를 계산하면 ({22.9743612×복현도 13도}/{15×7500×신현행차 80분27초57}=) 0일0759분79초를 얻으며, 목성의 정현 정적은 (정현범적 296일9062분36초+Δ 0일0759분79초=) 296일9822분15초가 된다. 그리고 목성의 정현 일진분초는 (MOD{(정현정적 296일9822분15초+정묘년동지일분 25일3150), 순주 60일}=) 22일(병술)2972분15초이다.

목성의 정복 범적에서 세상한을 뺀 x가 반세주보다 크므로 세주에서 x를 뺀 값은 (세주 365일2425분−{정복범적 294일1133분36초−세상한 91일3106분25}=) 162일4397분89초이고, 목성 정복의 $\Delta(x)$를 계산하면 ({162.4397892×복현도 13도}/{15×7500×석복행차 79분86초20}=) 3일8179분96초이다. 그러므로 목성의 정복 정적은 (정복범적 294일1133분36초−Δ 3일8179분96초=) 290일2953분40초가 된다. 목성이 석복에 드는 때가 이듬해인 무진년이므로 목성의 정복 일진분초는 (MOD{(정현정적 290일2953분40초+무진년동지일분 30일5575), 순주 60일}=) 20일(갑신)8528분40초가 된다.

위와 같은 방법으로 세종 정묘년에 평합에 든 목성·화성·토성의 정현·정복 때 정적을 계산하여 취합한 것이 표 6.24.1이다.

표 6.24.1 세종 정묘년에 평합에 든 외행성의 정현·정복 때 정적과 일진분초

		보정항 $\Delta(x)$	정적	일진분초
목성	정현	0일0759분79초	296일9822분15초	22일(병술)2972분15초
	정복	3일8179분96초	290일2953분40초	20일(갑신)8528분40초
화성	정현	1일1260분87초	228일7161분06초	14일(무인)0311분06초
	정복	1일9705분94초	147일5641분94초	58일(임술)1216분94초
토성	정현	0일0892분41초	252일0364분50초	37일(신축)3514분50초
	정복	3일2862분30초	220일4041분39초	10일(갑술)9616분39초

6.25 금성과 수성의 정현·정복 때 정적일 산정
求金水二星定見伏定積日

정현·정복의 상적(常積)

복(伏)이나 현(見)이 든 날의 행차(行差)로 그 단 초일의 태양 영축적을 나누면 몫은 일수(日數)가 되고 나머지는 분초(分秒)가 된다. 이 값을 정현(定見)·정복(定伏)의 범적 일분초에 가감하되, 석현(夕見)·신복(晨伏)의 경우는 영력(盈曆)일 때 더하고 축력(縮曆)일 때 빼며, 신현(晨見)·석복(夕伏)의 경우는 영력일 때 빼고 축력일 때 더한 것이 곧 상적이다.

정현·정복의 정적일

상적(常積)이 반세주 이하이면 동지 후가 되고, 반세주 이상이면 반세주를 뺀 나머지가 하지 후가 된다. 이 값들이 세상한 91일31분06초 이하이면 그대로 제곱하고, 이상이면 반세주에서 뺀 나머지를 제곱한다. 동지 후의 신(晨)이나 하지 후의 석(夕)인 경우는 제곱한 값을 18로 나누어 분(分)으로 삼고, 동지 후의 석이나 하지 후의 신인 경우는 제곱한 값을 75로 나누어 분으로 삼는다. 이 값에 행성의 복현도(伏見度)를 곱하고 15로 나누어 나온 값을 행차로 나누면 몫은 일수가 되고 나머지는 분초가 된다. 이 일분초를 상적에 가감하여 정적을 구하되, 신현과 석복에서는 동지 후는 더하고 하지 후는 빼며, 석현과 신복에서는 동지 후는 빼고 하지 후는 더한 것이 곧 그 별의 정현·정복의 정적 일분초이다.

앞에서와 같이 정적 일분초에 천정동지 일분을 더한 후, 순주를 거듭 덜어 낸 나머지를 갑자(甲子)부터 헤아리면 정현·정복의 일진(日辰)과 분초를 얻는다. 옛 역서(曆書)에는 다음과 같이 쓰여 있다. "수성은 석질(夕疾)이 대서(大暑) 초일부터 입동(立冬) 후 9일35분 사이에 있을 때는 보이지 않고, 신류(晨留)가 대한(大寒) 초일부터 입하(立夏) 후 9일35분 사이에 있을 때도 보이지 않으니, 봄에는 새벽에 보이지 않고 가을에는 저녁에 보이지 않는다."[77]

各以伏見日行差，除其段初日大陽盈縮積，爲日，不滿爲分秒。若夕見晨伏，盈加縮減；如晨見夕伏，盈減縮加，以加減其星定見、定伏汎積日及分秒，爲常積。如在半歲周已下，爲冬至後；已上，去之，餘爲夏至後。各在九十一日三十一分○六秒已下，自相乘；已上，反減半歲周，亦自相乘。冬至後晨、夏至後夕，一十八而一爲分；冬至後夕、夏至後晨，七十五而一爲分。又以其星見伏度乘之，一十五除之，所得，滿行差除之爲日，不滿爲分秒。加減常積爲定積：在晨見夕伏者，冬至後加之，夏至後減之；夕見晨伏者，冬至後減之，夏至後加之，爲其星定見、定伏定積日及分秒。加命如前，卽得定見、定伏日辰及分秒。【舊曆云："水星夕疾在大暑初日至立冬九日三十五分已下者，不見；晨留在大寒初日至立夏九日三十五分已下者，不見。春不晨見，秋不夕見。"】

해설

1) 상적(常積)

현・복단 초일의 태양 영축적을 그날 행차(行差)로 나눈 값, 곧 정합의 거합차일에 상응하는 보정치를 정현・정복의 범적(汎積)에 가감하고, 이를 정현・정복의 상적이라 하였다.

석현(夕見)과 신복(晨伏), 곧 내행성의 외합을 뒤따르거나 앞서는 현・복인 때는 내행성이 태양을 좇아 추월하므로 태양의 영적에 따른 보정치는 더하고 축적에 따른 보정치는 뺀다. 또 신현(晨見)과 석복(夕伏),

77 수성은……않는다 : 이 내용은 북송(北宋)의 《기원력(紀元曆)》에 처음 보이며, 《중수대명력(重修大明曆)》에도 옛 역서를 인용한 말로 보이는데, 이 두 역서에는 "其水星 夕疾在大暑氣初日至立冬氣九日三十五分以下者，不見；晨留在大寒氣初日至立夏氣九日三十五分以下者，不見. 春不晨見，秋不夕見."으로 되어 있어 문구의 차이가 있다.

곧 내행성의 퇴합을 뒤따르거나 앞서는 현·복인 때는 내행성이 퇴행하며 순행하는 태양과 마주치므로 태양 영적에 따른 보정치는 빼고 축적에 따른 보정치는 더하였다. 보정치의 이러한 가감은 6.23.2절에서 내행성의 순합·퇴합 때 거합차일을 가감한 것과 동일하게 설명된다.

2) 내행성의 정현·정복 때 정적(定積)

정현·정복의 정적을 얻기 위해 6.22절에서 구한 정현·정복의 범적에 보탤 《수시력》의 보정항은 위에서 구한 상적(常積)에서 나온 값인 y를 변수로 갖는 함수 $\Delta(y)$이다. 상적이 반세주 이하이면 동지 후 일분초인 상적이 변수 y가 되고, 반세주 이상이면 반세주에서 상적을 뺀 하지 후 일분초가 변수 y가 된다. 동지 후 또는 하지 후 일분초인 변수 y가 세상한 이하이면 $\delta(y)=y^2$이고, 세상한 이상이면 $\delta(y)=(\text{반세주}-y)^2$이며, 동지 후 신(晨)과 하지 후 석(夕)인 경우는 $\Delta(y)=C_1\delta(y)$이고, 동지 후 석(夕)과 하지 후 신(晨)인 경우는 $\Delta(y)=C_2\delta(y)$이다. 이로부터 내행성의 정현·정복 보정항 $\Delta(y)$는 동·하지와 춘·추분 모두를 중심으로 전후 대칭인 함수임을 알 수 있다.

내행성의 정합 정적 산정 과정은 비록 외행성의 정합 정적보다는 복잡하지만 그래도 순합과 퇴합, 태양의 영력과 축력에 따라 비교적 명쾌한 산식으로 구할 수 있었다. 이에 비해 내행성의 정현·정복 때 정적을 산정하는 방식은 동지 후와 하지 후, 춘·추분 전후, 신현·신복과 석현·석복의 세 가지 조건에 따라 산식과 상수가 달라지는 복합된 과정이다. 실제 계산에서는 세 가지 조건이 교차되어 발생하는 여러 경우 중 하나를 선택해야 하는데, 이 역시 관측치를 가지고 경험적이고 귀납적으로 도출된 것으로 짐작된다.

산식

① 〔석현이나 신복〕이면

상적 = 정현 · 정복 범적±초일 태양 영축적/복 · 현일 행차

(단, 영력이면 +, 축력이면 −)

〔신현이나 석복〕이면

상적 = 정현 · 정복 범적±초일 태양 영축적/복 · 현일 행차

(단, 영력이면 −, 축력이면 +)

② 〔상적 $\leq$ 반세주〕이면

y = 상적 = 동지 후 일분초

〔상적 > 반세주〕이면

y = 상적 − 반세주 = 하지 후 일분초

③ 〔$y \leq$ 세상한〕이면

$$\delta(y) = y^2$$

〔y > 세상한〕이면

$$\delta(y) = (\text{반세주} - y)^2$$

④ 〔동지 후 신(晨)이나 하지 후 석(夕)〕이면

$$\Delta(y) = \frac{\delta(y)}{15 \times 1800} \times \text{복현도/행차} \quad (\text{일})$$

〔동지 후 석(夕)이나 하지 후 신(晨)〕이면

$$\Delta(y) = \frac{\delta(y)}{15 \times 7500} \times \text{복현도/행차} \quad (\text{일})$$

⑤ 정현 · 정복 정적 = 상적± $\Delta(y)$

(단, 동지 후 신현 · 석복이나 하지 후 석현 · 신복이면 +

하지 후 신현 · 석복이나 동지 후 석현 · 신복이면 −)

⑥ 정현 · 정복 일진분초 = MOD{(정현, 정복 정적 + 천정동지 일분), 순주}

가령

세종 정묘년에 평합에 든 내행성의 정현·정복 때 정적과 일진분초

금성이 석현(夕見)에 이르렀을 때 입영축적일은 6.20절의 가령에서 구한 입영말 35일이고, 1.12절의 입성에서 찾은 태양 영차는 1만4224분0875이다. 석현 때 상적을 얻기 위한 정현 범적은 6.22절의 가령에 구해 놓았으며, 석현의 행차는 6.21절의 가령에서 구했다. 따라서 태양이 영력의 구간이 들어 있는 석현의 상적은 (정현범적 145일1755분32초+태양영차 1만4224분0875/석현행차 0도26분27초38=) 150일5893분24초이다.

석현의 상적이 반세주보다 작으므로 y=상적=동지 후 일분초이고, 또 세상한보다는 크므로 반세주에서 상적을 뺀 값을 제곱한 $\delta(y)$는 1026.044283(일^2)이다.

동지 후 일분초인 석현의 상적에 대한 보정항 $\Delta(y)$는 ({δ 1026.044283/15/7500}×{금성복현도 10도50분}/{석현행차 0도26분27초38}=) 0일3644분85초이다.

동지 후 석현이므로 상적에서 $\Delta(y)$를 뺀 정현의 정적은 (석현상적 150일5893분24초−Δ 0일3644분85초=) 150일2248분39초이다.

금성이 퇴행 중 신현(晨見)에 이른 경우, 상적은 (정현범적 42일9827분84초−{태양영차 16990분3272}/{신현행차 1도60분12초55}=) 41일9217분21초이고, 이는 곧 동지 후 일분초이다. 신현의 동지 후 일분초가 세상한보다 작으므로 $\Delta(y)$는 ({41일9217분21초}2/15/1888×{금성복현도 10도50분}/{신현행차 1도60분12초55}=) 0일4268분19초이고, 동지 후 일분초인 신현의 상적에 $\Delta(y)$를 더한 정현 정적은 (신현상적 41일9217분21초+Δ 0일4268분19초=) 42일3485분40초이다.

이런 방식으로 세종 정묘년에 평합에 든 내행성의 정현·정복 때 상적을 구하여 취합한 것이 표 6.25.1이고, 정현·정복 때 정적을 구하여 취합한 것이 표 6.25.2이다.

표 6.25.1 세종 정묘년 평합에 든 내행성의 정현·정복 때 상적

		범적	태양 영축차	행차	상적
금성	석현	145일1755분32초	영 14224분0875	0도26분27초38	150일5893분24초
	석퇴복	30일8211분68초	영 12741분8141	1도61분77초20	30일0335분28초
	신퇴현	42일9827분84초	영 16990분3272	1도60분12초55	41일9217분21초
	신복	293일4219분79초	축 23670분9991	0도25분90초06	284일2828분09초
수성	석현	41일3313분05초	영 14487분2776	0도59분88초67	43일7504분19초
	석퇴복	58일7653분69초	영 21800분2743	1도01분63초39	56일6203분88초
	신퇴현	81일1461분76초	영 23954분9125	1도00분24초67	78일7565분80초
	신복	120일2590분50초	영 21900분2699	0도70분58초68	123일3616분51초

표 6.25.2 세종 정묘년 평합에 든 내행성의 정현·정복 때 정적

		y	보정항 $\Delta(y)$	정적
금성	석현	동지후150일5893분24초	0일3644분85초	150일2248분39초
	석퇴복	동지후 30일0335분28초	0일0520분41초	30일0855분69초
	신퇴현	동지후 41일9217분21초	0일4268분19초	42일3485분40초
	신복	하지후101일6615분59초	2일3619분17초	286일6447분26초
수성	석현	동지후 43일7504분19초	0일4687분76초	43일2816분43초
	석퇴복	동지후 56일6203분88초	0일5327분31초	57일1531분19초
	신퇴현	동지후 78일7565분80초	4일3540분50초	83일1106분30초
	신복	동지후123일3616분51초	3일0402분84초	120일3213분67초

금성이 석현에 들 때 정현 일진분초는 (MOD{(정현정적 150일2248분39초+정묘년동지일분 25일3150), 순주 60일}=) 55일(기미)5398분39초이다.

이와 같은 방법으로 금성과 수성의 정현·정복 때 일진분초를 구하여 취합한 것이 표 6.25.3이다. 다만 금성이 석퇴복, 신퇴현과 신복에 드는 해는 무진년이므로 이 경우는 무진년의 천정동지 일분인 30일5575분을 더하여야 한다.

표 6.25.3 세종 정묘년 평합에 든 내행성의 정현·정복 일진분초

		정적 일진분초
금성	석현	55일(기미)5398분39초
	석퇴복	0일(갑자)6430분69초
	신퇴현	12일(병자)9060분40초
	신복	17일(신사)2022분26초
수성	석현	8일(임신)5966분43초
	석퇴복	22일(병자)4681분19초
	신퇴현	4일(임자)4256분30초
	신복	25일(기축)6363분67초

제7장 사여성 四餘星

7.1 자기 순행하여 28년에 1주천한다. 紫氣 順行, 二十八年一周天

7.1.1 자기에 관한 상수[78]

지후책(至後策)	1256만5224분
주적(周積)	1만0227일1792분
반주적(半周積)	5113일5896분
도율(度率)	28일
일행분(日行分)	3분57초1429

해설

1) 사여성

실제 천체의 운행 궤적은 아니지만 천구 위에서 규칙적인 위치 변화를 보이는 현상들이 있고, 이를 가상 천체가 운행하는 것으로 여긴 것에서 사여성이 정의되었다. 사여(四餘)는 보이지 않는 별이라는 의미로 사암성(四暗星), 사은성(四隱星) 또는 사은요(四隱曜)로도 불리었다. 천구 위를 순행하는 자기(紫氣)와 월패(月孛), 그리고 역행하는 나후(羅睺)와 계도

78 자기에 관한 상수 : 저본에는 제목이 없으나 〈제율〉의 '하늘의 움직임에 관한 상수〔天行諸率〕'의 예를 따라 제목을 달았다. 다른 사여성의 상수도 마찬가지이다.

(計都)가 곧 이들이다.

《고금율력고(古今律曆考)》에 의하면, 사여는 천축(天竺)에서 전래된 바라문술(婆羅門術)에 포함되었던 것으로, 일월오성(日月五星)을 가리키는 칠요(七曜)와 함께 십일요(十一曜)를 이루었다. 사여는 빛과 형상이 없으며, 균일한 행도(行度)로 움직이므로 '빠르고 느림〔遲疾〕'이 없다고 하였다.[79] 이는 사여가 해와 달처럼 궤도운동을 하는 천체가 아니므로 평균 속도로 운행하는 것에 비해 앞서거나 뒤처지는 현상이 없음을 의미한다.

십일요에 대한 추산은 바라문의 술사(術師)였던 이필건(李弼乾)의 《십일성행력(十一星行曆)》에서 시작되며, 당(唐) 때 전해진 불교 경전에서 행해졌다고 하지만, 자세한 유래는 잘 알려져 있지 않다.[80] 중국에서 사여가 처음으로 도입된 역법은 《수시력》이지만 사여의 추보를 정식 항목으로 다룬 역법은 《대통력법통궤》가 처음이다.[81]

79 《고금율력고(古今律曆考)》 권64 〈사여(四餘)〉. "七政之外又有四隱曜, 紫氣、月孛、羅睺、計都. 星家以之占命, 謂之四餘, 共七政爲十一曜是也. 相傳出於西域天竺梵, 蓋西域康居城都賴聿斯經, 卽波羅門術也. 羅睺、計都皆梵語. 自李淳風、有推月孛法. 至唐貞元初, 李弼乾乃婆羅門俊士, 始推十一星行曆. 鮑該、曹士蔿皆業之, 士蔿又作羅、計二隱曜立成, 曆起元和元年. 五代王朴作欽天曆, 以羅計爲蝕神首尾, 行之民間小曆. 又考氣生於閏, 孛生於月, 羅生於天首, 計生於天尾. 氣、孛皆有度數, 無光象, 與羅、計同. 四餘其行皆均平, 無遲疾, 但氣、孛以順行入, 羅、計以逆行入耳."

80 이은희 등, 〈사여(四餘)의 중국 전래와 동서 천문학의 교류〉(《한국과학사학회지》 36-3, 2014). 《신당서(新唐書)》 권59 〈예문지(藝文志)〉에 〈십일성행력(十一星行曆)〉의 원형으로 보이는 《도리율사경(都利聿斯經)》이 정원(貞元, 787~804) 연간에 도리(都利)의 술사 이미건(李彌乾)에 의해 서천축(西天竺)으로부터 전해졌다는 기록이 있다.

81 왕순(王恂) 등이 지은 《수시력입성(授時曆立成)》에는 오직 사암성(四暗星)의 일행분이 기록되어 있을 뿐이다.

2) 자기(紫氣)

천구 위를 1도 이동하는 데 걸리는 일수(日數)를 의미하는 도율(度率)이 28일이고, 주천(周天) 주기인 주적(周積)이 (도율 28일×주천 365도2564=) 1만227일1792분이므로,[82] 자기는 28년을 주기로 하늘을 일주(一周)하는 가상 천체라 할 수 있다. 그러나 다른 여성(餘星)들과 달리 자기의 천문학적 의미는 정확하게 알려져 있지 않다. 다만 《고금율력고》에서 "자기의 계산은 윤법(閏法)에서 비롯하며 28년에 10개의 윤달이 들어갈 때 자기가 하늘을 한 바퀴 돈다."[83]라고 설명하고 있다. 이 기록에 따라 자기의 주적(周積), 28년의 일수, 그리고 윤달 사이의 관계를 알아보면 다음과 같다.

$$\begin{aligned} 10227.1792\text{일} &= 28\times365.2564\text{일} \\ &= (12\times29.530593\text{일})\times28+(10\times29.530593\text{일})+ \\ &\quad\ 9.594\text{일} \\ &= 12\text{삭망월}\times28\text{년}+10\text{삭망월}+9.594\text{일} \end{aligned}$$

이 식에서 보듯이 28년 동안 10개의 윤달을 두면 자기의 주적 1만227일1792분 중에서 9일5940분밖에 차가 없으므로 《고금율력고》의 설명에 일견 부합하는 듯하지만, 1만분의 1일의 크기인 분(分) 단위로 엄밀하게 나타낸 주적 속에 10일에 가까운 여분이 있는 것을 보면 과연 《고금율력고》의 설명이 정확한지 의문의 여지가 있다. 훗날 《시헌력(時憲曆)》에서

82 자기의 주적 1만0227일1792분을 도율 28일로 나누면 1주천의 값 365도2564가 얻어지는데, 이 값은 《수시력》과 《칠정산내편》에서 정한 주천도 365도2575와 일치하지 않는다. 이는 《수시력》의 제작자들이 연원(淵源)이 다른 사여의 항목을 추가하면서 해당 천문상수도 《수시력》의 체계로 통일해야 한다는 점을 간과한 결과로 보인다.

83 《고금율력고(古今律曆考)》 권64 〈사여(四餘)〉. "步紫氣, 起於閏法, 二十八年十閏, 而氣行一周天."

는 사여 가운데 자기를 제거해 버리는데, 그 이유가 자기의 천문학적 의미를 찾지 못한 때문으로 여겨진다.

3) 지후책(至後策)

사여가 역원동지(曆元冬至)에 앞서 기수(箕宿) 초도(初度)를 지난 순간부터 역원동지까지 경과한 시간을 일분(日分)으로 나타낸 값이 지후책이다. 역원인 지원(至元) 신사년 천정동지(天正冬至) 때 해가 기수(箕宿) 9도 22분17초를 지나고 있었다. 그래서 동지점이 든 수(宿)의 시작인 기수 초도를 사여가 지나는 순간을 기준 시간으로 삼았던 듯하다.

지후책이 주어지면 역원동지 때 사여의 위치가 어디에 있는지를 나타낼 수 있으므로 지후책을 응수(應數)로도 여길 수 있다. 자기의 지후책이 1256만5224분인 것은 자기가 기수 초도를 지난 순간부터 역원동지에 이르기까지 1256일5224분이 지났음을 가리키므로, 그림 7.1.1에서 보듯이 역원동지의 순간에 자기가 기수 초도보다 (지후책 1256일5224분/도율28일=) 44도87분58초를 이동한 (44도87분58초−기수~우수 황도수차 39도96분=) 여수(女宿) 4도91분58초에 닿아 있음을 알 수 있다.

7.4절에서 구하고자 하는 해의 사여가 기수 초도를 지난 후 천정동지에 이르기까지 경과한 시간을 '그해의 지후책'이라 하였다. 이 역주서에서는 이 둘을 구분하기 위해 사여의 응수로 주어지는 지후책을 '역원지후책'이라 칭하였다.

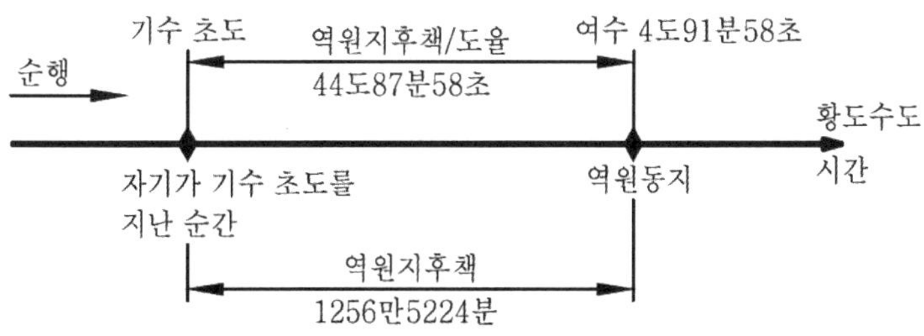

그림 7.1.1

4) 주적(周積)과 반주적(半周積)

사여성이 천구를 한 바퀴 도는 데 걸리는 시간을 주적이라 하였고, 주적의 절반을 반주적이라 하였다. 자기의 주적으로부터 자기의 항성주기가 1만227일1792분임을 알 수 있다.

5) 도율(度率)과 일행분(日行分)

도율은 사여성이 황도 위를 1도 운행하는 데 걸리는 일수이고, 일행분은 사여성이 하루 동안 운행하는 각도이다.

도율의 일수(日數)를 연수(年數)로 바꿔 읽으면 사여성이 하늘을 주천하는 데 걸리는 햇수가 된다. 즉 자기(紫氣)의 도율이 28일인 것은 자기가 1도 운행하는 데 28일이 걸림을 의미하지만, 동시에 1주천하는 데 28년이 걸린다는 뜻도 된다.

도율은 주적을 주천도로 나눈 값이고, 일행분은 주천도를 주적으로 나눈 값이다. 사여의 주적과 도율로부터 사여성에 적용된 주천도 값을 산출해 보면 일관되게 365도2564가 나온다.

7.1.2 자기의 수차일분 기수 초도부터 헤아린다.[84]

황도수도(黃道宿度)와 일분(日分)[85]		영분(零分)과 일분(日分)		각수입초도적일(各宿入初度積日)
기(箕) 9도	252일	59분	16일52	268일5200
두(斗) 23도	644일	47분	13일16	925일6800

84 자기의……헤아린다 : 저본에는 제목이 없고 첫 항목에 '黃道宿度【入箕宿初度】'라고만 되어 있으나, 《명사(明史)》 권36 〈대통력법(大統曆法) 추보(推步)〉 '보사여(步四餘)'의 자기수차일분입성(紫氣宿次日分立成)을 참조하여 역주본에서 제목을 붙이고, 첫 항목의 원주 '入箕宿初度'를 입성 제목의 원주로 옮겼다. 다른 사여성의 수차일분입성도 마찬가지이다.

황도수도(黃道宿度)와 일분(日分)[85]		영분(零分)과 일분(日分)		각수입초도적일(各宿入初度積日)
우(牛) 6도	168일	90분	25일20	1118일8800
여(女) 11도	308일	12분	3일36	1430일2400
허(虛) 9도	252일	0분64	0일1792	1682일4192
위(危) 15도	420일	95분	26일60	2129일0192
실(室) 18도	504일	32분	8일96	2641일9792
벽(壁) 9도	252일	34분	9일52	2903일4992
규(奎) 17도	476일	87분	24일36	3403일8592
누(婁) 12도	336일	36분	10일08	3749일9392
위(胃) 15도	420일	81분	22일68	4192일6192
묘(昴) 11도	308일	08분	2일24	4502일8592
필(畢) 16도	448일	50분	14일00	4964일8592
자(觜) 0도	0일	05분	1일40	4966일2592
삼(參) 10도	280일	28분	7일84	5254일0992
정(井) 31도	868일	03분	0일84	6122일9392
귀(鬼) 2도	56일	11분	3일08	6182일0192
유(柳) 13도	364일	00분	0일00	6546일0192
성(星) 6도	168일	31분	8일68	6722일6992
장(張) 17도	476일	79분	22일12	7220일8192
익(翼) 20도	560일	09분	2일52	7783일3392
진(軫) 18도	504일	75분	21일00	8308일3392
각(角) 12도	336일	87분	24일36	8668일6992
항(亢) 9도	252일	56분	15일68	8936일3792
저(氐) 16도	448일	40분	11일20	9395일5792
방(房) 5도	140일	48분	13일44	9549일0192
심(心) 6도	168일	27분	7일56	9724일5792
미(尾) 17도	476일	95분	26일60	10227일1792

85 황도수도(黃道宿度)와 일분(日分) : 저본의 해당 항목에는 '黃道宿度【入箕宿初度】'라고 되어 있으나, 《명사》 권36 〈대통력법 추보(推步)〉 '보사여(步四餘)'의 자기수차일분입성을 참조하여 역주본에서 항목을 고쳐 붙였다. 같은 행의 '영분과 일분'도 마찬가지로 역주본에서 고쳐 붙인 항목이다. 다른 사여성의 수차일분 입성도 마찬가지이다.

해설

1) 자기(紫氣)의 수차일분(宿次日分) 입성

자기가 2.8절에 제시된 28수 각각의 황도수차(黃道宿次)를 지나는 데 걸리는 일분(日分)인 수차일분과, 기수(箕宿) 초도(初度)에 들어선 이후 28수 각각의 말도(末度)를 지나기까지 '걸리는 일수〔積日〕'를 미리 계산해 놓은 입성이다.

2.8절에 제시된 28수(宿)의 황도수차 가운데서 도(度) 단위의 정수 부분을 떼어 황도수도라 하였고, 도(度) 미만의 나머지 부분을 가리켜 영분이라 하였다. 예를 들어 황도수차가 9도59분인 기수(箕宿)의 경우, 이 절의 입성에서는 황도수도 9도와 영분 59분으로 나누어 표시하였다.[86]

사여성이 28수 각각을 지나는 데 소요되는 시간을 황도수도를 지나는 데 걸리는 일분과, 영분을 지나는 데 걸리는 일분으로 나누어 나타낸 것이 위의 수차일분 입성이다. 따라서 황도 수도와 영분에 대한 일분을 합하면 각 수를 지나는 데 소요되는 총 시간인 수차일분을 얻는다. 자기의 도율이 28일이므로 기수(箕宿)의 경우, 황도수도 9도를 지나는 동안 (9도×28일/도=) 252일이 걸리고, 영분인 59분을 지나는 데는 (59분×28일/도÷100분/도=) 16일52분이 걸린다.[87]

2) 각 수(宿)의 입초도적일(入初度積日)

사여 중 순행(順行)하는 자기와 월패(月孛)가 기수(箕宿) 초도(初度)에 든 순간부터 어느 수(宿)의 말도, 즉 '그다음 수의 초도〔入初度〕'에 이르

86 《명사》 권36 〈대통력법 추보〉 '보사여'의 자기수차일분입성에서는 도(度) 단위의 정수(整數) 부분인 '황도수도'를 '황도수정도(黃道宿整度)'라 하였고, 도(度) 미만의 나머지 부분인 '영분'을 '수영분(宿零分)'이라 하였다. 사여의 다른 암성(暗星)들에 대해서도 마찬가지이다.

87 《명사》 권36 〈대통력법 추보〉 '보사여'의 자기수차일분입성에서는 '황도수정도'를 지나는 데 소요되는 일수를 '수정도일분(宿整度日分)'이라 하였고, '수영분'을 지나는 데 소요되는 일분을 '수영분일분(宿零分日分)'이라고 달리 칭하였다.

기까지 소요되는 일수를 입초도적일이라 하였다. 그러므로 미수(尾宿)의 입초도적일은 다음 수인 기수 초도까지 걸린 일분(日分)이므로 주적(周積)과 일치한다.

입초도적일의 기산점은 입성의 원주(原註)에 "기수 초도부터 헤아린다.〔入箕宿初度〕"라고 한 것에 따른다. 이는 《수시력》의 천정동지점이 기수에 들었고, 또 자기는 순행하기 때문이다.

7.1.3 자기의 입궁정적[88]

입궁수도(入宮宿度)	입궁정적(入宮定積)	입궁(入宮)
두(斗) 3	374일1501	입축(入丑)
여(女) 2	1176일6832	입자(入子)
위(危) 12	2036일5072	입해(入亥)
규(奎) 1	2952일0456	입술(入戌)
위(胃) 3	3854일8188	입유(入酉)
필(畢) 6	4695일4040	입신(入申)
정(井) 8	5487일7396	입미(入未)
유(柳) 3	6290일2728	입오(入午)
장(張) 15	7150일0968[89]	입사(入巳)
진(軫) 10	8065일6353	입진(入辰)
저(氐) 1	8968일4084	입묘(入卯)
미(尾) 3	9808일9936	입인(入寅)
두(斗) 3	10601일3292	입축(入丑)

88 자기의 입궁정적 : 저본의 입성에는 '入宮定積'이라는 항목 제목만 달려 있으나, 《명사》 권36 〈대통력법 추보〉 '보사여'를 참조하여 역주본에 제목을 달았다. 다른 사여성의 입궁정적 입성도 마찬가지이다.

89 7150일0968 : 저본에는 '七千一百五十○日○九六'으로 되어 있으나, 갑인자본에 근거하여 '六' 뒤에 '八'을 보충하였다.

해설

1) 자기(紫氣)의 입궁정적(入宮定積) 입성

입궁정적은 사여가 기수 초도를 통과한 순간부터 12차(次)의 어느 궁(宮)에 들어서는 순간까지 경과한 시간, 곧 적일(積日)을 말한다. 위 입성에서 제1열은 황도 12궁의 시작점을 28수의 입수도(入宿度)로 나타낸 것이고, 제2열은 자기가 기수 초도부터 어느 궁의 시작점까지 이동하는 데 걸린 적일이며, 제3열은 어느 궁의 시작점을 12진(辰)의 시작점으로 구분하여 나타낸 것이다.[90]

2) 입궁수도(入宮宿度)

위 입성의 입궁수도는 2.22절의 황도12차 수도(宿度)를 옮겨 온 것이며, 도(度) 미만의 값은 생략하고 나타내지 않았다. 예를 들어 2.28절에서 황도12차 중 성기(星紀)가 시작되는 축궁(丑宮)의 입차수도(入次宿度)는 두수(斗宿) 3도76분85초인데, 위의 입성에서는 "두(斗) 3"으로 적었다.

그렇지만 2.22절의 입차수도를 그대로 대입하여 구한 입궁정적은 입성의 값과 약간의 차를 보인다. 즉 입축(入丑) 수도가 두수 3도76분85초이면, 기수 초도를 지난 자기가 이 위치에 도달하기까지는 기수의 황도수도 9도59분을 지나는 데 걸리는 268일5200분과, 두수 초도부터 3도76분85초에 닿기까지 걸리는 (3도76분85초×도율 28일=) 105일5180분을 더한 (268일5200분+105일5180분=) 374일0380분이 소요되는데, 입성에서는 374일1501분이라 하였다.

축궁뿐만 아니라 12궁의 모든 입궁정적이 이와 같은 차이를 보이는 것은 자기(紫氣)의 입궁수도가 2.22절의 입차 수도에 비해 미세하지만 차

90 저본에는 세 항목의 명칭이 없이 수치들만 기록되어 있다. 본 역주서의 항목 명칭은 《명사》 권36 〈대통력법 추보〉 '보사여'의 자기교궁적일검(紫氣交宮積日鈐)에 근거한 것이다. 다른 사여에 대한 입궁정적에서도 마찬가지이다.

가 있기 때문이라 할 수 있다.

위 입성의 입궁정적을 얻기 위한 자기의 입궁수도를 구해 보면, 입축(入丑) 정적(定積) 374일1501분에서 기수(箕宿)를 지나는 데 걸리는 적일 268일5200분을 뺀 후, 나머지를 도율 28일로 나누어 ({374일1501분−268일5200분}/28일=) 3도77분25초를 얻는다.

이런 방식으로 12차의 입궁수도를 구하여 2.22절의 입차수도와 비교해 보면 표 7.1.3.1에서 보듯이 1분보다 작은 차이지만 약간씩 바뀐 값을 얻게 된다.

표 7.1.3.1 사여의 입궁수도

2.22절의 입차수도		입궁(入宮)	7.1.3절의 입궁수도	
두(斗)	3도76분85초	입축(入丑)	두(斗)	3도77분25초
여(女)	2도06분38초	입자(入子)	여(女)	2도06분44초
위(危)	12도64분91초	입해(入亥)	위(危)	12도64분60초
규(奎)	1도73분63초	입술(入戌)	규(奎)	1도73분38초
위(胃)	3도74분56초	입유(入酉)	위(胃)	3도74분57초
필(畢)	6도88분05초	입신(入申)	필(畢)	6도87분66초
정(井)	8도34분94초	입미(入未)	정(井)	8도34분43초
유(柳)	3도86분80초	입오(入午)	유(柳)	3도86분62초
장(張)	15도26분06초	입사(入巳)	장(張)	15도26분42초
진(軫)	10도07분97초	입진(入辰)	진(軫)	10도08분20초
저(氐)	1도14분52초	입묘(入卯)	저(氐)	1도14분39초
미(尾)	3도01분15초	입인(入寅)	미(尾)	3도01분48초

자기의 입궁정적에서 구한 새 입궁수도는 월패(月孛) 등 다른 사여의 입궁정적 계산에도 그대로 적용된다. 예를 들어 월패의 입궁정적을 구해 보면, 7.2.3절에서 월패의 입축(入丑) 정적은 7.2.2절의 수차입성에 주어진 기수(箕宿)의 적일 84일8570분과, 두수(斗宿) 초도부터 3도77분25초까지 걸리는 (3도77분25초×도율 8일8484분92초=) 33일3809분을 더한 (84일8570

분+33일3809분=) 118일2379분이 소요되어, 7.2.3절의 입성에 주어진 값과 일치한다. 이뿐만 아니라 표 7.1.3.1의 새 입궁수도를 대입하면 7.3.3절의 나후(羅睺)와 계도(計都)에 대한 입성의 입궁정적과도 일치하는 값을 얻게 된다.

7.2 월패 순행하여 8년 10개월에 1주천한다. 月孛 順行, 八年十箇月一周天

7.2.1 월패에 관한 상수

지후책(至後策)	2384만1092분
주적(周積)	3231일9684분
반주적(半周積)	1615일9842분
도율(度率)	8일8484분92초
일행분(日行分)	11분30초1361

해설

월패

월패의 패(孛)는 원래 혜성(彗星)을 의미하나, 여기서는 달이 가장 느리게 움직이는 곳인 백도(白道)의 원지점(遠地點)을 가리킨다. 위에 제시된 상수로부터 월패가 하루에 11분30초1361의 속도로 운행하여 천구를 일주(日周)하는 데 8.848492년이 소요됨을 알 수 있는데, 이는 곧 달의 원지점 또는 근지점(近地點)의 순행(順行) 주기와 일치하는 값이다.

중국에서 달의 운동이 가장 빨라지는 곳, 즉 근지점이 거의 9년의 주기를 가지며 동쪽으로 이동한다는 사실이 처음 발견된 것은 2세기경이다.[91] 그러나 월패의 패(孛)가 원지점을 의미하듯이 월패가 유래된 서역(西域)에서는 이 주기를 원지점의 이동을 살펴 발견한 것으로 보인다. 이러한 차이는 달의 위치와 속도를 계산하는 기점에서도 나타난다. 즉 중국의 역

91 야부우치 키요시(藪內淸), 《中國の天文曆法》(平凡社, 1969), 310쪽.

법은 지질 운동의 계산 기점이 근지점인 반면 서역의 역법은 원지점이 계산 기점이다. 여기서 원지점 또는 근지점이 동쪽으로 이동하는 것, 즉 순행하는 물리적인 이유는 달이 태양과 일직선 상에 있게 되는 삭(朔)과 망(望)에서, 달의 공전궤도를 장축 방향으로 늘어나게 하는 태양의 차등중력 효과로 궤도 상의 장축선이 회전하기 때문이다.

7.2.2 월패의 수차일분 기수 초도부터 헤아린다.

황도수도(黃道宿度)와 일분(日分)		영분(零分)과 일분(日分)		각수입초도적일(各宿入初度積日)
기(箕) 9도	79일6364	59분	5일2206	84일8570
두(斗) 23도	203일5154	47분	4일1588	292일5312
우(牛) 6도	53일0910	90분	7일9636	353일5858
여(女) 11도	97일3334	12분	1일0618	451일9810
허(虛) 9도	79일6364	64초	0일0567	531일6741
위(危) 15도	132일7274	95분	8일4060	672일8075
실(室) 18도	159일2729	32분	2일8315	834일9119
벽(壁) 9도	79일6364	34분	3일0085	917일5568
규(奎) 17도	150일4244	87분	7일6981[92]	1075일6793
누(婁) 12도	106일1819	36분	3일1855	1185일0467
위(胃) 15도	132일7274	81분	7일1673	1324일9414
묘(昴) 11도	97일3334	08분	0일7079	1422일9827
필(畢) 16도	141일5759	50분	4일4242	1568일9828
자(觜) 0도	0일0000	05분	0일4424	1569일4252
삼(參) 10도	88일4849	28분	2일4776	1660일3877
정(井) 31도	274일3032	03분	0일2654	1934일9564
귀(鬼) 2도	17일6970	11분	0일9733	1953일6267
유(柳) 13도	115일0304	00분	0일0000	2068일6571
성(星) 6도	53일0910	31분	2일7430	2124일4911
장(張) 17도	150일4244	79분	6일9903	2281일9058

황도수도(黃道宿度)와 일분(日分)		영분(零分)과 일분(日分)		각수입초도적일(各宿入初度積日)
익(翼) 20도	176일9698[93]	09분	0일7964	2459일6720
진(軫) 18도	159일2729	75분	6일6363	2625일5812
각(角) 12도	106일1819	87분	7일6982	2739일4613[94]
항(亢) 9도	79일6364	56분	4일9552	2824일0529
저(氐) 16도	141일5759	40분	3일5394	2969일1682
방(房) 5도	44일2425	48분	4일2472	3017일6579
심(心) 6도	53일0910	27분	2일3891	3073일1380
미(尾) 17도	150일4244	95분	8일4060	3231일9684

해설

월패의 각 수(宿) 입초도적일(入初度積日)

월패가 기수(箕宿) 초도부터 28수 각각의 말도(末度), 곧 다음 수 초도를 지날 때까지 적일이 각 수의 입초도적일이다. 그러므로 월패의 미수(尾宿) 입초도적일은 월패의 주적(周積)과 일치한다. 적일 계산의 기준점을 기수 초도로 잡은 것은 천정동지점이 든 수가 기수이고, 또 월패가 순행하기 때문이다.

92 7일6981 : 저본에는 '七日六九八○'으로 되어 있으나 갑인자본에 근거하여 '○'을 '一'로 바로잡았다.

93 176일9698 : 저본은 물론 갑인자본에도 '一百七十六日九六九九'로 되어 있으나 익수(翼宿)의 입초도적일(入初度積日)에서 장수(張宿)의 입초도적일과 익수의 영분(零分)에 대한 일분(日分)을 빼면 176일9698이 나오므로 《명사》 권36 〈대통력법 추보〉에 따라 '九六九九'를 '九六九八'로 바로잡았다.

94 2739일4613 : 저본에는 '二千七百二十九日四六一三'으로 되어 있으나 진수(軫宿)의 입초도적일(入初度積日)에 각수(角宿)의 전일분(全日分)을 합하면 2739일4613이 나오므로 갑인자본에 따라 '二十九'를 '三十九'로 바로잡았다.

7.2.3 월패의 입궁정적

입궁수도(入宮宿度)	입궁정적(入宮定積)	입궁(入宮)
두(斗) 3	118일2380[95]	입축(入丑)
여(女) 2	371일8526	입자(入子)
위(危) 12	643일5721	입해(入亥)
규(奎) 1	932일8983	입술(入戌)
위(胃) 3	1218일1905	입유(入酉)
필(畢) 6	1483일8302	입신(入申)
정(井) 8	1734일2222	입미(入未)
유(柳) 3	1987일8368	입오(入午)
장(張) 15	2259일5563	입사(入巳)
진(軫) 10	2548일8825	입진(入辰)
저(氐) 1	2834일1747	입묘(入卯)
미(尾) 3	3099일8144	입인(入寅)
두(斗) 3	3350일2064	입축(入丑)

해설

월패의 입궁정적

앞서 자기의 입궁정적 해설에서 밝혔듯이 위 입성에 나타낸 월패의 입궁정적을 얻자면 월패의 입궁수도가 표 7.1.1에 보인 자기의 입궁수도와 같아야 한다. 예를 들어 입해(入亥) 입궁정적을 구하자면 먼저 표 7.1.1에서 해당 입궁수도인 위수(危宿) 12도64분60초를 찾는다. 입해 수도가 위수이므로 7.2.2절의 입성에서 기수 초도부터 위수 초도까지 월패가 이동하는데 걸린 시간인 위수의 입초도적일 531일6741분을 얻게 되고, 이어서 위수 초도부터 위수 12도64분60초까지 걸리는 시간인 (12도64분60초×도

95 118일2380 : 저본과 갑인자본에 모두 '一百一十三日二二一八'로 되어 있으나, 《명사》 권36 〈대통력법 추보〉의 '보사여'의 '월패교궁적일검(月孛交宮積日鈐)'에 근거하여 수정하였다.

율 8일8484분92초=) 111일8980분을 구한다. 이 두 값을 더한 (531일6741분+111일8980분=) 643일5721분이 곧 위의 입성에 주어진 것과 같은 값인 해궁의 입궁정적이다.

마지막 행의 입축(入丑) 정적에서 첫 행의 입축 정적을 빼면 (3350일2064분−118일2380분=) 3231일9684분이며, 월패의 주적과 같은 값이다.

7.3 나후와 계도 역행하여 18년 7개월에 1주천한다.

羅計 逆行, 十八年七箇月一周天

7.3.1 나후와 계도에 관한 상수

나후(羅睺[96]) 지후책(至後策)	1680만8602분
계도(計都) 지후책	5077만5818분
주적(周積)	6793일4432분
반주적(半周積)	3396일7216분
도율(度率)	18일5991분07초76
일행분(日行分)	5분37초6602

해설

1) 나후와 계도

나계(羅計), 곧 나후와 계도는 범어(梵語 Sanskrit)의 Rahu와 Ketu를 음역한 말이다. 당(唐) 때 인도의 천문서를 번역한 《구집력(九執曆)》이 편찬되면서 정식으로 중국에 소개되었다. 인도의 천문학에서는 일월오성(日月五星)의 칠요(七曜) 이외에 나후와 계도라는 '보이지 않는 두 별〔二隱曜〕'이 있다고 생각하여 이를 합하여 구요(九曜) 또는 구집(九執)이라 하였다.

나후는 달이 황도 남쪽에서 북쪽으로 운행할 때 황도와 만나는 승교점(昇交點)이고, 계도는 이와 반대로 달이 황도 북쪽에서 남쪽으로 운행할

96 睺 : 저본에는 '后'로 되어 있으나 '羅睺'의 명칭과 다르므로 갑인자본에 근거하여 바로잡았다.

때 만나는 강교점(降交點)이다. 제5장 〈교식〉에서 언급된 중교(中交)와 정교(正交)가 곧 이에 해당한다. 《수시력》이나 《칠정산내편》뿐 아니라 《시헌력》에서도 《구집력》에서와 같이 나후가 승교점이고 계도는 강교점이지만, 심괄(沈括)의 《몽계필담(夢溪筆談)》은 나후와 계도를 각각 강교점과 승교점으로 기록하고 있으며, 《회회력법(回回曆法)》과 이를 따르는 《칠정산외편》도 나후와 계도를 각각 강교점과 승교점으로 취급하고 있다. 아마도 서로 다른 기원을 갖는 나후와 계도가 중국에 전래된 결과인 것으로 여겨진다.

나후와 계도는 천구 상에서 약 18.6년의 주기를 갖고 역행(逆行)하는데, 이는 곧 황백교점의 운행 주기를 의미한다. 해와 달이 지구 적도면의 위아래를 움직이기 때문에 생기는 회전능률이 주기적인 변화를 일으킨 결과이다. 이로 인해 지구 자전축이 흔들리는 장동(章動, nutation) 현상이 일어나며 황백교점이 주기적으로 이동한다.

위에 제시된 대로 나후와 계도는 하루에 5분37초6602씩 운행하여 천구를 일주하는 데 6793일4432, 즉 18.5991076년이 걸린다.

2) 나후와 계도의 지후책

자기와 월패는 순행(順行)하므로 이들이 기수(箕宿) 초도(初度)를 통과한 순간부터 역원동지(曆元冬至)에 이르기까지 경과한 일분(日分)을 지후책이라 하였다. 그러나 나후와 계도는 역행(逆行)하므로 미수(尾宿) 말도(末度)를 통과한 순간부터 역원동지의 순간에 이르기까지 걸린 일분이 지후책이 된다. 나후와 계도가 기수 초도부터 역행하면 미수나 심수(心宿) 등 앞 순위의 수(宿)로 옮겨 가게 되므로 추산의 편의를 위해 역원지후책의 기준점을 기수 초도와 동일한 위치인 미수 말도로 바꿔 부른 것에 불과하다.

나후의 역원지후책이 1680만8602분이므로 그림 7.3.1에서 보듯이 역원동지의 순간에 나후가 미수 말도보다 (지후책 1680만8602분/도율 18일5991분07초

76=) 90도37분32초를 앞으로 이동한 (미수~익수 황도수차 107도37분−90도37분32초=) 익수(翼宿) 16도99분68초에 도달하였음을 알 수 있다.

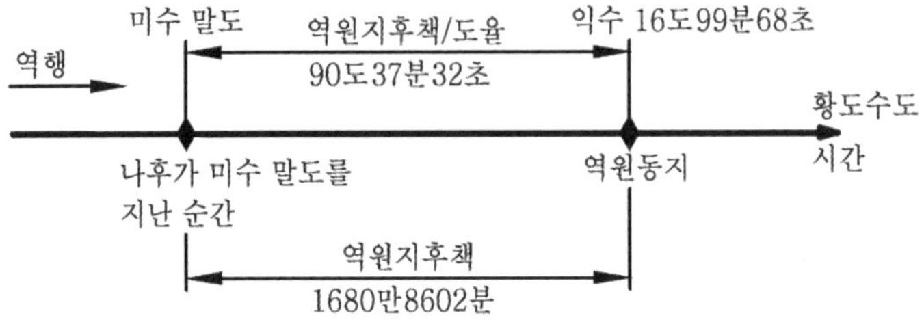

그림 7.3.1

또 계도의 경우 지후책이 5077만5818분이므로 이 동안 계도가 (지후책5077만5818분÷도율18일5991분07초76=) 273도00분14초만큼 미수 말도부터 이동하여 역원동지의 순간에는 (미수~실수 황도수차 289도22분−273도00분14초=) 실수(室宿) 16도21분86초에 이르러 있음을 알 수 있다. 계도와 나후는 서로 반주천인 (주천365도25분64초÷2 =) 182도62분82초만큼 위상차를 갖고 있다.

7.3.2 나후와 계도의 수차일분 미수 말도부터 헤아린다.

영분(零分)과 일분(日分)			황도수도(黃道宿度)와 일분(日分)		각수입말도적일(各宿入末度積日)
미(尾)	95분	17일6691	17도	316일1848	333일8540
심(心)	27분	5일0217	6도	111일5947	450일4704
방(房)	48분	8일9276	5도	92일9955	552일3935
저(氐)	40분	7일4395	16도	297일5857	857일4188
항(亢)	56분	10일4155	9도	167일3920	1035일2263
각(角)	87분	16일1812	12도	223일1893	1274일5968
진(軫)	75분	13일9493	18도	334일7840	1623일3301
익(翼)	09분	1일6739	20도	371일9822	1996일9862

영분(零分)과 일분(日分)			황도수도(黃道宿度)와 일분(日分)		각수입말도적일 (各宿入末度積日)
장(張)	79분	14일6932	17도	316일1849	2327일8643
성(星)	31분	5일7657	6도	111일5947	2445일2247
유(柳)	00분	0일0000	13도	241일7884	2687일0131
귀(鬼)	11분	2일0459	2도	37일1982	2726일2572
정(井)	03분	0일5580	31도	576일5724	3303일3876
삼(參)	28분	5일2077	10도	185일9911	3494일5864
자(觜)	05분	0일9300	0도	0일0000	3495일5164
필(畢)	50분	9일2995	16도	297일5857	3802일4016
묘(昴)	08분	1일4879	11도	204일5902	4008일4797
위(胃)	81분	15일0652	15도	278일9867[97]	4302일5316
누(婁)	36분	6일6957	12도	223일1893	4532일4166
규(奎)	87분	16일1811	17도	316일1849	4864일7826
벽(壁)	34분	6일3237	9도	167일3920	5038일4983
실(室)	32분	5일9516	18도	334일7840	5379일2339
위(危)	95분	17일6691	15도	278일9876	5675일8897
허(虛)	64초	0일1190	9도	167일3920	5843일4007
여(女)	12분	2일2319	11도	204일5902	6050일2228
우(牛)	90분	16일7392	6도	111일5947	6178일5567
두(斗)	47분	8일7415	23도	427일7795	6615일0777
기(箕)	59분	10일9735	9도	167일3920	6793일4432

97 278일9867 : 저본에는 '二百七十八日九八七六'으로 되어 있으나 위수(胃宿)의 입말도적일(入末度積日)에서 묘수(昴宿)이 입말도적일과 위수의 영분(零分)에 대한 일분(日分)을 빼면 278일9867이 나오므로 《명사(明史)》 권36 〈대통력법 추보〉에 따라 '七六'을 '六七'로 바로잡았다.

해설

나후와 계도의 수차일분(宿次日分)

나후와 계도는 천구 상을 역행(逆行)하므로 자기나 월패의 수차일분 입성과 달리 위의 입성에서는 기수(箕宿) 초도를 앞서는 미수(尾宿), 심수(心宿), 방수(房宿)와 같은 역순(逆順)으로 배열하였다. 또 어느 수가 황도 상에서 차지하는 도수 역시 도(度) 미만의 영분(零分)을 먼저 적음으로써, 말도(末度)에서 시작하여 초도(初度)로 향하는 순서를 택했다.

입성의 원주(原註)에서 '미수 말도부터 헤아린다.〔入尾宿末度〕'라고 한 것을 따라 적일의 계산 기점을 미수 말도로 삼은 것은, 자기와 월패의 기산점이던 기수(箕宿) 초도를 나후와 계도는 역행하여 지나므로, 동일한 점을 미수 말도로 바꿔 불렀기 때문이다.

나후와 계도의 '각수입말도적일(各宿入末度積日)'은 미수 말도부터 역행하여 28수 각각의 초도, 즉 앞 수의 말도에 들 때까지 '걸리는 일수〔積日〕'를 나타낸다.

7.3.3 나후와 계도의 입궁정적

입궁수도(入宮宿度)	입궁정적(入宮定積)	입궁(入宮)
저(氐) 1	277일7814	입묘(入卯)
진(軫) 10	836일1433	입진(入辰)
장(張) 15	1435일8139	입사(入巳)
유(柳) 3	2043일9638	입오(入午)
정(井) 8	2615일1052	입미(入未)
필(畢) 6	3148일1910	입신(入申)
위(胃) 3	3674일5030	입유(入酉)
규(奎) 1	4232일8649	입술(入戌)
위(危) 12	4832일5355	입해(入亥)
여(女) 2	5440일6854	입자(入子)

입궁수도(入宮宿度)		입궁정적(入宮定積)	입궁(入宮)
두(斗)	3	6011일8268	입축(入丑)
미(尾)	3	6544일9126	입인(入寅)
저(氐)	1	7071일2246	입묘(入卯)

해설

나후와 계도의 입궁정적(入宮定積)

순행하는 자기나 월패와 달리 나후와 계도는 역행하기 때문에 나계의 입궁정적 입성 역시 자기나 월패의 입궁정적 입성과는 다른 방식으로 제시되어 있다.

앞서 7.1.3절의 입성에서는 자기가 축궁(丑宮)에 들어가자면 두수 3도를 지나야 하며, 기수 초도를 지난 순간부터 374일1501분이 경과해야 함을 밝혔다. 그러나 위의 입성에서는 나계가 미수 말도를 지난 후 묘궁(卯宮)에 들어가기까지 277일7814분이 걸리는데, 이때 입궁수도가 저수(氐宿) 1도라 하였다.

황도12차에서 묘궁은 표 7.1.3.1에서 보듯이 저수 1도14분39초부터 미수 3도01분48초까지 펼쳐진 구간이다. 역행하는 나후나 계도가 묘궁에 들어가자면 미수 3도01분48초의 위치를 지나야한다. 그러므로 나계가 미수 말도를 지난 후 입묘(入卯)의 위치에 이르기까지 소요되는 적일을 구하자면, 먼저 7.3.2절의 수차일분(宿次日分) 입성에서 기산점인 미수 말도부터 심수(心宿) 말도까지 이동하는 데 걸리는 기간인 미수의 입말도적일(入末度積日) 333일8540분을 찾는다. 이어서 묘궁에 포함된 구간인 미수 3도01분48초부터 심수 말도까지 지나는 데 걸리는 기간인 (3도01분48초×도율18일5991분07초76=) 56일0726분을 구하며, 이 값을 앞서 찾은 적일에서 빼면 (333일8540분−56일0726분=) 277일7814분을 얻는다.

이 예(例)에서 보듯이 위의 입성 제1열에서 묘궁의 입궁수도를 '저(氐) 1'로 적었으나, 제2열의 입궁정적은 '저 1'과 '미(尾) 3' 사이에 걸친 묘궁의 구간에서 역행의 입구인 '미 3'을 나후와 계도가 지나기까지 걸리는 적일을 나타내고 있다.

나후와 계도의 묘궁(卯宮) 입궁수도를 '미 3'이 아닌 '저 1'로 적은 것은 이웃한 인궁(寅宮)의 순행 입궁수도가 곧 묘궁의 역행 입궁수도이므로, 구태여 자기나 월패의 입궁수도와 다르게 적을 필요가 없다고 여겼기 때문일 것이다.

나후와 계도는 운행 방향이 28수의 역방향이 되며, 따라서 입궁순서가 12진(辰)의 순서와 일치한다. 마지막 행의 입묘(入卯) 정적에서 첫 행의 입묘 정적을 빼면 나후와 계도의 주적(周積)과 같은 값인 (7071일2246－277일7814＝) 6793일4432분을 얻는다.

7.4 사여의 지후책 추산 推四餘至後策

중적(中積)을 놓고 각기 역원지후책을 더한다. 이 값에서 주적(周積)을 거듭 덜어 내고 남은 값이 사여의 그해 지후책이다.

置中積，各以至後策加之，滿周積去之，不盡爲各餘至後策。

해설

사여의 지후책

앞서 7.1.1절이나 7.3.1절에서 사여가 기수(箕宿) 초도, 또는 미수(尾宿) 말도를 통과한 순간부터 역원동지에 이르기까지 경과한 분(分) 단위의 시간을 역원(曆元)지후책이라고 했는데, 이 절에서 구하는 지후책은 사여가 직전에 기수 초도 또는 미수 말도를 지난 순간부터 구하고자 하는 해의 천정동지까지 헤아린 시간을 가리킨다.

그림 7.4.1에서 보듯이 중적에 사여의 역원지후책을 더한 후, 주적을 거듭 덜어 낸 나머지가 곧 구하고자 하는 해에 사여가 갖는 지후책이 된다.

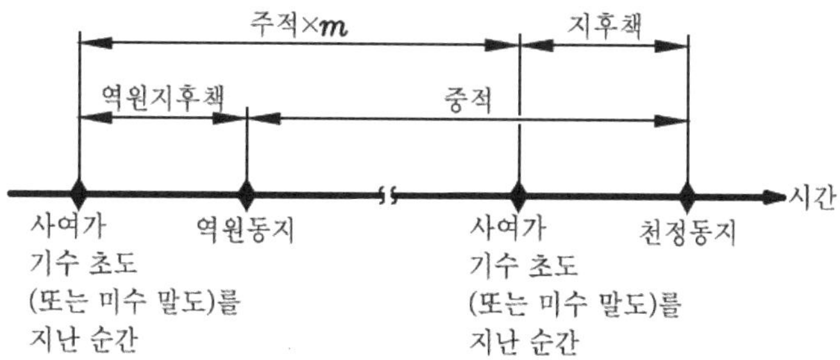

그림 7.4.1

산식

지후책 = MOD〔(역원지후책+중적), 주적〕

가령

세종 정묘년 천정동지의 사여 지후책

역원인 지원(至元) 신사년(1281)부터 세종 정묘년(1447)까지 거산(距算) 166년이 지났으므로 이해의 중적은 (세주 365만2425분×거산 166년=) 6만630일2550분이다.

역원지후책에 중적을 더하고 주적을 거듭 덜어 낸 나머지인 자기의 지후책은 (MOD{(역원지후책 1256만5224분+중적 60630만2550분), 주적 1억227만1792분}=) 523만7022분이고, 월패의 지후책은 (MOD{(역원지후책 2384만1092분+중적 6억630만2550분), 주적 3231만9684분}=) 1606만9646분이다. 이로써 자기와 월패가 기수(箕宿) 초도를 지난 후 세종 정묘년 천정동지에 이르기까지 각각 523일7022분과 1606일9646분이 경과하였음을 알 수 있다.

앞서 자기와 월패의 수차일분(宿次日分) 입성에서 보았듯이 자기가 기수 초도부터 기수 말도를 지나기까지 268일5200분만큼 걸리고, 월패는 기수 초도부터 자수(觜宿) 말도를 지나기까지 1569일4252분이 소요되므로, 세종 정묘년의 천정동지는 자기가 두수(斗宿)에 든 지 255일1872분이 지나고, 월패가 삼수(參宿)에 든 지 37일5124분이 지난 순간이다.

마찬가지로 나후의 지후책은 (MOD{(역원지후책 1680만8602분+중적 60630만2550분), 주적 6793만4432분} =) 1170만1264분이고, 계도의 지후책은 나후의 지후책에 반주적 3396만7216분을 더한 4566만8480분이다. 역행하는 나후와 계도가 미수 말도를 지난 순간부터 세종 정묘년 천정동지에 이르기까지 각각 1170일1264분과 4566일8480분이 지났음을 가리킨다.

7.3.2절의 수차입성에 의하면 나후가 미수 말도부터 역행하여 항수(亢宿) 초도를 지나는 데 1035일2263분이, 계도가 미수 말도부터 역행하여 루수(婁宿) 초도를 지나는 데 4532일4166분이 걸린다. 따라서 세종 정묘

년의 천정동지는 나후가 각수(角宿) 말도에 든 지 134일9001분이 지나고, 계도가 규수(奎宿)에 든 지 34일4314분이 지난 순간이다.

위에서 구한 세종 정묘년 천정동지의 사여 지후책과 머물고 있는 수에 든 후의 적일분을 취합한 것이 표 7.4.1이다.

표 7.4.1 세종 정묘년 천정동지의 사여 지후책

	지후책	천정동지의 입초말도적일분
자기	523만7022분	두수 초도부터 255일1872분
월패	1606만9646분	삼수 초도부터 37일5124분
나후	1170만1264분	각수 말도부터 134일9001분
계도	4566만8480분	규수 말도부터 34일4314분

7.5 사여의 주후책 추산 推四餘周後策

해당 수(宿)의 초말도적일분(初末度積日分)을 각기 놓고, 구하고자 하는 해의 지후책을 뺀 나머지가 주후책이다.

各置初末度積日及分，以所求至後策減之，餘爲周後策。

해설

1) 해당 수의 초말도적일분

앞 절에서 보았듯이 지후책은 사여가 기수(箕宿) 초도 또는 미수(尾宿) 말도를 지난 순간부터 구하고자 하는 해의 천정동지까지 경과한 시간을 가리킨다. 그러므로 사여가 기수 초도 또는 미수 말도를 지난 후 지후책 동안 운행하여 구하고자 하는 해의 천정동지 때 머무르고 있는 수(宿)를 알기 위해서는 앞서 수차일분 입성에 주어진 각 수의 초말도적일분과 비교해야 한다. 즉, 수차일분 입성의 초말도적일분이 사여의 지후책을 넘어서는 수가 곧 사여가 머무르고 있는 수가 된다.

그런데 천정동지 때 사여가 머무르고 있는 수의 초말도적일분은 기수 초도 또는 미수 말도부터 그 수를 벗어나기까지 걸리는 시간을 나타낸다. 해당 수의 초도적일분은 순행하는 자기와 월패가 기수 초도를 지난 순간부터 해당 수 말도이자 다음 수 초도에 이르기까지 걸린 기간을 가리키고, 말도적일분은 역행하는 나후와 계도가 미수 말도를 지난 순간부터 해당 수 초도이자 다음 수 말도에 이르기까지 걸린 기간을 일분(日分)으로 나타낸 값이다.

2) 주후책

그림 7.5.1에서 보듯이 주후책은 구하고자 하는 해의 천정동지 때 사여가 들어 있는 수의 초말도적일에서 그해의 지후책을 뺀 값이다.

순행하는 자기와 월패의 주후책은 천정동지부터 해당 수의 말도를 지나 다음 수로 넘어가는 순간까지 걸리는 기간을, 역행하는 나후와 계도의 주후책은 천정동지부터 해당 수의 초도를 지나 다음 수로 넘어가기까지 소요되는 기간을 일분으로 나타낸 값이다.

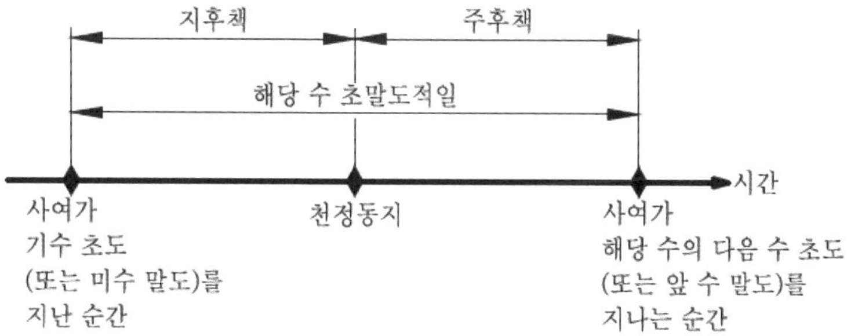

그림 7.5.1

산식

주후책 = 해당 수의 초말도적일분－지후책

가령

세종 정묘년의 사여 주후책

자기(紫氣)가 기수 초도를 지난 순간부터 세종 정묘년 천정동지까지 지후책에 해당하는 523일7022분이 경과하였다. 그런데 7.1.2절 자기의 수차일분(宿次日分) 입성에 의하면 자기가 기수 초도부터 기수 수차인 9도59분을 지나 두수(斗宿)로 넘어가기까지 268일5200분이 걸리며, 이어서 두수 수차인 23도47분을 지나는 데는 657일1600분이 더 걸리므로 도합 925일6800분만큼 소요된다. 따라서 세종 정묘년 천정동지 때 자기가 들어 있는 수는 두수이고, 두수가 곧 자기의 주후책 추산을 위한 해당 수가 된다. 기수 초도부터 두수의 말도, 곧 다음 수인 우수(牛宿)의 초도까지 적일분이 925일6800분이므로, 세종 정묘년 천정동지 후 자기가 우수 초도에 이르기까지 기간인 주후책은 (925일6800분−523일7022=) 401일9778분이다.

월패(月孛)의 지후책 1606만9646분은 자수(觜宿)의 입초도적일분인 1569일4252분보다 크고 삼수(參宿)의 입초도적일분인 1660일3877분보다 작으므로 삼수가 정묘년 주후책의 해당 수이다. 따라서 월패의 주후책은 (1660일3877분−1606일9646분=) 53일4231분이며, 이는 정묘년 천정동지 이후 정수(井宿) 초도에 이르기까지 기간을 나타낸다.

한편 세종 정묘년 천정동지 때 나후의 지후책이 1170만1264분이고 계도의 지후책은 4566만8480분이므로, 7.3.2절의 수차일분 입성에서 찾은 주후책의 해당 수는 각각 각수(角宿)와 규수(奎宿)가 된다. 따라서 나후의 주후책은 (각수입말도적일 1274일5968분−지후책 1170만1264분=) 104일4704분이며, 곧 나후가 역행하며 각수를 벗어나 진수(軫宿) 말도에 들어가기까지 시간을 나타낸다. 마찬가지로 계도의 주후책은 (규수입말도적일 4864일7826분−지후책 4566만8480분=) 297일9346분이며, 곧 계도가 역행하며 규수를 벗어나 벽수(壁宿) 말도에 들어가기까지 기간을 나타낸다.

위에서 구한 세종 정묘년의 사여 주후책을 취합한 것이 표 7.5.1이다.

표 7.5.1 세종 정묘년의 사여 주후책

	해당 수 초말도적일분	주후책
자기	두수 925일6800분	우수 초도까지 401일9778분
월패	삼수 1660일3877분	정수 초도까지 53일4231분
나후	각수 1274일5968분	진수 말도까지 104일4704분
계도	규수 4864일7826분	벽수 말도까지 297일9346분

7.6 사여의 입수차초말도적일 추산 推四餘入各宿次初末度積日

해당 수의 입수차초말도적일분과 일진

사여(四餘)의 주후책(周後策)을 각기 해당 수의 입수차초말도적일분으로 삼는다. 이 값에 동지일분(冬至日分)을 더한 후, 기법(紀法)을 거듭 덜어내고 남은 값만큼 갑자일부터 헤아리면 곧 그 날의 일진(日辰)을 얻는다.

매도(每度)도의 초말적일분

각 수의 입수차초말도적일분에 도율(度率)을 누가(累加)하면 각 수 매 도(度)의 초말적일분이 된다. 자기(紫氣)와 월패(月孛)는 순행하며 각 수에 초도(初度)부터 들어가므로 말도(末度)에 이르기까지 도율을 누가한 후, 다시 영분(零分 : 도 미만의 분)의 일분(日分)을 더해 주면 비로소 그다음 수에 들게 된다. 나후(羅睺)와 계도(計都)는 역행하며 각 수에 말도부터 들어가므로 먼저 영분의 일분을 더한 후, 도율을 누가하면 비로소 그다음 수에 들게 된다.

各以周後策，便爲入各宿次初末度積日及分。加冬至日及分，滿紀法去之，命甲子算外，卽得日辰。以其度率累加之，爲各宿逐度下初末積日及分。【如氣、孛順行入各宿初度者，加至末度，又加零分下日分，方交次宿；羅、計逆行入各宿末度者，先加零分下日分，累加度率，方逆交次宿】

해설

1) 해당 수의 입수차초말도적일분과 일진

앞 절에서 사여가 천정동지부터 천정동지 때 든 수(宿)를 벗어나기까지 적일분(積日分)을 주후책이라 하였다. 이 주후책을 이 절에서는 해당 수의 입수차초말도적일분이라 하였다. 천정동지의 순간부터 사여가 해당 수의 다음 수 '구간〔宿次〕'에 드는 순간까지 적일분을 나타내므로 이렇게 바꿔 불렀던 듯하다.

그림 7.6.1에서 보듯이 해당 수의 입수차초말도적일분에 천정동지 일분을 더한 후 기법(紀法 60만)을 거듭 덜어 내고 남은 값이 곧 갑자일 신전야반부터 사여가 해당 수의 다음 수 초도 또는 말도를 지나는 순간까지 헤아린 일진이 된다.

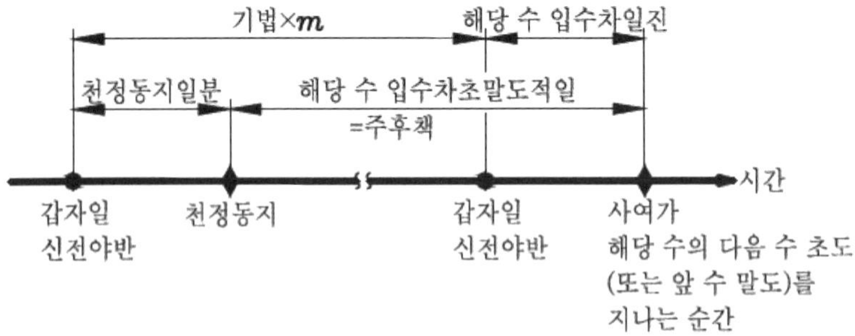

그림 7.6.1

2) 매도(每度)의 초말적일

순행하는 사여는 각 수의 초도를 거쳐 해당 수차(宿次)에 들어간다. 매도마다의 적일은 입수차초도적일분에 도율(度率)을 거듭 보탠 값과 같다.

그림 7.6.2(가)에서 보듯이 매도의 누적이 수정도(宿整度)를 채우고 나면 사여는 도(度) 미만의 나머지 구간인 영분(零分)을 지나 다음 수로 들어가게 되므로 입수차초도적일분에 수정도일분과 영분일분을 더한 값이 곧 다음 수의 입수차초도적일분이 된다.

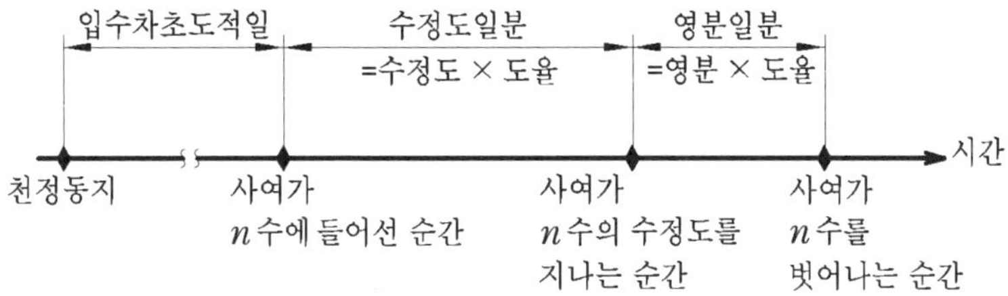

그림 7.6.2(가)

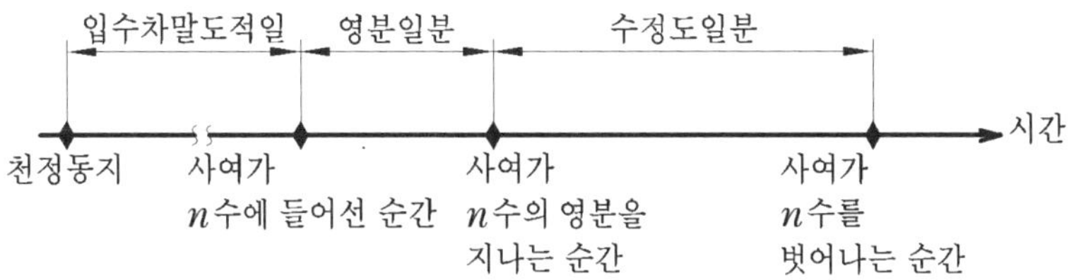

그림 7.6.2(나)

반면에 역행하는 나후와 계도는 각 수의 말도로부터 해당 수차(宿次)에 들어간다. 입수차말도적일분에 영분일분을 더한 후 도율을 누가하면 매도마다의 적일분을 얻게 된다. 그림 7.6.2(나)에서 보듯이 매도의 누적이 수정도(宿整度)를 채우고 나면 사여는 다음 수로 들어가게 되므로 입수차말도적일분에 영분일분과 수정도일분을 더한 값이 곧 다음 수의 입수차말도적일분이 된다.

산식

① 해당 수의 입수차초말도적일분 = 주후책

입수차초말도일수 = INT{MOD[(입수차초말도적일분+동지일분), 기법]}

입수차초말도일진 = COUNT[갑자, 입수차초말도일수]

② 자기 · 월패 :

입수 후 n도의 초도적일분 = 입수차초도적일분+도율×n

③ 나후 · 계도 :

영분일분 후 n도의 말도적일분 = 입수차말도적일분+ 영분일분+ 도율$\times n$

가령

세종 정묘년의 사여 입수차초말도적일분과 매도의 초말도적일분

세종 정묘년의 자기(紫氣) 주후책이 우수(牛宿) 초도까지 401일9778분이다. 제1장 〈역일〉 1.1절의 가령에서 구한 세종 정묘년 천정동지의 일분이 25일3150분이므로 자기가 우수에 드는 초도적일(初度積日)은 (MOD{(입수차초도적일분 401일9728분(9778분)+천정동지일분 25일3150분), 기법 60일}=) 7일(신미)2928분이다. 자기의 우수 축도(逐度) 적일분은 초도적일분에 도율(度率) 28일을 차례로 더하여 구하므로 우수의 수정도(宿整度) 6도에는 (MOD{(우수초도적일 7일2928분+도율 28일×6도), 기법 60일}=) 55일(기미)2928분에 들고, 이 값에 영분일분 25일2000분을 보탠 20일4928분에 다음 수인 여수(女宿) 초도에 들게 된다.

월패(月孛)의 주후책이 정수(井宿) 초도까지 53일 4231분이므로 천정동지일분을 더하고 기법을 덜어 낸 (MOD{(입수차초도적일분 53일4231분+천정동지일분 25일3150분), 기법 60일}=) 18일(임오)7381분이 월패가 정수에 드는 초도적일이다. 월패가 정수 수정도인 31도에는 (MOD{(정수초도적일 18일7381분+도율 8일8484분91×31도), 기법 60일}=) 53일(정사)0413분에 들고, 이 값에 영분일분 2654분을 더한 53일(정사)3067분에 귀수(鬼宿) 초도에 든다.

나후(羅睺)의 주후책이 진수(軫宿) 말도까지 104일4704분이므로 천정동지일분을 더하고 기법을 덜어 낸 (MOD{(입수차초도적일분 104일4704분+천정동지일분 25일3150분), 기법 60일}=) 9일(계유)7854분이 나후가 진수에 드는 말도적일이다. 역행하는 나후는 진수의 영분일분 13일9493분을 지난 23일(정해)7347분에 진수 수정도인 18도에 닿고, 익수(翼宿) 말도에는 (MOD{(23일7347분+도율 18일5991분0776×18도), 기법 60일}=) 58일(임술)5186분에 들게 된다.

계도(計都)의 주후책이 벽수(壁宿) 말도까지 297일9346분이므로 천정동지일분을 더하고 기법을 덜어 낸 (MOD{(입수차초도적일분 297일9346분+천정동지일분 25일3150분), 기법 60일}=) 23일(정해)2496분이 계도가 벽수에 드는 말도적일이다. 벽수 말도에 든 계도는 벽수의 영분일분 6일3237분을 지난 29일(계사)5733분에 벽수 수정도인 9도에 이르고, 다음 수인 실수(室宿) 말도에는 (MOD{(29일5733분+도율 18일5991분0776×9도), 기법 60일}=) 16일(경진)9653분에 든다.

위에서 구한 세종 정묘년의 사여 입수차초말도적일분과 해당 수 각 도의 초말도적일분을 취합한 것이 아래의 표 7.6.1이다.

표 7.6.1 세종 정묘년의 사여 입수차초말도적일분과 해당 수 각 도의 초말도적일분

	입수차초말도	적일분		입수차초말도	적일분
자기	우 초도	7일(신미)2928분	월패	정 초도	18일(임오)7381분
	1도	35일(기해)2928분		1도	27일(신묘)5866분
	6도	55일(기미)2928분		31도	53일(정사)0413분
	여 초도	20일(갑신)4928분		귀 초도	53일(정사)3067분
나후	진 말도	9일(계유)7854분	계도	벽 말도	23일(정해)2496분
	18도	23일(정해)7347분		9도	29일(계사)5733분
	1도	39일(계묘)9195분		1도	58일(임술)3662분
	익 말도	58일(임술)5186분		실 말도	16일(경진)9653분

7.7 입초말도적일이 들어 있는 월일 추산 推入初末度積日所在月日

구하고자 하는 해의 주후책(周後策)을 놓고 윤여(閏餘)를 더한 후 삭책(朔策)으로 나누면 몫은 월수(月數)가 되고 나머지는 그달에 들어선 후의 일수(日數)가 된다. 월(月)은 천정(天正) 11월부터 월수만큼 헤아려 정하고, 일진(日辰)은 정삭(定朔)을 기준으로 하여 정한다. 윤월(閏月) 후에는 월수에서 한 달을 빼서 월을 정한다.

置所求周後策，加閏餘，滿朔策除之，爲月數，不盡爲入月已來日數。其月數，命天正十一月算外；日辰，以定朔爲準。閏月之後，減一月命之。

해설

입초말도적일이 들어 있는 월일

사여(四餘)가 어느 수(宿)의 초도나 말도를 거쳐 그 수에 드는 순간의 월일을 구하자면, 그림 7.7.1에서 보듯이 먼저 사여의 주후책에 윤여를 더하여 천정경삭(天正經朔)부터 그 수에 드는 날까지 일수를 얻는다. 이 값을 삭망월의 주기인 삭책(朔策)으로 나누어 얻은 몫과 나머지를 가지고 천정 11월부터 몇 번째 달에 해당하는지, 그달 며칠에 해당하는지를 구한다. 중간에 윤월이 있으면 윤월 이후에는 월수에서 한 달을 빼서 월을 정한다.

위에서 삭책을 덜어 내어 정한 삭(朔)은 경삭(經朔)이므로 정삭(定朔)과 다른 날에 들 수 있다. 이런 경우는 역일(曆日)의 기준인 정삭일부터 일수를 헤아려야 한다.

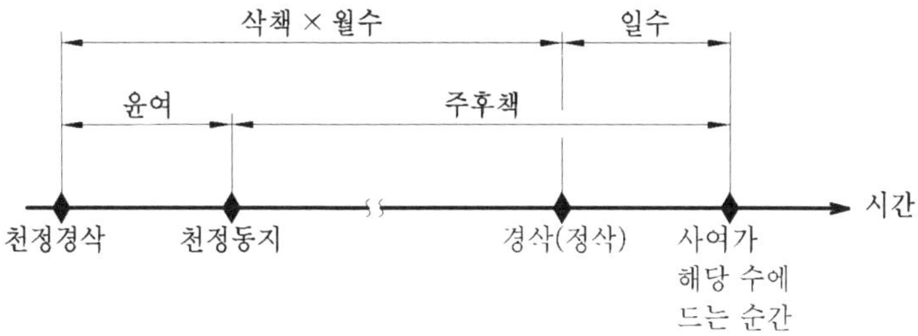

그림 7.7.1

산식

① 입초말도적일이 든 달 = COUNT{천정11월, DIV[(주후책+윤여), 삭책]}

② 입초말도적일이 든 날 = INT{MOD[(주후책+윤여), 삭책]}

가령

세종 정묘년에 사여의 입초말도적일분이 든 월일

세종 정묘년의 윤여는 (MOD{(거산 166년×세실 365만2425분+윤응 20만2050분), 삭실 29만5305분93}=) 24만1525분71초이다. 이 값에 자기의 주후책 401일9778분을 더하고 삭책으로 나눈 몫은 14이고, 나머지는 12만7021분이다. 따라서 자기가 우수 초도에 드는 달은 천정동지 후 제14월인 정묘년 12월이고,[98] 제1장 〈역일〉 1.20절에서 구한 12월 정삭 전분 54일(무오)7446분24초에 12일7021분을 보탠 신미(辛未)일, 즉 12월14일이 자기가 우수 초도에 드는 날이 된다.

월패의 주후책 53일4231분에 세종 정묘년의 윤여 24만1525분71초를 더한 후, 삭책으로 나누면 몫이 2이고, 나머지는 18만5145분이다. 따라서 정묘년 정월 정삭 전분 0일(갑자)0833분91초에 18만5145분을 보탠 18일

98 세종 정묘년(1447)에 윤4월이 들어 있으므로 천정동지 후 14개월째가 정묘년 12월, 곧 무진년 천정12월이다.

(임오), 곧 정월 19일이 월패가 정수 초도에 드는 날이다.

나후는 주후책이 104일4704분이므로 3월 정삭의 일진분초 59일(계해)0576분40초에 10만5006분을 보탠 계유(癸酉)일, 즉 3월11일이 나후가 진수 말도에 드는 날이다.

계도는 주후책이 297일9346분이고, 따라서 8월 정삭의 일진분초 56일(경신)4683분59초에 26만7812분을 보탠 정해(丁亥)일, 즉 8월28일이 계도가 벽수 말도에 드는 날이다.

위에서 구한 세종 정묘년에 사여의 입초말도적일분이 들어 있는 월일을 취합한 것이 표 7.7.1이다.

표 7.7.1 사여의 입초말도적일분이 든 세종 정묘년의 월일

	해당 수도	소재 월일
자기	우 초도	12월14일(신미)
월패	정 초도	정월19일(임오)
나후	진 말도	3월11일(계유)
계도	벽 말도	8월28일(정해)

7.8 사여가 12차에 들어가는 일시 추산 推四餘入十二次日時

사여의 입궁정적일분(入宮定積日分)을 살펴, 이 값에서 지후책을 뺀 나머지가 각 사여의 천정동지 후 입궁정적일분이 된다. 여기에 동지일분(冬至日分)을 더한 후 기법(紀法)을 거듭 덜어 내다가 남은 일수만큼 갑자일부터 헤아려 일진(日辰)을 구하고, 일(日) 미만의 분초를 가지고 발렴(發斂)의 방법으로 시각(時刻)을 구하면, 곧 사여가 12차의 각 궁에 들어서는 일진과 시각을 얻는다.

視各餘入宮定積日及分，減去至後策，餘爲其星天正冬至後入宮定積日及分。加冬至日及分，滿紀法去之，命甲子算外，依發斂求之，卽得入次日時。

해설

입궁정적일(入宮定積日)과 '12차에 들어가는 일시'

사여가 기수 초도를 통과한 순간부터 12차(次)의 어느 궁(宮)에 들어서기까지 적일이 사여의 입궁정적이다. 그림 7.8.1에서 보듯이 사여의 입궁정적일분에서 지후책을 뺀 값이 천정동지 후 입궁정적일분이므로, 이것에 동지일분(冬至日分)을 더하고 기법(紀法 60만)을 거듭 덜어 내면 사여가 12차의 어느 궁에 들어서는 일진을 얻는다. 입궁 시각은 일(日) 미만의 분초에 1.8절에서 다룬 발렴의 방법을 적용하여 구한다.

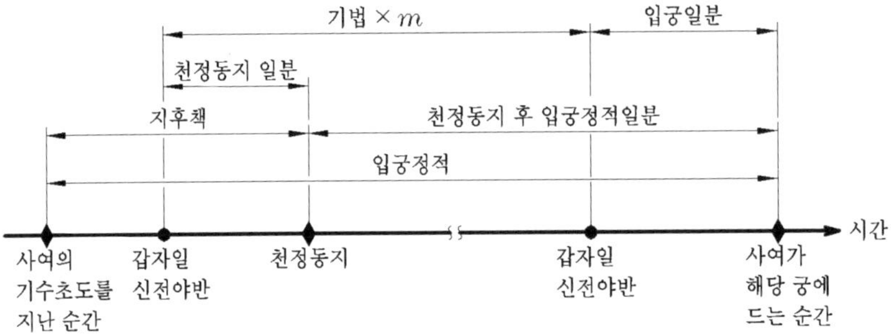

그림 7.8.1

산식

① 천정동지 후 입궁정적일분 = 사여의 입궁정적－지후책

② 입궁일분 = MOD〔(천정동지 후 입궁정적일분+동지일분), 기법〕

입궁일수 = INT〔입궁일분/1만〕

③ 입궁 일진 = COUNT(갑자, 입궁일수)

시각 = 발령{입궁일분－입궁일수×1만}

가령

세종 정묘년의 사여가 12차에 드는 일시

앞서 7.4절 가령에서 구한 세종 정묘년 천정동지 때 자기의 지후책 523만 7022분이 7.1.3절에 주어진 자기의 입축궁(入丑宮)정적 374일1501분과 입자궁(入子宮)정적 1176일6832분 사이의 값이므로 천정동지 때 자기는 축궁에 들어 있다. 그런데 자기의 입자궁정적에서 지후책을 뺀 값인 652일9810분이 세주(歲周)보다 훨씬 큰 값이다. 즉 세종 정묘년에는 자기가 축궁 속에서 순행할 뿐 다음 궁으로 넘어가지 않으며, 교궁(交宮) 일시를 구할 수가 없다.

월패의 경우, 지후책 1606만9646분이 7.2.3절의 입신궁(入申宮)정적 1483일8302분과 입오궁(入午宮)정적 1987일8368분 사이의 값이므로 천정동지 때 월패는 신궁에 들어 있다. 그리고 월패의 지후책에 세주를 더한 1972일 2071분이 입오궁(入午宮)정적에 비해 15일6297분밖에 작지 않으므로, 정묘년 동안 월패가 신궁에서 미궁(未宮)을 지나 오궁에 이르게 됨을 알 수 있다.

월패가 신궁에서 미궁으로 넘어가는 교궁일분은 입미궁정적에서 지후책을 빼고 정묘년의 천정동지 일분 25일3150분을 더한 값에서 순주 60일을 거듭 덜어 내고 남은 (MOD{(입미궁정적 1734일2222분－지후책 1606만9646분＋천정동지일분 25일3150분), 순주 60일}＝) 32일(병신)5726분이다. 앞의 7.7절 가령에서 구했듯이 월패가 정수(井宿) 초도에 든 날이 정월 19일(임오)이고, 뒤이어 월패가 정수 8도34분43초에 이르러 미궁으로 넘어가기까지 (교궁입수도 8도34분43초×도율 8일8484분92초＝) 73일8344분72초가 경과하므로 교궁이 4월중에 일어난다. 제1장 〈역일〉 1.20절의 가령에서 구한 세종 정묘년 4월 정삭일이 28일(임진)이므로 월패가 미궁에 들어가는 교궁일 32일(병신)은 4월5일이 된다.

또 미궁에서 오궁으로 넘어가는 교궁일분은 (MOD{(입오궁정적 1987일8368분－지후책 1606만9646분＋천정동지일분 25일3150분), 순주 60일}＝) 46일(경술)1872분이다. 교궁일 4월5일 이후로 월패가 오궁에 들어가기까지는 입미궁(入未宮) 입수도인 정수 8도34분43초부터 입오궁(入午宮) 입수도인 유수(柳宿) 3도86분62초까지 황도도 28도66분19초에 도율 8일8484분92초를 곱한 253일6146분이 걸리므로 11월 하순에 교궁이 있다. 세종 정묘년 11월 정삭일이 25일(기축)이므로 월패가 오궁에 들어가는 교궁일 46일(경술)은 11월22일이 된다.

나후의 지후책 1170만1264분과 7.3.3절의 입궁정적 입성으로부터 세종 정묘년에 나후가 진궁(辰宮)에서 사궁(巳宮)으로 넘어감을 짐작할 수 있다. 나후의 입궁일분은 (MOD{(입사궁정적 1435일8139분－지후책 1170만1264분＋천정동지일분 25일3150분), 순주 60일=) 51일(을묘)0025분이다. 나후가 진수(軫宿) 말도인 18도75분을 지나는 날이 3월11일(계유)이고, 진수 10도08분20초에 이르러 사궁에 들기까지 ((진수말도 18도75분－교궁수도 10도08분20초)×도율 18일5991분07초76=) 161일2171분이 걸리므로 교궁일은 7월말이 된다. 1.20절의 가령에서 구한 정묘년 7월 정삭일이 27일(신축)이므로 나후의 입궁일 51일(을묘)은 7월25일(을묘)이 된다.

계도의 지후책이 4566만8480분이고 입해궁(入亥宮)정적이 4832일5355분이므로 천정동지 때 계도는 술궁(戌宮)에 들어 있다. 계도가 해궁으로 들어가는 입궁일분은 (MOD{(입해궁정적 4832일5355분−지후책 4566만8480분+천정동지일분 25일3150분), 순주 60일}=) 51일(을묘)0025분이다. 그런데 계도가 규수 1도73분38초를 지나며 해궁에 들어간 후 벽수 말도에 이르기까지 (교궁수도 1도73분38초×도율 18일5991분07초76=) 32일2471분이 걸렸다. 7.7절 가령에서 구한 대로 계도가 벽수 말도를 지나는 날이 8월28일(정해)이므로 계도의 교궁일이 7월 하순이다. 정묘년 7월 정삭일이 27일(신축)이므로 계도의 입궁일 51일(을묘)은 7월25일(을묘)이 된다.

위에서 구한 사여가 12차에 드는 세종 정묘년의 월일과 시각을 취합한 것이 표 7.8.1이다.

표 7.8.1 사여가 12차에 드는 세종 정묘년의 월일과 시각

	입수차초말도	적일분	정묘년 월일시
자기	우 초도 (축궁)	7일(신미)2928분	12월14일(신미) 묘정3각
월패	정 초도 (신궁)	18일(임오)7381분	정월19일(임오) 유초2각
	정 8도3443분 (교궁 : 신궁→미궁)	32일(병신)5726분	4월5일(병신) 미초3각
	귀 초도 (미궁)	53일(정사)3068분	9월28일(정사) 진초1각
	유 초도 (미궁)	11일(을해)9771분	10월17일(을해) 자초1각
	유 3도8662분 (교궁 : 미궁→오궁)	46일(경술)1872분	11월22일(경술) 인정2각

	입수차초말도	적일분	정묘년 월일시
나후	진 말도 (진궁)	9일(계유)7854분	3월11일(계유) 유정3각
	진 10도08분20초 (교궁 : 진궁→사궁)	51일(을묘)0025분	7월25일(을묘) 자정초각
계도	규 1도73분38초 (교궁 : 술궁→해궁)	51일(을묘)0025분	7월25일(을묘) 자정초각
	벽 말도 (해궁)	23일(정해)2496분	8월28일(정해) 묘초4각

부록

이지 후 일출입 진각과 주야각 二至後日出入晝夜辰刻

동지 후

	일출(日出)	일입(日入)	주각(晝刻)	야각(夜刻)
초일	진초 1각	신정 2각	39각	61각
11일		신정 3각		
21일			40각	60각
31일			41각	59각
35일		신정 4각		
36일	진초 초각			
37일		유초 초각		
39일	묘정 4각		42각	58각
46일			43각	57각
51일		유초 1각		
52일	묘정 3각			
53일			44각	56각
59일			45각	55각
63일		유초 2각		
64일	묘정 2각			
65일			46각	54각
71일			47각	53각
75일		유초 3각		
76일	묘정 1각			
77일			48각	52각

	일출(日出)	일입(日入)	주각(晝刻)	야각(夜刻)
83일			49각	51각
87일		유초 4각		
88일	묘정 초각			
89일		유정 초각	50각	50각
90일	묘초 4각			
95일			51각	49각
101일			52각	48각
102일		유정 1각		
103일	묘초 3각			
107일			53각	47각
113일			54각	46각
114일		유정 2각		
115일	묘초 2각			
120일			55각	45각
126일		유정 3각	56각	44각
128일	묘초 1각			
133일			57각	43각
140일		유정 4각	58각	42각
142일	묘초 초각			
143일		술초 초각		
145일	인정 4각			
148일			59각	41각
159일			60각	40각
171일	인정 3각			

하지 후

	일출(日出)	일입(日入)	주각(晝刻)	야각(夜刻)
초일	인정 2각	술초 1각	61각	39각
12일	인정 3각			
23일			60각	40각
34일			59각	41각

	일출(日出)	일입(日入)	주각(晝刻)	야각(夜刻)
38일	인정 4각			
40일		술초 초각		
41일	묘초 초각			
42일		유정 4각		
43일			58각	42각
50일			57각	43각
55일	묘초 1각			
56일		유정 3각		
57일			56각	44각
63일			55각	45각
68일	묘초 2각			
69일		유정 2각	54각	46각
75일			53각	47각
80일	묘초 3각			
81일		유정 1각		
82일			52각	48각
88일			51각	49각
92일	묘초 4각			
93일		유정 초각		
94일	묘정 초각		50각	50각
95일		유초 4각		
100일			49각	51각
106일	묘정 1각		48각	52각
107일		유초 3각		
112일			47각	53각
118일	묘정 2각		46각	54각
119일		유초 2각		
124일			45각	55각
130일	묘정 3각		44각	56각
131일		유초 1각		
136일			43각	57각
143일			42각	58각

	일출(日出)	일입(日入)	주각(晝刻)	야각(夜刻)
144일	묘정 4각			
145일		유초 초각		
146일	진초 초각			
148일		신정 4각		
151일			41각	59각
161일			40각	60각
172일		신정 3각		

일출입(日出入)

일출입은 곳에 따라 다르므로 여러 역법의 수치가 서로 다르다. 《칠정산내편》에서는 한양(漢陽)에서 동지와 하지 때의 해 그림자에 근거하여 지차(至差)를 추산해서 매일 일출입분과 주야각분을 구하여 우리나라에서 쓰기로 정한다. 《칠정산외편》에서는 서역력(西域曆)의 옛 수치를 가감 없이 그대로 실어 놓았으니, 그저 참고용으로 갖추어 둔 것일 뿐이다.

日出入, 隨處各異, 諸曆不同。《內篇》據漢陽日至之晷, 推求至差, 得每日日出入、晝夜刻分, 定爲本國所用。《外篇》則因西域曆之舊, 無所增損, 但以備叅驗耳。

해설

1) 한양의 지차(至差)와 일출입분(日出入分)

《명사(明史)》〈역지(曆志)〉를 보면 《수시력》에서 각지의 일출입분과 주야각을 구하기 위해 호시할원(弧矢割圓)의 새 산법이 어떻게 활용되었는지를 지금의 북경(北京)인 대도(大都)의 경우를 예로 들면서 상세히 다루었다.[99] 그 추산 과정을 요약하면, 먼저 동하지일 오정(午正)에 규표(圭表)의 그림자 길이를 재는 동시에 간의(簡儀)로 해의 남중고도(南中高

度)를 측정하여 대도의 북극출지도(北極出地度) 40도95분을 얻었다. 이 값과 이지(二至)의 황도적도내외도(黃道赤道內外度) 23도90분에 대해 호시할원과 사직소용(斜直所容)의 여러 단계를 차례로 적용하여 북경에서 동하지의 일출입차(日出入差), 곧 지차(至差)가 얼마인지를 추산하였고, 이로써 황도 매도(每度)에 대한 북경의 일출입분을 구하여 입성을 만들었다.

한양의 지차 역시 북극출지도가 38도소약(少弱)[100]인 것 외에는 위의 과정과 동일한 방식으로 구했겠지만, 만약 호시할원술에 능통하지 못했다면 4.1절의 한양 반주야분 입성과 위의 일출입분 입성은 만들어질 수가 없었을 것이다.

2) 이지 후 주야각 입성과 자격루(自擊漏)의 11전제

자격루는 세종 16년(1434) 7월 초일부터 경복궁 보루각에서 운용된 도성의 표준시계였다. 실록의 〈보루각기(報漏閣記)〉에 의하면 초기의 자격루는 12개의 누전(漏箭)을 사용하여 연중(年中) 주야각이 바뀌고 경점률(更點率)이 달라짐을 반영하였다.[101] 세종 16년까지 한양의 주야각을 구하지 못하였으므로 《수시력경》에 실린 대로 북경의 일출입분에 맞춰 12전제(箭制)를 따를 수밖에 없었던 것으로 여겨진다.

이에 비해 현존하는 《누주통의(漏籌通義)》에서는 누전의 개수가 11개

99 《명사(明史)》 권32 〈대통력법(大統曆法) 법원(法原)〉의 '구고측망(句股測望)', '호시할원(弧矢割圓)', '황적도차(黃赤道差)'와 권33의 '이차각루(里差刻漏)' 참조.

100 이순지(李純之) 등이 세조 4년(1458)에 펴낸 《교식추보법가령(交食推步法假令)》의 서문을 보면 "먼저 우리나라 한양의 북극출지를 측정하여 38도소약임을 알았다."라고 기록되어 있다. 소약(少弱)은 2/12를 의미한다.

101 《세종실록》 권65(16년 7월 1일(병자))의 원문은 다음과 같다. "更據授時曆晝夜分昇降率, 約二氣, 當一箭, 凡十二箭."

로 바뀌어 있다. 누전이 하나 줄어든 것은 세종 23년에 시작된 《칠정산내편》의 편찬에 앞서 한양의 주야분 입성이 만들어졌고, 위의 입성에서 보듯이 주야각이 2각씩 증감할 때마다 누전을 교체하면 11전으로 연중 사용이 가능했기 때문이다.

아래의 표 부록.1은 《누주통의》에 실린 각 누전의 사용 기간이다. 위의 주야각 입성에서 동지 후 31일, 46일, 59일, 71일, 83일, 95일, 107일, 120일, 133일과 148일에 야각(夜刻)이 59각, 57각 등 홀수의 각(刻)으로 2각씩 줄어든다. 그런데 《누주통의》에서는 동지 후 32일, 47일, 59일, 71일, 83일, 95일, 107일, 120일, 133일과 149일이 각 누전의 사용 끝 날이다. 하루 정도 차이가 나지만 《칠정산내편》의 주야각 입성을 근거로 자격루의 11전제가 구축되었다고 할 수 있다.

동지 전후에 사용하는 《누주통의》의 제1전은 전체 눈금을 주각 40각과 야각 60각으로 나눴고, 야각에서 혼분(昏分) 2.5각과 신분(晨分) 2.5각을 뺀 나머지 55각을 다시 5경으로 구분하여 경률(更率)이 11각이다. 그러나 하지 전후에 쓰이는 제11전은 야각이 40각이므로 혼명(昏明) 5각을 뺀 나머지를 5등분하면 경률이 7각에 불과하다.

표 부록.1 《누주통의》의 누전 사용 기간

누전	주각	야각	사용 기간		
제1전	40각	60각	첫 날	동지 초일	하지 후 151일
			끝 날	동지 후 32일	하지 후 182일
제2전	42	58	첫 날	동지 후 33일	하지 후 136일
			끝 날	동지 후 47일	하지 후 150일
제3전	44	56	첫 날	동지 후 48일	하지 후 124일
			끝 날	동지 후 59일	하지 후 135일
제4전	46	54	첫 날	동지 후 60일	하지 후 112일
			끝 날	동지 후 71일	하지 후 123일
제5전	48	52	첫 날	동지 후 72일	하지 후 100일
			끝 날	동지 후 83일	하지 후 111일

누전	주각	야각	사용 기간		
제6전	50	50	첫 날	동지 후 84일	하지 후 88일
			끝 날	동지 후 95일	하지 후 99일
제7전	52	48	첫 날	동지 후 96일	하지 후 76일
			끝 날	동지 후 107일	하지 후 87일
제8전	54	46	첫 날	동지 후 108일	하지 후 63일
			끝 날	동지 후 120일	하지 후 75일
제9전	56	44	첫 날	동지 후 121일	하지 후 50일
			끝 날	동지 후 133일	하지 후 62일
제10전	58	42	첫 날	동지 후 134일	하지 후 34일
			끝 날	동지 후 149일	하지 후 49일
제11전	60	40	첫 날	동지 후 150일	하지 초일
			끝 날	동지 후 182일	하지 후 33일

참고문헌

원전

《高麗史》, 아세아문화사 영인본, 1990.

《朝鮮王朝實錄》, 국사편찬위원회 영인본. 1986.

《元史 曆志》, 中國科學技術典籍通彙 天文卷, 河南敎育出版社, 1993.

《明史 曆志》, 中國科學技術典籍通彙 天文卷, 河南敎育出版社, 1993.

《金史 曆志》, 中國科學技術典籍通彙 天文卷, 河南敎育出版社, 1993.

《宋史 律曆志》, 中國科學技術典籍通彙 天文卷, 河南敎育出版社, 1993.

《魏書 律曆志》, 中國科學技術典籍通彙 天文卷, 河南敎育出版社, 1993.

《宋書 律曆志》, 中國科學技術典籍通彙 天文卷, 河南敎育出版社, 1993.

《後漢書》, 北京, 中華書局, 1997.

《周易》, 학민문화사 영인본, 1989.

《禮記》, 학민문화사 영인본, 1990.

李純之・金淡 編, 《七政算內篇》, 서울대학교 규장각한국학연구원 소장 (奎貴 894-v.1-3)

李純之・金淡 編, 《七政算外篇》, 서울대학교 규장각한국학연구원 소장(奎貴 81-v.1-5)

李純之・金淡 校正, 《大統曆日通軌》, 서울대학교 규장각한국학연구원 소장 (奎貴 12437)

李純之・金淡 校正, 《太陽通軌》, 서울대학교 규장각한국학연구원 소장(奎貴 12435)

李純之・金淡 校正, 《太陰通軌》, 서울대학교 규장각한국학연구원 소장(奎貴 12436)

李純之・金淡 校正, 《交食通軌》, 서울대학교 규장각한국학연구원 소장(奎貴 12438)

李純之・金淡 校正, 《五星通軌》, 서울대학교 규장각한국학연구원 소장(奎貴 12439)

李純之・金淡 校正, 《四餘纏度通軌》, 서울대학교 규장각한국학연구원 소장 (奎貴 12434)

李純之・金石梯, 《交食推步法假令》, 서울대학교 규장각한국학연구원 소장(奎貴 67)

《五星通軌》, 續修四庫全書, 上海古籍出版社, 1995.

《七政算內篇丁卯年交食假令》, 서울대학교 규장각한국학연구원 소장(奎 3188)
王恂,《授時曆立成》, 서울대학교 규장각한국학연구원 소장(奎貴 893)
姜保,《授時曆捷法立成》, 서울대학교 규장각한국학연구원 소장(奎貴 892)
李純之,《諸家曆象集》, 서울대학교 규장각한국학연구원 소장(奎 1587-v.1-2)
林正延,《授時圖解發揮》, 국립중앙도서관 소장(古7-20)
邢雲路,《古今律曆考》, 文淵閣四庫全書, 臺灣商務印書館, 1986.
黃宗羲,《曆學假如》, 續修四庫全書, 上海古籍出版社, 1995.
梅文鼎,《曆算全書》, 文淵閣四庫全書, 臺灣商務印書館, 1986.
沈括,《夢溪筆談》, 文淵閣四庫全書, 臺灣商務印書館, 1986.
徐浩修·成周悳·金泳,《國朝曆象考》, 서울대학교 규장각한국학연구원 소장(奎 4328)

단행본

유경로·이은성·현정준 역주,《세종장헌대왕실록 칠정산내편》, 세종대왕기념사업회, 1973.
유경로·이은성·현정준 역주,《세종장헌대왕실록 칠정산외편》, 세종대왕기념사업회, 1974.
이은성,《曆法의 原理分析》, 서울, 정음사, 1985.
이은희,《칠정산내편의 연구》, 연세대학교 박사학위논문, 1996.
이은희·문중양 역주,《국조역상고》, 서울, 소명출판, 2004.
曲安京,《中國數理天文學》, 北京, 科學出版社, 2008.
潘鼐,《中國恒星觀測史》, 上海, 學林出版社, 2009.
藪內淸,《中國の天文曆法》, 東京, 平凡社, 1969.
藪內淸·中山茂,《授時曆-譯註と硏究-》, IK Corporation, 2006.
藪內淸 編,《宋元時代の科學技術史》, 京都大學人文科學硏究所, 1967.
石云里,《中國古代天文學在朝鮮的流轉和影響》, 中國科學技術大學 博士學位論文, 1998.
李亮,《明代曆法的計算機模擬分析與綜合硏究》, 中國科學技術大學博士學位論文, 2011.

錢寶琮, 《中國數學史》, 北京科學出版社, 1995.

陳美東, 《古曆新探》, 遼寧教育出版社, 1995.

陳遵嬀, 《中國天文學史》, 臺北, 明文書局, 1988

Nathan Sivin, Granting the Seasons, Springer, 2008.

논문

박성래, 〈《수시력》 수용과 《칠정산》 완성 : 중국 원형의 한국적 변형〉, 《한국과학사학회지》 24-2, 2002.

배현숙, 〈칠정산내외편의 字句異同〉, 《서지학연구》 3, 1988.

이면우, 〈李純之와 金淡 撰 大統曆日通軌 등 6篇 通軌本에 대한 연구〉, 《한국과학사학회지》 10-1, 1988.

이은희·한영호, 〈조선 초 간행의 교식가령 연구〉, 《한국과학사학회지》 34-1, 2012.

이은희·한영호·강민정, 〈사여의 중국 전래와 동서 천문학의 교류〉, 《한국과학사학회지》 36-3, 2014.

한영호·이은희, 〈麗末鮮初 本國曆 완성의 道程〉, 《동방학지》 155, 2011.

한영호·이은희, 〈《교식추보법가령》 연구〉, 《동방학지》 159, 2012.

한영호·이은희·강민정, 〈세종의 역법 제정과 《七政算》〉, 《동방학지》 168, 2014.

滕艷輝·王鵬云, 〈紀元曆等8部宋代曆法的定朔推步及精度分析〉, 《中國科技史雜志》 30-1, 2009.

李亮·呂淩峰·石云里, 〈從交食算法的差異看大統曆法的編成與使用〉, 《中國科技史雜志》 31-4, 2010.

전자문헌과 웹사이트

《朝鮮王朝實錄》 http://db.itkc.or.kr, http://sillok.history.go.kr

尙友千古 http://www.s-sangwoo.kr

:《高麗史》, 《周易》, 《禮記》, 《史記》, 《元史》, 《宋史》, 《魏書》, 《宋書》, 《金史》, 《後漢書》.

文淵閣四庫全書 전자판〔網上版〕

:《古今律曆考》, 《夢溪筆談》, 《緝古算經》, 《海島算經》, 《夏侯陽算經》.

中國基本古籍庫 전자판〔網上版〕

:《曆學假如》, 《五星通軌》.

한국역대인물종합정보시스템 http://people.aks.ac.kr/index.aks

국립국어원 《표준국어대사전》 http://stdweb2.korean.go.kr

역주자 후기

《칠정산내편》의 새 역주 작업은 필자가 한국고전번역원의 "국역조선왕조실록 현대화 사업계획 수립을 위한 기초조사 연구"(2009)에 참여한 것이 계기가 되었다. 이 사업은 국역조선왕조실록에 담긴 오류를 분석하고 수정 방안을 제공하여 충실한 번역을 도모하고 현대인들도 조선왕조실록을 읽고 쉽게 이해할 수 있도록 하는 연구였다. 필자는 과학기사로 분류되는 《칠정산내편》의 국역본에 보이는 번역과 주석의 오류를 조사하였으며, 이런 연유로 이후 진행된 조선왕조실록 현대화 사업에서 이 역법서의 새 역주를 맡게 되었다.

지금까지 《칠정산내편》의 국역 역주본은 세종대왕기념사업회가 주도하고 유경로, 이은성, 현정준 교수에 의해 번역된 후 1973년에 간행된 것이 유일하다. 이제 모두 고인이 되셨지만 세 분은 천문학자로서 고천문 이론을 현대 천문학으로 풀어내는 능력이 뛰어났을 뿐 아니라 한문과 일본어에도 모두 능하여 국역과 자료 분석에 막힘이 없었다. 다만 당시에는 국내외를 막론하고 옛 역법에 대한 연구가 드물었으므로 해설 작성에 참고할 만한 자료에 한계가 있었다. 이로 말미암아 이분들의 선행 역주 작업이 매우 귀중한 업적으로 평가되지만 한편으로 책 곳곳에 빈틈이 적지 않게 남아 있는 것은 실로 큰 아쉬움이 아닐 수 없었다. 이분들의 역주본에 담긴 오류를 분석한 바에 의하면 저본(底本)인 조선왕조실록 태백산사고본 《칠정산내편》 자체에 내포된 문자적 오류는 대부분 바로잡았으나, 역산의 기본구조를 완전하게 이해하지 못하여 잘못 해설하거나 의문으로 남긴 부분이 의외로 많았다.

첫 국역본이 출간된 후 40여 년이 지난 지금의 상황을 살펴보면, 국내에서도 고천문과 역법에 대한 새로운 연구 결과가 쌓이고 있지만, 특히 근년에 들어 중국에서 관련 연구가 매우 활발하고 광범위하게 진행되고 있다. 이에 따라 첫 국역본에서 오류로 남았던 부분을 해소하고 수정할 수 있는 수단이 대폭 확보되었으며, 이번 기회에 그동안 축적된 연구 성과를 적극적으로 반영할 수가 있었다.

이번《칠정산내편》의 새 역주 작업에서는 정확한 번역을 통해 문장의 오류를 완전히 제거하고자 노력하였을 뿐만 아니라, 역법서의 각 추보 단계가 갖는 역산의 논리구조를 명확히 밝히고자 고심하였다. 그런 만큼 역산에 쓰이는 전문용어에 대해서는 현대적인 의미를 부여하면서 해설하였고, 그것이 들어 있는 산식의 의도를 고천문학에 관심을 가진 초학자들도 해득할 수 있는 수준에서 상세하게 드러내고자 힘을 쏟았다.

이 책의 역주 작업에서 특히 주력한 점은 해설 속에 다수의 도해(圖解)를 추가하여 추산의 세부 단계를 시각화함으로써 독자가 좀 더 쉽게 역산의 과정을 이해할 수 있도록 하였고, 추산 단계마다 가령(假令), 곧 계산 예(例)를 제시한 것이다.

고대 역법의 추산 과정은 용어의 정의로부터 시작하며, 많은 중간 단계를 거쳐 칠정(七政)의 위치와 입궁(入宮)시각을 결정함으로써 마무리된다. 그러므로 추보의 중간 단계에서 전개되는 역산의 추이를 제대로 파악하고 따라야 정확한 결과를 얻을 수 있다. 그런 측면에서 가령은 중간 결과를 수치로 산출하고 이것을 다음 단계에 대입하면서 추산의 각 과정을 구체적으로 드러내므로 역산의 흐름을 이해하는 데 큰 도움이 된다. 그러나《칠정산내편》의 일관된 추산 단계에 빠짐없이 가령을 더하는 작업은 입출력 수치에 대한 반복된 검토가 요구되는 만큼 결코 만만한 작업이 아니었다. 제1장〈역일(曆日)〉부터 제5장〈교식(交食)〉까지의 가령은 2년여에 걸친 역주 작업 중에 작성되었고, 제6장〈오성(五星)〉과 제7장〈사여성(四餘星)〉을 위한 가령 작성에 다시 1년여가 소요되었다.

《오례의(五禮儀)》등《세종장헌대왕실록》의 부록과 같은 특수고전의 경우, 여러 분야의 전문가들이 협력하지 않으면 올바른 역주가 불가능하다. 이런 연유로 《칠정산내편》의 역주에도 각각 천문학, 공학, 고전번역학을 전공한 세 사람의 전문가가 함께 참여하였다. 서로 다른 전공 지식과 정보가 함께 어울리면서 예상 밖의 진전된 결과를 맺을 수 있었던 것으로 자평하고 싶다.

최근까지의 연구 성과를 이 역주서에 반영하면서 가장 빈번하게 참조하고 인용한 문헌은 중국 서북대학(西北大學)의 취안징(曲安京) 교수가 지은 《중국수리천문학(中國數理天文學)》이다. 이를 후기에서도 밝히는 것은 취 교수에게 특별한 감사를 나타내기 위함이다. 이 외에도 많은 분들에게 학문의 빚을 크게 졌으나 일일이 드러내지 못함을 헤아려 주시기를 바란다. 이 책에 매달렸던 기간에 삶의 빚까지 지지 않을 수 없었던 가장 가까운 이들에게 감사와 미안한 마음을 전한다.

《칠정산내편》의 새 역주본이 나올 수 있도록 지원한 한국고전번역원에 감사드리며, 특히 번역 과정의 여러 어려움을 이해하고 따뜻하게 도와주신 한국고전번역원의 역사문헌번역실 조선왕조실록번역팀과 특수고전번역실의 여러분들, 그리고 더 나은 판본이 나오도록 애써 주신 출판실 담당자와 편집위원 선생님께 진심의 감사를 드린다.

2016년 깊어가는 가을에

이은희

찾아보기

ㄱ

ㅅ

ㅈ

ㅊ

역주자

한영호 서울대학교 기계공학과를 졸업하고, 한국과학원 기계공학과에서 석사과정을 마쳤으며, 한국과학기술원 생산공학과에서 공학박사학위를 받았다. 건국대학교 기계공학과 교수로 재직 중이다. 1990년대 초반 세종 자격루 복원설계에 참여하면서 한국의 옛 천문계시의기와 역법에 본격적으로 관심을 갖기 시작하였다. 그동안 이 분야에 관해 발표한 논문 중 대표적인 것으로 〈서양 기하학의 조선 전래와 홍대용의 《주해수용》〉, 〈조선의 新法日晷와 視學의 자취〉, 〈세종의 역법 제정과 《七政算》〉, 〈조선의 回回曆法 도입과 《칠정산외편》〉 등이 있다.

이은희 연세대학교 천문우주과학과를 졸업하고, 동대학원에서 박사학위를 받았다. 미국 플로리다대학 천문학과 객원 연구원과 중국과학원 자연과학사연구소 박사후 연구원을 지냈으며 연세대학교 천문대 선임연구원으로 재직 중이다. 주요 저역서로 《칠정산내편의 연구》, 《국역 국조역상고(國朝曆象考)》, 《국역 육일재총서(六一齋叢書)》 중 〈규일고(揆日考)〉 등이 있으며, 논문으로 〈사여(四餘)의 중국 전래와 동서 천문학의 교류〉, 〈조선 초 간행의 교식가령(交食假令) 연구〉, 〈郭守敬의 授時曆과 朝鮮의 七政算內篇〉, 〈朴堧渾天圖 小考〉, 〈西周天象과 絶對年代〉 등이 있다.

강민정 서울대학교 지구과학교육과를 졸업하고, 민족문화추진회 국역연수원 연수과정과 상임연구부 과정을 마쳤으며, 성균관대학교 대학원 한문고전번역협동과정에서 문학박사학위를 받았다. 한국고전번역원 연구원을 거쳐 성균관대학교 대동문화연구원 거점번역연구소에 재직 중이다. 《국역 농암집(農巖集)》, 《무명자집(無名子集)》, 《승정원일기(인조·고종)》, 《북학 또 하나의 보고서, 설수외사(雪岫外史)》, 《교감학개론》, 《주석학개론》 등의 번역에 참여하였다. 박사학위 논문 〈九章術解의 연구와 역주〉 외에 〈算學書 번역의 현황과 과제〉 등 다수의 논문을 발표하였다.

해와 달, 다섯 행성의 천문학

칠정산내편 2

한영호 이은희 강민정 역주

2016년 12월 30일 초판 1쇄 발행

발행인 이명학 | 발행처 한국고전번역원
등록 2008. 3. 12. 제300-2008-22호
주소 (03000) 서울시 종로구 비봉길 1
전화 02-6263-0464 | 팩스 02-6339-0724 | 홈페이지 www.itkc.or.kr

연구총괄 이정욱 | 연구기획 이신경

책임편집 한문희 | 편집진행 박정열
편집교정 노성완 송숙희 | 조판 이순미 | 제작 김형석
인쇄 대한정보인쇄(주)

값 20,000원
ISBN 978-89-284-0419-3 94910
978-89-284-0417-9 (세트)
* 이 책은 2016년도 교육부 고전번역사업비로 출간한 것임.